编委会

（按姓氏笔画排序）

王　祎　刘芊滋　刘　喆　李升岚　何宁娴

张柯蓝　张　博　罗晓彤　郭晓丽　章劲元

谌　燕　雷光辉　黎碧尘

大学生心理健康十二讲

主　编　章劲元
副主编　谌燕　王祎　张柯蓝

华中科技大学出版社
http://www.hustp.com
中国·武汉

内 容 提 要

本书针对大学生所在发展阶段面临的困惑提出解决方案，主要包括心理健康的基本常识，以及大学生在学习、情感、家庭、情绪、职业、人际关系、心理危机、生命意义等方面的困惑与解决方案。主要特点是从大学生的实际需要出发，帮助大学生从心理学的角度理解、解决大学阶段遇到的心理问题，具有较强的针对性和操作性。本书面向的读者主要是当代大学生，尤其是本科院校的学生。

图书在版编目（CIP）数据

大学生心理健康十二讲/章劲元主编．—武汉：华中科技大学出版社，2022.8（2025.1重印）
ISBN 978-7-5680-8547-2

Ⅰ.① 大… Ⅱ.① 章… Ⅲ.① 大学生-心理健康-健康教育-高等学校-教材　Ⅳ.① G444

中国版本图书馆 CIP 数据核字（2022）第 134585 号

大学生心理健康十二讲
Daxuesheng Xinli Jiankang Shi'erjiang

章劲元　主编

策划编辑：张馨芳
责任编辑：苏克超
封面设计：孙雅丽
版式设计：赵慧萍
责任校对：张汇娟
责任监印：周治超

出版发行：华中科技大学出版社（中国·武汉）　　电　话：(027) 81321913
　　　　　武汉市东湖新技术开发区华工科技园　　邮　编：430223
录　　排：华中科技大学出版社美编室
印　　刷：湖北新华印务有限公司
开　　本：787mm×1092mm　1/16
印　　张：21.75　插页：2
字　　数：441 千字
版　　次：2025 年 1 月第 1 版第 4 次印刷
定　　价：68.00 元

本书若有印装质量问题，请向出版社营销中心调换
全国免费服务热线：400-6679-118　竭诚为您服务
版权所有　侵权必究

前言

经过华中科技大学心理健康教育中心全体工作人员的共同努力，《大学生心理健康十二讲》历时近一年的编撰工作圆满完成，作为任课教师和教材作者，我们感到十分高兴。

这本教材既是一年来华中科技大学心理健康教育中心全体工作人员辛勤付出的结果，也是华中科技大学十多年来心理咨询、心理健康教育成果的重要体现。本书各章节紧扣当代大学生的心理特点及困惑，以科学、专业的视角，为大学生释疑解惑，让大学生有一个良好的心态来应对大学期间可能面临的各种挑战，也为其将来的人生道路奠定坚实的心理基础。大学生可以从中获得心理健康的基本常识，更好地预防和应对心理困扰和心理疾病，同时，更好地促进自己和他人的心理健康，让自己的人生更加阳光、幸福。

第一章的作者为李升岚，主题是"打开心灵之窗：心理与心理健康"。李升岚为大学生呈现出一幅心理学全景图，简要地阐述了大学生学习心理常识的必要性，帮助大一新生适应大学生活；从心理学的视角，帮助大学生思考自己的成长，提升心理健康素养，为幸福人生奠基。

第二章的作者为黎碧尘，主题是"学海心航：大学的学习"。学海无涯，大学的学习是一个无比广阔的天地。大学生在面对浩瀚的知识海洋时，难免会问：大学期间，到底要学什么？要怎么学？大学阶段的学习与今后的发展到底有怎样的关联？大学的学习中有哪些常见困扰？如何应对？大学生可以在这里找到答案。

第三章的作者为刘喆，主题是"为明天做好准备：职业生涯规划"。刘喆在读研究生期间，从华中科技大学电气与电子工程学院转到了教育科学

PREFACE

研究院,让身边的老师、同学和家人惊诧不已。他会在这一章告诉大学生,他为什么会做出这样的选择,他眼中的职业生涯规划是怎样的,如何正视自己的内心开展自我分析与探索,如何洞悉外界的环境做好生涯规划。

第四章的作者为张博,主题是"拨云见日:寻找与关爱自我"。主要内容包括自我认识,自我的诞生与健康成长,自我照顾与滋养。自我是大学心理咨询中一个重要的主题,也与其他咨询主题密切相关,如爱情、学业、情绪等。自我问题解决好了,其他问题也会迎刃而解。

第五章的作者为刘芊滋,主题是"掌握心灵方向盘:压力应对与情绪管理"。压力是每个人都会遇到的情境,可以说无处不在、无人不有。对大学生而言,压力更是如影随形。本章将就心理压力的理解与应对、如何理解与管理多样化的情绪、健康生活方式的新方法等进行阐述,帮助大学生正确认识压力,妥善应对压力。

第六章的作者为张柯蓝,主题是"培育生命的港湾:家庭与家庭关系"。家既是生命的港湾,也是人生中一些困扰、痛苦与伤害的来源之一。本章着重阐述了对家庭的理解,家庭关系及影响,对现在和未来的家庭的认识,让大学生从心理学的视角,对自己的家庭的结构、功能及父母的教养方式等有全新的认识,知道如何应对来自家庭的困扰,如何构建属于自己的幸福家庭。

第七章的作者为王祎,主题是"在相处中成长:人际关系与团体生活"。主要内容包括人际关系概述、团体中的个体、人际关系训练,旨在帮助大学生正确理解人际关系,正确处理个体与团体的关系,正确处理冲突,建立高质量的人际关系等。

PREFACE

第八章的作者为雷光辉，主题是"风雨爱情路：大学生的爱与成长"。主要内容包括如何理解爱情，爱情到底是什么，什么样的爱情才是好的爱情，如何在一段爱情中成就更好的自己等。相信大学生们可以从这一章了解关于爱情的真相，领悟爱情的真谛。

第九章的作者为罗晓彤，主题是"安放躁动的青春：性别与两性关系"。罗晓彤是华中科技大学心理健康教育中心的一位年轻教师。她在学校做过有关性的讲座，对这个敏感的话题丝毫没有紧张，显得淡定从容，深受学生的好评。本章主要探讨了性别与性的概念，性与人生幸福的关系等，帮助大学生正视性这一无法回避但羞于启齿的话题，拨云见日，正本清源。

第十章的作者为何宁娴，主题是"走过心灵的迷雾森林：心理疾病与治疗"。近年来，大学生中心理疾病的发病率越来越高，但并不是每一个大学生都能了解基本的心理常识，也就不能理解自己的状态，更谈不上科学的诊断与治疗。何宁娴曾在多家大型医院担任过精神科医生，对心理疾病有深刻的理解，对心理疾病的治疗具有丰富的临床经验，相信能够给大学生带来专业的心理常识，助人自助。

第十一章的作者为郭晓丽，主题是"杀不死我的必使我更强大：心理危机与创伤"。心理危机是大学生中常见的一种现象，每个人都可能面临人生的至暗时刻，如何有效地预防和应对心理危机是大学生的一项重要任务。除了珍爱生命的态度外，还要有科学的方法。郭晓丽告诉大学生，要用两只眼看待危机，心理危机既是危机，也是发展机遇；应对心理创伤，关怀有自杀风险的人。

PREFACE

　　第十二章的作者为谌燕，主题是"叩问幸福生活：生命意义的探寻"。生命意义的迷思与构建，不是一个心理问题，而是一个哲学问题，是对生命本身的反思，要想得到一个满意的答案，绝非易事。当前，越来越多的大学生由于找不到生命的意义而感到痛苦、悲观、绝望。在心理咨询中，无论心理咨询师怎样跟那些迷失了生命意义的学生动之以情、晓之以理，都收效甚微。这些学生在医生那里更是一筹莫展，药物治疗给不了生命意义。谌燕从生命的困惑和生命的超越两个视角，与大学生探讨这一人生的重要议题，主要内容包括以下两个方面。第一，生命的困惑：生命意义的迷思。第二，生命的超越：探寻生命意义。

　　在本书编撰过程中，我感受到了华中科技大学心理健康教育中心全体工作人员的智慧与力量，每周一次推进会，既是一次集体备课，也是一次相互学习的机会。经过我们的精心打磨，从章节设计到内容选取、语言风格、课后习题、课堂活动、图书推荐等，我们都全力以赴、精益求精，目的只有一个，就是为大学生呈现一本高质量的心理健康教材。我们希望本书能够成为大学生喜爱的枕边书，大学生在遇到困惑的时候，能够想到它，并从中找到答案。由于时间仓促，本书还有不少需要完善的地方，敬请各位读者、同行多多指正。

章劲元

2022 年 6 月

目录

第一章 打开心灵之窗：心理与心理健康 — 001
第一节 与挑战共舞：新生活心适应 — 002
一、我们会遇到哪些挑战 — 002
二、我们何以遇到挑战 — 004
第二节 与心灵对话：心理视角话成长 — 009
一、什么是心理学 — 009
二、心理学如何促进大学生的成长 — 012
第三节 向幸福出发：心理健康素养 — 017
一、什么是心理健康 — 017
二、心理健康的影响因素 — 018
三、心理健康与幸福 — 023

第二章 学海心航：大学的学习 — 029
第一节 相辅相成扬风帆：大学阶段学习与发展的关联 — 030
一、大学的学习涵盖哪些内容 — 030
二、发展与学习有哪些联系 — 033
第二节 披荆斩棘求学路：大学学习的常见困扰 — 034
一、如何确立学习目标 — 034
二、如何看待自己的专业 — 037
三、如何选择学习方法 — 040
第三节 热点话题助思考：大学学习常见现象与话题分析 — 045
一、如何应对"内卷"现状 — 045

  二、如何平衡大学学习与其他活动　　——047

  三、如何面对学业挫折　　——052

第三章　为明天做好准备：职业生涯规划　　——059

 第一节　生涯百科：职业生涯规划概述　　——060

  一、为什么要进行职业生涯规划　　——060

  二、职业生涯规划是什么　　——061

 第二节　正视内心：自我分析与探索　　——063

  一、兴趣维度：我喜欢做什么　　——063

  二、性格维度：我适合做什么　　——067

  三、能力维度：我擅长做什么　　——068

  四、价值观维度：我最看重什么　　——070

 第三节　洞悉外界：环境分析与应对　　——072

  一、当前职业环境中，存在哪些挑战和机遇　　——073

  二、如何应对严峻的就业形势　　——074

第四章　拨云见日：寻找与关爱自我　　——081

 第一节　慧眼识珠：自我认识　　——082

  一、为什么要关注自我　　——082

  二、认识自我有哪些维度　　——083

  三、不同心理学领域对自我的认识是什么样的　　——085

  四、中国传统文化下自我是如何发展的　　——090

 第二节　化茧成蝶：自我的诞生与健康成长　　——092

  一、什么是健康的自我　　——092

  二、自我是如何形成的　　——096

 第三节　春风化雨：自我照顾与滋养　　——099

  一、为什么要爱自己　　——099

  二、如何爱自己　　——100

  三、爱自己有哪些误区　　——101

第五章　掌握心灵方向盘：压力应对与情绪管理　　——109

 第一节　与压力角逐：心理压力的理解与应对　　——110

  一、为什么要关注压力　　——110

二、什么是压力 —— 110
　　三、如何应对压力 —— 117
第二节　与情绪共舞：如何理解与管理多样化的情绪 —— 120
　　一、为什么要了解情绪 —— 120
　　二、什么是情绪 —— 120
　　三、如何进行情绪管理 —— 122
　　四、常见情绪问题的识别与应对 —— 131
第三节　与健康同行：健康生活方式的新方法 —— 133
　　一、什么是健康的生活方式 —— 133
　　二、对待生活，我们只能"解决问题"吗 —— 134
　　三、如何进行高质量的休闲娱乐 —— 134

第六章　培育生命的港湾：家庭与家庭关系 —— 137
第一节　家庭万象：家庭概述 —— 138
　　一、何以为家 —— 138
　　二、家庭对我们有什么影响 —— 146
第二节　剪不断理还乱：家庭关系及影响 —— 155
　　一、什么样的家庭关系是幸福的 —— 156
　　二、父母之间的关系有多重要 —— 157
　　三、应该如何看待自己与父母的关系 —— 159
第三节　我爱我家：我现在和未来的家庭 —— 161
　　一、我的家庭是什么样的 —— 161
　　二、我的家庭幸福吗 —— 163
　　三、未来，我想组建什么样的家庭 —— 165

第七章　在相处中成长：人际关系与团体生活 —— 173
第一节　有朋友的快乐：人际关系概述 —— 174
　　一、为什么要重视人际关系 —— 174
　　二、是什么影响了我的人际关系 —— 175
第二节　对人群的渴望：团体中的个体 —— 180
　　一、什么是团体 —— 180
　　二、团体中需要面对的议题有哪些 —— 184
第三节　越来越近的我们：人际关系训练 —— 189
　　一、如何建立并深化人际关系 —— 189

二、如何应对人际冲突　——193
　　三、如何终止有害的关系　——195

第八章　风雨爱情路：大学生的爱与成长　——201
第一节　理解爱情　——202
　　一、剖析"爱情"　——202
　　二、爱情的定义　——203
　　三、爱情的类型　——204
　　四、爱情的成分　——205
第二节　爱情的影响因素　——209
　　一、吸引力　——209
　　二、态度与价值观　——211
　　三、依恋模式　——212
　　四、原生家庭　——214
第三节　爱的实践　——215
　　一、遇见爱情：为什么会爱上他　——215
　　二、表达爱情：如何更好地表达爱　——216
　　三、感受爱情：爱情中的心理现象　——218
　　四、爱的经营：理性面对恋爱中的矛盾与冲突　——220
　　五、爱的结束：走过失恋的泥沼　——222
　　六、爱与成长：遇见更好的自己　——223

第九章　安放躁动的青春：性别与两性关系　——229
第一节　性与性别的概念　——230
　　一、我们该如何看待性　——230
　　二、你了解性别吗　——231
　　三、什么影响了我们的性别与对性的态度　——232
第二节　"性"福人生　——238
　　一、大学生群体为何需要性教育　——238
　　二、如何保证性健康与性安全　——241
　　三、什么是性心理障碍　——241

第十章　走过心灵的迷雾森林：心理疾病与治疗 —— 245

第一节　越了解，越理解：为什么要了解心理疾病 —— 246
一、心理疾病的污名化 —— 246
二、心理疾病的患病率 —— 249
三、心理疾病对身心的影响 —— 250
四、心理健康状态的连续谱 —— 251

第二节　谁知我心：心理疾病的诊断 —— 252
一、如何区分心理疾病与心理困扰 —— 252
二、如何诊断心理疾病 —— 254
三、心理疾病有哪些就诊途径 —— 260
四、心理疾病就诊的注意事项 —— 262
五、影响就诊意愿的因素 —— 263

第三节　风吹云散：心理疾病的治疗 —— 264
一、心理疾病的生理机制 —— 264
二、心理疾病为什么需要治疗 —— 265
三、如何看待精神类药物 —— 267
四、心理疾病能否治愈 —— 268
五、如何与心理疾病相处 —— 268

第十一章　杀不死我的必使我更强大：心理危机与创伤 —— 275

第一节　心理危机及其应对 —— 276
一、什么是心理危机 —— 276
二、我们该如何看待危机 —— 278
三、危机有哪些表现 —— 280
四、我们该如何应对危机 —— 282
五、面对公共危机我们该怎么做 —— 285

第二节　心理创伤及其疗愈 —— 287
一、什么是心理创伤 —— 287
二、什么是创伤后成长 —— 289
三、如何面对生离死别 —— 293

第三节　珍视生命 —— 296
一、如何理解自杀 —— 296
二、如何识别自杀 —— 299
三、如何帮助想自杀的人 —— 301

第十二章　叩问幸福生活：生命意义的探寻　—307

第一节　生命的困惑：生命意义的迷思　—308
一、为什么要谈论生命意义　—308
二、什么是生命意义　—310
三、生命意义的作用　—312

第二节　生命的超越：探寻生命意义　—317
一、意义追寻的过程　—317
二、生命意义在何处　—322

第一章

打开心灵之窗：心理与心理健康

本章导读

心理学是一门影响深远且有些神秘的科学，它有科学的方法，关注与人的心理相关的一切现象。让我们一起来揭开心理学的神秘面纱，从心理学的视角来理解此刻的我们。我们也能够运用心理学的知识促进心理健康，走向幸福之路。

第一章学习资源

第一节

与挑战共舞：新生活心适应

一、我们会遇到哪些挑战

"人生苦难重重"，而对苦难的回避从长远来看是心理问题的根源，这并非危言耸听。请同学们回顾自己的成长经历，翻看少年时期的日记本，或许幸运地没有大的磨难，但总有各种各样的挑战，或难免经历不大不小的麻烦。例如：承受升学压力，对第一名的渴望；情窦初开，对亲密关系的试探；情绪波动与管理，自我认识的困惑。人生是一个不断面对问题并解决问题的过程。生活中遇到问题，其本身就是一种痛苦，解决它们的过程又会带来新的痛苦。各种各样的问题接踵而至，使我们疲于奔命，不断经受沮丧、悲哀、痛苦、懊恼、焦虑的打击，心灵的痛苦通常和肉体的痛苦一样剧烈。但问题可以开启我们的智慧，激发我们的勇气。为解决问题而努力，我们的思想和心灵就会不断成长，心智也会不断成熟。在中学，总会有大人传递这样的信息：等你读到大学就好了。不少学生表示自己上当受骗了，其实这个"好"从来不指轻松，更贴近自由。自由是指一个人在多大程度上能够自主决定自己的行为方式，并根据自己所执着追求的目标，而不是根据别人为实现其意图所设定的强制条件去行动。

（一）适应

外界给我们提出更多的要求，我们努力应对，心智在一来一回中日益成熟、稳定，实现蜕变。大学期间，我们的第一个挑战关乎适应。相关研究表明，大一新生在进入大学的第一个学期体验到的消极情绪不会随时间的延续而减少，而是有所增加。与入学初期相比，新生在进入大学的第一个学期时，所体验到的焦虑与抑郁在总体上增多。大一新生从"陷入迷茫"到"走出困境"，46%的学生需要3个月左右的时间才能完成，43%的学生需要1年左右的时间，而另外11%的学生需要更长时间来调整自己（王洪斌、赵金梅，2013）。2010—2020年中国内地大学生心理健康问题检出率的元分析发现，近10年来我国大学生心理健康问题检出率前7位由高到低分别为：睡眠问题23.5%，抑郁20.8%，自我伤害16.2%，焦虑13.7%，自杀意念10.8%，躯体化4.5%，自杀未遂2.7%。研究结果显示，我国大学生心理健康问题检出率整体低于中学生的检出率，说明相比处于青春期的中学生，大学生的心智更加成熟，自我调节能力有所发展，采用极端方法排解负面情绪的可能性更小。2010—2020年的大学生心理健康问题检出率整体略高于1989—2015年的检出率，可能与近年来我国处于社会转型期，大学生所面临的诱惑与挑战明显增多、压力越来越大有关（陈雨濛、张亚利、俞国良，2022）。

（二）独立

大学期间的第二个挑战，是进一步独立，养成对自己负责的意识和习惯。华中科技大学心理健康教育中心的心理咨询数据分析表明，前来咨询的学生放在首位的咨询主题是自我认识。独立始于对自我的了解和对未来的规划，我们在选择中表达了自我，诸多选择的考验也是对自我越辨越明的过程。独立的另外一个层面是足够自洽，理解并支持自己的选择。人们常常陷入迷茫与痛苦，因为其内心有冲突，更深层的原因是其对自我身份认同不清晰。

（三）关系的建立

大学期间的第三个挑战，是如何与不同的人建立关系，求同存异，培养与他人建立良好、亲密关系的能力。在大学里我们可以按照自己的喜好去选择交往的圈子，同时大学似乎不像高中那样自然而然就能交到朋友，我们会开始建立更为亲密的关系，有了恋爱的烦恼。在华中科技大学心理健康教育中心的心理咨询数据分析中，排在第二位的咨询诉求就是人际关系，包括亲子关系、朋辈关系、师生关系。衍生议题有亲密关系的建立与失去、如何表达拒绝、应对与他人的冲突等。

（四）"名校学生"的成长挑战

在咨询室里常常会遇到这样的学生，我很欣赏他们，他们有很强的无差别成就动机，在做任何事上都希望自己能够做好，追求完美近乎一种本能，在意又警惕比较，不仅要成功，最好是始终比别人更成功。所以会聚焦于"不够"，不够努力，不够自信，不够完美。这让他们通常对自己很严厉，不过他们并不会承认，觉得自己其实还"不够"严厉。他们常常会说："归根结底还是不自信吧，觉得其实自己真的很一般，取得的成绩也很普通。""冒充者综合征"也会经常困扰他们，尽管已经很成功，但总觉得自己是一个骗子，他们不能从内心接纳那些外界认可的成绩，而是更多地关注自己的缺点和消极面。他们会将自己的成功归结于外部因素，比如时机、运气；而将失败的原因归结于自己，认为自己的能力与取得的成绩并不相符。

如果笔者尝试去劝说，这会让笔者站在他们的对立面。笔者进一步了解他们时，发现他们有很多共同点。① 他们是核心教育模式的佼佼者，在十多年的学习生涯中，习惯了按照学校指定的方式来学习，习惯了被动完成老师发下来的作业，却没有培养出自己主动提出问题的能力。这样的模式持续有效：考更高的分、保送更好的学校；毕业后，人们的自我价值的衡量标准也仍然是有"分数"的，例如通过薪资、职称、工作单位等来评价，外界的评价体系仍在不断强化。② 在青春期和成年初期，大多数人都面临自我身份认同的任务，即面对"我是谁""我想要怎样的人生"之类的问题时，对自我进行的持续性评估、反思、试错和重新评估的过程。

心理拓展

2020年5月，豆瓣网成立了"985废物引进计划小组"，短短半年时间就聚集了约11万名国内一流高校的在校生和毕业生，他们分享学业、生活、求职等方面的失败故事，并讨论如何脱困。他们自称"废物"，并称陷入困境的绝大多数都是"小镇做题家"。"985废物引进计划小组"产生的直接原因是新冠肺炎疫情引发的就业、升学困境，深层原因是教育精英形象受到挑战、阶层固化所致的青年阶层焦虑和网络"丧文化"的影响。

成功当然可以是每位学生的追求，但笔者致力于让幸福加入到大家的生活底色；笔者相信幸福、平和、完满的生活状态是值得且可以追求的。教育、自我教育、观察学习、反思是我们通往成熟、幸福的必经之路。

二、我们何以遇到挑战

（一）大学生的心理发展任务

> **小李的故事**：大一的工科生小李对大学有自己的期待，向往学一些"无用"的知识，优哉游哉地学习。小李在大一也是这么过的，保持中等成绩。直到大二开始，小李感到了一丝隐隐的焦虑，在南京大学的好友努力刷绩点，准备保研，在中山大学的前同桌拿到了国家奖学金，读研究生的表姐也在过年的时候反复叮嘱自己大学的成绩是很重要的。这让小李陷入了苦恼："世界似乎和我想得不一样，我真的可以坚持我曾经的生活吗？会不会为未来的生活埋下危险的伏笔？"

> **小张的故事**：小张最近又结束了一段短暂的恋爱，小张陷入了自我怀疑，这是他进大学以来第三段短暂的恋爱了。小张总是觉得孤独，希望可以有人陪伴自己，遇到有些好感的人，小张就会主动追求、表白，真的在一起后又感到似乎没有那么开心。而室友阿青，一直没谈过恋爱，笑称自己是独身主义者。深夜里，小张看到阿青在打游戏，小张陷入了困惑：难道阿青不会感到孤独吗？自己是不是因为太难以忍受孤独所以才太草率地谈恋爱？

20世纪中叶，心理学家埃里克森提出了社会心理发展的八个阶段（见表1-1），直到今天，这一理论依然能给人带来很多启示。埃里克森认为，个体的人格发展是在社会背景下进行的，受文化和社会背景的影响和制约。心理发展阶段贯穿人的整个生命周期，每个阶段都前后相连，人格的发展是一个经历一系列阶段的过程，每一阶段都有特定的危机和特定的任务，即亟待解决的心理社会问题。危机的解决标志着前一阶段向后一阶段的转化。每个阶段都有需要面对的冲突和危机，只有度过前一阶段的危机，才能进入人生的下一个阶段。危机的成功解决（顺利度过危机）有助于自我力量的增强和对环境的适应；而不成功的解决（不能顺利度过危机）则会削弱自我力量，阻碍对环境的适应。

表1-1 社会心理发展的八个阶段

大致年龄	发展危机	充分解决	不充分解决
婴儿期	信任对不信任	基本信任感	不安全感、焦虑
儿童早期	自主对自我怀疑	知道自己有能力控制自己的身体、做某些事情	感到无力完全控制事情
学前期	主动对内疚	相信自己是发起者、创造者	缺少自我价值感
学龄期	勤奋对自卑	丰富的社交技能和认知技能	缺乏自信心，有失败感
青春期	自我同一对角色混乱	作为一个人，个体有舒适的自我感；明白自己是谁、接受并欣赏自己	碎片化的、变化不定的自我感，不清楚自己是谁
成年早期	亲密对孤独	有能力与他人建立亲密的、需要承诺的关系	感到孤独、隔绝；否认需要亲密感

续表

大致年龄	发展危机	充分解决	不充分解决
成年中期	繁殖对停滞	更关注家庭、社会和后代	固着于自我放纵、缺乏未来的定向
成年晚期	自我整合对绝望	圆满感，对自己的一生感到满意	感到无用、无价值、沮丧

大学生处于青春期（12~18岁）和成年早期（18~30岁），青春期的主要发展任务是"自我同一对角色混乱"。这一阶段，个体的主要任务是建立一种新的自我同一感。如果能做到这一点，就获得了自我同一性，也就意味着他对于自己是一个怎样的人，将要去向何方，以及自己与社会的关系，有了一种相对稳定且连续的认知。可以说，自我认同的形成，是人们做出重要人生选择的基础。只有经过不断尝试、探索和整合，才能真正达成自我认同。而这个过程很有可能布满了荆棘，有些人穿过了危机，有些人却陷入了迷失。这个探索过程是必要而艰难的。如果在这个阶段不能获得同一性，就会产生角色混乱或消极同一性。

成年早期的主要发展任务是"亲密对孤独"。在这一阶段，个体的主要任务是发展亲密感以避免孤独感，体验爱情和婚姻的实现。上大学是一种很好的"分离"，我们从空间上与父母分离，在心理上也进一步自主。当孩子渐渐长大的时候，会发现父母的价值观和孩子的价值观很不一样，毕竟父母和孩子成长的时代背景有所不同。随着长大成熟，更多的学生都表示不会主动和父母谈论自己的心事，父母和自己生活的处境很不一样，在表达时需要做出很多解释。在20岁左右，人们开始慢慢离开自己的家庭，将更多的心理能量投注到身边的关系中，发展亲密关系。如果还没有发展亲密关系，同时没有较好的人际关系，就会感到十分孤独。

自我确认清单

这是一份检查清单，帮助我们澄清我们想要的，并提醒我们向理想的生活前进。

1. 关于自己的思考

（1）我最擅长的5件事是什么？

（2）我最热爱、最有激情去做的5件事是什么？

（3）我既擅长又有热情去做的事是什么？（找到兴趣和能力的交叉点）

2. 关于未来的想象

想象一年后的自己：我可以过上自己梦想中的生活，在我最想要待的地方，和我最想要一起的人在一起——

（1）我的一天会是什么样的？

（2）我在做什么？

（3）我和什么样的人在一起？

（4）我在哪里？

（5）当想象这一场景时，其中留下最深刻印象的是什么？

（6）想象这一天到来时，我有什么样的感觉？

3. 关于今天的自己

（1）我现在的日程上有哪些任务？今天需要见哪些人？今天给自己设定的目标是什么？

（2）我的今天，是否符合前面找到的兴趣和能力的交叉点？现在所做的大多数事情，是否符合我的天赋、热情和兴趣，是否符合我的能力？

（3）在当下的一天和想象中的一天，我观察到了哪些差异？

（4）如果可以从想象中的一天里带回一些东西，我会带回什么？

（5）今天的我，可以有哪些不同？

4. 深入思考：审视你在接下来一天、一周和一个月里要做的事情

（1）目前的任务和我最想要做、最擅长做的事情有什么关联？

（2）在"我要去做""我最想要做""我最擅长做"的事情的路上，有什么阻碍？

（3）哪些任务是我为了开启新的机会而必须放弃的？哪些任务实际上在阻碍我向着想要的未来前进？

5. 放弃那些模棱两可的可能性

如果没有清晰的"是"，现阶段就意味着"不是"。

（二）环境变化

环境给予行为暗示，环境诱发人们的行为。比如在图书馆，自然会想到读书、学习、安静。如果你想好好学习，你会优先选择在自习室而不是其他娱乐场所，自习室中大家在奋笔疾书，自己学习也变成一件不费力的事。在家，软乎乎的枕头，舒适的卧室，会让大脑更自然地联想到休息、睡眠，这也是为什么在卧室看书很容易看着看着就睡到了床上。大学环境与高中环境有哪些异同？它们也会分别激活不同的行为倾向。与高中相比，大学是"松散""自由"的。如果高中是独木桥，是小镇上的公园，所有人都齐刷刷地走在一条路上，高考，你固定座位的伙伴自然地

成为你的朋友；你不需要花太多时间做选择，要不要高考、要不要学数学，通常没得选择。而大学就是在繁华的交叉路口，是迪士尼乐园；有人选择投身社团，有人选择努力学习，有人发现不喜欢本专业就选择转专业，还有人会选择退学、休学创业。选择是你上大学必然要面对的，大学更考验一个人的自我管理能力。与高中相比，大学更容易感到孤单，人与人的距离会更远，体会到的孤独感也会更强，人际交往的困扰也会更多。因此，有人说，高中是一群人的高中，大学是一个人的大学。

从高中进入大学是让改变发生的好时机。为什么每年都会有人在新的一年立下新目标？在新的地点、新的时间，会给人焕然一新、实现改变的勇气，因为环境的变化也是行为改变的契机。大学的"松散""自由"的变化在最开始会给大学生带来一些不习惯、需要适应的感受，也会根据环境做出一些改变。好的改变会激活大学生的自我管理、自我确认能力，不好的改变会让大学生沉迷于短期的快乐而陷入长远的迷茫。

（三）高层次需要的激励

心理学家马斯洛系统总结出需要层次理论，马斯洛把需要分为八个层次：第一层次是生理需要（食物、水、休息、消除紧张的需要）；第二层次是安全需要（安全、舒适、宁静、不害怕的需要）；第三层次是归属与爱的需要（融入别人中间、与他人建立关系、爱与被爱的需要）；第四层次是尊重需要（自信、价值与能力感、自尊与受别人尊重的需要）；第五层次是认知需要（知识、理解、了解新奇事物的需要）；第六层次是审美需要（秩序、美感的需要）；第七层次是自我实现的需要（发挥潜力、拥有意义深远的目标的需要）；第八层次是超越需要（超越个人自我的价值观的需要）。

在普遍物质追求得以满足后，人们对精神追求有了渴望。按照马斯洛的观点，低层次的需要没有得到满足时，它就支配着人们的动机。如果基本的生理需要很紧迫，其他需要就会处于压抑状态。只有当它得到适当满足，高层次的需要才会对人产生激励作用。新冠肺炎疫情防控期间，人们生理需要的满足有时会受到影响，安全需要也会遭到破坏。人们最关切的是怎么买到菜、怎么看病的问题。在国家层面，最关心的也是民生问题，这是国民最基本也是最重要的需要。除了特殊时期以外，我们的物质生活有了大幅提高，生理需要得到了满足，对精神层面的需要会给予我们激励。

新时代大学生的物质生活整体比较充足，基本的吃穿用度都能得到满足，大学生也会自发地考虑如何生活得更好，如何生活得更有意义，如何发挥自己的潜能、实现生命的价值。

第二节

与心灵对话：心理视角话成长

一、什么是心理学

（一）心理学的定义

说到心理学，你会想到什么？学习心理学能不能让我变得更幸福？怎样追回前女友？看到有些人似乎天然就有许多好朋友，会交朋友的能力是天生的吗？早年与父母的关系是否会影响成年后的亲密关系？……的确，无论是个体层面、还是组织/集体层面，甚至是国家和民族层面，心理因素可谓无处不在，对人类生活各个领域的关注和研究，是心理学的魅力所在。

抑郁症现在越来越多地被提及、被讨论，不少人自报曾经患有抑郁症，也在公共讨论区看到有人因无法忍受抑郁的困扰而选择结束生命这样的不幸事件。

> 小华和他的朋友们有一天就抑郁症问题进行了讨论。朋友 A 说：我觉得人人都有一些抑郁因子，当代人生活压力很大，人想要的超过自己能得到的，所以导致抑郁。朋友 B 说：抑郁的人不会爱自己，他们大都有个折磨人的原生家庭，是早年父母没有给予他们无条件的关爱而导致抑郁。朋友 C 说：哪有那么多抑郁症，是我们测量抑郁的仪器更灵敏了，才让更多人觉得自己患抑郁症了。

上述场景中的人其实是在讨论心理学问题，小华觉得大家说得好像都有点道理，都有点心理学的意味。正如心理学家海德所说，每个人都是朴素的心理学家。根据他人的行为表现和情境，结合自身的知识与经验来推测和判断他人的心理与行为特征，常常就是朴素的心理学家的"工作"。

> 小华和朋友 C 的观点有些相似，他认为抑郁症知识的普及与抑郁症患者数量陡增有关，他想知道心理学家会如何研究这个问题。

心理学的研究目的是描述、解释、预测和控制行为。为什么越来越多人抑郁，是小华最初的好奇，可是这个问题太大、太宽泛，且有预设。我们需要基于大量的资料提出一个精准的问题。例如，把问题变为抑郁症科普与抑郁症患者数量陡增的相关性。首先是描述现象，描述的任务是进行精确的观察，心理学家一般把这种观察结果称为行为数据，在收集行为数据时，要选择一个适宜的分析水平，并且设计出能保证客观性的度量行为的方法。描述忠实于可觉察到的信息，而解释则需要谨慎地超越描述。心理学家首先要收集影响结果的多个可能因素即自变量，通过设计实验，控制所有与假设无关的变量，单独研究抑郁症科普与抑郁症的关系。当我们通过实验了解到抑郁症科普与抑郁症是如何相关时，我们就到达下一步——预测。这里假设我们得到的结论是科普促进群众对抑郁症的了解，从而对是否患抑郁症更加敏感，那么控制抑郁症科普这个变量，就可以影响抑郁症患者数量的变化。如果控制成功，则说明解释是有说服力的。

或许，你已经注意到朴素的心理学家和科学的心理学家的差异了。前者的思考过程参照的是个人经验，可能还有一些偏见甚至是逻辑谬误；后者的思考过程参照学科或研究，遵循客观、科学精神和严格的科学方法，谨慎地得出结论。人类的心理活动无比复杂，无法直接研究。心理学家会从不同视角来开展工作。

希望通过以上例子，让大家对心理学有一个简单的了解。

心理学是对个体的行为及精神过程进行科学研究。科学研究方法包括一套用来分析和解决问题的有序步骤。心理学的研究目的是描述、解释、预测和控制行为，应用心理学还有第五个目的即提高人类生活质量。心理学体系比较复杂，它脱胎于人文科学，与哲学、文学、历史、艺术、宗教又有复杂的联系。前沿科学如脑神经科学、认知科学、认知神经科学、人工智能等，又与社会科学有很多交叉之处。心理学研究的许多问题都和社会科学挂钩。例如，看暴力视频、玩暴力游戏，会不会增加儿童日常生活中的暴力行为，是儿童发展、家庭教育的问题。心理学积极尝试用自然科学的方法回应社会科学的问题。例如，面临人口老龄化，老年人如何保持生活质量，这属于心理学与老年健康科学的交叉之处。

在翻阅本书之前，你和心理学有过哪些交集？有同学说，自己在中学的时候就上过心理学的课，看过弗洛伊德的《梦的解析》；有同学说，自己对微表情很感兴趣；还有同学提到影视剧里有对心理医生的描述。你会发现，其实你在翻阅本书之前，你已经跟心理学有过许多交集了。比如在消费这件事上，商业把心理学技巧使用得炉火纯青。

心理拓展

"让同样的食物变得更甜"——白色圆形盘子是更好的选择

2012年，西班牙的食品工程研究者Betina和同事做过一个实验，想看看盘子颜色对食物甜度的影响。他们将相同的两个草莓慕斯分别装在黑色盘子和白色盘子里，接着请参与者轮流品尝两个盘子中的草莓慕斯，然后对两个草莓慕斯的甜度打分（1～10分，"1分"意味着一点也不甜，"10分"意味着非常甜）。结果发现，参与者们给白色盘子里的草莓慕斯甜度平均打了7.04分，而给黑色盘子里的草莓慕斯甜度平均打了6.17分。也就是说，大家觉得用白色盘子装的草莓慕斯尝起来更甜。除了颜色，盘子的形状也有讲究：把甜品装在圆形盘子里，比装在方形盘子里尝起来更甜。

（二）心理学的文化异同

景怀斌认为，东方人倾向于以一种整体观的认知方式来看待世界，而西方人倾向于以一种分析论的认知方式来看待世界。许多东亚国家民众的思想中都包含着朴素的辩证思想，其核心即变化律、矛盾律和整合律。变化律认为现实是流变的，一切存在都不是静止的，而是变化的；矛盾律认为现实是充满矛盾的，矛盾是永恒存在的；整合律认为所有事情都彼此关联，没有什么可以孤立存在。而西方人则倾向于以一种非黑即白的方式来看待整个世界。相应地，西方人的思维方式更倾向于线性思维，强调同一律、非矛盾律和排中律。这种思维方式上的差异使得东方人能够容忍矛盾、期望变化，会在归因时倾向于向外归因，而在知觉世界时倾向于看到背景，不仅仅是关注焦点。随着积极心理学的兴起，大量研究者开始关注人类的积极心理品质，如宽容、公正、感恩对个体心理健康及心理和谐发展的影响。这种带有鲜明幸福感价值取向的美德，不但体现了有关心理健康的主要特质，而且反映了人们在不同文化背景下对心理健康的共同认知，以及这种认知对幸福感的反哺作用。

现代西方心理咨询学说，大都有其文化或哲学传统基础。如从弗洛伊德的理论中，可以看到古希腊快乐主义的影子。又如弗兰克尔的意义疗法，有犹太宗教思想背景。这启发我们，儒家关于人的精神生活的基本理念，同样可以成为构成适合中国人的心理咨询学说的哲学和文化基础。景怀斌的研究表明，从先秦到晚清，儒学经历了复杂的演变，呈现出同心多面的形态，形成了人生儒学、伦理儒学、政治儒学等儒学分支。人生儒学的核心思想，用孔子的话来概括，即"仁"的精神。"仁"的价值取向规定了人之所以为人、如何为人的价值理念；伦理儒学强调人与动物的区别，强调人的血缘亲情认知，主张经过礼乐教化，形成人的社会性；政治儒学则是儒家根据自己的人生、社会理念，设计出的修齐治平的政治学说和政治制度。对于人生儒学来说，它关注的是人的精神生存。"孔子之学名为'仁学'，这是就其理想而言。就其现实而言，孔子之学则可名为'人学'。""儒家传统的根本关怀就是学习如何成为人。"而现代心理咨询的目的是解决人的心理问题，提高人的适应能力，促进人的健康成长。儒家既然以"成人"为目的，儒学，特别是人生儒学就要从根本上回答人如何生存才是合适的。这就不能不涉及人与自身、人与人、人与社会等诸多问题。围绕这些问题，儒家给出了自己的解释，如人生意义问题、挫折问题、人际关系问题、身心调节问题等。之所以阐述儒家思想对心理咨询的价值，不仅源于中国历史文化传统的主流是儒家的历史事实，还在于儒家思想已经与中国人的心理生活成为一体，而且从西方心理咨询发展的经验看，也离不开传统文化的滋养。

二、心理学如何促进大学生的成长

（一）了解心理学规律

有人的地方就有心理学，在商业、传播、科技、管理、脑神经科学等方方面面都有心理学的影子。

1. 关于人类记忆的心理规律

著名心理学家卡尼曼曾做过这样一个实验，让参与者带着家人一起去迪士尼乐园。在游玩的过程中，研究者每小时都会给参与者发短信，让参与者用从1~10的数字来为当下那个时刻的体验打分，1表示很糟糕，10表示很尽兴。研究者一共询问了6次，参与者的一天是这样展开的：

上午9点：把孩子们像赶鸭子一样赶出酒店房间，空气里弥漫着兴奋感。打分：6。上午10点：父母和孩子们一起到"小小世界"游玩，双方都以为对方一定会对这里的项目很感兴趣。打分：5。上午11点：在乘坐完"飞越太空山"过山车之后，大家体内影响快乐指数的激素都爆了表，孩子们恳求再坐一次。打分：10。正午：和孩子们一起享用游乐园里的高价餐饮。打分：7。下午1点：在佛罗里达中部36摄氏度的高温中，参与者已经在队伍里排了45分钟之久。参与者正忙着阻止孩子们啃扶手栏。打分：3。下午2点：在走出游乐园的路上，买了几顶米老鼠耳朵造型的帽子。孩子们看上去真可爱。打分：8。想要对参与者的一天做个总结，算出这些评分的平均数就行：6.5分，挺愉快的一天。

再假设，研究者在时隔几周之后又给参考者发短信，让参与者为游玩迪士尼乐园的整个体验打分。合理地预估答案应该是6.5分，因为这个分数将参与者一天的高峰和低谷都囊括在内了。

研究者发现，这个推测与实际答案差了许多。在回顾迪士尼乐园一日游时，总体评分在 9 分。研究发现，在回忆一段体验的时候，我们会忽略这一过程中发生的绝大多数事情，而只关注几个特殊的时刻。就这个例子来说，乘坐"飞越太空山"过山车和购买米老鼠耳朵造型的帽子这两个时刻记忆犹新。要想理解这两个时刻为何比其他时刻重要，我们需要来探索一些潜在的心理因素。

在另外一个类似的实验中，参与者需按要求经历三场痛苦的考验。在第一场考验中，参与者要把双手插入盛满 13.8 摄氏度冷水的桶中，保持 60 秒。

第二场考验与第一场类似，但是参与者需要将双手浸在水中 90 秒，而不是 60 秒，在最后的 30 秒钟里，水温会升高至 15 摄氏度。在最后的 30 秒里，虽然仍不好受，但是对于绝大多数参与者来说，难受的程度得到了大幅缓解（请注意，虽然研究人员对时间进行了精心的监控，但参与者没有被告知时间过了多久）。在最后一场痛苦的考验中，参与者面临这样的选择：你是愿意重复第一次考验，还是第二次考验呢？问题很简单：两个选项都包括了长达 60 秒的一模一样的痛苦体验，但是第二次的考验之后额外附加了一段长达 30 秒的稍有缓和的痛苦体验。尽管如此，69％的人都选择了时间更长的痛苦体验。

导致这个令人百思不得其解的实验结果的原因在于，人们在评判一段体验的时候，会很容易忘记或忽略这段体验持续时间的长短，这种现象被称为时长忽略。看起来，人们会根据两个关键的时刻——最好和最坏的时刻（峰值时刻和结尾），来评判一段体验的好坏，这种现象被心理学家称为峰终定律。

在参与者的回忆中，60 秒和 90 秒之间的差别被冲淡了，这就是时长忽略。让他们记忆深刻的是，时间更长的考验要比时间更短的考验有一个更为舒适的结尾。

在回忆迪士尼乐园的体验时，参与者会记起"飞越太空山"过山车（峰值时刻）和米老鼠耳朵造型的帽子（结尾）。除此之外的体验，都很容易变得模糊。

峰终定律适用于不同种类的体验。绝大多数的相关研究都将侧重点放在用时短而易于在实验室里模拟的体验上，如观看视频片段、忍受恼人的噪声等。在较长的体验中，峰值时刻仍然占据重要地位，相比之下，结尾的重要性却有所减弱。开头和结尾之间的界线可能会被混淆：如果你因新工作搬到了新城市，这到底是结尾还是开头，抑或二者兼有呢？正因如此，转折点这个词才更加合适，因为它将结尾和开头都囊括其中。在评判自己的体验时，我们并不会取每分钟感受的平均值，而是容易记起意义重大的时刻：高峰、低谷，以及转折点。

魔术城堡酒店在洛杉矶数百家酒店中评分位居前三，竟然将贝弗利山庄四季酒店和洛杉矶丽思卡尔顿酒店这样的竞争对手抛在身后。人们对魔术城堡酒店的评价好得惊人：在"猫途鹰"上的 2900 多条评价中，超过 93％ 的客人对这家酒店的评价为"非常好"或"很好"。但奇怪的是，该酒店的房间陈旧，家具简陋，几乎所有的墙壁都是空落落的，看上去就像一家体面的经济型汽车旅馆。在游泳池边有台樱桃红色的电话机，当拿起电话，对面就会有人应声："你好，冰棒热线。"下好单一分钟后，一位戴着白色手套的工作人员便会将樱桃、橙子或是葡萄口味的冰棒用银色托盘盛着，来到游泳池边，免费送到你手中。酒店还有可供免费下单的小吃菜单，从奇巧巧克力、根啤到奇多玉米条，应有尽有。另外，酒店还有棋牌类游戏选单和影视选单，全都可以免费获取。愉快的服务体验有一个让人意想不到的特点：这种体验的绝大部分时间都平淡无奇，但偶尔会让人拍手叫绝。

2. 关于态度的心理规律

> 在湖南的安爷爷最近很苦恼，每天下午四点多，就有一群孩子放学路过他家附近时吵吵闹闹。安爷爷也曾去和这些孩子讲理，孩子们却跑得比谁都快。试了很多办法之后，无果。后来，他也想到了一个巧妙的办法，可以让这些孩子安静下来。
>
> 先暂停一下，如果你是安爷爷，你能想到什么办法？
>
> 其实安爷爷的办法就是创办了一个争吵比赛，吵得最厉害的孩子可以获得奖励。慢慢地，一周之后，安爷爷就把比赛取消了，这是为什么？最开始这群孩子在这里吵吵闹闹，他们的动机是觉得好玩，是主动发出的行为，但是随着外部奖励的消失，这个行为也消失了。

上述案例展示的是由外部动力轻视内部动力的一个过程。大家也可以想一想，自己在学习过程当中，比如自发学习某种乐器时，是不是也有这样一个过程？可能最开始的行为是自发的，你只是很享受这个过程。慢慢地这个结果的比重越来越大，你越来越看重结果，当结果不那么理想时，你就不会再实施这个行为。其实这是外部动力侵蚀内部动力的现象。比如评奖评优，短时间看，它有一定的效果，可以帮助我们更快地选拔人才，也可以更直接地提升人们的动力。但是长时间看，如果人们过分在意外部结果，则可能会失去过程的乐趣，会以这个结果好不好、容不容易获得好结果来判断是否采取行动。这个过程是由外部动力轻视内部动力的过程，我们要警惕这样的过程。

再来谈谈态度转变与说服。说服是比较常见的，无论是销售人员卖产品，教师传授知识，还是心理咨询，这些场景中都有说服。说服的基本规律是为了保证认知和行为上的一致性，人们常常先让一个小小的行为发生，进而去挑战认知。比如，你想要和一个人拉近关系，你可以让对方帮自己一个小忙，人们会通过帮助彼此做过什么来定义彼此的关系，这也叫作登门槛效应。如果销售员想要让客户买自己的产品，首先要能够敲开对方的房门，进入对方的家里。当你能够进入对方的家里时，就意味着你们的关系又近了一步。

3. 关于人类理解与决策的心理规律

> 大家可以一起来看看这样一个实验。假设一个600人的小镇发生了传染病，研究人员提供了4种治疗方案（见表1-2），给两组人进行选择。给第一组的参与者提供两种方案。方案A：200人将生还。方案B：有1/3的机会600人将生还，而有2/3的机会无人生还。同时也给第二组的参与者两种方案。方案C：400人将死去。方案D：有1/3的机会无人死去，而有2/3的机会600人将死去。
>
> 表1-2　4种治疗方案
>
> | 第一组 | 如果采用方案A
200人将生还 | 如果采用方案B
有1/3的机会600人将生还，而有2/3的机会无人生还 |
> | --- | --- | --- |
> | 第二组 | 如果采用方案C
400人将死去 | 如果采用方案D
有1/3的机会无人死去，而有2/3的机会600人将死去 |
>
> 如果大家仔细观察，就会发现，其实方案A和方案C是一致的，方案B和方案D是一致的。但是在执行决策的过程中，第一组人有72%选择了方案A，第二组人有78%选择了方案D。

同样的信息，却产生了截然相反的选择。在听人描述问题时，除了关注表达的内容之外，更关注说话的方式，没说什么和说了同样重要。不同的描述方式会影响我们的理解和决策，这种描述叫作框架效应。人们在做决策时，总是对失去更加敏感，失去100元的痛苦远远大于获得100元的快乐。

（二）培养心理学思维

培养心理学思维就像戴上透视眼镜一般，眼中世界、自我和他人的互动会多一种心理学的视角。了解人类情绪、心理发展的规律后，我们对很多事情会更加淡然处之。泰勒·本-沙哈尔因为他的幸福课成为哈佛大学受欢迎的老师之一，他最常被问到的问题是："作为研究幸福的专家，你是不是就没有痛苦时刻了？"他的回答是，尽管能够将相关理念应用到我们的生活当中，这就像强化我们的心理免疫系统，强大的心理免疫系统并不意味着我们从来不会生病，我们会感到痛苦，这是我们生而为人的条件。不同的是当你有更强大的免疫系统，生病后会恢复得更快，生病的频率也会降低。"现在我在心情低落的时候，我甚至都不担心它，只是觉得我又一次不开心了而已，这说明我也是人，我还活着，我必然就会有心情糟糕的时刻。"

（三）自我终身发展

> 小华最近的生活充满了挑战，他大学选择了自己喜欢的专业，但是没想到课业非常繁重，从上学期开始小华不是上课就是奔波在上课的路上。小华希望未来可以出国深造，要尽早参加语言考试，因此小华挤出额外的时间去学习语言。小华每天都很疲惫，一学期结束了，无论是语言还是学业考试，小华都觉得不能令人满意，他感到很挫败。新学期来了，小华有了一些恐惧和麻木，每天早起也变得困难，对于课业的繁重倍感压力。与此同时，他的异地女友向他提出了分手，他很痛苦，也为此偷偷哭过。以往他还可以通过玩游戏、睡一觉来让自己感觉好过些，如今玩游戏和睡觉之后他依然感觉难受。晚上睡得越来越晚，白天也起不来。小华开始逃课，他陷入自责的循环，觉得自己把生活过得一团糟。学业、爱情都不顺利，一定是自己的问题，但同时他也感到无能为力，有时会想如果能直接从世界上消失就好了。
>
> 如果你是小华的朋友，你会如何理解小华如今的状态？你会如何对待小华？

小华的朋友丽丽觉得小华给自己太多压力了，上学期的课业如此繁重而他没有取得让自己满意的成绩，因此才一蹶不振。丽丽想到之前了解过一个概念叫作最近发展区。她想小华是给自己定了过高目标而带来挫败感，她建议小华调整自己的目标，找到学习上的最近发展区，就会慢慢好转的。丽丽看到了小华在学业上的困难，她认为小华了解更多学业发展的规律可以帮助他渡过难关。在第二章，会详细介绍学业发展的心理规律，也帮助读者适应学业发展。

小华的室友北北觉得小华其实上学期表现得不错，但是他似乎很焦虑，结果不理想，他就会想到未来各种糟糕的结果，同时他过得也很压抑，有时候又显得很烦躁。如果小华能够多宣泄，让自己的情绪释放出来，也许会感觉好一些。北北认识到了情绪管理的重要性，他觉得小华陷入消极情绪不可自拔，他想如果小华能更好地管理自己的情绪，可能会更快地走出来。在第五章，会详细解释情绪的概念，以及如何识别自己的情绪并了解情绪的秘密，也帮助读者更好地与自己的消极情绪相处。

小华的高中好友阿增很担心小华，小华的表现让阿增想到自己高中的灰暗日子，特别是小华半夜给自己发的那条信息："最近好难过，有消失的想法。"阿增曾在高中被诊断为处于焦虑、抑郁状态，他觉得小华的各种表现和他当时很像，他建议小华去看心理医生。阿增从心理疾病的发展的角度看到了抑郁状态的端倪，人在生命的某段时间可能会陷入抑郁状态，什么时候需要就医，心理疾病是如何发生、发展的，见第十章。

小华上铺的瑞哥觉得小华就是失恋了，所以才会这么难过。天涯何处无芳草，他总想带着小华去多认识一些朋友，或许小华就可以尽快从失恋中走出来。不过瑞哥其实也在暗地怀念已经分手一年的前女友，他觉得自己理解小华，但也希望能够找到一些办法让小华和自己都能从这种失去中走出来。在第十一章，会介绍丧失的心理规律，以及如何从失去中复原、赋能。

第三节

向幸福出发：心理健康素养

一、什么是心理健康

（一）心理健康的标准

什么是心理健康？有同学说，顾名思义，指的是心理上的健康，那是循环解释。也有同学说是不是指精神分裂、抑郁、焦虑？那些只是心理障碍的名单，也不是心理健康。还有同学说是不是指开心？开心只是一种情绪，我们还有很多其他的积极经历完全跟开心没有任何关系。什么是心理健康？学术界没有给出一个明确的答案，但是世界卫生组织给出了一个定义：心理健康是个体认识到自身能力的一种健康状态，可以应付日常生活的压力，可以高效地生活，以及可以对自己所处的环境做出贡献。同时，心理健康是以我们自身的能力对挑战做出反应。这里的挑战泛指一切，从突然碰见一只老虎到准备考试，也可以指身体上的疾病，社会上的欺凌或人际上的冷落；可以是消极的也可以是积极的，比如全身心投入对某人的爱恋、结婚、搬迁、进入一个新的工作环境，或者一篇难写的论文，或者亲人的去世，等等。

人们的预测能力总是远远落后于适应能力，事实上人生很少按部就班地按计划走，当我们被命运捉弄和折磨，还有各种不确定因素所困扰时，心理健康是我们的一种能力，能让我们卷土重来以及掌控自身的处境。

（二）心理健康是一成不变的吗

怎样才能获得卷土重来的复原力？心理健康是与生俱来的吗？有些人天然比另一些人更健康吗？答案是否定的，心理健康是可变的，对心理健康造成影响的因素按积极和消极可分为保护因素和破坏因素。保护因素如自我效能感，能给予支持和保护的家庭与友谊。保护因素能够让人保持一种积极的心理状态，以及走在正确的人生轨道上。破坏因素如慢性疾病或者社会经济地位低下，会有相反的效应。人生中这些糟糕的事件、消极的影响会让人的心理健康水平下降。例如，新冠肺炎疫情给每个人带来生活上的不便，给某些人带来的可能是更加严重的打击，此时人的心理健康水平的下降是正常的。不过保护因素可以抵消破坏因素，早期引入保护因素可以帮助人塑造更为积极的心理健康水平，对后期的心理健康有深远的影响。从这个角度讲，心理健康可以让人应对人生中的挑战，人的精神状态随时会被破坏因素侵蚀或被保护因素支持。

心理健康是动态变化的，受保护因素和破坏因素的影响。保护因素可以缓冲破坏因素对心理健康的破坏。换言之，我们可以主动调节心理健康水平；此外，我们还可以通过多获得保护因素来提高心理健康水平，避免人为的破坏因素（如不良习惯）的影响。

心理健康意涵丰富，我们不可能一直处于心理健康状态。大自然有春夏秋冬，人的状态也会有起起伏伏。在状态不佳时，我们要意识到这是正常的，接纳低潮可以帮助我们更快地走出来；同时，心理健康是可调节的，当我们意识到自己所处的健康水平的，可以有意识地去调节它，使我们内心更为健康平和。

二、心理健康的影响因素

（一）生物因素

生物学观点引导心理学家在基因、大脑、神经系统和内分泌系统中寻找行为的原因。生物学取向通常关注三种病因：脑功能失调、生化失衡和基因异常。脑功能失调、生化失衡和基因异常可以相互影响。例如，DISC 1基因可能增加患精神分裂症的风险。又如，基因因素可能导致脑功能失调，而脑功能失调可能造成生化失衡。大脑的高效运行需要大量的化学物质。这些化学物质包括神经递质和激素，后者由内分泌系统产生。5-羟色胺这种神经递质经过很多关键的脑区并影响其功能。5-羟色胺对心理健康特别是情绪和冲动（例如攻击性冲动）有重要作用。多巴胺是强化或奖赏体验的相关脑区中的重要神经递质，酒精等具有奖赏作用的物质会对多巴胺产生影响。去甲肾上腺素是一种主要由脑干神经元生成的神经递质。可卡因和苯丙胺是广为人知的两种药物，它们可以通过延缓再摄取过程来延长去甲肾上腺素的作用。由于再摄取被延迟，接收神经元的兴奋时间就会延长，从而导致这些药物的精神刺激作用。当大脑中的去甲肾上腺素含量过少时，个体的情绪就会受到压抑。

神经递质和内分泌系统的正常运行需要精巧的平衡，而且很多因素都能打破这个平衡。例如，长期应激会导致神经递质和内分泌系统的失调，这种失调在应激消失后仍然持续。

（二）心理因素

不同的理论流派对心理健康有不同的理解。通常会从人们的信念、生活经历和人际关系中寻找异常的原因。具有代表性的心理学取向包括心理动力学取向、认知行为取向、人本主义取向、家庭系统取向和第三浪潮取向。心理动力取向认为，行为是由强大的内部力量驱使或激发的，行为的主要目的是降低紧张度，心理健康的最终表现是压抑最小化、功能最大化。认知行为取向认为，事件是中性的，是我们的认知偏好和行为偏好影响心理健康。人本主义取向认为，人既不是由强大本能力量所驱使，也不是由环境和认知所操控，相反，人是先天良好且具有选择能力和能动性的动物，人的主要任务是使自身的潜能得到不断发展。

（三）社会文化因素

社会文化因素主要包括小环境、中环境和大环境。小环境指我们的家庭，家庭关系是否良好、氛围是否和睦；中环境通常指学校、公司等社群，学校中学业竞争是不是良性共赢互惠，评价体系是否趋向单一；大环境是我们的社会氛围、文化氛围、全球发展趋势等。元回归结果表明，近年来大学生焦虑、抑郁、睡眠问题和自杀未遂的检出率显著增高，这一趋势与国外的一些研究一致。近年来我国社会发生了重大变化，现代化水平大幅提高，人民生活质量明显改善。这个过程也伴随着日益增多的社会问题，如中国传统家庭观念和价值体系的式微、教育公平问题的凸显、网络文化的冲击等。这些都会间接导致大学生心理失衡，进而诱发焦虑、抑郁等不良情绪，加剧睡眠问题，甚至提高其产生自杀行为的概率（俞国良、王浩，2020）。大学生睡眠问题日益突出可能与过度使用手机有关。随着互联网的发展与普及，智能手机的功能越来越强大，一些大学生睡前沉迷于网络购物、游戏、聊天等手机娱乐活动，从而导致睡眠时间被占用，睡眠质量也有所下降（王纪申等，2021）。

社会文化因素提高了我们的觉悟。作为社会成员，我们有责任去改变让部分人容易产生心理病态的社会状况。社区心理学和社会工作这两个职业领域就是着眼于赋予个人改变其社会状况的能力，从而帮助他人提升心理幸福感和生活质量。

然而，社会文化结构理论也因在社会和文化力量导致个体心理困扰的具体方式上模糊不清而遭到批评。社会变化或应激是如何导致抑郁症、精神分裂症等疾病的？为什么大多数承受了社会压力和变化的人却没有产生心理困扰？

拓展阅读

新冠肺炎疫情对全球和本地民众心理健康的影响

全球心理健康问题日益严峻。相关研究显示，新冠病毒流行对全球民众心理健康造成了前所未有的危害。对8个新冠病毒流行的国家的研究显示，普通人群中焦虑、抑郁、创伤后应激障碍、心理困扰和压力的发生概率有所提高。新冠肺炎疫情造成的孤独感是抑郁、焦虑和创伤后应激障碍的最强预测因素。

2021年10月8日，《柳叶刀》网络版发布了由全球数十名研究人员联合撰写的研究报告，该研究考察了在2020年新冠肺炎疫情极严重的时期，204个国家和地区中抑郁症和焦虑症的发病率及其严重程度。研究人员还回顾了全球抑郁症和焦虑症的相关历史数据，作为新冠肺炎疫情之前的数据进行比对。在新冠肺炎疫情防控期间，全球男性与女性焦虑症的发病率增加了25.6%，抑郁症的发病率增加了27.6%。这两种疾病的女性发病率明显高于男性。女性抑郁症发病率增加了29.8%，男性为24%。女性的焦虑症发病率增加了27.9%，男性为21.7%。

新冠肺炎疫情的严重程度与这两种疾病的发病率增幅之间存在明显的相关性。例如，受新冠肺炎疫情影响较严重的国家和地区，其国民的抑郁症和焦虑症的发病率增幅也较大。无论在疫情出现之前还是之后，男性和女性的抑郁症和焦虑症的发病率随着年龄增长都呈现逐渐降低的趋势，例如，20~39岁的男性和女性患抑郁症和焦虑症的比例最高，其次是40~49岁之间的男性和女性，接下来是50~59岁的男性和女性。以此类推，这一趋势一直延续到90岁人群。

国家政策持续发力，对全民普惠及青少年心理健康事业的关注和投入显著增加。2021年3月，《中华人民共和国国民经济和社会发展第十四个五年规划和2035年远景目标纲要》提出，要完善心理健康和精神卫生服务体系。

（四）生物-心理-社会模型

人们常问："这种病的病因是生物的、心理的还是环境的？"这就是常说的天性-教养问题：心理障碍是由个体天性或生物因素引起的，还是由个体教养或生活环境引起的？该问题暗示一种障碍只有一个病因，而不是多个。实际上，大多数心理障碍理论都在寻找引起人们患上某种特定心理障碍的某个因素、某个基因、某次创伤体验或者某种人格特质。然而，当代很多学者持生物-心理-社会取向，认为心理障碍的发生和发展常常是生物、心理和社会因素共同作用的结果（见图1-1）。这些因素常被称为高危因素，因为它们增加了出现心理问题的风险。高危因素可以是生物的，如遗传倾向，可以是心理的，如在严重应激情境中很难保持镇静，也可以是社会文化的，如在歧视的应激下长大。

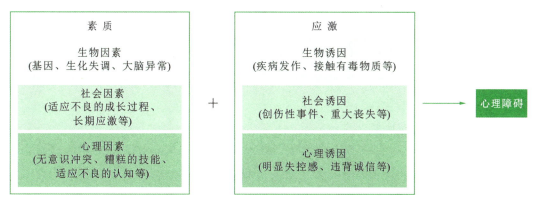

图 1-1　心理障碍的诱发因素

在很多情况下，某种高危因素尚不足以导致严重的心理障碍。心理病态的发生和发展可能还有着其他的经历和诱因。同样，诱因可以是生物的，如引起人体特定激素分泌失调的疾病；也可以是心理或社会的，如创伤事件。只有当易感性和应激同时作用于一个人时，心理障碍才会全面显露出来，人们称之为素质-应激模型。生物-心理-社会模型的主要思想是把人理解为生物、心理、社会三种属性的统一体，人的健康和疾病不仅是生物学过程，而且有心理和社会的因素起作用，要从生物、心理、社会相统一的整体水平来理解和防治疾病。该模型主张在已有生物医学的基础上，加强心理和社会因素的研究和调控。

生物-心理-社会模型在更高层次上实现了对人的尊重，不仅重视人的生物生存状态，而且重视人的社会生存状态。从生物和社会结合上理解人的生命，理解人的健康和疾病，寻找疾病现象的机理和诊治方法。健康和疾病是一种互相延续的状态，在一定条件下可以互相转化。

从心理机制上看，社会支持对心理健康具有保护性意义，同时良好的作息、积极的心态、灵活的应对方式都可以帮助我们渡过心理难关，这些因素即保护性因素。破坏因素则包括保护因素的缺乏、糟糕的人际关系、持续的压力事件等。

🍃 心理体验

1. 对人为的破坏因素的识别

假如你有一个挣 1000 万美元的机会，只要你花半个小时，你要完成的任务是让自己更难过、更痛苦，到达痛苦的顶峰，你会怎么做？

可以和朋友讨论，你会发现有很多方式可以让自己"达成目的"，比如养成让自己痛苦的生活习惯，使用令人痛苦的思维方式，笃信"他人即地狱"，努力把自己活成一座孤岛，让生活没有意义，等等。你还会发现，有些方式正是你此刻在使用的一些习惯，它们有些是快乐的陷阱，让你暂时获得快乐，长时间却会让你感到痛苦或者停滞不前。识别并警惕这些行为方式。

2. 创造保护因素

1）一周幸福计划

为自己设计一个一周幸福方案，帮助自己增加幸福感，每天占用时间不超过 10 分钟，必须是自己尝试过可行的，可以是外在活动，也可以是内心调整。

2）夸夸账户

建立自己的夸夸账户，可以是一些成绩的截图，这些成绩不一定很大，可以是他人的欣赏和良好反馈，也可以是自己对自己做到某些事的肯定，简而言之，是那些让自己觉得自己不错的生活碎片。

3）人际百宝箱

好的关系可以帮助我们免于人际压力，大家可以通过回答以下问题来回顾自己的人际资源：

（1）你悲伤的时候有谁可以倾诉？

（2）你缺钱的时候可以找谁借钱？

（3）你遇到举棋不定的事时可以找谁商量？

（4）你高兴时想和谁分享？

4）每周三件好事

这三件事是让自己觉得或快乐，或有意义，或感动的事，比如说读到一本好书、吃到一道好菜、听到一个好消息……在过程中重点体会自己内心的感受。同时分享事件发生时的心情，为什么会发生这件好事？和谁分享了这些好事？注意觉察自己在分享过程中的心情、感受，以及他人的反应。可制作成三件好事分享视频集或相册，细细品味美好的幸福和回忆。

三、心理健康与幸福

近年来,社会对幸福感的追求、心理健康的关注度在持续升温,人们越来越意识到心理健康是人的全面发展的必然要求,是人类快乐、幸福且体面、有尊严生活的基础,更是影响经济社会发展的公共卫生问题和社会心理问题。2016年8月,习近平总书记在全国卫生与健康大会上强调,要加大心理健康问题基础性研究,做好心理健康知识和心理疾病科普工作,规范发展心理治疗、心理咨询等心理健康服务。尤其是新冠病毒大流行,以及随之而来的社会心理效应,再次将心理健康问题推到了风口浪尖。实际上,经济合作与发展组织曾于2015年启动了主题为"未来的教育和技能:教育2030"的项目,并于2018年4月发布了该项目的立场文件《OECD学习框架2030》。该框架将教育目标直指人类与社会福祉,将幸福2030作为总领未来教育活动全局的方向,致力于帮助每个学习者作为一个整体的人而发展,实现其潜能,并帮助塑造一个基于个体、社区和全球福祉的共享的未来。这从一个侧面明确提示我们:心理健康是幸福感的重要载体、媒介和具体表现形式。

俞国良认为,心理健康作为幸福感的重要载体和媒介,主要基于以下几个理由。

第一,从内涵上审视,心理健康与幸福感同样重要。根据世界卫生组织的权威解释,心理健康不仅是指没有心理、情绪、行为和社会领域的功能性障碍,而且包括在心理和社会领域维持最佳功能或幸福状态。这里既有"负面清单",又有努力方向。再进一步考察,心理健康有广义和狭义之分。从广义上来说,心理健康主要是指一种高效而令人满意的、持续的心理状态。从狭义上来说,心理健康主要是人的基本心理活动过程内容完整、协调一致,即知、情、意、行和谐统一。判断一个人的心理健康状况应兼顾内外两个方面。从内部状况来说,心理健康的人的各项心理机能健全,人格结构完整,能用正当手段满足自己的基本心理需要,因而主观上少烦恼、少痛苦,能充分体验到幸福感。从外部状况来说,心理健康的人的行为符合社会规范,人际关系和谐,社会适应良好。由此看来,心理健康与幸福感的内涵固然有相似的地方,但幸福感的内涵显然更为深厚,涉及内容更多、范围更广,站位也更高。所谓心理健康,归根结底就是一种幸福状态,一种幸福感的具体表现形式。

第二,从溯源上考察,心理健康需要幸福感的支撑。如前所述,心理健康实际上是一种幸福状态,而这种状态又来自个体根据经验的主观判断,根据事实的客观评价,根据社会适应的综合决策。幸福感成为心理健康的重要源泉,而心理健康作为幸福感的重要载体或媒介,特别需要幸福感的支撑。以主观幸福感为例,它是衡量人们生活质量、心理健康的一个重要指标,是一种积极情绪超过消极情绪,成为主导性的情绪体验,从而使个体能从整体上对生活感到满意的心理状态。研究者引入了领域满意度,即个体对某一具体生活领域的满意度评价,包括健康满意度、学业满意度等,与生活满意度等共同作为幸福感的认知成分。积极情绪、消极情绪等心理维度,均是支撑并构成心理健康结构的重要成分。心理健康主要由认知成分和情绪成分组成,两者的结构具有部分重合性。再深入考察,即从心理健康和幸福感的影响因素来看,其中社会文化因素发挥着重要作用。心理健康凭借社会文化中介而得到幸福感的支撑。

第三,从目标上解析,心理健康的价值追求就是幸福感。毫无疑问,人格是心理健康的核心,也是幸福感的基础。在有关人格特质与幸福感的研究中,人们关注最多的是大五人格特质与幸福感之间的关系。人们起初关注的主要是外向型和神经质两个维度与幸福感的关系,得出了几乎一致的结论,认为外向型与积极情绪、生活满意度有关,与负性情绪无关,可以提高个体的幸福感;而神经质与消极情绪有关,会降低个体的幸福感。可见,仅仅是大五人格物质的外向型和神经质两个维度,就彻底"绑定"了幸福感,又顺便"捎上"了心理健康的积极情绪与消极情绪。为了验证上述观点,研究者采用完全本土化的中国人人格量表(QZPS),通过对人格特质与心理健康的相关研究的回顾,认为除了对心理健康水平作用不显著的人际关系维度以外,其余的六个人格维度与心理健康水平之间呈现三种不同的关系模式。其中,外向型、善良、处世态度以及情绪维度是心理健康的"促进者";而行事风格维度是心理健康的"抑制者";才干维度是心理健康的"促进-抑制者"。在这里,心理健康成为人格的"同义词",它通过人格中介而获得幸福感。同时,随着科学技术的不断发展,很多高新技术产品(如智能手机等)在为人们的生活带来便利的同时,也影响着人们心理健康水平的提高,进而影响其获得幸福感。研究发现,固定电话、移动电话、音乐播放器和个人电脑等需要与网络连接的物品,与个体的高水平幸福感有关。在对移动电话和宽带网络进行控制的情况下,个体的生活满意度水平会显著下降,特别是对已经拥有这些设备的个体来说,尤其如此。互联网的迅速发展,使人们对互联网的依赖程度越来越高,特别是对于青少年群体和职业人群而言,网络社交媒体已成为其心理健康问题的高风险因素,对他们幸福感的体验与获得均产生了举足轻重的影响。

第四,从结果上考量,心理健康应是幸福感的副产品。这里,仅以幸福感通过社会支持中介对心理健康发挥的重要影响为例加以说明。研究指出,社会支持可以缓冲生活压力的消极影响,并促进个体的社会适应和身心健康。社会支持能够在一定程度上满足个体的自主需要、胜任需要和关系需要等基本心理需要,并通过三种需要的满足进而影响其幸福感、心理健康水平。例如,老师支持有利于帮助学生提升自主性与能力的观念,同伴支持能够满足学生对人际关系的需要,增强其人际关系满足感。对留守儿童来说,老师支持和父亲支持(经济、信息和情绪支持)可以有效缓解压力事件对留守儿童的消极影响，降低其抑郁水平；母亲支持和同伴支持可以有效地预测留守儿童的孤独感。对老年人来说，亲人支持（如日常照顾）对其幸福感具有正向预测作用。所有这些研究结果都表明社会支持因素对心理健康的重要影响，这种社会支持作用于个体的幸福感，最终表现为个体的幸福或适应状态。

本章小结

本章首先阐述了大学生常见的一些挑战，以及为何大学生会遇到这些挑战。其次通过心理学的视角，从心理学的相关规律出发，帮助大学生应对挑战，实现自身发展。最后介绍心理健康的标准，心理健康的影响因素是多方位的，会根据我们遇到的挑战和资源而变动。大学生可以通过学习知识、获取技能，提高心理健康素养，成就个人幸福。

课后习题

一、选择题

1. 以下不属于大学期间特有的心理发展挑战的是（　　）。
   A. 适应　　　　　　　　　　　　B. 确认自我
   C. 繁衍　　　　　　　　　　　　D. 建立关系
2. 科学心理学的内涵不包括（　　）。
   A. 描述　　　　　　　　　　　　B. 解释
   C. 干预　　　　　　　　　　　　D. 控制
3. 心理健康的高危因素包括（　　）。
   A. 不良的生活习惯、信念模式　　B. 有挑战的工作
   C. 他人的支持　　　　　　　　　D. 自我关怀

二、填空题

1. 过度强调外部动机会破坏_____。
2. 科学心理学的研究目的是_____、_____、_____和_____。
3. 峰终定律认为人们会根据一段体验的_____和_____来评判这段体验的好坏。
4. _____提出只有当易感性和应激同时作用于一个人时，心理障碍才会全面显露出来。

三、判断题

1. 大一新生通常会很快适应大学生活。（   ）
2. 了解心理学是为了更好地"套路"与"反套路"别人。（   ）
3. 过度强调外部动机会破坏内部动机。（   ）
4. 对于心理健康的理解有跨文化的一致性。（   ）
5. 儒家的"成仁"包含了心理健康的概念。（   ）
6. 心理健康是一种天赋，心理健康的人永远健康。（   ）
7. 他人的支持是心理健康的保护因素。（   ）

四、简答题

1. 你觉得你自己心理健康吗？心理健康的判断依据是什么？
2. 我们会通过锻炼、均衡饮食、定期体检来保持身体健康，那么在你的经验中，你通过什么方式来保持心理健康？哪些是我们心理健康的保护因素？

图书推荐

1. 丹尼尔·卡尼曼：《思考，快与慢》，胡晓姣、李爱民、何梦莹译，中信出版社2012年版。
2. 理查德·格里格、菲利普·津巴多：《心理学与生活（第16版）》，王垒、王甦译，人民邮电出版社2003年版。
3. 奇普·希思、丹·希思：《行为设计学：打造峰值体验》，靳婷婷译，中信出版集团2018年版。
4. 陈海贤：《幸福课：不完美人生的解答书》，江西人民出版社2017年版。

电影推荐

1. 《青春变形记》（2022）
2. 《美丽心灵》（2001）

参考文献

[1] 王洪斌,赵金梅.大一新生适应期教育工作研究[J].商业经济,2013(15):85-86,97.

[2] 理查德·格里格,菲利普·津巴多.心理学与生活[M].王垒,王甦,译.16版.北京:人民邮电出版社,2003.

[3] 陈雨濛,张亚利,俞国良.2010—2020中国内地大学生心理健康问题检出率的元分析[J].心理科学进展,2022,30(5):991-1004.

[4] 林扬千.精疲力竭的突围:大学生内卷化现象的表现、危害及应对[J].当代青年研究,2021(3):88-93.

[5] 奇普·希思,丹·希思.行为设计学:打造峰值体验[M].靳婷婷,译.北京:中信出版集团,2018.

[6] 俞国良.心理健康的新诠释:幸福感视角[J].北京师范大学学报(社会科学版),2022(1):72-81.

[7] 俞国良,王浩.文化潮流与社会转型:影响我国青少年心理健康状况的重要因素及现实策略[J].西南民族大学学报(人文社会科学版),2020,41(9):213-219.

[8] 景怀斌.儒家式应对思想及其对心理健康的影响[J].心理学报,2006(1):126-134.

第二章

学海心航：大学的学习

本章导读

进入大学前，我们常常听到一种说法："努力学习，等你上了大学就轻松了。"当时的你是如何看待这句话的？如今，已经进入大学的你对于这种说法持什么样的态度？从发展的角度看，人类的学习是持续终生的。大学阶段的学习尤其重要，因为它不仅包含知识技能的获得，也包含对于人的完整塑造。本章内容将从发展的角度探讨大学阶段的学习内容、常见的学习困扰以及其他与学习相关的思考。

第二章学习资源

第一节

相辅相成扬风帆：大学阶段学习与发展的关联

一、大学的学习涵盖哪些内容

从前文中，我们了解了心理学家埃里克森提出的社会心理发展的八个阶段。从心理学和发展的角度看，大学阶段学生需要解决的核心问题是自我同一性的建立和亲密关系的建立。自我同一性是影响心理健康的重要因素，自我同一性是否实现主要反映在两个方面：一是个体是否了解自己内心的想法；二是个体是否能够根据自己的想法付诸相应的行动。如果在面临困扰时，个体能够理性地思考自身实际情况，选择自己向往的方向，并且付诸行动，则可以看作自我同一性得到有效的实现。亲密关系的建立需要我们有一定的共情能力，能够用心经营并维持一段关系。

大学的学习不仅包括知识获得，而且包括人格完善、自我成长等。

（一）人格完善

> 经过一年的大学生活，小雅越发觉得身边的人各有不同：室友小梦乐于投身志愿服务，每周都前往养老院做义工，其他室友也觉得小梦的志愿者工作做得很出色；同学亮亮酷爱摄影，学习以外的所有空闲时间几乎都投入摄影练习，但很多人都劝亮亮少花一些时间在摄影上，因为亮亮的摄影作品效果欠佳。小雅会如何描述身边不同的人？

人格，也可称作人的整体精神面貌。人格的构成包括能力、气质、性格、理想、人生观等要素。人格完整指的是个体具有统一的人格或是健全的人格，也就是人格的各个组成要素能够均衡发展，协调一致。

人格的形成受到先天因素和后天因素的共同影响。先天因素，对人格的形成与发展起着核心作用。而后天的成长环境、教养方式等因素对人格的形成与发展起着决定性作用。因此，将人格的形成仅仅归因于先天或后天都是片面的，人格是先天、后天的多种因素共同作用的产物。个体的主观能动性在人格的发展过程中扮演着重要角色，个体的自我调控也影响人格的发展。因此，个体在成长过程中也在不断塑造自己的人格（李湾，2020）。

英国心理学家艾森克提出了三种人格特质：外向型、神经质和精神质。外向型意味着个体的心理与行动指向外部，例如活泼好动、情感丰富、喜欢社交等，这些词语可以描述偏外向者，反之则可以描述偏内向者。神经质指的是人的情绪稳定性，例如紧张、内疚、焦虑、急躁等，这些词语可以用来描述情绪稳定性较差者，反之则可以描述情绪稳定性较好者。精神质既可以描述人的负面特征，也与人的智力活动和创造力相关。高精神质者的典型状态是性情孤僻、冷漠，情感缺乏，攻击性强，低精神质者则相反。以上三种人格特质在每个个体身上都有所展现，不过具体到不同的场景中表现出的情况不尽相同。此外，每个人的人格特质都是一个连续的统一体，而不是非此即彼的两极分类（江光荣，2020）。

20世纪30年代以来，很多心理学家在人格维度方面进行研究和分析，从诸多研究中总结出五种基本人格维度（见表2-1），即开放性、尽责性、外倾性、宜人性、情绪稳定性。现在，这五种基本人格维度成为心理学家对人类特质较适宜的描述。

表 2-1 五种基本人格维度

人格	特点	典型描述
开放性	幻想对务实、变化对守旧、自主对顺从	刨根问底、兴趣广泛、不拘一格、开拓创新
尽责性	有序对无序、细心对粗心、自律对放纵	有条有理、勤奋自律、准时细心、锲而不舍
外倾性	外向对内向、娱乐对严肃、激情对含蓄	喜好社交、活跃健谈、乐观好玩、重情重义
宜人性	热情对无情、信赖对怀疑、宽容对报复	诚实信任、乐于助人、宽宏大量、个性直率
情绪稳定性	烦恼对平静、紧张对放松、忧郁对陶醉	焦虑压抑、自我冲动、脆弱紧张、忧郁悲伤

为了塑造更完整健全的人格，大学生首先应该对自己有更多了解，认识到自己目前的人格状态，并且明确人格塑造的目标和内容。选择某些优良的人格特征作为自己努力的目标，针对自己人格上的缺点、弱点予以纠正。

然后需要学会自我教育，自我教育是其他教育和环境影响的内化和深化，是人格形成过程中由被动变为主动的过程。自我教育既要经常反省自己的思想和言行，也要给予自己客观的评价，切忌无意义的自我贬低。

培养自我调控能力也是塑造健全人格的方法。大学生要有建立积极、健康情绪状态的能力以及应对一定压力的能力。日常生活中可以主动培养健康情绪，保持良好心境，愉快地体验生活。

最后，文化修养的提升有助于形成健全人格。拥有较高文化修养的人对自然和社会发展的一般规律能充分认识，能够了解人生的意义。

大学生正处于成年早期，在思想、学习、生活、自我同一性等方面开始独立，塑造健全人格是大学学习的重要内容之一。

（二）自我的成长

> 大三的小丽一直是班里成绩优异、人缘不错的学生。最近小丽开始非常在意自己的外貌，原本身材适中的她因为追求"魔鬼身材"而严苛地控制自己的饮食，一个月以来几乎不曾吃主食。即使如此，小丽依然认为自己不够完美，她不顾身边人的劝说，继续着她的追求完美之路。
>
> 大四的刘超是一个身材有些微胖的男生，在班上成绩中等，朋友很多，兴趣爱好广泛。刘超认为自己虽然在外貌和成绩上不太出众，但自己待人真诚，性格随和，适应能力很强。面对即将到来的毕业求职，他没有像其他同学那样有太多的焦虑，而是沉下心来润色自己的简历，准备面试，希望能在求职过程中展示自己的优势。

你认为小丽和刘超对自己的认识分别是什么样的？

自我，又称自我意识或自我概念，简单来说就是个体对自己的认识，它包括生理自我、心理自我和社会自我。自我是一个复杂的心理系统，是人类意识发展的高级阶段。

生理自我是指个体对自身生理状态的认识，包括个体对自己的身体、外貌、存在、行为等方面的认识。心理自我指的是个体对自己的心理属性（包括人格特征、性格倾向、心理状态、心理活动过程等）的认识。社会自我指的是个体在自己所处社会中对自己的关系、角色、地位等方面的认识。

自我成长的定义是什么？可以将自我成长理解为经由认识自己，接纳自己，突破并重塑自己，从而获得心智成熟、内核稳定的过程。良好的自我成长能让人自由而深入地感知和享受生命过程。

正如阿尔伯特·艾利斯所说："你一生中最好的几年，是当你确定自己遇到的问题是你自己造成的。你不会将这些问题怪罪于你的母亲、环境生态等。你意识到，你掌控着自己的命运。"进入大学的我们处在人生发展的成年早期，是开始尝试独立的时期。这个时期我们的学习和努力不再只是为了来自别人的认可，更多的是为了来自自身的认同。通过不断学习去认识真实的自我，并完善真实的自我。

做到自我成长，我们首先应该保持终身学习。随着科技的不断发展，我们学习的方法和渠道越来越多，几乎每个大学生都能轻松获取大量信息，但能否过滤无意义信息、寻找优质学习资源，决定了学习的质量和效果，也对我们的自我成长起着引导性作用。

生理自我是自我意识的一部分，自我成长也涵盖生理完善。保持健康的生活习惯对个体的生理状态有着很好的促进作用。健康的生活习惯包括定期运动、健康饮食、保持良好心态等。相信大家对这些方法早已有所耳闻，但所有方法都不可没有行动，所以不如从今天开始做出行动，健康地生活。

保持平稳的心态是自我成长得到很好发展的体现。心理学上有一条著名法则：生活中的 10% 由发生在你身上的事情组成，而另外的 90% 则由你对发生的事情做出的反应而决定。经历了同样的遭遇，有人看到了机遇，有人陷入了低迷，有人一蹶不振，有人高歌猛进。真实的生活不可避免地会出现不如意的人和事，用积极的眼光看世界，你会发现生活的色彩虽然有黑、白、灰，但更多的是缤纷绚烂。当我们能够从容面对变化无常的世事时，我们的自我已经得到很大的提升。

二、发展与学习有哪些联系

只有学会了如何学习、如何适应、如何改变，才能了解到，没有任何知识是确定的，只有获取知识的能力可以为其带来可靠安全感的人，才是受过教育的人（卡尔·罗歇，1976）。

学习是通过阅读、听讲、研究、观察、理解、探索、实验、实践等手段获得知识或技能的过程，是一种使个体可以得到持续变化的行为方式。实际上，广义的学习是一切生命都具有的能力，随着时间的推移，这种能力就变成了生物进化的动力之一。在人类社会中，学习的途径和潜力随着社会的发展不断增加，人类社会也随着学习的深入得到进一步发展。个人的发展和个人的学习是相辅相成的。

发展的进度会限制学习的内容与形式，例如处在中学阶段的学生很难理解大学本科阶段的知识。

学习促进了个体的发展。在幼年时期，我们的学习通常是一种冲动，这种冲动让我们不断探索世界，通过各种感官去探索与学习；反过来，学习又使得人的潜力和智力得到发展。保持学习习惯与热情的人，能很好地保持对生活的热情，即使在人生的低谷期也是如此。长期处在校园中，我们很可能会对学习的概念产生狭隘的理解，认为只有从课堂上、书本上获得知识才是学习（段士伟、周志强、王彪等，2021）。其实作为大学生，学习几乎已成为我们的一种本能。我们会潜移默化地被身边的人影响，我们会对表现突出的同学怀有崇拜之情并向他看齐，我们会希望自己拥有其他人身上那些令人欣赏的品质，等等。个体如果长期隔绝于社会或是屏蔽对知识的获得，那么他的发展将很难自然进行。因此，我们可以将学习视为生命发展的必需。

第二节

披荆斩棘求学路：大学学习的常见困扰

大学学习的成效及常见的困扰的本质都可以简单归因于一个词——集中。我们的大学学习是否达到自己理想的成功往往取决于个体的以下几种能力：不偏离目标，行动力，制定一条适合自己的走向目标的路线（屈元、狄育慧、颜苏芊等，2020）。在必要的时候集中精力发展这些能力，能够让我们的学习事半功倍。下面将对大学生学习中常见的困扰进行梳理，帮助同学们更顺利地度过大学的各个阶段。

一、如何确立学习目标

目标会让生活变得有意义，如果没有了目标，生活就会失去方向。维克多·弗兰克的一项研究揭示了惊人的数据：当研究人员向 60 名试图自杀的学生询问原因时，85%的学生表示是因为"生活没有意义"。

> 可可是一名多才多艺的学生，她有着广泛的兴趣爱好。但是进入大学后，身边的同学们几乎都在为了提高加权分数而奔波，可可不知不觉地也卷入到"刷分"队伍中，并且对待分数比其他同学更加执着。久而久之，可可的世界里只剩下数不尽的公式和刷不完的分数。临近毕业，可可来到招聘现场，她看到其他竞争对手丰富多彩的简历，回想起几年前的自己也是那么多才多艺，而现在的简历上只有冷冰冰的排名和分数，可可陷入了沉思……

在梳理自己的目标之前，我们先要想清楚自己的方向在哪里。有的同学对大学生活的期待是利用课余时间多尝试不同的事物，丰富自己的经历；有的同学则以学习成绩为核心，一切生活与时间安排都以课程学习为主；有的同学注重实习实践经历，在保证课程学习不掉队的情况下会更多地投入社会工作；还有的同学持有"及格万岁"的想法，认为能够顺利毕业就足够，等等。这些都是个人的想法和方向，进入大学之前我们首先应该问一问自己：你想要过怎样的大学生活？案例中的主人公可可原本是个多才多艺的学生，也许她按照自己的想法去发展会收获不一样的大学生活，然而在繁杂的大学环境中，可可逐渐被他人影响了，不自觉地忽略了自己最初的向往。

也许在刚进校时，辅导员和高年级的同学会告诉你要尽量"保研"，否则毕业后会很被动。我们暂且不去评价这个说法是对是错，我们有必要让自己内心的目标和方向更坚定一些，确定自己真正想要一个怎样的大学生活，尽可能少受他人想法的干扰，这是我们制定大学学习目标的第一步。

提起目标，有的同学也许会觉得缥缈和空洞。在中学时期，大家也许并没有具体的目标概念，每天按部就班地听课、自习，这样的状态能够带来一定的安逸感。然而，如果大学时期我们依旧持续这种状态并将其过成生活常态，恐怕就要陷入日复一日的轮回中无法更好地成长。因此，我们先要了解目标对于大学学习的重要性。

目标给予我们向前的动力，也为我们的大学学习指明方向。了解了目标的重要性，倘若不知道如何给自己制定目标，依旧是无济于事的。一个好的目标一定是适合自己的，它不能太轻易达到，否则目标就失去了意义；当然也不能让人难以触及，否则会打击我们的信心。合适的目标应该是我们通过适当努力可以达到的（塞林，2020）。每个人的能力、起点和专长不同，适合自己的目标也不同。以下几点能够帮助我们确立适合自己的目标。

首先，要避免从众心理，选择对自己有意义的目标。什么是从众心理？当你在空荡荡的电影院看电影时，如果有人喊道"着火了"，你环顾四周，发现没有火光，烟雾报警器也没有发出响声，这时你会冷静地走向出口。然而，当你处在人群拥挤的环境中，同样听到有人喊"着火了"，虽然你没有看到火光，也没听到烟雾报警器，一旦人群开始向出口跑去，你也许会跟着人群冲向出口，这就是从众心理。

法国社会学家古斯塔夫·勒庞曾说过：构成群体的个人，不论他们的生活模式、职业、性格或智力是否相似，当他们组成一个群体后，就拥有了同一种集体心理，使得他们的感受、思维和行为方式明显不同于他们作为单独个体时的方式。

当我们树立自己的目标时，要尽量避免从众心理。案例中的可可就是受到周围环境影响太大，导致后来发展受限。不要让从众心理夺走我们自己的独立性，使自己丧失独立思考、独立决策的能力。在学习知识的同时，可以时常静下心来回顾近期的生活，看看是否自己想要的，发现目标偏离后及时调整。总体来说，树立目标时首先要保证个体的思维独立，不论是好是坏，你都要成为自己人生的最终决策者。

其次，要找到能够对自己产生激励作用的目标。如果没有足够的激励带来动力，则我们很难去为了目标奋斗。可以把目标分为两种类型：绩效目标和学习目标。绩效目标指的是实现后能够获得外在回报的目标。例如：当你考试成绩足够优秀，你会获得奖学金；当你勤工俭学，利用课余时间做家教，你会获得报酬，等等。学习目标指的是实现后能够让个体得到内在满足感和内在回报的目标。这个回报关乎学习本身，它能够让你收获一项技能或满足你的好奇心和探索欲。简而言之，持有绩效目标的同学想要获得高分，持有学习目标的同学想要掌握知识（张驰、曹慧、刘海骅等，2019）。

从表面上看，似乎绩效目标更适合当下的大学学习，毕竟大学的文凭主要建立在学习成绩的基础上。然而，诸多研究给出了相反的结论。以绩效目标为主的学生，其学习动力主要来自避免失败，而不是获得成功。以学习目标为主的学生拥有强大的成功动力，他们会更享受学习，且不惧怕失败（黄诗琦、杨晓群、杨兰芳等，2019）。

因此，大学生在树立目标时可以将绩效目标与学习目标相结合，在保证目标对自己有一定吸引力的同时，让目标带来的驱动力更持久。例如，我们可以在分数上适当放宽对自己的要求，同时在技能的收获和经验的积累上多给自己设立一些目标。

最后，我们要能够将目标具体化。这意味着目标需要与现实相呼应，要让我们能够预见。这样，与目标还有一定距离时，我们能感受到它的指引。当我们达到目标时，也会清楚地知道自己已经实现了目标。心理学中对于目标的设定有这样一种解释："目标设定是一个创造矛盾的过程。它暗示了你对当前状态的不满，以及对实现某个目标或取得某个结果的期待。"当目标足够具体时，我们可以清晰地知道自己离目标还有多远，以及能够带给自己积极期待的结果，让我们追求目标的道路变得更加明朗。将目标具体化还意味着我们要避免一些不切实际的目标。不切实际的目标可能会造成事与愿违，让人倍感焦虑和挫折。例如，考试前"临时抱佛脚"的大学生，也许需要在短时间内将整个学期的课程全部学完。这种情况下，一旦设立了一个很高的目标，将很有可能导致失败，从而引发不良的情绪体验。因此，设立目标时要考虑自己当下的时间和精力。

如果将目标看作一个旅程的目的地，那么一个具体化的目标就包含起点位置、通往目的地的线路、中途停靠的站点等，而大多数目标是可以同时拥有多个不同计划的。比如"在班级里不落后"是很多同学怀有的心态和潜在目标，我们将这个目标具体化后可以理解为"期末考试成绩保持在班级前30%"。再以旅程为参照，我们的目的地就是期末考试成绩保持在班级前30%。依次来找出起点——目前班级大概的平均分；线路——制订学习计划，这一点通常可以有很多选择并可以及时变换；中途停靠站——当学习疲劳时选择调节方式，做到劳逸结合。

关于目标这个概念，其中还有两个小分支需要了解：长期目标和短期目标。长期目标是指时间周期较长（如一个学期、一个学年）的目标；短期目标是指时间周期较短（如一周、一天）的目标。当我们确立好大学阶段的长期目标后，可以确立相应的短期目标。例如毕业时希望自己有过两次实习经历、去过两个不同的城市旅游以及看完 50 本书。那么对应的，我们可以确立短期目标，例如大三暑假找到实习单位，某一个长假和朋友相约出游，每个月至少读 2 本书等。长、短期目标相结合可以让我们在追逐目标的时候更及时地有所收获，从而更有达到长期目标的动力。

此外，需要强调一点，我们要有心理准备，未来发生的事情我们无法预测，有可能我们一开始确立的目标会因客观因素无法实现。这时我们要灵活地调整目标，而非"不撞南墙不回头"。目标的确立是为了让我们变得更好，如果过分执着于某一个目标而产生不好的心理体验，那就得不偿失了。

二、如何看待自己的专业

> "厌学"的小童。今年刚刚进入大学二年级的小童对大学生活越来越提不起兴趣。作为理科专业的学生，小童对数理化很不擅长，却对文科非常有兴趣。长此以往，小童对待自己的专业课越来越没有动力，甚至对理科出现应激反应……

很多刚进入大学的同学会出现类似小童的困扰，在填报志愿的时候由于各种原因选择了自己不太喜欢的专业，来到大学后发现学起来非常吃力，而且学习动力严重不足。

出现这种情况的原因有很多，例如填志愿时没有思考过未来的方向，没想清楚，过于随意；有的同学是被调剂到了现在的专业；有的同学在学习了一段时间后发现现在的专业和自己想象的差别太大；也有的同学因为家人的建议而选择了现有的专业，等等（吴洪亮，2017）。

当我们发现自己对所学专业不感兴趣时，可以进一步想一想：我为什么不喜欢这个专业？是不是其中的某一门课让我感到艰难？我是不是有更喜欢的其他专业？如果现在放弃这个专业，我是否会后悔？我不喜欢现在的专业的同时是不是又没有相对向往的专业，不知道自己喜欢什么？想清楚这些问题后我们能够更有根据地采取应对措施，帮助自己得到相对满意的大学学习经历。

来到自己不喜欢的专业学习后，少部分同学可能会选择退学回去复读。这算是一条比较彻底的道路，因为重返高考意味着可以选择一个与之前完全不同的方向和学校。然而，复读非常考验心理素质，首先要面对一整年的高压学习。也许进入大学后的学习状态和高中时会有区别，也许再回到高中的学习状态，很多人会不适应。

复读基本意味着和同龄大学生拉开了距离，在个人心理建设方面也是一个考验。最后，也是最重要的一点，复读完后要面对新的未知，谁都无法保证复读后的结果是令人满意的。

针对"在大学选择了自己不喜欢的专业该怎么办"这个话题，这里提供了几种较好的解决方法。这些方法都来自华中科技大学心理健康教育中心多年来帮助过的有类似困扰的学生，供读者参考。

第一个方法是硬着头皮读下去。这个方法听起来很无奈，可能是对于自己不喜欢的专业的无力抗争。但是，也许你硬着头皮坚持读下去，在某个时刻可能会有不一样的想法出现。慢慢地，随着教师的教学，也许你会发现这个专业其实也没想象中那么糟糕，可能你会逐渐喜欢上这个专业。"日久生情"并不仅限于人与人之间。一件事情，你与它相处久了，在它身上投入了时间和精力，它也有可能慢慢地已经融入你的生活与学习。这种情况，是一种阴差阳错的邂逅，你是幸运的，这也是最好的结果。

有很多例子证明了这一点，有的同学从大学刚开学厌恶自己的专业，到毕业时庆幸自己还好没换专业，因为好找工作。在心理咨询中，有不少类似的案例。当然，假如你在和自己的专业相处的日子里感到水火不容、痛苦不已，则不用太勉强，可以考虑后面的解决方法。

第二个方法是申请转专业。关于转专业，不同的大学要求不一样，有些大学对成绩还有要求，并且名额还比较少。然而，只要有机会，就值得去试一试。

一旦发现自己对所学专业非常排斥，你就要多关注一些关于转专业的信息，及早准备。比如有些对于成绩有要求，那么你就要努力提高成绩。此外，建议同学们从辅导员或教务处了解相关信息，尽量把握机会。

转专业虽然能有效解决困扰，但需要当事人有一定的心理准备。首先，你需要付出比他人更多的精力，在维持现有专业正常学习的同时，你还要收集你向往的专业的信息，准备考试。其次，如果转专业成功，有的专业会让学生以降级的身份跟着来年入学的学生一起学习，降级会带来一定的心理落差，需要在转专业之前做好心理准备。最后，很多同学担心自己转专业会失败。要知道，我们现在已经身处大学中，即使转专业不顺利，我们依然可以在现有专业继续学习，并且后面还有机会做出调整。

第三个解决方法是跨专业考研。这可能是错过转专业机会的同学的最好选择，考研也是很多同学跳出不喜欢的专业的一个极好机会。

当然，跨专业考研需要做的准备工作可能要比本专业考研更多更辛苦一些，但是，只要能够选择一个自己真正感兴趣的专业，相信大家都能够坚持。下面举一个跨专业考研的例子。

> 阳阳高考填报志愿的时候，阴差阳错地被调剂到自动化专业。就这样，他被迫选了自动化专业。但是，他一点也不喜欢，相比自动化专业写不完的代码、上不完的课程、做不完的实验，他还是比较喜欢与数字打交道，他更喜欢金融。于是，跨专业考研成了他可以跳出现有专业的极好机会。做好决定后，阳阳将自己的精力重新分配，留出必要时间来学习金融方面的知识。同时做好了取舍，因为阳阳知道减少精力投入后，他在现有的自动化专业上可能不会取得令人满意的成绩。结果阳阳考研成功了，虽然过程比较艰辛，但他的研究生生涯过得非常充实，他对毕业后从事的工作也非常满意。

通过上述例子，我们想告诉读者，跨专业考研可能没有你想象得那么难，只要真正喜欢要考的专业，并且也做了充分的准备，成功率就不会低，并且成功考研后的人生可能会更好。

第四个解决方法是跨专业就业。很多数据显示，除了专业性很强的专业，许多毕业生不会从事大学所学专业的工作，并且大部分工作内容与大学的学习内容基本没有什么关联。加上现在专业跨度越来越大，很多相关专业的区别也越来越小（丛晓波、张宵，2018）。

在学校就业采访统计结果中，我们发现，工作年限越长，个人的工作内容就越偏离原本的专业。许多公司的领导也是经过长时间的磨砺才具有较强的工作能力，而几乎没有人关注他们大学所学的是什么专业。

毕业后面对长期的职场生涯，没人能够保证自己一辈子只从事一个行业，并且与自己本科阶段所学的专业有关。尤其在如今的社会中，一个行业的兴起与衰落，也许只用几个月，也许要用半年，所学的专业可能会越来越不重要。关键是在大学里你有没有成功培养自己的学习能力、思考能力，这才是大学中无可替代的收获，也是以后工作中较被看重的能力。

很多人有可能在大学里选到自己不是那么喜欢的专业，所以我们针对这个问题列举了上述四种可行的解决方法。如果你正在经历类似困扰，希望你不要太过于纠结，尽快行动起来，做出改变。

三、如何选择学习方法

> 刚进入大学的小明对所有事物都怀有热忱,他按时上课,认真预习、复习,也常常和班上的"学霸"交流学习经验。然而,小明几次考试的结果都不理想。小明自认为不比其他同学做得少,甚至自己的努力程度不亚于高考冲刺阶段。面对这样的结果,小明陷入了深深的自我怀疑……

如果在书本前的你正经历着和小明相似的困扰,明明自己非常努力,但成果不如人意,也许你需要考虑调整现在的学习方法了。中学时期的学习和大学时期的学习有着非常大的区别,并且其他"学霸"使用的学习方法并不一定适合自己。下面将列举多种学习方法,读者可以根据自己的实际情况进行尝试,选择适合自己的方法。

(一)小组学习

研究显示,同样的一场讲座,给实验组的听众提供互动学习讨论的机会,而对照组的听众仅记笔记。结果实验组的听众学习到更多的知识,记住了更多的信息,并且对课程的满意度也明显高于对照组。相对于独自学习,小组学习可以让我们及时得到来自同学的解释。同学通常是我们的同辈,因此同样的知识点,由同辈向自己解释也许会比教师的讲解更清晰易懂。小组学习也为我们提供了有力的支持和帮助。当我们独自写作业时,我们只能依靠自身以及我们能获得的成绩来鼓励自己。但是在一个小组中,大家基本面对同样的挑战。当小组中有人做出了突破与成功,他会乐于在小组中分享这份喜悦,从而激发小组成员的动力,也能以自己的经验给小组成员提供支持和帮助(汪景,2021)。小组学习还可以为我们带来多元化的视角,在针对一个话题进行讨论时,小组成员常常会有不一样的想法。当我们投身于这种"头脑风暴"时,我们有可能从其他成员处获得解决问题的新方法和新视角。这也可以理解为心理学中的"重塑"。当我们能够暂时忽略自己的固有思维,从不同的角度来看待事物,这也是一种很好的学习。如果你觉得在小组内学习能够让自己获益,那么你可以采取主动,尝试邀请几位同学一起学习。以小组为单位一起学习,最好将人数控制在3~5人,以确保每个同学都能积极参与其中,都能有所收获。

(二)实践学习

很多学生属于触觉型或动觉型学习者,也就是适合从实践中获得知识技能。然而在进入大学之前的实践学习机会有限,这也许让很多同学忽略了实践的重要性。

不仅仅是工程科学相关专业，其实所有的学科都或多或少涉及动手实践。大学课程中有很多知识涉及抽象内容，这些内容只靠书本来理解是有困难的，这时候通过相应的实践和动手学习能够将知识内容与真实生活关联起来。此外，实践学习通常在教室之外，学生们能够通过身临实际活动场所、亲自参与活动项目、亲身感受实践活动，让学习热情高涨起来（李树英，2019）。比如，对于复杂的公式或电路图，也许仅靠视觉从书本上获得的知识有限，假如我们可以和同伴一起多推导几次公式、多动手制作电路，那么我们对同样的知识点就会有更深刻的认识。通过自身参与、体会知识点，从而获得更深刻的记忆，由此带给我们学习的热情和乐趣。

（三）改善笔记

从我们进入学堂开始，记笔记就成为学习中不可缺少的一部分，其重要性不言而喻。进入大学后，我们怎样才能让笔记为我们带来更大的收获？首先，我们要确保自己的笔记方便使用，可以尝试将每个知识点的相关内容简要地记录在单独的索引卡或纸条上，而不是像中学时期那样用厚厚的笔记本记录大量的文字。这样我们能够更轻松地翻阅笔记，并且可以随着学习的不断深入，随时将笔记重新排序和归类。其次，记笔记时的字迹、使用的笔及纸张都要把握好，否则可能会影响笔记的实用性。在撰写笔记时要做到字迹工整，尽量不要用铅笔或钢笔书写，以免字迹变得模糊，影响查阅。最后，作为大学生，我们的笔记应当尽量简洁。大学课程的知识大多重在理解，所以在笔记中要筛选出最核心的内容记下来，这样在节省时间的同时也可锻炼自己的信息整理能力。这里介绍康奈尔笔记法（见表 2-2），它能够帮助我们快速记录要点，并能及时检索信息，主要适用于讲座记录及独立知识点记录。

表 2-2　康奈尔笔记法

康奈尔笔记法	
内容提示（方便后续查阅）： 主要的想法 为了更好地结合要点所提出的问题 （建议课后回顾时填写）	笔记： 在这里记录课程内容 用简洁的文字和记号 灵活使用缩写 以列表形式记录 有足够的留白 （建议课堂中、讲座中填写）
总结： 记下极重要的几点 写成快速检索的样式 （建议课后总结时填写）	

（四）关于论文撰写

论文撰写是很多即将毕业的同学面临的极大困扰。在这里，也总结一些高效撰写论文的小技巧。万事开头难，这句话用在论文写作上再适合不过了。当我们准备开始写论文时，最好的方式是动手写。拿着笔停留在空白的纸张上，或者手指停在键盘上等待灵感到来，这些都是在消磨时间。当我们开始动笔写下内容时，往往大脑就会开始运转，灵感也会随之而来。论文初稿应该尽可能快地完成，在这个过程中尽量笔、纸不离身，以便及时记录脑海中一闪而过的想法。在撰写初稿阶段，我们要把自己能想到的内容尽量都写下来，初稿阶段你的内容足够多，后续就可以更好地整合和删减。如果初期收集的信息不够，到了中后期再增加内容就会非常困难，很有可能要全部重来，所以论文的写作模式通常是先做加法再做减法。同时注意，在撰写初稿时不要总想着用备选方案或更换题目，更换题目是需要经过非常慎重的考虑后才能决定的事情。如果实在觉得当下的题目难以推进，在尝试寻求帮助无果后要尽快询问导师，商量更换题目。

（五）加强信息整合，避免遗忘

当我们获得信息的同时，遗忘也在开始。中学时期，大部分同学是通过教师的反复强调或大量"刷题"记住知识。然而到了大学，我们几乎没有这些外在的资源推动自己去记忆，因此及时调整记忆模式是很有必要的。首先我们要有意识，记忆不是自发行为，要记住信息，就必须有意识地学习知识、理解知识。我们对一个知识点投入了多少精力，决定了我们对它的遗忘速度。因此，结合前面提到的笔记记录方法，利用碎片时间时常翻阅自己的知识库，可以帮助我们对知识点保持记忆，同时不占用太多的时间。其次，尝试对信息进行整理归类也有助于我们进行记忆。就像清理电脑桌面一样，我们把所有重要的文件先浏览一遍，分出几个类别，再借助文件夹或分类框对文件进行整理，即可快速找到所需资料。这种情况也适用于记忆知识。当我们需要记住大量信息时，可以尝试将相似的内容归类。完成归类后，我们就拥有了对抗遗忘的力量。整理信息的方法非常适用于考试，因为记住分好类的一组信息中的一项常常可以帮助自己回忆起该类别中的所有信息。例如，下列词汇可能是专业课上会遇到的，如果只是死记硬背，可能会花费大量时间，如果我们能够理解每个词语的含义，并且将他们进行整合，那么记忆的效果就会更好：

琵琶　口琴　二胡　笛子　小提琴　古筝　箫　钢琴　吉他　古琴
架子鼓　电子琴　大提琴　单簧管　竖琴　箜篌　扬琴　马头琴

进行整理归纳后，我们可以得到清晰的乐器归类（见表2-3），从而更有利于记忆。

表 2-3　乐器归类

吹奏类乐器	键盘类乐器	弦乐类乐器	打击类乐器
口琴　笛子 箫　单簧管	钢琴　电子琴	琵琶　二胡　小提琴　古筝　吉他　古琴　大提琴　竖琴　箜篌　扬琴　马头琴	架子鼓

（六）学会自主学习，内化学习动力源

自主学习，顾名思义，就是要发挥自己的主动性，积极完成学习任务，让学习不仅仅是为了取得优秀成绩，更重要的是对自己能力的提升。我们可从以下几个方面来培养自己自主学习的能力。

（1）合理分配每天的学习任务。要根据自身的能力安排自己的学习任务，而不是盲目跟随其他人的做法。可以尝试把自己的学习任务分解成每天能够完成的单元，坚持当天的任务当天完成，不能给自己任何借口推迟完成原定计划。

（2）合理规划每天的时间。把必须完成的事尽可能安排在较短时间内完成，保证充裕的学习时间，养成利用每天的零星时间学习的习惯。

（3）及时复习。为了使学习有成效，应该养成及时复习的习惯。研究表明，及时复习可以巩固所学的知识，防止遗忘。

（4）在课余时间多接触自己感兴趣的新事物。学习有很多种，发展自己的兴趣爱好也是其中之一。在完成必要的功课后学习一些自己喜欢的东西，能够提高我们的学习动力，也会让我们对学习这件事有更好的预期，形成积极体验。

（5）注意劳逸结合。要保持适量的休息和运动。休息和运动不仅能让我们保持良好的状态，也是消除压力的好办法，能减少我们对学习的厌倦情绪。

（七）学会利用学校资源

学生是大学的主体，每一所大学都为在校学生提供便捷服务和相关信息。同时大学一般有多年的办学经历，针对常见的学生困扰都有一定的帮扶措施。当我们遇到困难时，可以尝试先寻求学校现有的帮扶政策和措施。

1. 学生手册

通常学生手册中会简单明了地阐述学校的规章制度，也会说明各个阶段的要求和成为优秀毕业生的相关条件。如果在这些方面对自己有要求，则可以尽早从官方渠道了解相关信息。

2. 学生资助中心

学生资助中心一般负责奖学金、贷款以及助学金的发放工作。如果自己在经济上有压力和困难，或是想要增加经济收入参加勤工助学计划等，都可以积极关注相关信息。如果想要申请助学金，则应确保自己的经济状况符合相关标准。

3. 职业发展与就业指导办公室

如果你在选择专业或选择职业方面需要帮助，可以寻求职业发展与就业指导办公室的帮助。指导教师会通过各种兴趣、个性及技能评估来帮助你找到适合的工作。有些学校的职业发展与就业指导办公室能够帮助学生申请校内外的工作，使学生能积累一定的工作经验。通常职业发展与就业指导办公室会邀请许多用人单位来学校招聘应届毕业生，帮助他们投递简历和申请工作。学生如果临近毕业依然没有找到合适的工作，则可以在职业发展与就业指导办公室留下简历。

4. 学术咨询办公室

学术咨询办公室在各个学校、校内各个学院的具体名称会有所不同的，其主要目的是帮助学生选择合适的课程、消除学术上的障碍等。如果你面临学术和学业困难，学术和指导顾问可以为你提供一定的帮助。

5. 校办刊物

许多校办报纸或科研杂志给撰稿者表达自我的机会，同时也为在同一领域钻研的学生提供资讯。长期阅读这类刊物能够积累丰富的知识，在必要的时候这些知识会让我们如虎添翼。

6. 心理健康教育中心

心理状态会直接影响学习效果，如果你有心理问题了，那么一定要重视。可以前往心理健康教育中心或权威医院的心理科，这些地方都能够提供一定的科学帮助，例如心理咨询、专家面谈、必要的药物治疗等。良好的心理状态和一定的抗压能力是保证大学学习有效进行的前提条件，如果心理压力影响到学业，我们不用太过恐慌，可以及时寻求校内资源，解决心理问题（王向红，2015）。

从上述内容可以看出，大学学习相对于中学学习来说，困难程度增加了，但同时提供给大学生的各种资源更丰富。很多时候，我们遇到的学业困难其实都是能够利用各种资源来化解的，只是需要我们更积极主动一些去寻找相关资源。如果你在大学学习中感到力不从心，那么不妨仔细反思一下自己的学习方式，结合本节内容看看自己的学习方式是否需要调整和改变。可以尝试不同的学习方式，直到找到适合自己的那一种。

第三节

热点话题助思考：大学学习常见现象与话题分析

前面介绍了大学学习的常见内容并且给出了一些建议，下面针对高校常见的学习困扰进行讨论，希望能给有类似困扰的同学带来启示。

一、如何应对"内卷"现状

> 已经在大学学习了两年的萧雅一直感觉非常疲惫，但她对这份疲惫并没有特别在意，因为身边的同学、室友都和萧雅过着同样的大学生活。萧雅虽然也很想放松，但一想到身边的同学都在忙碌着，她就不知不觉地也忙碌起来。某一门课的期末考试，老师要求写一篇5000字左右的结课短文，班上的同学几乎都写出一万多字的文章，有的同学甚至暗暗地比拼字数至两万字乃至三万字。萧雅在这样的氛围中，第一次感到有点累。明明老师的要求只有5000字，但身边的同学都在"疯狂"地增加自己文章的字数。虽然不乐意，但萧雅再一次打开已完成的文章，默默地增加字数……

"内卷"一词来源于网络用语，原意指一类文化模式达到了某种最终的形态以后，既没有办法稳定下来，也没有办法转变为新的形态，而只能不断地在内部变得更加复杂的现象。经过网络流传，现在很多大学生用"内卷"一词来指代非理性的内部竞争或"被自愿"竞争。"内卷"也指同行间竞相付出更多努力以争夺有限资源，从而导致个体"收益努力比"下降的现象。可以看作是努力的"通货膨胀"。

从上面的案例来看，同学们在期末结课文章上不断地"卷"字数，看起来是学业上的积极竞争，但同学们只是在增加数量，而非注重质量，这种注重数量而非质量的"内卷"其实是不可取、不积极的。

我们再深入分析萧雅面对的现象，同学们不断"润色"自己的文章，最终目的其实是让老师给出更高的分数。而大学课业繁重，可能无法在文章的细节和深度上下太多功夫，字数就成了一个较明显的区分特征。很多同学有着这样的想法"我的作业完成量超过老师的要求越多，那么老师也许会给我更高的分数"。所以面对"内卷"现象，我们首先应该了解在大学中分数究竟代表着什么。很多人其实过分高估了大学时期分数的重要性。分数的重要性取决于自己的大学目标、未来规划以及专业情况等。如果你的目标是奖学金，那么成绩是一个重要考量因素。但现在越来越多的奖学金评选会考量学生各方面的能力，包括演讲能力、社会实践经历、综合素质等。与其花大量的精力在非必要的地方，不如增加自己分数之外的闪光点。假如你未来的目标是考研，那么大学本科时的分数其实并没有那么重要。因为考研最主要的评判标准是研究生考试成绩，本科的学习成绩会作为参考，但导师通常更注重的是你对某个研究方向的理解和态度。

有的同学可能会说，我想要争取保研名额，现在能做的只有"卷"分数。这确实不假，这里我们要分清一个概念，那就是"追求好成绩不一定是'内卷'，但不要把好成绩当作唯一的目标"。同时要认清一个问题：现在大家在"卷"的东西真的能够帮你提高分数吗？以案例中的萧雅为例，同学们都在结课文章的字数上比拼，却没有人注意文章的内容，而文章的内容才是任课教师最主要的评分依据。试想，假如你是任课教师，你给出了5000字左右的标准，那么当你看到一份6000字的思想深刻、观点清晰的文章，与一份两万字但内容杂乱的文章，你会给哪一篇文章更高的分数？也许少数任课教师看到字数"严重超标"的文章时会给出一点"辛苦分"，但所写文章的内容才是任课教师真正考量的标准。

大学是脱离原生家庭的日常照顾与未完全进入社会的一个过渡阶段。在大学期间，会有更多的同龄人和你在一起，你会接触到更多的人和事，同时你的性格与你的心智也会在此阶段慢慢成形与成熟（徐国兴，2021）。香港大学的一位教授曾说过："大学，就应该是早起吃点早餐，跑跑步，专业课认真听，公共课看看自己喜欢的杂志，中午睡一会儿，下午参加个社团活动或打打篮球，晚上陪着志同道合的人散散步或去自习室安安静静地看看书。"大学是一个完善自我的阶段，在这个阶段，个人能力培养的重要性远远大于考试成绩。因此，结合前面提到的内容，我们在大学学习中要将更多的精力放在提升自己的综合素质与能力上，想清楚自己将来想做什么，想成为一个什么样的人，这样能够很好地避免无意义的被动"内卷"。

提到"内卷"这个词，另一个话题也是需要我们思考的：你是否能够接受自己的平凡？如果你的答案是肯定的，那么相信你能够很好地平衡学习与生活；如果你的答案是否定的，那么也许你需要调整自己的心态了。

> 亦欢即将完成大一学年的课程，进入大学的这一年以来，她觉得自己改变了很多。中学时期的亦欢总觉得自己不是一个平凡的人，她有着远大的理想抱负。当她闯过高考这座"独木桥"，走进大学的校门时，心中同样也充斥着激动与豪情，想着自己可以在大学里创出一番天地。然而，大学里，

> 最不缺的就是有天赋的人。刚开始，当亦欢为了一道高数题而绞尽脑汁、苦思冥想时，她的同学早已做完了作业。有时参加校园知识竞赛，亦欢甚至在小组赛就被淘汰。慢慢地，她的热情开始消退。备受打击的亦欢来到心理咨询室，想重拾自己的一腔热血。咨询师却给了她不同的选择。亦欢没有必要优秀，作为一个普普通通的人，她能够在全国顶尖的高校内学习就已经是很大的成功。既然努力过，为什么不让自己安逸一些呢？经过一个多月的心理咨询，亦欢的学业虽然一如往常，但她的心态改变了很多，不再像以前那样为了比赛获奖、名列前茅而疲于奔命。她学会了享受大学生活，整个人散发出乐观开朗的气息。

案例中亦欢的经历是很多同学的真实写照，从一开始积极加入"内卷"行列，到后来接受自己的平凡，找到适合自己的生活，亦欢收获了丰富多彩而又无憾的大学生活。因此，避免无意义"内卷"的另一个核心就是学会接受平凡的自己。对此，我们可以做出以下尝试。首先，要学会欣赏和悦纳你拥有的东西，而不是你没有的东西。很多同学苦恼的根源就在于忽略了自己本身拥有的财富。健康的身体、亲密的朋友、支持你的家人等，这些都是自己的财富，在拼搏的过程中不要忽略了这些美好的事物，学会去欣赏自己拥有的，慢慢地，你就会有更高的自我评价，从而减少成绩上的"内卷"。其次，要学会坦然承认自己的天赋上限，并且踏实地把自身的价值最大化。"我考不上的学校总有人能考上，我无法体验的人生总有人能体验，我看不见的光景总有人能看到。"这句话虽然听起来有些残酷，但这就是真正的现实。认清这一点后，你会发现不是所有最好的都必须属于自己。最后，平凡不代表不努力，它与平庸是两种不同的状态。平凡指的是普通，没有特别突出的天赋与成就，同时不自傲、不清高。而平庸指的是无所事事、碌碌无为。选择平凡不代表我们放弃努力和学习，而是以一个更平和且不功利的心态去面对学习（李湾，2020）。

二、如何平衡大学学习与其他活动

> 大一新生雅萍在社团招新现场，面对各种各样令人眼花缭乱的社团宣传，雅萍心花怒放，一口气报了4个社团。后来雅萍花很多时间穿梭于自己选择的几个社团，甚至逃课去参与排练和活动，专业学习明显力不从心，期末考试有三门课差点不及格。雅萍开始烦躁抑郁，对很多事情都失去兴趣和耐心……

相较于中学生活，大学生活更加丰富多彩。尤其对于大一新生，许多社团、学生组织等都向大家敞开大门，有的同学就会出现与案例中的雅萍一样的情况。也许因为高考压力太大，结束高考来到大学后就会对一切事物充满热情。这固然是一件好事，这种热情能够调动我们的积极性，让我们学到更多知识，得到更多体验。案例中的雅萍却因为这样的热情太过，而影响到大学最主要的任务——学习。那么作为大学生，我们该如何平衡大学学习与其他活动？

第一，我们可以制定一份适用于自己的大学规划。这份规划不需要太详细，主要是理清大学毕业时自己希望收获哪些东西，例如更多的专业知识、丰富的学生工作经历、学会之前想学但没时间学的技能等。在心里树立这样一个目标，我们在大学生活中就不会偏离目标。这在心理学中被称作"目标导向"，其中蕴含一定的动机和行为，让我们不容易被其他事物所干扰。

第二，我们要学会合理安排时间。通常，当我们拥有了属于自己的大学规划之后，时间安排就变得相对容易，什么时候娱乐，什么时候学习，都可以根据自己的规划来安排。下面介绍几种心理学上比较常见的时间安排方法。

如图2-1所示，时间管理四项法则是将个人需要完成的事情共分为四种：紧急且重要的事情（象限A）；不紧急但重要的事情（象限B）；紧急但不重要的事情（象限C）；不紧急也不重要的事情（象限D）。当我们察觉到自己面对的事情繁多又没有一个很好的规划时，我们不妨将当前需要解决的事情填进这个坐标图中，优先去做A象限中的事情，其次是C象限中的事情。而对于B和D两个象限中的事情，可以缓一缓再来完成。对于案例中的雅萍而言，当考试周来临时，更好地完成考试相关的事情必然是要放在象限A中的，而社团和学生活动则可以归入不紧急类，等完成重要的考试后再进行相关活动。这样可以让雅萍在完成学业的基础上发展自己的兴趣爱好，也许她就不会感到烦躁抑郁。同学们可以根据图2-1将自己面临的事情一一整理，找出需要及时完成的事情并合理分配时间和精力。

> 贺聪是一名非常自律的学生，进入大学以来，一直保持着健康的生活习惯与丰富的兴趣爱好。他每天按时吃饭，很少吃不健康食品，保持着每天一定时间的体能锻炼，同时他也发展绘画的爱好，偶尔接单赚一些零花钱。但是随着学业的深入，贺聪时常感到时间不够用，但又不想舍弃已有的任何一项生活习惯和兴趣爱好……

针对上面案例中的贺聪，我们介绍另一种时间管理办法——五种时间分类法。五种时间指的是生存时间、赚钱时间、好看时间、好玩时间和心流时间。我们每个人的时间都可以按照这五个类型来区分。

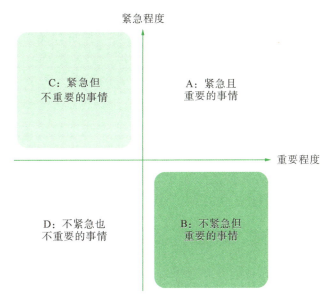

图 2-1 时间管理四项法则

从字面意思看,生存时间就是那些我们用以维持基本生存所花费的时间,比如吃饭、睡觉、走路等花费的时间。

赚钱时间指的是在一天可选的时间中,用于赚钱的时间。它并不是我们通常意义上讲的通过劳动兑换价值,而是强调在一天中,安排了特定时间用以提升自己的核心竞争力。赚钱时间和生存时间最大的不同在于,生存时间是要你学会保障基本生活,赚钱时间则是要你聚焦于核心竞争力的打造。

好看时间就是安排出特定时间只用于做让自己变得好看的事情。生活中,好看的人天然就招人喜欢,尤其是在社交场合,长得好看或者打扮好看,很容易吸引别人的注意,并让别人记住。在竞争中,好看的人往往更容易获得对方的好感,更容易获得机会。好看带来的好处实在是很多,不夸张地说,一个人的命运是由外表和能力共同决定的。因此,让自己变得好看是一件很重要的事,要学会积极创造和充分利用好看时间。让自己好看的方式有很多,如健身锻炼、化妆美容、按摩泡澡、美甲脱毛、医美整形、健康养生等。它一半来自外表修饰,另一半来自内在修炼。外表修饰主要体现在穿衣打扮上,内在修炼主要体现在保持健康体魄上。相较于外在好看,内在好看更为重要,因为它体现了蓬勃的生命力,没有什么修饰比这更能让人感觉好看。

好玩时间强调的是自主选择的、可以给自身带来快乐的时间,不为收入、健康、人生意义,只是单纯地让自己高兴。好玩时间看起来根本不需要花任何力气就能拥有,但实际上真正能体验到好玩的人并不多。因为绝大多数人的一天都会被很多不可避免的事情占用,没法有更多空余时间做自己想做的事情。于是,一旦闲了下来,可以自由支配时间时,就开始报复性地挥霍时间、享受无所事事,比如瘫倒在沙发上不停地滑动手机屏幕。这看似是在玩，其实可能并不快乐。因此，真正的好玩并不是通过休闲娱乐活动让自己感到放松和快乐，它是一种精神能力，它需要好奇心和生命力。

心流时间，即获得心流体验而付出的时间。心流的概念来自米哈里·契克森米哈赖，它指的是一种全身心投入、忘我的状态。当人处在心流状态时，不仅效率更高，而且更能体验到成就感、满足感和快乐感。一个人要能快速进入心流时间，前提是已经知道什么能让自己高度沉浸、创造和表达。因此，当你已经知道什么事能让你进入心流状态时，你就需要为自己的全身心投入留下相应的时间，设定相应的目标。如果你还没有找到能沉浸其中的事情，则要把心流时间用于寻找这样的事情。

有了对五种时间的了解之后，就需要开始按照自己的喜好来搭建时间模式，让时间被充分地管理起来，把一天中的所有事物，按照五种时间进行分类，看看自己的时间分布情况。需要特别强调的是，在五种时间中，生存时间是必须完成和不可逾越的，心流时间则是毕生都要追求的。在生存时间之外的自由区域，我们可以按照自己的主观意愿进行排序。以案例中的贺聪为例，他的生活非常丰富，同时也安排得非常紧凑。那么经过调整，贺聪的五种时间并不一定要实现绝对的平衡，而是他作为当事人可以对其进行自由分配与排序，以及学会折叠时间。所谓的折叠时间，就是将五种时间进行合并，实现一举两得。例如：在健身的时候进行一定的英语听力练习，即好看时间与赚钱时间相结合；在吃饭的时候做一些喜欢的事情，即生存时间与好玩时间相结合；在时间有限的情况下用心完成自己喜欢的美术创作，即好玩时间与心流时间相结合，等等。再结合前面提到的时间管理四项法则，在必要的时候把可以延期的事情暂时推后，这样贺聪的困扰也许会有很大程度的改善。

> 笑笑是一名大二女生，经过一年的时间，她已经逐渐适应了大学的学习生活。但就在这时，她在一个选修课堂上遇到了李嘉，一个阳光帅气的男生。经过一段时间的互相了解和相处后，笑笑和李嘉成了恋人。刚开始两人都沉浸在爱情的甜蜜中，然而没过多久，笑笑开始觉得自己没有多少心思留给学业了，时间更是不够用。笑笑开始纠结自己是否该结束这段恋爱，可她和李嘉的感情一直很好，面对学业和恋爱两项需要耗费大量时间去维持的事情，笑笑感到了深深的无力……

大学阶段需要解决的核心问题之一是学会维持亲密关系，因此平衡恋爱与学习对每个刚步入成年阶段的大学生来说都不是一件容易的事情。案例中的笑笑是典型的代表。作为大学生，我们首先应该摆正恋爱与学习的关系。学生还是应该以学业为主，为了恋爱而荒废学业是不提倡、不可取的。有了这个意识，相信大部分迷茫都会化解。

另外，我们要树立健康的恋爱观，追求高质量亲密关系。如果一段恋爱关系虽然有磕磕碰碰，但总体让你各方面都向着积极的方向发展，那么就可以将其看作一段高质量的亲密关系。相反，如果你因为恋爱而失去学习动力、拒绝其他社交等，则需要好好审视这段关系。

互相体谅也是帮助我们平衡学业和恋爱的好方法。有些情侣不在同一个班级，难免有生活差异和时间安排差异，遇到矛盾时两个人的有效沟通能够减少争吵，减少很多不必要的情绪困扰。因此，作为成年人，我们要学着沟通和体谅，尤其是在面对自己的恋人时。

针对案例中笑笑遇到的困扰，我们还可以尝试在亲密关系中控制自己对恋人的占有欲，无论是时间还是心思。大学中的恋爱，大部分双方均为学生，所以彼此尤其需要各自的空间去学习、去成长。如果你也面临与笑笑一样的烦恼，请记住，维持恋爱关系并不是花费时间越多越好，而是注重在一起的质量。我们可以尝试稍微减少两人在一起的时间，在安顿好必要的学业和生活后再把剩下的时间用来经营亲密关系，最好在一起做一些对双方都有意义的事情。

> 子轩是一名大一学生，他性格沉稳，富有领导能力，在多个学生组织中担任领导者的角色。随着大一学年走向尾声，子轩即将步入大二，然而他越来越感到焦虑。子轩知道大二的学业会更加繁重，他非常担心自己无法平衡好学习和学生工作，到头来会竹篮打水一场空……

与子轩有类似经历的学生不在少数，很多同学知道大学是培养能力的地方，所以加入学生组织来锻炼自己的社交能力、领导能力等。然而，学生组织里的事务并不轻松，尤其是一些核心部门，加入学生组织是一定会牺牲自己的一部分时间的。对于课业繁重的学生来说这样的牺牲变得尤其艰难。一旦意识到自己面临与案例中子轩一样的困扰，就要先让自己静下来思考，当下更重要的是课业学习还是学生工作。对于大学生来说，学习是最重要的，也是我们整个大学阶段的核心。因此，我们提倡要在保证不耽误学习的情况下再考虑加入学生组织。如果想参加学生组织，就要提前完成学习任务，或者能保证参加活动之后有足够的时间去完成学习任务。毕竟学生组织或社团只是丰富课余生活的选择，并且，大部分学生组织会对学业有成的同学更看重，安排好自己的学业是加入学生组织的前提。

另外，如果你想要坚持一下，尝试应对忙碌的学业和学生工作，那么可以多尝试碎片化学习。我们每个人都有不同的身份，在学校有学生和学生组织成员这两个身份。既然选择加入学生组织，我们就必须担负起学生工作，也必须好好学习。我们只能尽可能利用空闲时间，进行碎片化学习。"积少成多"，"不积跬步，无以至千里"，就是这个道理。

无论在什么情况下，我们都可以采取积极主动的态度去寻求破局。作为学生组织中的大学生更是如此，我们有很多事要做，假如做事拖延，就会浪费时间，也可能因此错过良好的机会。我们必须发挥主观能动性，节约时间，提高执行力。总之，对于学业和社团工作，必须把握好时间分配，不能一心两用。

三、如何面对学业挫折

> 今年大三的宇鹏进入大学以来一直比较顺利。虽然他的成绩不算突出，但基本能跟上学习进度。但进入大三以来，有几次大型考试前，宇鹏虽然做足了准备，但结果险些挂科。宇鹏为此非常苦恼，这样的分数是他整个学习生涯中不曾出现过的。后来宇鹏来到朋辈心理互助小组，在小组中，宇鹏向其他成员倾诉了他近期遇到的学业挫折，小组里的成员给予了宇鹏很多的支持和鼓励，其中也有很多可行性办法……

人生道路上难免会遇到挫折。在大学中，学生最普遍的挫折来自学业，如考试失利、实验进展不顺等。下面，我们将针对这些常见的学业挫折提供一些应对建议，从挫折产生前的预防和挫折产生后的状态调整两个方面进行阐述。

面临重要的考试，我们往往会有心理压力，甚至有时会因为过度担心结果而产生不好的联想。如果不加以控制的话，也许有的同学会产生自我否定和自我怀疑。其实，绝大多数同学经历的这些考前焦虑都属于正常范畴，尤其是在一些重大考试来临前，感到焦虑是非常正常的。我们应该清楚，考前焦虑是一个正常现象，在适度范围内，它甚至可以产生积极的影响。因此，我们不必为自己的考前焦虑而焦虑。学会正视焦虑，并接纳它，这本身对缓解考试焦虑是有效的。适度的焦虑有利于考前学习与考试发挥，这份焦虑会督促你以更严肃认真的态度去学习和复习。如果你感到过度焦虑，则应该尽快寻求帮助。很多学生面对过度焦虑，习惯将负面情绪积压起来，觉得考完后负面情绪就会自然消散。虽然随着压力事件的结束，我们的情绪确实会得到明显的好转，但这样的方法未能从根本上让我们学会应对焦虑。以后若遇到更重大的事件时，我们还是会经历一段煎熬的时间。因此，从现在开始，当面临比较严重的考前焦虑时，可以尝试积极寻求沟通和疏导。例如：我们可以通过与共同奋斗的好友聊天来放松心情；在自习结束感到疲惫时参与中等强度的运动；可以在学习间隙休息时和信任的人聊一聊自己的困惑和迷茫；心理健康教育中心也会提供专业的咨询师指导以及优质的朋辈互助帮扶。总之，在面对较大压力时，我们最好不要单方面地压抑负面情绪，而是尽可能寻找能够彼此激励、互相安慰的支持。

在重大考试来临前，劳逸结合的重要性是不可忽视的。这就要求我们在给自己制定考试目标和考试计划时要客观，并且正视自己的学习能力。一旦学习任务无法按计划完成，将带来很多不安和自我否定，使自己陷入一个更加焦虑和紧张的境地。因此要制定一个合理的规划，安排一个对自己而言稍有挑战的任务目标。这样，在完成任务时我们会产生较高的满足感，提高自我评价和自信心。最重要的是，很多同学在制订计划时会把学习安排得很细致，但不会把放松娱乐作为计划的正式部分。这样的安排会给我们一种心理暗示：只有学习是值得重视的，而放松娱乐是可有可无的。然而很多事实和研究都证实了适度休息对学习有明显的促进作用。因此，从现在起，我们在制订计划的时候不妨把放松娱乐也列入其中，在学习了一段时间后就要放下课本，投入休息活动。就算只休息 15 分钟，对于后续阶段的学习也是有很大的促进和改善作用的。

不论是否面临重大考试，我们都应该随时保持良好的身体状态。只有保持良好的身体状态，我们才能高效地学习、生活，才能在考试中发挥出最好的水平。因此，应尽量避免考试前的生物钟紊乱，例如熬夜复习、为了排解压力而暴饮暴食等。可以在平时多吃水果蔬菜，保持一定的运动量，保证足够的睡眠。另外，可以偶尔给自己的生活制造一些小惊喜和仪式感。比如在期末考试复习时常常会感到疲惫和无聊，我们可以在能力范围内给生活增添一些色彩，如自习完后给自己买一份酸奶水果捞，或者和同学约好，当天能完成复习计划，就一起看一部喜欢的电影，等等。学习之路漫长且艰辛，我们需要培养积极的生活态度。

下面谈谈，面对考试失利时，我们应如何快速调整好状态，减少其带来的负面影响。

面对考试失利时，我们首先应该调整自己的情绪，让自己镇定下来，沉着应对。对大多数人来说，考试失利是一件比较糟糕的事情。我们应学会科学对待考试失利，我们的学习生活还要继续，为了以更好的状态迎接未来的学习，我们需要在知道自己考试失利的那一刻，就主动采取积极有效的方法去应对。这样可以提高我们的学习效率，使我们快速成长起来。在这个过程中，我们可以有意识地保持乐观心态，让自己冷静下来，不要有过度的伤心情绪或者胆怯情绪出现，虽然考试失利，但是总会有其他方式去弥补这种失利。因此，当面对考试失利时，给予自己短暂的调整时间，然后把伤心和胆怯丢掉，不要让这种负面情绪影响后续的学习生活。

此外，面对考试失利，调整好心态后还需要认真反思和分析，找到考试失利的具体原因。也许是考前没有复习到位；也许是复习方向有误；也可能是做题的时候粗心大意；或者是考试时没有分配好做题时间等。这些都是非常具体的考试问题，我们应该在考试失利后，认真进行分析和总结。每一次总结都将是一次提高，经过多次总结以后，我们就会总结出一套适合自己的备考方案和备考经验。无论是考试技巧还是心理应对，这些经验都是比较实用的，可以应用于现在的大学学习及未来的工作与发展。

如果情绪调节和挫折分析都没办法很好地改善你的状况，那么不要犹豫，找到你的老师或心理咨询师，向他们寻求帮助。大学时的老师和中学时的老师有所不同，在向他们请教时可能需要预约时间，可以带着正式求助的态度给老师发送邮件，之后整理好自己想要交流的问题，与老师高效地交流。与老师交流的目的更多的是为了下次考试能够有更好的发挥，查漏补缺等。向心理咨询师求助则是从自己的心态上得到帮助，心理咨询不会改变已经过去的事情，不会让你对知识有更深的理解，而是从来访者个人的成长和心态上给出积极的引导，使其更快走出考试失利的阴影，以更乐观的心态去面对未来的学习生活。

所以，学业挫折并不可怕，经历挫折后也不必太灰心，及时调整心态，做好准备，更好地迎接下一次挑战。

本章小结

学习是由经验积累引发的较为持久的心理和行为的变化。大学的学习涵盖面很广，不仅包括我们普遍理解的专业知识技能的学习，而且包括个人人格的完善、良好性格的养成、自我成长等方面的学习。知识的学习为我们提供生存技能，人格、性格的成长帮助我们收获更好的人生。发展和学习的关系非常密切，学习既受到发展的制约，同时又推动发展；发展既是学习的基础，又是学习的过程与结果。学习和发展的最终目的是帮助我们成为完整且健康的人。

大学的学习过程中不可避免地会有困扰，本章针对"如何确立学习目标""如何看待自己的专业""如何选择学习方法"三个困扰类型进行分析，并给出实质性建议。

最后，本章针对当代大学生中比较热门的几个话题做出探讨并提出建议。例如"内卷"话题，其本质可以理解为我们是否能接受自己平凡等。探讨了面对丰富多彩的大学生活，我们该如何平衡学业与其他事务，以及随着学习压力普遍增大，我们该如何应对学业挫折。

课后习题

一、选择题

1. 以下哪些方面有助于我们成为一个健全的大学生?(   )
   A. 学好专业课知识　　　　　　　　B. 形成良好的性格
   C. 不断完善自己的人格　　　　　　D. 封闭自己,拒绝与他人来往
2. 以下哪些是大学学习中可取的学习方法?(   )
   A. 自主学习　　　　　　　　　　　B. 实践学习
   C. 放弃学习　　　　　　　　　　　D. 改善笔记
3. 我们应该如何看待"内卷"?(   )
   A. "内卷"太可怕了,我绝对不要加入这个行列
   B. 辩证看待,积极"内卷"有时候也会成为学习动力
   C. "内卷"是不对的,只有不够优秀的人才会"内卷"
   D. "内卷"全都是无用功
4. 如何提高大学时间利用率?(   )
   A. 把一切时间投入学习
   B. 可采用五种时间分类法安排好各类时间
   C. 学习之余留出时间实现劳逸结合
   D. 放弃大学课程以腾出时间做自己喜欢做的事

二、填空题

1. 埃里克森提出的人类心理发展阶段中,大学生所处年龄阶段需要解决的核心问题是_____和_____。
2. 请列举 3 种改善人格的方法:_____;_____;_____。
3. 五种时间分类法中的五种时间指的是:_____、_____、_____、_____和_____。

三、判断题

1. 在大学里只要专注于专业课的学习就行,其他的事情都不重要。   (   )
2. 埃里克森提出的人类心理发展阶段中,大学生所处年龄阶段需要解决的核心问题是自我同一性和亲密关系建立。   (   )
3. 个人的人格是与生俱来的,我们无法通过后天的努力去改善人格。   (   )

4. "内卷"是不好的现象,我们要杜绝一切"内卷"。（   ）

5. 大学阶段的专业不一定会伴随我们一生,未来还有很多道路可以选择。

（   ）

四、简答题

1. 结合本章内容思考：大学学习为何强调个人全面发展,而非只注重专业技能学习？

2. 回顾你的大学学习生涯,结合本章内容思考：有哪些方面自己做得好？哪些方面可以继续改进？并分析原因。

图书推荐

1. 赫尔曼·艾宾浩斯：《记忆力心理学》,常春藤国际教育联盟译,现代出版社2017年版。

2. 芭芭拉·奥克利：《学习之道》,教育无边界字幕组译,机械工业出版社2016年版。

电影推荐

1.《放牛班的春天》（2004）
2.《风雨哈佛路》（2003）

参考文献

[1] 丛晓波,张宵. 大学新生自我适应问题及社会工作介入研究 [J]. 延边大学学报（社会科学版）,2018,51（3）：133-138,145.

[2] 段士伟,周志强,王彪,等. 对高中过渡到大学学生学习态度转变的调研与思考——以安徽工业大学为例 [J]. 高教学刊,2021（2）：1-5.

[3] 江光荣. 大学生心理健康素养 [M]. 长沙：湖南师范大学出版社,2020.

[4] 黄诗琦,杨晓群,杨兰芳. 中学与大学的教学差异和新生的学习应对策略 [J]. 教育教学论坛,2019（45）：203-204.

[5] 李树英. 重塑学习认知 适应大学学习 [J]. 教育家,2019（48）：27-29.

［6］ 李湾. 高中的学霸，大学的学渣——如何帮助孩子适应大学的学习节奏？［J］. 心理与健康，2020（9）：16-18.

［7］ 屈元，狄育慧，颜苏芊，等. 奥尔堡大学学习评价体系及其启示［J］. 科技视界，2020（18）：89-90.

［8］ 塞林. 现在学的东西真的能为以后大学的学习打好基础吗？［J］. 中学生天地（C版），2020（11）：1.

［9］ 吴洪亮. 高校转专业学生群体后续学习适应性问题研究——以L校为个案的质性分析［J］. 太原城市职业技术学院学报，2017（4）：158-161.

［10］ 王向红. 大学新生学力情况调查及其对学习指导的启示［J］. 内蒙古师范大学学报（教育科学版），2015，28（3）：27-29.

［11］ 汪景. 大学生学习积极性变化及其影响因素研究——基于高中与大学教育衔接的视角［D］. 兰州：兰州大学，2021.

［12］ 王力娟. 大学新生学习能力调查与分析——以上海交通大学为例［J］. 教学学术，2021（1）：1-11.

［13］ 王一军. 大学个人知识：超越"高深学问"的学习向度［J］. 清华大学教育研究，2019，40（5）：61-68.

［14］ 徐国兴. 研究型大学本科教学的学习促进功能探析［J］. 复旦教育论坛，2021，19（4）：67-76.

［15］ 张驰，曹慧，刘海骅，等. 讲授还是体验——大学生心理健康课堂教育教学法研究［J］. 中国大学教学，2019（4）：72-75.

第三章

为明天做好准备:职业生涯规划

本章导读

成功的人生需要正确的规划,合理规划职业生涯是迈向成功人生的第一步。合理的职业生涯规划能够帮助大学生掌握职业生涯规划的有关知识与方法,促进大学生了解自我、探索自我,提高职业生涯规划能力,使潜能和个性得到充分发展,以实现职业理想。

第三章学习资源

第一节

生涯百科：职业生涯规划概述

一、为什么要进行职业生涯规划

> 小汪进入大学后，自认为入了"985"高校毕业后就能找到理想的工作，于是没有目标的小汪开始接触网络游戏。为了玩游戏，不仅耽误了专业课程，甚至通宵达旦地玩，不按时就餐，生物钟混乱，体力和精力不断透支，睡眠质量也不断下降，食欲不振。在毕业求职的时候，屡屡碰壁。

小汪的案例在大学生中并不少见，甚至不少大学生在校期间，感觉未来迷茫而无所事事。与此相反，还存在这样一种现象，很多大学生仅仅注重在校期间文化素养的提升和理论知识的学习，将学校的教学任务作为个人的主要目标，认为在校期间学习理论知识、提升专业技能，毕业后就能找到理想的工作，对于职业生涯规划没有明确的概念。那么，我们究竟为什么要进行职业生涯规划？

职业生涯规划教育有利于促进大学生明确人生的奋斗目标。职业生涯规划教育的主要任务之一是帮助学生确定职业生涯目标，有了目标，学生才有动力，才不致迷失方向，才能使学生不盲目学习，使学生在面对人生的各种选择时能够做出有利于自己职业生涯目标的选择；同时，在实现目标的过程中，即使遇到困难，也能坚定意志、克服困难，为实现目标而奋斗。

职业生涯规划教育有助于大学生价值观的形成。大学生确定自己的职业生涯目标是大学生价值观的体现，是大学生对"我该如何度过自己的一生、我想要什么样的生活"等的思考。这些是大学生在确定自己的目标前应当思考的问题。

大学生的职业生涯目标确定以后，它将指导大学生在大学生活中为实现自己的目标而努力奋斗。同时，职业生涯规划的过程也是大学生对人生不断认识的过程，随着完成不同阶段的规划任务，大学生的价值观也逐渐趋于稳定。

职业生涯规划教育有助于大学生了解和认识自我。大学生现在较关心的问题是"我是谁？我能做什么？我适合做什么？我想做什么？"职业生涯规划教育就是要帮助大学生清楚地认识自己，了解自己的性格、兴趣、职业倾向、能力、资源以及缺陷等，同时帮助大学生了解各种职业的特点及任职条件，社会对职业的需求状况，等等。通过学生对自身及社会、职业的认识，促进学生科学规划自己的大学生活及未来人生，从实际出发选择适合自己的生活道路。

职业生涯规划教育有助于增强大学生的学习动机。传统的教育方式容易使学生感到所学的内容与自身发展实际关联不大，觉得学习活动枯燥乏味、没有意义，是为了学习而学习。从心理学的角度来讲，当学生为实现自己的理想或解决一个问题而学习时，其内心便会产生一种强烈的需求，促使其主动获取知识或技能，主动采取行动来实现目标或解决问题。因此，在进行职业生涯规划时，明确的职业生涯目标有助于大学生采取积极主动的行为，有助于大学生为抑制某种有碍目标实现的行为而进行自我控制，使学习变得更有目的性和针对性，使学生更能以良好的心态去学习。

由此可见，职业生涯规划对大学生的成长与发展具有重要作用，不仅关系到大学生在大学期间的学习质量、生活质量，而且直接影响到大学生的求职就业，甚至关系到大学生未来职业生涯的成败。现代社会是一个经济快速发展的社会，也是一个充满竞争的社会，在这样的氛围下，大学生找工作的态度越来越趋于现实，哪个企业的待遇高、环境好就去哪个企业，很少将工作岗位与自己理想、兴趣、爱好、特长、优势、潜力等结合起来。这种盲目的职业选择，是大学生频繁换工作或难就业的主要原因，严重阻碍大学生职业生涯的长远发展。提前做好职业生涯规划可以为大学生更好地适应社会打下基础，为社会做出更大的贡献，更好地实现人生价值。

二、职业生涯规划是什么

（一）职业生涯规划的概念

职业生涯规划又称职业生涯设计，是指在对个人职业生涯的主客观条件进行测定、分析、总结的基础上，对自己的兴趣、爱好、能力、特点进行综合分析与权衡，结合时代特点，根据自己的职业倾向，确定最佳职业奋斗目标，并为实现这一目标做出行之有效的行动计划。通俗地讲，职业生涯规划就是打算选择什么样的行业、什么样的职业、什么样的组织，想取得什么样的成就，想过什么样的生活，如何通过努力达成目标。

很多人把职场生涯看作是一场短跑比赛，把注意力局限在某份工作的福利和眼前的薪水上。其实，大多数人的职业生涯是一场时长达几十年的马拉松。从人一生的职业生涯规划来看，职业生涯可分为三大阶段，每个阶段有十几年的时间。

职业生涯的第一个阶段,就是初入职场的十几年。很多人在刚毕业,面临择业问题的时候,根本不知道自己热爱什么、擅长什么,很多人连大学就读专业可能都是父母帮忙选的。在进入职场的最初几年里,非常容易陷入迷茫和焦虑之中。因此,在这一阶段,要勇于试错,通过学习和探索,直到发展出自己的职业方向。当然,其中难免会出现一些错误的选择和走过一些弯路。在这个阶段,你需要关注的是你的学习,增加和培养自己的知识储备和技能,为前方漫长的职业旅程做积累。

职业生涯的第二个阶段,就是接下来的十几年。要着重开始创造真正的差异,你需要找到自己身上的"尖峰点",就是那些你能够远远超过平均水平的技能,那是你的天赋,是你持续的热情所在。你要把更多的精力聚焦在自己的"尖峰点"上,这样你才能迎接一些独有的机会和挑战。

职业生涯的第三阶段,一般会在一个人的55岁~70岁,甚至年纪更长的时候。这一阶段的核心发展目标是发挥自己的持续影响力。大多数人会在60岁左右退休,可是如果在退休之际就猛然停止所有工作,完全进入休闲生活,这对你的身心健康是非常危险的。你可以想象一下,就像你驾驶着一辆时速100千米的汽车,突然来个急刹车,很有可能会从车窗飞出去,突然断掉的职业生涯也会产生相似的结果。所以,合理地对这个阶段进行规划,缓缓减速,逐渐退出职业生涯,这会是更好的方式。更何况,随着医疗条件的改善,人均寿命正在延长,多数人在70岁的时候还拥有健康的身体状态,完全具备良好的硬件,可以支持自己去发挥余热。

实际上,大学生的职业生涯规划在参加高考前就已经开始,报考的大学和专业已经体现出职业意向。进入大学后,大学生应通过对自身和外部环境的认知,尽早做好在校期间的生涯规划,把握好宝贵的大学时光,努力学习知识、掌握专业技能、提升综合素质,为未来进入职场做好充分准备。

(二)职业生涯规划的内容

职业生涯规划具有明显的个性化特征,不同的学生在做职业生涯规划时,所考虑的因素也会有所不同,因人而异。一般而言,一些因素是必须考虑的,主要由以下几个方面构成:知己、知彼、抉择、目标、行动。知己就是自我认识与自我了解。知彼就是熟悉周围的环境,特别是与职业生涯发展有关的工作环境。抉择就是在获得内部、外部信息的基础上,进行正确的选择。做出抉择后,制定出目标。行动就是付出努力完成自己制定的职业生涯规划目标,包括将大目标解构为一些小的、可操作性强的目标,采取积极行动逐一实现小目标。

(三)职业生涯规划的类型

职业生涯规划按时间长短,可分为短期规划、中期规划、长期规划和人生规划。

（1）短期规划。短期规划一般为2~3年的职业生涯规划，主要确定近期的目标，规划近期要完成的任务。

（2）中期规划。中期规划一般规划3~5年内要达到的目标和任务。人们一般把个人职业生涯规划的重点放在中期规划上，这样有利于根据实际情况随时进行调整。

（3）长期规划。长期规划一般为5~10年的职业生涯规划，主要制定较长远的目标，以及为实现目标所采取的措施。

（4）人生规划。人生规划即整个职业生涯规划，时间可长达40年，主要设定个人整体发展目标。

第二节

正视内心：自我分析与探索

认识自我，合理定位，是大学生选择适合自己的职业、实现自我价值的重要前提，是规划中不可或缺的环节。只有认识自己，才能对职业做出正确的选择，才能选定适合自己发展的职业生涯路线，才能对自己的职业生涯目标做出最佳抉择。自我分析包括了解自身的兴趣、性格、能力、价值观等，其目的是认识和了解自己。

一、兴趣维度：我喜欢做什么

兴趣是心灵的动力，是个人外部表现出来的活动力与积极性的总和。目前学者普遍认为，兴趣是个体力求认识并从事某项活动的心理倾向或态度、情绪。兴趣也是大学成绩、大学期间的坚持、学位获得和职业声望的有力预测因素。而职业兴趣是兴趣在职业选择活动中的表现，它体现了职业与从业人员的相互影响（龙立荣，1991）。职业兴趣在个体的职业活动中发挥着重要作用：一方面，它影响个体就业过程中的职业选择；另一方面，它影响个体从业过程中的工作满意度和工作绩效。

个体的职业兴趣与自身的职业选择、职业承诺、职业持久性相关，也就是说职业兴趣的指向影响着个体的职业选择，也影响着个体在职业环境中的认同、依赖、投入程度，同时影响个体从事一份职业的长久性。有40%~60%的人的职业可以被量表的测量结果预测。有研究显示，当员工的兴趣与他们的职业相匹配时，他们更有可能留在当前的工作岗位上而不太可能考虑改变工作，同时更有可能在工作上投入更多精力，并且获得更好的成就。

与此同时，不得不承认找到自己的兴趣、实现自我价值是有难度的、是需要付出很大努力的。有很多年轻人初入社会时，并不知道自己的职业兴趣所在，也无法在兴趣的指引下找到合适的工作，不知道该如何实现自我价值。也有一些人在工作了一段时间后，发现想要实现的和现实差距太大，又重新陷入迷茫期，内心感到倦怠。

在校期间提前了解自己真实的职业兴趣是十分必要的。为了解决如何了解自身的职业兴趣问题，学者们进行了大量的研究。其中，较受欢迎的理论是霍兰德职业兴趣理论。霍兰德职业兴趣理论认为，人的人格类型、兴趣与职业密切相关，兴趣是人们活动的巨大动力，凡是具有职业兴趣的职业，都可以提高人们的积极性，促使人们积极地、愉快地从事该职业，且职业兴趣与人格之间存在很高的相关性。

霍兰德职业兴趣类型（见表3-1）主要包括六种：实际型、研究型、艺术型、社会型、企业型和传统型。例如：实际型性情沉稳、喜欢独处，有着很强的动手能力与执行力；社会型喜欢与人交际，乐于助人，有着很强的社交能力。我们每个人的职业兴趣类型都可能是这六种类型的某个组合。不同的职业兴趣组合，对应着不同类型的匹配职业。因此，借助霍兰德职业兴趣类型，可以很好地将我们内心潜在的职业兴趣进行分门别类，让自己在择业时有据可依。

表 3-1　霍兰德职业兴趣类型

类型	喜欢的活动	重视	典型职业
R：实际型	用手工、工具、机器制造或修理东西，喜欢有规则的具体劳动和操作技能的工作，喜欢户外活动，而不喜欢在办公室工作	具体实际的事物，诚实，有常识	一般劳工、技工、园艺师、木匠、汽车修理工、工程师、农民等
I：研究型	喜欢阅读和讨论有关科学性的议题，喜欢独立工作，对未知问题的挑战充满兴趣	知识，学习，成就，独立	实验室工作人员、生物学家、化学家、心理学家、医生、工程设计师、大学教授等
A：艺术型	喜欢自我表达，喜欢文学、音乐、艺术和表演等具有创造性、变化性的工作，重视美感和艺术感	有创意的想法，自我表达，自由，美	作家、美术编辑、音乐家、摄影师、厨师、导演、设计师等
S：社会型	喜欢与人合作，热情关心他人的幸福，愿意帮助他人成长或解决困难，为他人提供服务	服务社会与他人，公正，理解，平等，理想	教师、社会工作者、牧师、心理咨询师、护士等

续表

类型	喜欢的活动	重视	典型职业
E：企业型	喜欢领导和支配别人，通过领导、劝说他人或推销自己的观念、产品而达到个人或组织的目标	经济与社会地位上的成功，忠诚，冒险精神，责任	企业家、律师、政治活动家、经销商、市场部经理、电视制片人、保险代理等
C：传统型	喜欢固定的、有秩序的工作或活动，希望确切地知道工作的要求和标准，对文字、数据和事物进行细致有序的处理以达到特定的标准	准确、有条理、节俭	文字编辑、会计师、银行家、办事员、税务员、计算机操作员等

生活中，有的人做事随性、不拘小节。他的职业兴趣很可能是艺术型，更适合艺术创造的工作。如果他在不了解自己特点的情况下选择了医生这个职业，而医生更需要研究型的特质，如耐心细致等，这些与艺术型的特质恰恰相反。手术室诸多规范可能让他感到拘束且枯燥，容易出错并且工作过程也觉得很不开心。霍兰德认为，在职业生涯规划中，选择与兴趣匹配的职业可以显著提高工作幸福感，并且获得更多成就。六种不同的职业兴趣类型有着各自的优势与劣势，在工作中运用自己独特的优势，可以最大限度地发挥自己的潜力。

可能你也很好奇自己的职业兴趣所在，但在平时很难全面客观地对自我进行评估，对自我的观察存在困难或者一些局限性。或许，一个科学有效的职业兴趣测评工具如霍兰德职业兴趣测试可以很好地解决你的困扰。

如果不能用霍兰德职业兴趣测试来确定自己的兴趣所在，也可以通过分析工作对象的方法来实现。霍兰德职业兴趣测试把我们的工作对象分为以下四大类。第一类是物。主要包括机器、工具、生物、食物、木材、金属等。在行业里主要包括工业、农业、物流业等，一般属技术操作岗位。第二类是人。为人提供服务、帮助、信息、咨询等，一般比较有代表性的行业是教育、咨询、护理、销售、管理等行业，一般包括教师、导游、销售、采购等岗位。第三类是观点。呈现方式是音乐、舞蹈、设计、艺术、文字等，工作当中提供新的表达、思路、理论、意见等。典型行业是娱乐、文学、设计、艺术等行业，可以是科研、设计、推广、运营等岗位。第四类是资料。常见的有图书馆的管理、文件的整理、事件的记录，涉及数字、文件、程序等。典型行业是法律和金融等行业，一般包括会计、出纳、记录员等岗位。这些人做事往往很有规则，井然有序。通过对工作对象的分类，可以帮助我们做好职业定位，知道到什么样的行业中去，到什么样的岗位工作，这样可以帮助我们发挥兴趣的作用。

心理体验

兴趣岛测试

恭喜你！你获得了一次免费度假旅游的机会，有机会去下面6个岛屿中的一个，唯一的要求是你必须在这个岛屿上待至少半年的时间。请不要考虑其他因素，仅凭你的兴趣找出你最向往的3个岛屿。

岛屿A：美丽浪漫的岛屿。岛上到处都是美术馆、音乐厅、街头雕塑和街边艺人，弥漫着浓厚的艺术文化气息。当地的居民有很强的艺术、创新和直觉能力，他们保留了传统的舞蹈、音乐和绘画，许多文艺界的朋友都喜欢来这里寻找灵感。

岛屿C：井然有序的岛屿。岛上的建筑十分现代化，是现代的都市形态，具有完善的户政管理、地政管理、金融管理。岛民个性冷静保守，做事有条不紊，精于组织策划，细心高效。

岛屿R：自然原始的岛屿。岛上保留有原始森林，自然生态保持得很好，有各种各样的野生动物。岛上居民的生活状态还相当原始，他们以手工见长，自己种植瓜果蔬菜、修缮房屋、打造器物、制作工具，还喜欢户外活动。

岛屿S：友善亲切的岛屿。岛上居民个性温和友善，乐于助人，各社区共同组成一个密切互动的服务网络，人们重视互助合作和教育，关怀他人，岛上充满人文气息。

岛屿I：深思冥想的岛屿。岛上人迹较少，建筑物多僻处一隅，平畴绿野，适合夜观天象，岛上有多个天文馆及科学图书馆等。岛上居民喜好观察、学习、探究、分析，崇尚和追求真知，常有机会和来自各地的哲学家、科学家、心理学家等交换心得。

岛屿E：显赫富庶的岛屿。岛上的居民善于企业经营和贸易，能言善道，以口才见长。岛上经济高度发达，处处是高级饭店、俱乐部、高尔夫球场。来往者多是企业家、经理人、政治家、律师等，这里曾数次召开财富论坛和各行业的巅峰会议。

请回答下列问题：

(1) 你首选做哪个岛上的居民？对什么工作会产生浓厚的兴趣？

(2) 归纳你首选岛屿的主题与关键词：_____。

(3) 你的霍兰德职业兴趣类型代码是_____，与此相关的职业有_____。

说明：这6个岛屿实际上代表霍兰德提出的6种职业兴趣类型。你找出的自己最有兴趣的前三个类型即你的霍兰德职业兴趣类型代码（代码详情见表3-1）。

（4）假如可以从事你感兴趣的职业，你会呈现出怎样的状态？

（5）从事这种职业的愿望和信心很强是10分，相反为0分，目前你为自己打几分？若想提高1分，你会做些什么？

二、性格维度：我适合做什么

在心理学上，性格是指一个人对现实的态度以及与这种态度相应的行为方式中表现出来的比较稳定的、具有核心意义的个性心理特征，是一种与社会相关最密切的人格特征。性格主要体现在对自己、对别人、对事物和对周围世界的态度和所采取的言行上具有独特性。性格具有复杂的结构，大体包括：① 对现实和自己的态度的特征，如诚实或虚伪、谦逊或骄傲等；② 意志特征，如勇敢或怯懦、果断或优柔寡断等；③ 情绪特征，如热情或冷漠、开朗或抑郁等；④ 情绪的理智特征，如思维敏捷、深刻、逻辑性强或思维迟缓、浅薄、逻辑性弱等。

> 秦红从小喜欢艺术人文，想法天马行空，却成为一名普通的程序员。工作之后见到她，总是垂头丧气的，常常抱怨："我觉得这份工作很没意思，但我同事们都特别有干劲。""读历史哲学我从没感觉累，可我看一会代码就很难受。"每天的工作状态仿佛行尸走肉，感受不到自己的价值，完成项目也没有成就感，甚至对生活的热情好像都要被这份不适合的工作耗尽了。

秦红的案例在职场中并不少见，例如有冒险精神的人做着一成不变的稳定工作，总是怀着创新和变革的灵感却无处施展拳脚；平日性子慢吞吞但擅长慢工出细活的人去了快节奏的公司，终日因无数任务的压力而焦虑疲惫。那么，究竟人的性格差异到底会在工作的适应性和成功度上给予我们多大的影响？

每个人的性格特质在工作环境中的表现就是职业性格，如果它与工作匹配，就能起到正向激励作用。然而，如果不匹配，会对职业发展有多大影响呢？

著名心理学家博亚特兹于1982年提出的洋葱模型（见图3-1），曾回答过这个问题。洋葱模型是用于评估"一个人是否能胜任某个岗位"的模型，它认为职业中"看得见"的知识技能，好像洋葱表皮，可以通过后天的努力培养；而职业性格是"看不见"的内核，它难以通过后天努力而改变，但对职业有着决定性的影响。

图3-1 洋葱模型

衡量人能否做好一个工作，最直接的方式是看他的知识技能水平。但对于个人来说，如果能遇到与自己职业性格匹配的工作，过去的积累就能派上用场，潜力更易发挥，后续学习也会更有动力。如果两者相违背，哪怕一开始知识技能水平都达标，在后续的工作中，主动性也容易不足，学习新知识的欲望也有限。这个过程中，工作的热情也在慢慢被消耗。这样看来，了解自己的职业性格，依据自己的职业性格选择适合的行业、工作和岗位就显得至关重要。

因此，在面对职业选择时，从业者应该对自身的性格特征进行全面分析，总结出自身的性格类型和主要优缺点，进行科学系统的职业规划。职业性格作为职业选择中的重要影响因素，应当成为未来职业规划和职业选择中的重要参考。当从业者已经从事与职业性格匹配度不高的工作，且受各种主客观因素影响无法进行职业的再选择时，应主动进行性格的优化和调整，使其符合职业特点，满足职业需求。例如：内向型性格的人需从事内向型性格的岗位，可以通过多与人沟通交流、多参加社交活动，逐渐培养自信，并锻炼自身在公共场合说话的能力，将性格慢慢向外向型发展；外向型性格的人需从事内向型性格的岗位，可以通过静坐和沉思，使自身更加沉稳成熟，以适应相应的职业需求。实现性格的调整优化和针对性塑造，对于自身未来的职业发展有相当的帮助和促进作用。

三、能力维度：我擅长做什么

关于能力的界定多来自心理学的研究成果，哈特尔认为，能力是促使个体在工作中有卓越表现的个人特质，其包含可见的能力，如知识和技能，也包含潜隐的能力，如个人特质和动机等。还有研究者认为，能力是那些能够广泛应用和迁移的知识和技能。

大学生的能力是大学生顺利实现学习、生活、就业的必要条件，主要包括批判性思维能力、创造性思维能力、自我管理能力、适应能力、问题解决能力、沟通能力、团队工作能力、计算机能力等。批判性思维能力强调从不同视角分析判断和考虑不同观点；创造性思维能力突出主动性和提出新观点；自我管理能力强调学生的学习责任和态度；适应能力侧重于适应新环境、接受新事物；问题解决能力指利用专业知识或其他知识解决问题的能力；沟通能力强调学生的书面、口头表达能力并能开展有效交流；团队工作能力强调个体和团队其他成员的合作、相处能力；计算机能力指为满足学习和生活需要进行计算机操作的能力。

大学生的个人能力体现在各个方面，具体到职场上就包括专业素养、人际沟通、团队协作、环境适应以及再学习等方面。用人单位注重的不光是文凭，更注重对大学生综合素质的考量。在求职过程中把握住机会，得到一份自己心仪的工作，需要大学生在校期间注重各个方面的训练和培养。近年来，我国高校毕业生在工作岗位上普遍表现出就业能力不足的问题。另外，敬业精神的欠缺也是用人单位诟病较多的地方之一。成功谋取一份工作并在工作岗位上具备相当的竞争力，这是每位大学生都应该做的长远规划。

能力总是和人的活动联系在一起，是在具体活动中体现出来的。如果一个人的能力符合某项活动的要求，则很容易高水平地完成任务，也就表现出有能力；反之，如果一个人不具备工作所要求的能力，不能很好地完成工作要求，则是能力较差的表现。通常，一个人解决问题的速度越快、任务完成的质量越高，其能力就越强。

能力按获得方式的不同，一般分为能力倾向和技能两大类。能力倾向是指先天具备的特殊才能，如音乐、运动能力等；技能是指经过后天学习和训练而培养的能力。辛迪·梵和理查德·鲍尔斯将技能分为专业知识技能、自我管理技能和可迁移技能。提到技能，通常人们比较容易想到自己所具有的专业知识技能，但实际上后两种技能也很重要。

（一）专业知识技能

专业知识技能是指那些需要通过教育或者培训才能获得的特别的知识或能力，也就是个人所学习的科目、所懂得的知识，如外语、历史、电脑编程、化学元素周期表等知识。

（二）自我管理技能

良好的自我管理技能能够帮助个体更好地适应周围的环境、应对工作中出现的问题，因此它也被称为适应性技能。自我管理技能经常被看作个性品质，被用来描述或说明人所具有的某些特征，常以形容词或副词的形式出现，如诚实的、仔细的、认真的、负责的等。自我管理技能无论是一个人先天具有的，还是后天习得的，都需要练习。

（三）可迁移技能

人们所获得的各种技能之间可以相互作用，已经掌握的技能可能对新技能起促进作用，也可能妨碍新技能的学习，这种现象叫作技能的迁移。可迁移技能一般用行为动词来描述，如人际交往能力、沟通能力、解决问题能力、团队合作能力、领导力、适应能力等。其特征是它可以从生活的方方面面，特别是工作之外得到发展，还可以迁移应用于不同的工作。因此，可迁移技能也被称为通用技能。

在求职前，我们最需要做的就是清楚认识自己所拥有的这三类技能，进行技能探索与澄清，找到自己的技能优势。

反 思 活 动

撰写3～5个自己的成功故事，包括以下四个要素（简称STAR）。

① Situation：事情发生的背景；
② Task/Target：面临的任务或目标；
③ Action/Attitude：采取的行动/态度；
④ Results：取得的成果。

透过这些故事，看看是否会重复出现某些技能，它们就是你喜欢施展并擅长的技能，这就是你的技能优势。

四、价值观维度：我最看重什么

习近平总书记在党的十九大报告中指出，青年一代有理想、有本领、有担当，国家就有前途，民族就有希望。由此可见，理想具有十分重要的作用。

理想作为一种高级心理活动，它内在地包含了个体的需要、动机、兴趣、认知、情感和意志等多种心理因素，其中，价值观是理想的深层次结构，有什么样的价值观就会有什么样的理想追求。价值观是指一个人对周围的客观事物（包括人、事、物）的意义、重要性的总评价和总看法。价值观一方面表现为价值取向、价值追求，凝结为一定的价值目标；另一方面表现为价值尺度和准则，成为人们评价事物有无价值及价值大小的标准。

职业价值观是指人们对待职业的一种信念和态度，或是人们在职业生活中表现出来的一种价值取向。有关研究发现，职业价值观在个体职业选择过程中发挥着重要作用，并且对工作绩效和工作满意度有显著预测作用。换而言之，职业价值观直接指导着人们的择业行为，对当代大学生就业成才意义重大，在一定程度上决定了一个人未来的职业状况。

在当前，我国青年职业价值观呈现出鲜明的"物质主义"特征。值得注意的是，"物质主义"的职业价值观不利于我国青年的职业发展。霍兰德的职业兴趣理论认为，个人的职业满意程度、职业稳定性与职业成就，取决于个人的人格与工作环境之间的适配性。过分看重职业的外在价值，而不考虑自身能力、兴趣、性格等内在特质与工作的匹配，必然会造成职业选择的盲目性，甚至做出不适合自己的错误选择，不仅会阻碍个人职业发展，对社会也会造成人才的浪费，阻碍社会的进步和个体的发展。

当代大学生应该如何树立科学的职业价值观？

首先，要正确认识自我，有效把握自我。大学生应对自己的人生态度、兴趣和理想有充分的认识，对诸如"我的人生需求到底是什么？什么对我最重要？"等问题进行深入思考，充分认识自己的人生态度和价值追求。

其次，要正确地对知识、能力、个性、特长等方面进行分析，确定自己最适合干的事。知识决定专业背景，能力决定职业素养，个性关系发展前景，特长关系成功。尽管你对某一职业感兴趣，也拥有相应的知识，如果个性和能力表明你不适合从事这项职业，而你固执地选择这项职业，只会造成职业理想的落空和人才资源的浪费。

最后，要充分考虑社会的需要。将个人期望与社会需求有效结合，自觉地把个人的职业理想建立在社会理想的基础之上，不仅考虑个人的成功，还要把国家的需要、社会的利益和个人的进步有机结合起来。

心理活动

首先，请参考价值观列表（见表3-2），挑选出五条你认为较重要的价值观，分别写在五张小纸条上。当然也可以写表上没有而你认为较重要的价值观。小明在价值观列表中选择出他认为重要的价值观：帮助他人、被认可、人际关系、团队合作、有学习成长的机会。

表 3-2 价值观列表

人际关系	团队合作	帮助他人	家庭	朋友
稳定	安全	健康	物质保障	工作与生活平衡
高收入	被认可	成就感	成功	名誉
地位	权力	创造性	新鲜感	自由
挑战性	冒险性	能发挥才能	有学习成长的机会	多样性和变化性

其次，对所选择出的五条重要价值观进行自我描述，即要达到什么样的程度你才能满意。下面是小明对于自己的描述。① 帮助他人：愿意帮助他人成长或解决困难。② 被认可：工作成果得到别人的赞许或认可。③ 人际关系：有较为融洽的工作环境，有易于相处的同事，人际关系简单轻松。④ 团队合作：在一个凝聚力强的集体中共同为了某一目标而努力。⑤ 有学习成长的机会：能够在工作中收获经验、得到成长、提升自我。

再次，从五条价值观中放弃其中一条，想想自己会放弃哪一条。重复这个步骤，直到剩下最后三条你无论如何也不愿意放弃的价值观。看看自己剩下了哪三条。小明剩下的三条价值观为帮助他人、人际关系和团队合作，这是他的核心价值观。

最后，自我反思。通过这个活动，你对于自己的价值观有什么样的了解？你的价值观会对你的职业选择和人生产生什么样的影响？

通过价值观的筛选，我们发现，小明的核心价值观在于通过帮助他人获得自我提升的价值感。他的核心特质是利他助人。他在帮助别人的过程中收获快乐与满足感，也在这一过程中实现自我价值。教师和律师这两个职业虽然都与人打交道，但教师是通过教育引导的方式助人育人，而律师是通过与人打交道的方式追求名誉与成就感。这样看来，教师这个职业显然更符合小明的内在需求。通过这个活动，你是不是也找到了自己的核心价值观？通过这个活动，你对于自己的价值观有什么样的了解？你的价值观会对你的职业选择和人生产生什么样的影响？

第三节

洞悉外界：环境分析与应对

大学生是重要的人力资源，在我国每年都有大量大学生离开校园步入社会，他们能否顺利毕业是我国政府高度重视的问题，也是整个社会广泛关注的热门话题。严峻的就业形势令人为大学生们未来的出路感到担忧。从过去的"统包分配"发展到现在的"自主择业"，大学毕业生的就业既面临机遇，也充满挑战。在求职过程中，只有全面深入地了解当今形势，及时抓住机遇并勇敢迎接挑战，大学生才能在激烈的就业竞争中立于不败之地，最终获得自己理想的职位。

一、当前职业环境中，存在哪些挑战和机遇

近些年来，大学生就业难是世界上许多国家和地区共同面临的难题。据统计，目前世界上约有15亿名12～24岁的青年，其中约有13亿名居住在发展中国家和地区。这意味着，对于发展中国家来说，如果没有做好充分的准备，就会有很大一部分青年找不到理想的工作。大学生面临的就业形势日益严峻，除了目前我国经济增速放缓、产业转型升级及市场预期对毕业生就业产生较大影响外，还包括以下几个方面。

（一）用人单位对毕业生的学历层次要求越来越高

如今我国高层次人才匮乏，而社会对高层次人才的需求却日益增加。各高等院校、科研单位和机关，以及世界诸多知名公司大都愿意招收硕士生、博士生，甚至一些中小企业也纷纷提高对求职者的学历要求。不少用人单位存在一种"人才高消费"的错误观念，盲目追求高学历人才。这种对毕业生的需求取向，造成了一系列就业难题。

（二）用人单位对毕业生工作经验的要求越来越高

一般而言，毕业生必须经过一个长期熟悉和训练的过程，才能适应岗位要求，进而更好地发挥其才能。但是对于大多数毕业生而言，工作经验往往是最为缺乏的一项。尽管有些毕业生在校学习期间参加过各种各样的实习，但是由于时间较短，条件有限，实习的深度一般无法达到专业人员的水平。一些用人单位为了增加企业的经济效益，宁可聘用社会上学历层次较低却富有经验的人，也不愿聘用没有多少经验的高校毕业生。因此，用人单位招聘时对工作经验的一些硬性要求，对刚刚走出校门的毕业生们来说无疑是一种严峻的挑战。

（三）一些毕业生的就业期望值居高不下

近年来，社会上存在一种现象：一些毕业生感到"找不到理想的单位"，与此同时，一些用人单位急需人才却又"找不到理想的毕业生"。这说明一些毕业生存在追求高薪水、好环境、大名气的心态，大部分学生希望能到大城市、大企业工作，希望能去的工作单位环境好、薪酬高甚至离家近等。大多数毕业生都想留在大城市或者是经济较为发达的沿海开放城市，然而事实上越是那些偏远地区的中小城市及中小型企业越是需要毕业生们开拓创新，贡献自己的力量。这样一来，就造成很多毕业生为了一个条件优越的职位激烈竞争，从而使很多毕业生错过择业的良机。

(四)一些毕业生的能力素质与用人单位的要求存在较大差距

如今,用人单位对毕业生的思想觉悟、职业道德、敬业精神及综合素质和能力等都提出了越来越高的要求,在招聘时越来越看重毕业生的人品和能力,而对专业的要求反而不那么苛刻。不少用人单位招聘毕业生本着宁缺毋滥的态度。因此,那些综合素质较好、动手能力较强、有奉献精神以及有特长的毕业生越来越受到用人单位的青睐。

毕业生的就业形势十分严峻,同时也充满机遇。面对目前的就业形势,国家每年都会出台针对毕业生的各种就业政策和措施,为毕业生就业提供有力保障,"大学生村官计划""预征入伍""部队士官招聘"等,都是国家大力扶持毕业生就业的政策项目。此外,政府还提供各种资金,鼓励大家自主创业,鼓励毕业生在解决自己就业问题的同时,为社会提供新的就业渠道和机会,进而更好地缓解就业压力。

尽管就业形势十分严峻,但随着社会的进步、知识经济的崛起、各种经济类型的共同发展及社会对人才需求的增加,一些非公有制企业、乡镇企业、基层和欠发达地区为毕业生提供了施展才华的广阔空间。毕业生应该清楚地认识到,只有不断提高自身素质、及时转变就业观念,才能在就业竞争大潮中脱颖而出,获得自己心中理想的职位。

二、如何应对严峻的就业形势

虽然当前就业形势很严峻,但是大学生只要努力提高自身的修养,加强对专业技能的训练,主动培养自己的社交等能力,用知识武装头脑,用智慧增加成功就业的筹码,在掌握专业知识的同时,增强社会实践能力,就能抓住机遇和获得适当发展空间。虽然目前的就业形势不容乐观,但仍要保持良好的心态,抓住机遇,积极勇敢地面对未来的挑战。

(一)调整就业心理,树立正确就业观念

观念是行动的先导,要改变对自我和社会的错误认知,注重对自己的理解和分析能力的培养。要以平常心面对纷繁复杂的就业形势,冷静果断地做出正确的选择;要学会孕育真、善、美的感受,努力保持良好的心境;要尽可能地排除焦虑、恐惧等负面情绪对理性思维决策的影响;要打破陈旧的就业观念,强化自主择业意识,从而树立正确的就业观。面对严峻的就业形势,回避的方式虽然可以缓解焦虑程度,但这种消极的应对方式并不能真正解决毕业生的就业问题,长此以往只会付出更大的代价,焦虑源也并不会因为逃避而主动消失,反而会不定期出现,纠缠不休,因此

必须时刻戒备。倘若一味地自暴自弃，就只会继续抹杀自己的自信心；倘若反复"玩味"挫折，不断承受挫折带来的痛苦，就只会让自己心灰意冷、举步不前。面对严峻的就业形势和复杂的社会环境，不可避免会遇到各种困难，但因此就给自己贴上失败的标签，沉迷在失败的阴影中无法自拔的做法是不可取的。

（二）明确职业目标，做好职业生涯规划

要想提高自己的竞争力，就必须解决求职目标和方向的问题。在择业过程中，尤其要结合自身的综合素质和能力，明确自己的发展目标。了解自己的优势和劣势所在，认清自己究竟适合哪种工作和哪些岗位。临近毕业的最后一年，是大家最好的实践年，这一时期选择的实习和兼职要与自己未来的就业目标相结合，才能起到事半功倍的效果。如果大家在入学之初就能大体明确自己未来的发展方向，就会有明确的努力方向，也会在课余时间有针对性地看书，积极主动地参与各类实践活动。由此可见，做好职业生涯规划是提升就业能力的前提和基础。"凡事预则立，不预则废。"当前很多毕业生之所以就业迷茫、就业困难，一个重要原因就是在大学期间没有很好地进行职业生涯规划，对于自己未来想要从事何种职业、能够从事何种职业不够明确。因此，从踏进校门那一刻起，就应该了解和重视自己今后的职业生涯规划，从社会的实际需求出发，并结合自己的专业基础和兴趣爱好尽早规划筹备，并在求学期间不断锻炼提高，为以后从事的职业做好充分准备。

（三）提倡"先就业，后择业"

"先就业，后择业"可以在一定程度上回避就业压力和经济压力，但这并不意味着对首次就业不重视，而是要提醒毕业生能够正确地认识自己的兴趣和价值所在，调整自己的期望值，勇于从基层做起。终身学习的理念已被越来越多的人接受，大学毕业只不过是一个新的起点。对大多数毕业生而言，非大城市和高薪不去是很不现实的，民营企业越来越成为大家就业的热点去处恰恰说明很多毕业生已经能够给自己重新定位。同"一步到位"的想法相比，"先就业，后择业"可以为自己"拼后劲"积累经济基础和社会经验，经过社会磨炼的学生往往能胜任更高的职位。其实，找一个工作并不难，难的是找一个理想的工作。风华正茂的大学生们没有必要"一叶障目，不见泰山"，也不要患得患失、畏缩不前，更不能遇到困难就自暴自弃。大家要看到自己就业面临的各种有利条件和难得机遇，鼓起信心迎难而上，最终做出无愧于自己的选择。

（四）提升个人综合素质

综合素质不高是许多毕业生就业失败的首要原因。面对日益激烈的就业竞争，

只有具备较高的综合素质，才有可能在激烈的竞争中脱颖而出。为此，首先应该努力学习，掌握扎实的理论基础和知识结构。在知识经济时代，扎实的理论基础是成为人才的前提和必要条件。在此基础上，还要有合理的知识结构。时代在发展，技术在进步，社会的需求也在不断调整，只有具有宽广的知识面作为基础，才能根据经济形势和岗位需求的变化及时做出调整，从而适应和胜任全新的工作。

（五）注重实践能力

用人单位招聘大学生时不只看知识面，更看重其在实际工作中的能力，主要包括对知识的应用能力、对环境的适应能力及实际操作能力等。因此，大学生在校学习期间，在打好知识基础、扩大知识面的同时，更应重视培养从事专业岗位工作的基本操作能力。在某种程度上说，合理的知识结构只是基础和手段，而提高适应社会需要的专业工作能力才是目的。只有具备适应用人单位需要的实际工作能力，才能在激烈的就业竞争中立于不败之地。

（六）重视实习的机会

实习是大学生积累社会经验的主要途径，能够很好地锻炼大学生的沟通能力、人际交往能力和解决问题能力。如果能从大一开始就尽早通过实习或参加各种实践活动接触社会，就能越早了解社会，从而更快地找到自己的兴趣点，进而可以有目标地去选择职业方向。

（七）不片面追求专业对口

除技术性岗位外，很多岗位并不一定要强调专业对口。因此，除了学习专业知识以外，还要培养自己的逻辑思维方式及发现问题、分析问题、解决问题的能力。

（八）调整对薪资待遇的期望值

不少毕业生习惯将自己的学校、专业等条件与薪资待遇挂上钩，在这种错误观念的指导下往往是高不成、低不就，失去不少就业机会。在目前的情况下，找到正确定位，及时调整心态，准确把握机遇，立足长远发展，才是明智的做法。对职场上的新人而言，经验积累的多少远比金钱的多少重要。毕业生要将自己的期望值与自身的实际水平和能力相结合，一定要避免好高骛远、眼高手低。如果毕业后连工作都没有，生存都出现了问题，在这种情况下还如何谈发展、谈未来？要认清当前的经济形势，给自己一个符合自身价值的、合理的待遇定位。要想在激烈的竞争中生存下来并解决就业问题，首先要学会调整自己的就业期望值。就业市场化和自主择业带来了机遇，但仍有很大一部分学生对就业市场的残酷性认识不足，对整个就业市场的客观情况了解不够。因此要有从最坏处着想、向最好处努力的思想准备。在职业生涯规划和职业发展观念上规划自己正确的人生轨迹，坚决放弃"一步到位"的错误理念，树立长远的职业发展观念。

本章小结

职业生涯与心理幸福之间有着非常密切的联系，要拥有幸福的人生，就必须全心全意投入自己的职业生涯，勇敢地去尝试，去体验，去承担生命的责任。

职业生涯规划的起点是认识自己。一个人能否对自己的价值观、兴趣及技能等有一个全面而正确的认识，将直接影响个人的职业生涯发展。在求职择业和职业发展的过程中，除了要进行系统的自我认知，还必须对外部职业环境进行全面了解。只有在清晰认识自身内在优势特点，充分了解外部职业环境的基础上，才能在职场中"攻无不克，战无不胜"。

职业生涯发展是人的一生中一个连续不断的过程，在这个过程中，大学生需要根据自身的特点及所处的情境及时调整自己的发展道路，对职业生涯进行合理规划。在遭遇职业生涯逆境时，要积极整合自己的内在资源与外在资源，悦纳、转化自己所面对的挑战。职业生涯发展的最终目的是实现自己的职业理想，让自己拥有美好的人生。

课后习题

一、选择题

1. 职业生涯的成功，不但意味着个人才能的发挥，而且必须为（   ）做出贡献。

　　A. 自我发挥　　　　　　　　　　　B. 家庭发展
　　C. 推动人类社会发展　　　　　　　D. 小团队发展

2. 要实现职业生涯发展目标，就必须强化时间观念，从（   ）做起，尽早规划人生。

　　A. 入学　　　　　　　　　　　　　B. 就业
　　C. 现在　　　　　　　　　　　　　D. 积蓄一定实力时

3. 下列观点不正确的是（　　）。

A. 兴趣可以培养

B. 性格可以改变

C. 能力一成不变

D. 价值观可以改变

二、填空题

1. 职业生涯规划中自我探索的主要维度有＿＿＿＿＿＿、＿＿＿＿＿＿、＿＿＿＿＿＿、＿＿＿＿＿＿。

2. 辛迪·梵和理查德·鲍尔斯将技能分为＿＿＿＿＿＿、＿＿＿＿＿＿、＿＿＿＿＿＿。

三、判断题

1. 一个人只能做自己感兴趣的工作，否则出不了成绩。（　　）

2. 首次就业的实际岗位一定要选择自己目标中的相关专业，争取一次就业就能获得理想的工作岗位。（　　）

3. 职业生涯规划有明确的方向和可操作性，要求目标要明确，阶段要清晰，至于措施则没必要太具体。（　　）

4. 用人单位在招聘大学生时，不只看知识面，更看重其在实际工作中的能力。（　　）

5. 除技术性岗位外，很多岗位并不一定要强调专业对口。（　　）

四、简答题

1. 可迁移技能有哪些？

2. 当前职业环境中，存在哪些挑战和机遇？

图书推荐

1. 马天威：《大学生职业生涯发展指导》，东北大学出版社2017年版。

2. 余文玉、钱芳：《我的未来我做主——大学生职业生涯规划》，上海交通大学出版社2020年版。

电影推荐

1. 《阿甘正传》(1994)
2. 《实习生》(2015)

参考文献

[1] 彭聃龄. 普通心理学 [M]. 4版. 北京：北京师范大学出版社，2012.

[2] 龙立荣. 国外三个职业兴趣测验的发展趋势 [J]. 心理科学，1991 (6)：59-60，22.

[3] 冯忠良，伍新春，姚梅林，等. 教育心理学 [M]. 北京：人民教育出版社，2000.

[4] 赫尔巴特. 普通教育学·教育学讲授纲要 [M]. 李其龙，译. 北京：人民教育出版社，1989.

[5] 金树人. 生涯咨询与辅导 [M]. 北京：高等教育出版社，2007.

[6] 余文玉，钱芳. 我的未来我做主——大学生职业生涯规划 [M]. 上海：上海交通大学出版社，2020.

第四章

拨云见日：寻找与关爱自我

本章导读

我，之所以是我，不是其他任何一个人，也不是他人的一部分，是因为每个人都有着独特的自我。自我在个体的一生中发挥着重要的作用。一个人如何认识自己，他的自我如何发展，受到文化的影响，在不同心理领域有着不同的认识。如何发展出健康的自我，学会关爱自我，是每个人毕生的课题。

第四章学习资源

第一节

慧眼识珠：自我认识

一、为什么要关注自我

> **小艺的故事**：小艺是一名文科生，看上去柔柔弱弱，有些林黛玉的风格。她在进入大学时曾想过保研，后来发现自己并不适合这条路，在学习方面变得比较保守。她喜欢音乐，曾梦想高中艺考实现人生理想，在妈妈坚决反对下放弃了。大学时她又重新拾起了自己的兴趣，加入了学校合唱队，也曾在校园十佳歌手大赛上展露风采。与室友相处整体还算融洽，但是与其中一位室友经常因睡觉被吵醒而发生争执。同时，她非常受男同学们的欢迎，但是她还没有谈过恋爱，对谈恋爱缺乏信心。小艺会如何看待她自己呢？

小艺这样的同学在生活中经常可以看到，对于每个人而言，你如何描述你自己呢？无论是你的外貌、性格、兴趣、身份等，它都是你对自己的理解与认识，属于自我概念的重要方面。我们为什么需要关注自我？人在一生中始终追寻着两个目标：一是希望融入社会，在与他人交往中被关注到并获得社会认同；二是希望认识并发展自我，了解自己在生理、心理上与他人的差异，发展出具有个人独特性的自我观念，即自我概念。

自我是心理学中非常重要的概念，指一个人对自己所有方面的认知，是一个独特的、持久的、同一身份的我。对自我的感受，是许多人解释周围所发生每件事的出发点，而这些感受总是随着时间的变化而变化（兰迪·拉森、戴维·巴斯，2011）。我们自婴儿期开始从周围世界中分辨自我，并在毕生的发展过程中不断建构自我、评价自我，不断经历着挑战并改变自我概念。一旦人们形成相对稳定的自我感受，就开始用这种感受去评价其他事件和客体。当转向内心评价自己的自我概念时，人们并不总是喜欢或重视自我。这种对自我的喜欢或重视就是自尊。当我们逐渐在社会环境中进行自我整合，对自己形成具有内在一致性、连续性的认识，即对"我是谁""我将来的发展方向是什么""我如何适应社会"等问题的坚定而连贯的意识，我们发展出自我同一性。自我概念、自尊、自我同一性都是自我的重要组成部分。

一个人是否能保持内在一致性的关键在于他如何理解和看待自己。个体不仅需要按照保持自我看法一致性的方式行动，也往往倾向于依照对自己的认识解释自己的行为。同样考了85分的学生，有的会感到欣喜和满足，有的会感到沮丧和挫败，这是由于不同的自我概念解释和影响了我们与世界的关系。自认为能力一般的学生，认为自己只能获得平均成绩的学生，其心理反应就会感到欣喜和满足。他们可能会进一步重新认识与评估自己的学习能力，在下次复习时缩短复习时间，或者相应地提高学习期待，变得更加努力。对自己期待较高的学生，会对该成绩感到不满。他们可能会将此结果看成一次偶然，吸取教训，调整学习方法。也可能"优秀"的自我概念因此而受到冲击，整个人陷入低谷，影响到正常的学习生活状态。

自我决定了不同情境下我们如何看待自己，调整自己的反应。健康的自我，意味着我们对自己有着清晰、一致的觉察和认识，喜欢或重视自我，完成自我整合。心理学家科胡特认为，内聚性自我是对抽象意义上的自我更准确的描绘。内聚性自我也是情绪承受能力的关键，情绪的惊涛骇浪只会让内聚性自我晃动，但不会轻易使其瓦解。同时，内聚性自我还有一种向心力，这种向心力建立在"我基本上是好的"这种感觉之上，使人的心灵碎片可以被凝聚到一起。不断认识并发展自我，是每个人一生的目标。

练 习 活 动

请写下20个句子，它们必须以"我"字为主语，同时这些句子必须包含你觉得最能代表你作为一个独立个体的那些特征。

在上面的20个句子中，你都填写了哪些内容？你的外貌、你的性格，还是你所归属的团体？你填写的，就是你头脑中的自己，是你对自己的认识和描述。

这是认识自己的20问法，用以测量一个人对自己的认识。

二、认识自我有哪些维度

（一）詹姆斯的自我理论

美国心理学家詹姆斯将自我分为主体我和客体我，主体我是指主动去体验世界的自我，客体我是指人们对于自己的各种看法。比如说，"我看见我自己"，其中"我"既可以是看的主体，也可以是看的客体。

客体我又包括物质我、社会我、心理我三个要素。物质我是指与自我有关的真实的物体、人或地点。这种对自我的感知包括身体的自我，如我们的外貌，还可以包括所有我们认知的人、物和关于表明我们是谁的实体部分，比如我们的家人、衣物等。社会我由个体扮演的角色组成，指我们如何被他人看待与承认。詹姆斯认为，社会我的形成在于引起他人注意并留下印象。有多少人认可我们并将这种印象引入他们心中，我们就会拥有多少社会我。社会我在很大程度上取决于我们的社会角色，自我会随社会情境不同而转换调整。心理我是我们的内心自我，它由我们自己的一切心理因素构成，包括我们的心理状态、性格特征、能力、智慧、情绪、态度、经验、动机等。

主体我对自我形成满意或不满意的判断，并产生积极或消极的自我体验，进而形成自我追求，要求客体我努力保持自己的优势，以受到社会与他人的尊重和赞赏。

（二）三重自我表征理论

自我并非单一、整体的认知结构，大量研究发现，它至少包含了三种基本的表征形式，即个体自我、关系自我、集体自我（高凡、王沛，2017）。个体自我强调自我相对于他人所具有的独特性，由那些可以区别自我与他人的属性组成，体现着个体独特性的方面，如兴趣、经历、抱负、目标、特质、行为等。关系自我强调自我与重要他人关系的价值，由那些与重要他人（如父母、朋友等）共享的属性组成并定义关系中的角色，体现个体人际性的方面。集体自我强调个体作为群体成员的身份，由那些在群体成员之间共享并与外群体相区别的属性组成。

作为与众不同的个体，从属于重要关系或社会关系的成员，三重自我的存在使得我们可以不断变换对自我的感知，每一种自我都与我们的身心健康、生活经验息息相关。哪种自我在我们的生活中起着最关键的作用？西方的研究中发现个体自我始终最占优势，主要表现为个体自我＞关系自我＞集体自我。而对于中国人而言，当以"家人"而非"好友"表征关系自我时，三者的层级关系变成了个体自我＝关系自我＞集体自我（王沛、金哲宇、高凡，2022）。关系自我在某种程度上与个体自我表现出同构性，家庭关系是中国人关系自我的核心。

反 思 活 动（一）

在你的心目中，自己、家人及亲密朋友的重要性是如何排序的？

三、不同心理学领域对自我的认识是什么样的

（一）心理动力领域视角下的自我

在精神分析理论中，弗洛伊德提出了其关于人格结构的独特概念。弗洛伊德将人格结构分为本我、超我、自我三个部分，认为本我是所有驱力和冲动的源泉，代表本能需要，遵循快乐原则，总是寻求满足和快乐；超我代表良心和自我理想，负责内化社会价值、道德和观念，属于被社会道德规范所制约的部分，遵循道德原则；自我介于本我和超我中间，遵循现实原则，发挥着引导本我用社会能接受的方式满足需要的作用（王光荣，1994）。

人格结构的三个部分具有不同的功能。本我像一个被宠坏的孩子，冲动、自私、追求享乐。超我不断通过罪恶感、内疚感进行惩罚以达到理想要求的行为，它努力压抑本我，形成冲突。当超我较强而本我被经常压抑时，人的需要会隐藏到潜意识之中，并继续影响人的行为。自我控制着本我的冲动和超我的需要，并运用各种心理防御机制，调整本我与超我的关系。强大的自我能使人心理平衡、远离焦虑。设想一位同学早上八点有课，而他在七点五十的时候被闹铃吵醒，睡梦中迷迷糊糊地关掉了闹铃。此时，他人格的三个部分就出现了冲突。本我说："困死了，上什么课，我要睡觉！"超我说："赶紧起床去上课！"自我不仅要面对本我和超我的要求，还要面对现实情境，它琢磨着："今天上午是高等数学课，如果这一节不听，后边可能就跟不上了。但是昨天晚上赶作业赶到凌晨三点，现在的状态即使去了也听不进去，可以自习的时候多下点功夫把这节课的内容补上。不知道今天没去上课的同学多不多，感觉老师可能会点名，平时这门课的学分占比还是挺高的，可能会影响保研结果。现在起床去上课的话，大概会迟到5分钟，会有些尴尬，但是也不算太晚。"

当一个人的人格结构以本我为主时，会让人感觉他的性格还没有成熟，很难承担责任：他会要求环境的一切都来满足、供应他；只要他不高兴，就会立刻产生冲动情绪反应；无论自己想怎么样，都会依着自己的性子去做。他会觉得，我喜欢就好了，为什么不呢？超我人格下，个体会更容易关注到事情做得不够完美的一面。对完美的要求往往来自过去外部环境严苛的期待与要求、对不完美的不接纳，甚至是严厉的惩罚，这些经验促使个体形成强大的超我。严苛的要求与自我惩罚往往会让个体有更突出的表现，但也往往让人疲惫与焦虑。这样的人很容易感知与满足外在的价值与要求，自己的需要往往是被忽略的、难以满足的。

自我是人格结构中最具成长性的部分。自我通过不断学习，使个体面对现实，应对与解决一个个现实问题。弗洛伊德将本我、超我、自我比作三匹马拉的车，只有三匹马并排使劲、共同努力，才能将车拉走。本我、超我、自我三者相互联系、相互作用、动态结合。如果本我与超我的冲突不再被压抑，就会出现两种结果：一是出现精神疾病；二是人在痛苦的挣扎中实现人性的升华。本我和超我的矛盾斗争经过自我的调节后，使不平衡达到新的平衡，从而使人格得以向前发展。

（二）认知领域视角下的自我

在日常生活中，我们可以发现不同的人身上发生了同样的事情，其情绪及所做出的反应都会有所不同。比如英语六级考试同样考了 460 分，有的同学欢呼雀跃，有的同学愁眉不展。认知理论对此给予解释，认为每个人对事件的认知，导致不同的情绪、行为反应，也就是说该情绪或行为反应并不是直接由生活事件决定的，而是取决于人们对事件本身的认知。美国著名心理学家艾利斯认为："人不是被事情所困扰，而是被对事情的看法所困扰。"他提出了合理情绪疗法，又称情绪 ABC 理论。情绪 ABC 理论模型如图 4-1 所示。其中，A 代表诱发事件，如事、人、行为；B 代表信念对 A 的评价、认知、理解；C 代表情绪及行为后果。艾利斯认为，模型中的前因 A 可能导致不同的后果 C1 与 C2，是因为通过了不同的桥梁 B1 和 B2。我们通过对情境不同的评价和解释，最终得到不同的结果。

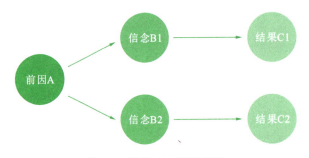

图 4-1 情绪 ABC 理论模型

每个人都有一个在早期发展过程中形成的认知模式，也称图式或思维模式，它决定着人们对事物的评价，成为支配人们行为的准则，导致人们思考问题时经常会涌现出一些自动化思维。信念是认知模式中较恒定的认知现象，一个人关于自我最根本的信念叫核心信念，它是人们认知模式中最根深蒂固、整体全面的一部分，比如"我是不是可爱""我是不是值得被爱""我是否有能力"等（许若兰，2006）。合理的信念会引起人们对事物的适当、适度的情绪反应，不合理的信念则会引起不适。一些情境（如亲密关系的重大变化）会让个体对自己的认知、情感和行为感到不确定，对自己重要的心理品质感到怀疑，甚至威胁到存在的意义，产生自我不确定感（杨庆、毕重增、李林等，2017）。皮亚杰提出，当新的经验与原有的认知图式不一致的时候，个体就会体验到一种不平衡的状态。当人们坚持某些不合理信念，长期处于不良情绪状态下，最终会导致心理问题的产生。

人的情感、行为及其反应均与认知有关，认知是心理行为的决定因素，同时各种内外部刺激的改变、情绪与行为的改变也可以影响认知。认知与情绪、行为之间相互作用。个体在生活中识别自己的不合理信念及相应的自动化思维，通过不断的学习、尝试与练习对其进行调整与巩固强化，使自身更好地适应生活，这也是一个人自我成长的关键。

（三）人本领域视角下的自我

心理学家罗杰斯认为，人是不断前进的，有着朝向自我实现的基本趋向，即实现趋向（黄希庭，2002）。这种实现趋向会使人从一个单纯的结构朝向更分化、更统合的状态发展，从依赖向着独立发展，从固定、僵化向着变化与自由表现发展，从而使个体变得更加复杂，更有独立性、创造性，更具社会责任感。

人的目的是成为真实自我。自我的发展不是与生俱来的，自我的形成和发展有赖于个体和环境互动的诸多因素。第一，正向关怀的需求。即个人在生活中得到他人的温暖、同情、关心、尊敬和认可等情感需求。父母给孩子的评价，一定程度上反映了孩子的自我接受程度。第二，价值的条件。即个人体验到被关怀的条件。通常大多数父母总是赞许孩子好的行为并给予正向关怀，不赞许孩子不好的行为（如随地大小便等）并收回对他们的爱。对孩子来说，一旦这些价值条件被内化为自我结构的一部分，便起着指导行为的作用。这些价值条件对社会化起着重要作用，但是也有一定的危险性，可能阻碍个体的成长和自我实现。第三，无条件的正向关怀。每个人都应该被爱，被认为是有价值的。在无条件的正向关怀下，个体不会形成价值条件，关怀的需求和自尊的需求也不会同评价过程相矛盾，个体因而可以不断获得心理上的调节，成为功能完善的人。第四，自我的一致性与威胁。自我是相当稳定且自我保护的，它影响着人的知觉、经验和记忆。与自我概念相一致的经验会被知觉并被整合到自我结构中；而对与自我概念不相一致的经验，个体会感知到威胁，拒绝将其纳入自我结构，或者扭曲其意义，这也往往与心理问题的发生有关。

如果不一致的经验被准确地感受与进入意识，原有价值就会受到冒犯，使价值条件的真实性与合理性受到挑战，个体会感受到自我异化，其获得与维持自我关注、价值感的根据也将被严重质疑。这种质疑的直接表现就是焦虑，而焦虑的本质在于个体潜在地知觉到某种经验与自我概念不一致，这种不一致即将进入意识。为了维护自我的完整，维持自我关注，个体往往在无意识的过程中借助各种防御方式将这些经验抵挡在外，比如选择性知觉、歪曲经验、否认、合理化等。

马斯洛是人本主义心理学的创始人之一,在他看来,人类是由一系列具有生命意义的内在需要的满足所驱动的,这些需要主要包括生理的需要、安全的需要、归属与爱的需要、尊重的需要、自我实现的需要(见图4-2)。需要的层次越低,其力量越强,潜力越大。当低级需要得到或部分得到满足时,高级需要才有可能出现。在个体发展过程中,高级需要出现得比较晚,一般要到成年后才出现。这是因为前四层的需要属于缺失性需要,当它们没有办法得到满足时,将直接危及个体的生命;个体越感到缺乏,越希望得到满足。而自我实现的需要属于高级需要,也叫生长性需要。它不是维持个体生存所必需的,但是满足这种需要能使人健康长寿、精力旺盛;生长性需要得到的满足越多,越希望获得更多的满足(彭聃龄,2012)。

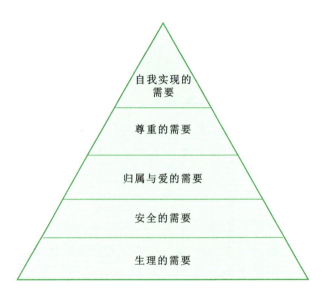

图 4-2 需要层次理论模型

(1)生理的需要。人对食物、水分、睡眠、性的需要等,它们在人的所有需要中最重要,也最有力量。假如人们长期无法进食或睡眠,生理需要无法得到满足,此时所有其他需要都不那么重要了。

(2)安全的需要。人们需要稳定与秩序、安全、受到保护、免除恐惧与焦虑等。

(3)归属与爱的需要。人需要与其他人建立感情上的联系,比如结交朋友、追求爱情,希望在团体中寻找到归属感。

(4)尊重的需要。尊重既包括自尊,也包括被他人尊重。这些需求一旦受挫,则会使人产生自卑感、软弱感与无能感。

(5)自我实现的需要。人们追求实现自己的能力或潜能,希望自己越来越成为自己所期待的样子,完成与自己能力相称的事情。每个人自我实现的道路是不一样的,音乐家要演奏音乐,画家要绘画,这样他们才能感受到快乐。

人的基本需要只能在人际关系中得到实现与满足，良好的人际关系在一个人的成长过程中起着重要作用。马斯洛认为，健康不仅仅是没有疾病，从病态到健康，从精神病患者到自我实现的人，是心理健康程度逐渐增强的连续统一体。绝大多数人是无法自我实现的，这是因为自我实现需要自身的力量很微弱，极容易被压抑、控制、更改、消失，许多人不敢正视自我实现所需要的知识，个体自身缺乏自知的不确定状态，以及文化环境强加于人的规范，也会阻碍个体的自我实现。

自我实现者的特征

通过对一些著名人物如爱因斯坦、贝多芬、罗斯福等的研究，马斯洛发现，自我实现者并非完美无缺的人，他们也会有一些人类的共同缺陷。整体而言，他们具备以下15种特征：

（1）能准确、客观地觉知与理解现实；

（2）悦纳自己、他人与周围世界，接纳自己与他人的缺点以及一切事物的好坏两面；

（3）自然表达思绪和情绪，不做作，忠于自己；

（4）以问题为中心而非以自我为中心；

（5）具有超然独立的性格，不回避与人交往，也喜欢独处；

（6）独立自主，不受自然条件与文化环境的制约，不仰赖他人评价而获得支持，不依靠他人而得以生存；

（7）对平凡的事物不感到厌烦，接受并欣赏新事物；

（8）具有高峰体验；

（9）热爱人类，并有着真切的帮助人类的愿望；

（10）有至交，有亲密、温暖的家人；

（11）民主并尊重他人；

（12）道德标准明确，有自己的是非判断，绝不为达到目的而不择手段；

（13）具有卓越、善意的幽默感；

（14）富有创造力，不墨守成规；

（15）具有批判精神，不受文化的影响和束缚，注重内心体验。

四、中国传统文化下自我是如何发展的

（一）传统文化对自我的抑制

1. 家庭文化

1）孩子是父母的延伸

在一些中式家庭中，孩子被认为是父母的延伸，父母则是孩子的指挥中心（苏绚慧，2016）。在这些家庭中，孩子常常接收到"应该做什么、怎么做"的指令，而当孩子表达合理需求时，可能接收到的是"你怎么这么不乖？""你太不懂事了！"当孩子倍感委屈，忍不住哭泣时，可能会被呵斥"闭嘴！哭有什么用！"孩子的意见、感受与需求往往被忽视与抑制了。有的孩子从小就背负着照顾家庭的责任，必须要扬眉吐气、光宗耀祖，必须要成为家庭希望的样子，满足父母的需要与期待。比起孩子自己的想法和主张，更需要的是听从、服从。一些中式家庭非常强调面子，孩子需要很聪明、很会读书，需要有让父母引以为傲、可以在亲朋好友面前炫耀的地方。在面子文化下，孩子很容易在爱的名义下被推向社会主流价值所认为的好的样子，而非被鼓励去探索自己的特长与天赋。

在这样的家庭文化环境中，许多个体从小到大其实都不是特别知道自己是谁，有什么特质，自己的特长与天赋是什么。当个体在主流价值评判下不那么好时，可能会立刻承受来自环境的否定，包括父母、学校或职场，这些可能让人直接认为自己的生命没有价值。很多时候并非生命没有价值，而是没有发掘出自己真正的价值。一直追求主流价值基础上的外在认同，使人们缺少对自己的价值认同。

2）权威的作用

一些中式家庭非常强调权威，权威者可能是父亲或母亲（苏绚慧，2016）。在权威下，父母希望孩子是乖巧、懂事的，既贴心，又孝顺。当孩子有自己的想法和意见时，可能会与权威者的想法产生冲突。这时比起沟通与表达，更可能出现命令与支配——谁在权威比较高的位置，就可以命令与支配权威比较低的个体。在权威影响下，个体会不自觉地进入服从与讨好的角色位置，而不是去考虑自己的想法、感受与选择，因为考虑没有用。这样，个体无法自己做出选择，自我承担的能力也无法得到锻炼。

关心家人的情绪、害怕冲突及防止不和谐的发生，也会让个体极力避免让别人对自己失望。所以当别人表现出失望时，个体往往会形成罪恶感，似乎自己的存在造成了他人的痛苦与难过，似乎唯有满足他人的期待和需求，才能说明自己是足够好的。这也会使得我们必须很快压抑自己的想法与感受，以免带来他人的反感。这在个体的自我成长过程中形成了阻碍。

2. 社会文化

与西方文化不同，儒家思想中的人伦孝悌、尊师重教，要求个体谨听师长教诲，不可轻易质疑，师长也往往秉持权威、严苛的形象；内省文化强调个体需"一日三省""静思己过""严以律己""克己复礼"；集体主义文化令个体十分重视群体认同，倾向于忽略、压制自我个性发展需求以迎合群体喜好，又需自强上进、不断追求卓越以获得群体认同；在家庭教育中，一些家长，对孩子管控与压制多，接纳与回应少，加之中国人的情感表达偏于含蓄，对孩子的接纳与赞美便愈加缺乏。在此文化背景下，一些大学生对自我要求十分严苛甚至自我厌弃，倾向于对自我发出种种"应该""必须"的指令，忽略了对自我身、心、灵的聆听。

（二）传统文化下自我的发展

许多先贤致力于探索真实自我与自我实现，使其成为中国传统文化中的重要课题。《中庸》云："诚者，非自成己而已也，所以成物也。成己，仁也；成物，知也。"其中，"诚"就是探寻真实自我，显现自我本性，即知己、明己；"成己"即尽己之性，成为真实自我。自知、自明，方能自成；自成，方能成人、成物。王安石云："爱己者，仁之端也，可推以爱人也。"杨雄云："自爱，仁之至也。"用心地探索自己，帮助自己成为真实的自己，是自爱的极致，也是最高标准的"仁"。只有真正将爱施与自己的人，才会真正将爱施与别人。将爱施与自己，顺应自己生命之自然，成就真实的自己；将爱施与别人，尊重他人生命之自然，帮助他人明己、爱己、成己。

道家也有相似的认识，老子认为，人们认识天下万物但不能离开总根源，不要向外奔逐，否则会迷失自我。在认识活动中，要除去私欲与妄见的蔽障，以把握事物的本质及规律。《道德经》中提出"自知者明"，其中"明"与"诚"相似，指勘透自我（陈鼓应，2020）。让自我回归光明本性的同时，便可以勘透外物。"明"包括对内和对外两方面：对内去除私欲妄见，认识自己，逐渐接近自然本真的状态，充分发展自我的天性、潜能，率性而为；对外认识事物发展的客观规律，见微知著，把握事物本质，顺应自然，因势而为。

对于个体而言，想要自明、爱人，首先要自爱、爱己。自我关怀是成长的必经之路，也是自我实现的必由之路。看清自己，才能看清外界的人、事、物；有能力爱自己，才有能力爱别人，帮助他人自我实现。以爱己之心去了解自己，了解自己的能力、天赋与兴趣所在，成长为自己本真圆满的样子——这是个体所能发展成为的最好的样子。

第二节

化茧成蝶：自我的诞生与健康成长

一、什么是健康的自我

（一）完整的个体

完整的个体的存在包括情感、认知、行为三个部分，需要它们各自完整运作且交互作用。情感层面，每个人的情绪、情感以及对事物的感觉都是独立的。"你干嘛生气""这有什么好伤心的"，诸如此类的话，其实都是在侵犯个体情绪感受的空间。健康的自我界限需要个体间互相维护彼此内在的情感历程，不需要因为他人的评价或不接纳而影响自我感受。认知层面，个体需要持有并维护其思考的自由。只有被维护，个体才能充分地思考。如果思考被灌输、被限制、被支配，个体就不是独立的存在，而是被支配的。每个人的思考都有其独特的历程，每个人都有思考的权利。行为层面，涉及个体如何进行选择并承担选择的后果。对后果的自我承担使个体有独立的空间进行抉择。能够尊重与维护自己的感受、思考、行动及承担相应后果，对一个完整独立的个体而言是非常重要的。

（二）内聚性自我

科胡特提出了内聚性自我或内聚性自体的概念，即指一个人的自我是有向心力的，在时间上是持久的，在空间上是紧密结合的（吕伟红，2014）。一个具有内聚性自我的人，通常会体验到一种自我确信的价值感和实实在在的存在感，拥有健康的自恋。在内聚性自我没有形成之前，个体无法经受情绪的惊涛骇浪，少许情绪就可以将人击碎，体验到自我的瓦解。在这种感觉下，个体觉得自己被撕裂，没办法集中注意力去做建设性的事情。

假如自我是破碎的，个体的注意力会紧紧地被眼下的需求吸引，视野会变得非常狭窄，不能考虑到大局，不能做完整的思考。正因如此，有破碎自我的人经常活在感觉中。由于没办法和外部世界切断，外部世界的许多信息非常直接地进入内在世界，内在世界的很多东西也能够淋漓尽致地表达。因此，有破碎自我的人常常让人感受到魅力。一个成熟的、有内聚性自我的人，可以对信息进行处理，将坏的信息变成相对较好的信息进行呈现。内聚性自我形成之后，当情绪的波涛穿越你的身体、头脑和自我时，你能够感知到这一切，接受这些信息，同时自我还能稳定在那里，消化处理这一切。

内聚性自我必须建立在真实之上,真实地展现带有攻击性的生命力。它还需要建立在这样一种感觉之上:"我基本上是好的。"在这样的内核的吸引力之下,个体不用担心自己的种种感受被抛出去,需要带着一种任性的感觉展开生命:"我就要做我自己,这是我的喜好和选择,这是我的声音,我就要这么活着。"唯有真实地、任性地活着,真实地呈现自己,并且感受到这样是好的、可以的,这时才能把真实的美好内化到心里,形成有内聚性的内核。此时,周围世界也因此而被搅动,不仅会给自己带来活力,也会给关系带来活力。

(三)良好的自尊

你是否常常自责或听到身边的朋友对他们自己表达不满?这可能是低自尊的信号。自尊是指个体对自己整体状况的满意水平,取决于我们如何看待自己,是否喜欢我们眼中的自己。自尊可以是积极的,也可以是消极的,具有跨时间、跨情境的一致性。过低的自尊会让人感觉不到幸福感。自尊较强而不稳定,也会经常让人感到受伤。保持恰好状态的自尊对个体而言迫切而重要,健康的自尊是持久爱的基础,是成熟的客体关系不可或缺的要素。

自爱、自我观与自信是自尊的三大支柱。其中,自爱是自尊的第一大支柱,它来源于早期家庭给予的爱与情感的滋养。自尊意味着自我评判,而自爱是完全无条件的。尽管会遇到挫折和失败,尽管每个个体都有各自的缺陷与不足,它仍会提醒我们:我们值得被爱与被尊重。自我观指我们看待自己的目光及对自己优缺点的评估,这是自尊的第二大支柱。实际情况如何并不重要,主观性占据绝对优势。如果个体对自己的评价和期待是积极的,这种评价与期待会成为内在的力量,让人经受住挫折与考验;反之,如果个体缺乏自尊,对自己的评价消极,则需要花费很多时间才能找到自己的路。个体的自我观来源于孩童时期起父母为其制定的发展目标。替父母完成他们未完成的心愿时,如果面对的是不可能完成的任务,孩子的痛苦、疑虑与不安又常常被忽视,则会使个体的自尊受到极大打击,常常害怕让别人失望。自信是自尊的第三大支柱,指个体认为自己有能力在重要场合采取适当的行动。它来自我们所接受的教育模式,认识到失败是可能发生的但并非不可挽回的,尝试本身也与成功一样值得奖励,从困难中吸取教训而非回避行动,这些都需要在教育中言传身教。

威廉·詹姆斯认为,对自己满意或不满意并不仅仅取决于成功,还取决于我们判断成功的标准:

$$自尊 = \frac{成功}{自我要求}$$

也就是说,我们获得的成功越多,对自己的要求越低,我们的自尊水平也就会越高。过高的自我要求会妨碍自尊提升到较高的水平,例如:很多人天资好、运气佳，但是对自己不太满意；反之，有些人在别人看来境遇不佳，但是内心感到稳定而幸福，可能是由于他们能满足于自己所拥有的。自尊水平越高，个体对自己越满意。

根据自尊的水平和稳定程度，可以将自尊分为四类（见表 4-1），从而更好地理解人的各种行为反应（克里斯托夫·安德烈、弗朗索瓦·勒洛尔，2015）。拥有稳定的高自尊的个体，会表现得非常坚定，自尊水平很少受到外部环境与普通生活事件的影响。当面对反对意见时，可以仔细倾听对方的发言而不紧张，会努力说服对方而不攻击对方。拥有不稳定的高自尊的个体，在被攻击、受到打击时，可能会对批评或失败做出激烈反应，视其为威胁。一般情况下，两者的表现没有太大区别，但当环境发生变化时，相对而言前者在面对问题时更不容易失态，保持言行一致，不以外界环境为转移。拥有稳定的低自尊的个体，即使在面对有利于自己的事情时也很难提升自尊水平，他们习惯接受甚至忍耐自己的低自尊，逆来顺受。他们可能在生活中毫不起眼，往往附和别人的意见，很难表达自己的观点。拥有不稳定的低自尊的个体，很希望改善自己的心态，会注意尽量避免失败或被人否定，尽量不在别人面前表现得过于敏感，不会将内心的痛苦表现出来，其实自己非常难过。

表 4-1 自尊的四大类型

自尊的稳定程度	自尊的水平	
	高	低
稳定	稳定的高自尊（忍受程度高的高自尊）	稳定的低自尊（逆来顺受的低自尊）
不稳定	不稳定的高自尊（易受打击的高自尊）	不稳定的低自尊（容易变化的低自尊）

将稳定的高自尊理想化而否定其他三种类型，也是一种错误。自尊并不能代表一个人的全部。虽然稳定的高自尊通常是成功的必要条件，但它并不是道德品质的保证。

体验活动

在一张纸上整理自己的所有优点、特长或进步的地方，并在 QQ 空间/微信朋友圈征集别人喜欢自己哪里，对自己的优势进行全面充分的了解。

（四）自我同一性

自我同一性即青少年同一性的人格化，是指青少年的需要、能力、目标、情感、价值观等特质整合为统一的人格框架，具有自我一致的情感与态度，自我贯通的需要和能力，以及自我恒定的目标和信仰。个体尝试把与自己有关的各个方面统合起来，形成一个不同于他人的、协调一致的、独具统一风格的自我，涉及与自我发展相关的一些重大问题，如理想、职业、价值观、人生观等思考和选择。在这个过程中，自我同一性的确立意味着个体对自身有着充分的了解，可以将自我的过去、现在与未来组合成一个有机整体，确立自己的理想与价值观念，并对未来自我的发展做出自己的思考。

埃里克森最早提出自我同一性概念，认为自我同一性是一种主观上的熟悉自身、知道个人未来生活目标的感觉，一种从个人所信任的关系中获得所期待的认可的内在自信（韩晓峰、郭金山，2004）。自我同一性首先要求人必须体验到内部一致性，才能保证行动和决定不是任意的，获得确定一致的价值观、原则和社会期望，进而指导和规范一个人的行为；其次，内部一致性是跨时间连续的，也就是说，过去的行动和对将来的希望被体验为与现在的自我相关。在自我同一性的发展过程中，至少包含三个方面的体验。第一，一个人可以感觉到自己是一个独特的个体，虽然可能与别人合作完成任务，但是可以和别人分离。第二，自我有一种发展的连续感和相同感，自我本身是统一的。我是由童年的我发展而来的，将来的我还会发展，但我还是我。第三，自己眼中的我与自己体察到的他人眼中的我是一致的。相信自己的目标以及为达到目标所采取的方式方法是能被社会认可的。

青少年自我同一性发展的四种情形包括自我同一性达成、自我同一性早闭、自我同一性延缓、自我同一性混乱。自我同一性达成是指个体考虑了各种实际选项，最终做出了选择并进行实践。对于大学生而言，往往需要花一定的时间做出决定。自我同一性达成并不意味着一成不变，也可能放弃旧的自我同一性并形成新的自我同一性。当个体过早将自我意象固化而不考虑其他选择的可能，停止对自我同一性的探索时，便形成自我同一性早闭。自我同一性早闭的青少年往往遵从他人的目标、价值观和生活方式，缺乏自己的主见，应变能力较差；同时，他们也倾向于与父母保持密切的联系，采纳父母的价值观，喜欢有组织、有秩序的生活，尊重权威。自我同一性延缓是指个体延迟做出个人生活或职业的选择和承诺，比如部分大学生读研是想要晚两年进入社会，再进行职业选择。由于自我同一性的达成是一个缓慢的内在探索过程，而不在于外在的急剧变化，因而自我同一性延缓是正常、健康的现象。自我同一性混乱是指个体不知道自己是谁，不知道想做什么，没有明确的发展方向。经历自我同一性混乱的个体无法成功做出选择，可能缺乏兴趣，孤独，对未来不抱有希望，或者可能会逃避思考问题。

自我同一性的确立关系着个体的健康发展、更好地适应社会以及体验到自身的价值和人生的意义。青少年在获得自我同一性的过程中，对自身的关注变得敏感，诸如"我是谁""我想成为什么样的人"等问题几乎会引起每个青少年的思考，他们必须用自己积累起来的所有关于自己与社会的知识去回答这些问题，并做出种种尝试性选择，最后致力于某种选择或策略。这样，他们便获得了自我同一性，也标志着这一发展阶段取得了满意的结果。如果个体很难忍受过程中的孤独状态，或让别人来为自己做决定，服从别人的意见，或回避矛盾，拖延决定，就不能正确选择适应社会环境中的角色。这样他们无法"发现自己"，也不知道自己是什么样的人，以及想要成为什么样的人，无法形成清晰和牢固的自我同一性，或者形成与社会要求相背离的、社会不予承认的、反社会的消极自我同一性。当自我同一性危机解决时，个体会有一种自我同一感，处于一种极佳的精神和谐状态。如果躯体、自我和社会都运行良好，则个体会感受到幸福，伴随有内在的掌控感，保有对于未来何去何从的方向感与确定的预期感，以及自我的整体一致感与连续感。

二、自我是如何形成的

（一）自我的诞生

自我诞生的时间在出生后的第 18 个月左右。个体在此之前无法自由行动，必须被母亲这一主要照顾者喂养，所有的需要都必须在母亲那里获得满足。在这个过程中，个体和母亲处于类似生命共同体的关系。随着生命慢慢成长到 18 个月左右，个体开始清晰地知觉到我的存在，生理上从爬行到行走，开始离开母亲这个客体。当离开这种共生感后，在母亲与婴儿间出现了许多不一致，比如不许朝这边走、不许碰什么东西。这些不一致让婴儿逐渐感受到自己和母亲是不同的、独立的个体，在这些互动经验中感受到自己与他人的不同，逐渐形成我的概念（苏绚慧，2016）。由于认知发展受限于早期生命经验的不足，这个我是非常模糊的，个体需要通过环境信息来慢慢了解"我是谁""我是否受欢迎""我是否被关注"。

随着生命继续成长，个体在学习与发现中主动接触这个世界。2 岁多的小孩特别喜欢触摸环境中的几乎所有事物，他在感受与体会这个世界，对世界充满了好奇。孩子通过行走、触摸来理解世界，比如通过触摸电梯里的数字，来确认自己是否能够按键；通过尖叫与大哭来感受声音；通过与父母的拉扯来确认谁比较有力。在这个过程中，孩子逐渐认识世界，也逐渐认识自己。需要足够的空间、成长环境与资源来让个体体会到"我是谁""我的能力如何""我和世界及他人的关系怎样"。在这个过程中，不能禁止与压迫他，也不能完全顺从他而让他感到无所不能。不卑不亢是自我成长的重要方向，在环境与他人的帮助下，个体在世界中找到自己的位置，让自己的存在发挥出真正的价值。

如果个体在家庭环境乃至成长环境中，感受到太多的否定而非对探索和尝试的鼓励，孩子就会退缩，开始对自己没有自信，产生自卑反应。比如，当孩子想要天马行空地去作画时，一些大人会说"你不要乱碰，会把屋子弄脏""你画的东西太丑了""怎么有这么奇怪的画呢""你不会画，不要再画了"。埃里克森认为，三岁的孩子会在自卑与自信的两极中寻找自己，去感受自己的能力到底是不是好的。这时，环境是认识自我的土壤，环境中的信息和刺激会影响个体如何形成自我的概念。

镜像自我实验

1970年，心理学家盖洛普以黑猩猩为实验对象首次实施了镜像自我认知实验。实验的内容简单来说就是在动物面前放上一面镜子，通过判断动物与镜中自己的互动情况来判断动物是否具备自我意识。判断镜像实验的成功与否有以下三个标准。第一，动物能不能辨认出在面前的镜子和周围环境存在物理不连续性，即能够发现面前摆着一个镜子。这个阶段只要动物伸手碰一碰镜子就能判定通过。第二，动物能不能辨认出镜子里的其实不是其他同类，而是它自己。大多数动物在这一阶段都会遭遇失败。试问什么能让飞速奔跑的猛兽惊慌失措，威严尽失，答案就是它自己。第三，将一个无色无味的标记放在动物自己看不到的地方（比如头顶、背后），看它能不能通过照镜子来发现自己身上的标记并擦除。这一阶段的实验也被称为点红实验。如果完美通过了这三个实验，动物就会被承认具有自我认知意识。

最初的实验对象是动物园里的一群黑猩猩。盖洛普在黑猩猩居住的房间里放上一个两米长的镜子。起初，黑猩猩对对面突然出现的同类有恐吓攻击行为，对镜中的同类产生明显的敌对态度，有些也会出现求偶炫耀的行为。随着实验时间的推移，黑猩猩通过行为模仿逐渐意识到对面的同类其实是它自己。甚至到实验结束时，它已经能自己照镜子剔牙了。目前有部分灵长类动物、大象、海豚以及鸽子、喜鹊等少数鸟类通过了镜像实验，就连会说话的虎皮鹦鹉，也只通过了前两个阶段，没有通过最重要的点红实验。

阿姆斯特丹于1972年通过点红实验对88名3～24个月大的婴儿进行测试。实验开始后，在婴儿毫无察觉的情况下，主试在其鼻子上涂一个无刺激红点，然后观察婴儿照镜子时的反应。研究者假设，如果婴儿在镜子里能立即发现自己鼻子上的红点，并用手去摸它或试图抹掉，表明婴儿已能区分自己的形象及加在自己形象上的东西,这种行为可作为自我认识出现的标志。最终,阿姆斯特丹得出结论,婴儿对自我形象的认识主要经过三个发展阶段,其中第三个阶段(20~24个月)是自我意识出现的阶段,婴儿在有无自我意识问题上出现质的飞跃,这时婴儿能明确意识到自己鼻子上的红点并立刻用手去摸。

(二)自我的独立与分化

在自我成长的过程中,个体逐渐在经历与母亲的分化时感受到痛苦。母亲能够在第一时间喂养和抚慰个体,给予满足,这意味着个体与母亲处于紧密相连的状态。当个体变得独立时,与母亲的分离感会带来痛苦,随之而来的是对丧失依恋关系的恐惧。为了这份依恋关系一直存在,最好的办法就是不要分化。个体会通过顺从母亲的意愿,以及与她的行动保持一致,来避免独立的痛苦(苏绚慧,2016)。

随着个体长大,在求学、社交过程中遇到困难,会感受到伤心、难过、失落这些非常个体化的情感反应。这时如果大人说"这有什么好难过的""难过是没用的表现,赶快振作起来就对了",个体为了与大人的情绪保持紧密感,就会否认或抑制自己难过的感受,与自己的真实感受保持距离。如果我们因为考虑到别人的情绪、期待,不能承受别人的失望而最终改变自己,那其实是很难保持自我的。只要环境里有意见,有人有情绪反应,个体本来所做的决定就会改变。长此以往,想坚持做的事情很容易被影响、被改变,个体累积的自信会越来越不足,也无法通过选择与决定来学会承担,因为决定的下一刻就是被改变。个体在不断被改变的过程中会越来越泄气,感受到挫败,很难坚持自我。

独处是一个人成熟的标志。一个人能够陪伴自己进行许多工作,完成很多方案与计划,代表他完成了自我分化。如果一个人很害怕独处,或者很害怕一个人面对许多问题和困难,则很难完整地发展出自我。

反思活动(二)

请观察,在你的生活经历中,父母的哪些做法是在维护孩子的独立与分化过程,哪些是在破坏这一过程?相信这个观察的过程能帮你更好地理解独立与分化,也能让你做出更多的改变。

第四章　拨云见日：寻找与关爱自我

第三节

春风化雨：自我照顾与滋养

在这个高速运转的时代，爱自己是一个耳熟能详却又让人困惑的话题。我们面对着学业与工作的压力，感情困扰，迷茫与空虚，身处于人群中的孤独感。在面对这些困难与创伤时，我们逐渐意识到爱自己的重要性。我们如何做到自我照顾与滋养？

一、为什么要爱自己

> **小芳的故事**：还有三个月就要大学毕业了，本来小芳和异地两年的男友约好毕业后同去一座城市。结果在新冠肺炎疫情下，小芳没有等到心仪单位的offer（录用通知），等来的是男友的分手电话。小芳想立刻找男友问清楚，但是一方面由于疫情管控无法离开，另一方面现在正是需要小芳投入全部精力完成毕业论文的关键时期，同时小芳还需要寻找工作机会，这也需要花费很多时间与精力。毕业论文完成后，小芳想通了分手的事情，觉得这样一个男人不值得自己为他付出这么多，想要重新整理自己，开始新的生活。但是，小芳发现生活变得与以前不同，以前自己很容易就能变得开心起来，现在感觉生活中绝大多数事情都没什么意思。当她想要做些什么的时候，也缺乏行动力。她想要爱自己一些，但是不知道自己可以做些什么。

霍沙巴认为，自爱是一种自我支持的状态，通过支持我们的身体、心理和精神成长的行为而增长。爱自己是一种非常重要而复杂的能力。它意味着个体对自己有相对清晰的了解和理解，并在此基础上能够承担责任和代价。在人格健康层面，意味着个体有着相对稳定的自我价值体系。个体对自己具有稳定的自我评价，才能不受外界的影响。这意味着即使你的价值判断与所处的文化背景、父母给予的价值体系不一致，你也能允许自己的价值体系独立存在，不会牺牲自己的价值体系去讨好别人的价值体系。在这样比较成熟的自我观念下，即使你正在经历糟糕的事情，可能会觉得事情没做好，但是不会感到自己很糟。

爱自己是珍贵而稀少的能力，当前很多人缺少这种能力。这与东方的耻感文化有关，需要个体在为集体的牺牲和付出中获得意义感，需要更爱大家和集体这个大我。著名作家王尔德曾说过，爱自己是终身浪漫的开始。爱自己的意义不仅仅在于让自己获得幸福愉悦的感受，当我们不再为别人的看法担忧，能够认真对待生活、去做对自己最好的事时，我们也得到了真正的自由。

二、如何爱自己

在小芳的案例中，她可以做些什么？我们如何能够爱自己？具体可以参考以下观点。

（一）一定程度地满足自我需求

马斯洛认为，每个人在不同阶段有着不同层次的需要，这是非常正常的事情。如果能满足由内在动机而非外部因素所引发的需求，我们能体验到的幸福和成就感会更高。在合理范围内满足自己的需求，能帮助我们建立自我关爱，也是对自我的尊重和重视。

（二）关心自我感受，远离让自己痛苦的人和事

在某些情况下，个体会不自觉地进入一种讨好模式，做出违背自我意愿的行为，强迫自己持续承受痛苦。这样的状态在维系友善形象与和谐关系的背后，回避和压抑了个体的真实感受，持续造成自我损耗。真正爱自己，需要我们在接收到内心发出的拒绝信号时，能够果断付诸行动。在不舒服的时候说不，在痛苦的时候及时抽离，主动觉察自己的感受并关心和照顾它，让自己回到健康的状态中。

（三）在看到自我的局限时，有能力承认和接纳自己

自我批评常常被认为是鞭策自己、促使自己进步的方法之一，实际上它反而可能会让我们在不断的否定与比较中对自己感到失望，丧失行动力。爱自己的人对自己是坦率的，能感知到自己的真实想法与外部现实，诚实地承认自己的现状，同时接纳这样的自己。接纳自身的局限，基于客观的自我价值去行动与生活。

（四）坦然面对曾经的过错，能够原谅自己

爱自己的人可以接受自己过去犯下的错，不会否认过去，或一味沉浸在自我悔恨与自我惩罚之中。面对自己的缺点与过失，客观看待它们在生命中存在的意义，从中汲取养分，避免自己重蹈覆辙，获得成长。

（五）不轻易因为外界评价而动摇

容易受外界评价影响的人很容易淹没在嘈杂的声音里，产生自我苛责与怀疑。爱自己的人对"我是什么样的"有着稳定的认识，并且这种认识是依据自我意识而非别人的价值观而建立的。

反思活动（三）

在你的生活经历中，哪些时刻你真切地感觉到自己是爱自己的？自己当时是怎么做到的？除此之外，思考自己还可以做些什么。

三、爱自己有哪些误区

误区一：爱自己只能靠自己一个人来完成。

真相：大多数时候，我们是在关系中学会爱自己的。在爱自己之前，我们首先需要认识自己，知道自己是什么样子的，有什么样的需要，需要被如何照料。这些是很难通过自己一个人思考来清晰认识的，很容易对自己产生误解。在关系中，我们通过接受对方的反馈来丰富、完善对自己的认识，才知道要从哪些地方开始爱自己。主动去寻找一些安全的关系。这里的关系可以是长辈、朋友、伴侣，也可以是专业的咨询师、治疗师，甚至可以是宠物，在养宠物的过程中感受到被爱与被需要。

误区二：爱自己只需要在情感体验上满足自己。

真相：爱自己，需要更关注自己的身体。许多人在关爱自己时，常常会做一些令自己愉悦的事情，比如吃美食、买喜欢的衣服、旅游等，弥补情感上的需要。与此同时，常常忽略身体发出的信息，对一些身体上的小病小痛及自己的睡眠状况很少理会。事实上，身体上的病痛与不适常常是内在需求发出的求救信号。例如，头痛可能是由于焦虑过度，胸闷、肚子胀常常是因为在人际关系中委屈自己、难以表达。照顾好自己的身体，也是在帮我们更清晰地知道自己的内在需求，进入爱自己的良性循环。

误区三：爱自己就是让自己天天开心，远离消极情绪。

真相：爱自己需要学会触碰自己的任何情绪。无论积极情绪或消极情绪，每一种情绪都有它想要表达的信号。消极情绪往往比积极情绪更能提醒我们哪一部分需要被照顾。例如：愤怒可能是在表达你承担了本不属于你的工作，你的边界受到侵犯；感情上的疲倦可能是在告诉你与伴侣的相处模式可能出了问题；抑郁、焦虑可能是在提醒你，自己正处于某种不合理的目标或期待之下，需要调整一下。爱自己不只是拥抱积极情绪，更意味着要勇敢地触碰各种复杂的情绪。只有愿意去联结、理解消极情绪，我们才能看到其背后隐含的信息，这些信息指引着我们如何好好照顾自己。

误区四：爱自己就是以自我为中心，不用考虑别人。

真相：自爱不是自私，相反，自爱让人更懂得尊重他人。自私的人不仅没有能力爱别人，也没有能力爱自己。他们缺乏对自己的真正关心，不知道自己的需求，无法从自己身上获得满足，只能不断地从生活中、从别人身上攫取满足感。自爱与自私恰恰相反，当我们能关心自己，也就能通过自己的力量回应与满足自身的匮乏，而非向外索取。也就是说，自私的人通过索取和消耗别人来照顾自己，自爱的人因为能自我回应与满足，所以更懂得尊重别人。

 心理拓展

爱 的 法 则

（维吉尼亚·萨提亚）

如果你爱我
请你爱我之前先爱你自己
爱我的同时也爱着你自己
你若不爱你自己
你便无法来爱我
这是爱的法则

因为
你不可能给出
你没有的东西
你的爱
只能经由你而流向我
若你是干涸的
我便不能被你滋养
若因滋养我而干涸你
本质上无法成立

因为
剥削你并不能让我得到滋养
把你碗里的饭倒进我的碗里
看着你拿着空碗去乞讨
并不能让我受到滋养
牺牲你自己来满足我的需要
那并不能让我幸福快乐
那就像
你给我戴上王冠
却将它嵌进我的肉里
疼痛我的灵魂

宣称自我牺牲是伟大的
那是一个古老的谎言
你贬低自己
并不能使我高贵
我只能从你那里学到"我不值得"
自我牺牲里没有滋养
有的是期待、压力和负担
若我没有符合你的期望
我从你那里拿来的
便不再是营养
而是毒药
它制造了内疚、怨恨
甚至仇恨

我愿你的爱像阳光
我感受到温暖、自在、丰盛喜悦
我在你的爱里滋养、成长
我从你那里学会无条件的给予
因为你让我知晓我的富足
与那爱的源头连接,永不枯竭
永远照耀

请爱你自己吧
在爱他人之前先爱自己
爱自己不是自私
牺牲自己并不是爱的表达方式

爱的源头就在那里
然而，除非你让自己成为管道
爱不能经由你而流向我
你若连接
爱会滋养你我双方
你若断开连接
爱便不能经由你而流向我
你的爱便不是真爱
而是自我牺牲
然而，那不是我想要的

爱自己，是生命的法则
除非爱自己
你不可能滋养到别人
我愿意看到充满爱和滋养的你
而不是自我牺牲的你
因为，我也爱你
我爱你
必先爱我自己
否则，我无法爱你
而你，亦当如此

生命的本质是生生不息的流动
生命如此
爱如此
请借此机会好好爱自己

本章小结

本章介绍了自我认识的重要性，依据詹姆斯的自我理论及三重自我表征理论探讨了自我的维度，认识了心理动力领域、认知领域、人本领域的不同视角下如何看待一个人的自我，讨论了中国传统文化对个体自我发展的影响。从个体发展的层面来讲，本章介绍了什么是健康的自我以及如何形成健康的自我，对爱自己进行了讨论，并提供了不同方法。

课后习题

一、选择题

1. 以下不属于需要层次理论的是（　　）。
   A. 生理需要　　　　　　　　　　　B. 归属与爱的需要
   C. 自我实现的需要　　　　　　　　D. 被认可的需要

2. 以下不属于自尊的三大支柱的是（　　）。
   A. 自爱　　　　　　　　　　　　　B. 自信
   C. 自我同一性　　　　　　　　　　D. 自我观

3. 以下属于同一性发展的不同状态的是（　　）。
   A. 同一性达成　　　　　　　　　　B. 同一性早闭
   C. 同一性延缓　　　　　　　　　　D. 同一性混乱

二、填空题

1. _____指个体对自己整体状况的满意水平，取决于我们如何看待自己，是否喜欢我们眼中的自己。

2. 科胡特提出了_____的概念，即指一个人的自我是有向心力的，在时间上是持久的，在空间上是紧密结合的。

3. 在精神分析理论中，弗洛伊德认为本我遵循_____原则，超我遵循_____原则，自我遵循_____原则。

4. _____是一种主观上的熟悉自身、知道个人未来生活目标的感觉，一种从他所信任的关系中获得所期待的认可的内在自信。

三、判断题

1. 健康的自我意味着我们对自己有着清晰、一致的觉察和认识，喜欢或重视自

我，完成自我整合。（ ）
2. 马斯洛的需要层次理论中，需要的层次越低，它的力量反而越大。（ ）
3. 一个人的自尊水平很高，代表着他有很强的自尊心，内心容易受伤。（ ）
4. 如果一个人有着稳定的高自尊，则代表他很健康，没有心理问题。（ ）
5. 爱自己需要接纳并允许自己的消极情绪存在。（ ）

四、简答题

1. 完整独立的自我包含哪些方面？
2. 爱自己可以做些什么？
3. 罗杰斯认为，自我的发展不是与生俱来的，在自我的形成与发展过程中，包含了哪些个体和环境互动的因素？

图书推荐

1. 克里斯托夫·安德烈、弗朗索瓦·勒洛尔：《恰如其分的自尊》，周行译，生活·读书·新知三联书店2015年版.
2. 苏绚慧：《终于学会爱自己》，民主与建设出版社2016年版。
3. 武志红：《自我的诞生》，新星出版社2022年版。

电影推荐

1.《心灵奇旅》（2020）
2.《心灵捕手》（1997）

参考文献

[1] 黄希庭. 人格心理学 [M]. 杭州：浙江教育出版社，2002.
[2] 兰迪·拉森，戴维·巴斯. 人格心理学：人性的科学探索 [M]. 郭永玉，等译. 2版. 北京：人民邮电出版社，2011.
[3] 吴量恺. 四书辞典 [M]. 武汉：崇文书局，2012.
[4] 王万洪，赵瑶杰.《法言》今注今译（附导读）[M]. 北京：新华出版社，2021.
[5] 陈鼓应. 道德经译注 [M]. 北京：中信出版集团，2020.

[6] 高凡,王沛.动机性视角与认知加工视角下三重自我的层级关系[J].心理科学进展,2017,25(7):1208-1217.

[7] 王沛,金哲宇,高凡.三重自我的动机层级:自我积极偏差的视角[J].中国临床心理学杂志,2022,30(1):1-7.

[8] 王光荣.弗洛伊德人格结构理论的演变及其影响[J].西北师大学报(社会科学版),1994(3):4.

[9] 杨庆,毕重增,李林,等.自我不确定感:内涵、结构和理论[J].心理科学进展,2017,25(6):1012-1024.

[10] 苏绚慧.终于学会爱自己[M].北京:民主与建设出版社,2016.

[11] 彭聃龄.普通心理学[M].4版.北京:北京师范大学出版社,2012.

[12] 吕伟红.科胡特自体心理学理论对心理治疗的启示与助益[J].学术交流,2014(10):49-53.

[13] 克里斯托夫·安德烈,弗朗索瓦·勒洛尔.恰如其分的自尊[M].周行,译.北京:生活·读书·新知三联书店,2015.

[14] 韩晓峰,郭金山.论自我同一性概念的整合[J].心理学探新,2004(2):7-11.

[15] 许若兰.论认知行为疗法的理论研究及应用[J].成都理工大学学报(社会科学版),2006(4):63-66.

第五章

掌握心灵方向盘：压力应对与情绪管理

本章导读

我们都想要充满快乐、幸福的生活，也想要没有压力、平稳安宁的状态。但生活总是充满各种状态，既有高兴的时刻，也有悲伤的瞬间。我们总是与情绪相伴，也总是与压力共存。压力从何而来？情绪又如何产生？我们应该如何与压力共舞，做情绪的主人？

在本章，我们将谈到在身上真实感受到的压力，以及时常被我们忽略但无处不在的情绪。

第五章学习资源

第一节

与压力角逐：心理压力的理解与应对

一、为什么要关注压力

心理体验

1. 你最近一周的心理压力水平如何？
2. 进入大学以来，你的心理压力与高中相比如何？
3. 占据你大学生活的主要心理压力有哪些？
4. 你有哪些疏解压力的有效方法？

通过这些问题，我们可以了解最近一周自己的压力水平，并回顾自己应对压力的主要方法。事实上，压力就像含粉尘的空气一样围绕在我们身边。如果人体有有效的过滤机制，它就能够给我们提供氧气；一旦我们的呼吸系统不那么强大，或者长期在粉尘环境中生活，就会引发疾病。许多应激事件、崩溃的瞬间，其起源往往是某些让人难以忍受的压力。

不仅如此，在当下的环境中，压力往往是以一种难以觉察的形式存在的。新冠肺炎疫情暴发后，应届毕业生的就业压力和经济压力显著上升：他们面临应聘面试受阻、工作落实率下降、就业压力加大的现实。只有察觉到这些真实存在的压力环境，我们才能有资本与之角力。

二、什么是压力

（一）压力的概念与内涵

压力是什么？有时，压力像一阵突如其来的台风，将我们正常的生活吹得支离破碎；有时，压力就像是压在胸口的一块石头，我们总是想要努力移开它却无能为力。在物理学中，压力是发生在两个物体的接触表面的作用力。后来，学者们将这个概念引入生理学领域。在生理学上，压力是有机体对于环境刺激的一种生理反应。比如，今天获得1000元奖金，小明心跳加速、呼吸变快；今天失业了，小红也会心跳加速、呼吸变快。生理学上的压力就是如此,它没有明确的消极或积极倾向。

之后,压力概念又被引入心理学领域。拉扎勒斯认为,压力可以被看作一种紧张反应或焦虑状态,它发生于我们对环境或事件感到无法应对时。它有两个核心特征:① 它是一种非静止的焦虑状态;② 它是一种对于现状的主观评价。

举个例子,同样面对明天要到来的单词测试,小 A 觉得可以抓紧复习,问题不大,而小 B 觉得时间太紧,根本来不及复习,于是小 B 会产生更大的压力感受,他的主观认知如此。但到了晚上,小 B 突然发现这些单词自己之前刚好背过一遍,于是压力骤减。这就是压力的动态性,个体的焦虑、烦恼也会随之变化。

因此,当我们觉得现状已经超出承受或处理能力时,就会有压力,即使现状也许并非如此。

(二)产生压力的原因

我的压力圈 1

图 5-1 中有很多圆圈,中间的小人就是我们自己,这些圆圈代表你面临的压力。思考一下,在这些圆圈中写下让你感到压力的事件。距离你较近的圆圈表示是最近面对的,距离你较远的圆圈表示是未来要面对的;圆圈越大,你的压力就越大。

图 5-1 我的压力圈 1

写好之后，请与你的同学、朋友进行交流。让你产生压力的原因有哪些？为什么会有这些原因？

不难发现，这些压力的原因，无非来自两个方面——外部因素与内部因素，即外部压力源与内部压力源。

外部压力源依据严重程度可以分为灾难事件、生活事件和日常困扰。天灾人祸、疫情袭来，这些突如其来的灾难体验都会影响我们的心理状态，造成不同程度的心理压力甚至心理创伤。

当然，我们更多情况下面对的是生活事件和日常困扰。生活事件可以包括离婚、亲人去世、失业这类重大事件，也可以是考试失利、分手这类小事。生活事件往往比灾难的冲击更缓慢，强度也更小。而每天发生在我们身边的烦心事儿，比如学业压力、噪声、争吵、人际矛盾，往往是"温水煮青蛙"，强度低但持续时间长，且难以改变，长此以往，容易产生心理问题。清华大学2000年的一项调查研究显示，就业、学业、人际、恋爱这种日常困扰占据心理压力的80%以上（樊富珉、李伟，2000）。

这些外部压力源往往会起到推波助澜的作用，而到底会引发多大的压力，还要看我们的主观心理体验，也就是内部感受。

我们如何看待自己、如何评价这些外部压力事件，决定了我们体验到的压力感。具象来说，你觉得自己有潜力做到8分，那么即使现状只有5分，在7分的任务来临时，你的压力感也不会带来太多的负面影响。当我们设定的"理想自我"与外部事件让我们感觉到的"现实自我"之间产生分歧时，此时的压力源最可能带来压力。你也可以看看自己的压力圈，是否这些压力都对你的现实自我有所挑战？

因此，压力的产生是外部事件与心理体验相结合的产物，有力的产生，有受力物体，于是产生压力。

（三）压力的反应

我的压力圈2

请在圆圈（见图5-2）旁边，分别写下每个压力情境中你会是什么样的状态。可以用简单的词汇概括，比如失眠、烦躁等。练习结束后进行交流分享。

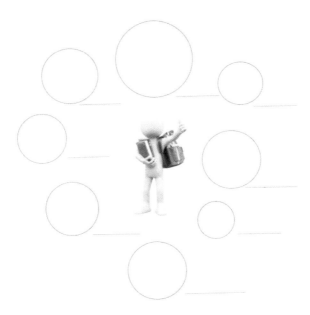

图 5-2　我的压力圈 2

无论是什么样的压力源,给我们带来的影响其实都很类似,整体可以分为生理反应与心理反应两大类。

1. 生理反应

在面对突如其来的压力情境时,人的反应往往会经过"警觉—抵抗—耗竭"三个阶段。

想象你正在过马路,走到路中央时,突然朝你开来一辆车,它的速度不减反增……此时你会有什么样的感受?大多数情况下,你会愣住,然后心跳突然加速,感到惊吓,精神突然紧张。在面对突如其来的压力事件时,交感神经会支配肾上腺分泌肾上腺素,整个身体机能被全面启动,大脑全面开启战备状态,随时准备"战斗"或"逃跑"。这个阶段就是压力反应的警觉阶段。

而在被吓了一跳后,你会开始思考接下来可能面对的情境和相应的解决办法。比如,接下来应该往哪边跑,要不要喊出来让司机听到……在这个阶段,大脑已经逐渐适应当前的压力状态,但身体其实仍然处在战备状态。如果长期处于这个阶段,身体机能就会发出警报。这个阶段就是压力反应的抵抗阶段。

经过一段时间后,你的身体机能会得到一定的缓和,车已经开过去,危机警报也已解除。此时,心跳逐渐平缓,呼吸逐渐平静。当危险情境并没有真正发生或者问题已经得到解决,或者是个体的体力已经耗竭时,个体就会进入相对平稳的阶段,即"耗竭"阶段。

当压力持久得不到缓解时，个体的身体状态会在一定程度上受到影响。比如手抖、心跳加速、呼吸变快、腹泻、悲痛、心悸、疲倦、全身紧张等，都是压力可能引发的生理状态。压力得不到有效调节，可能会引发严重的心身疾病。

2. 心理反应

压力同样会引发心理反应，主要包括情绪、认知和行为三个方面。

在情绪方面，压力会让个体出现焦虑、抑郁、愤怒、恐惧、悲伤、挫败等消极情绪；同样，压力有时也会给个体以激励的情绪感受。

在认知方面，有时压力会影响个人的注意力、记忆力甚至对某件事情的评价。人们往往会在压力情境下做出非理性判断。当然，也有一些时候，压力能够促进认知活动，让我们更加集中于当下的问题情境。

在行为方面，压力可能会影响我们的活动表现。比如内心紧张时讲话会变得结巴、在重要考试时想要逃避等。

我的压力等级

请回想一下，在最近一个月内，你是否常常有表 5-1 所示的情况与感受。

表 5-1　情况与感受

情况与感受	从未发生	有时发生	经常发生
觉得手头任务太多，无法应对			
觉得时间不够用，所以要分秒必争，比如走路和说话的节奏都很快			
觉得没有时间消遣，每天记挂着学习			
遇到挫败时很容易发脾气			
担心他人对自己学习表现的评价			
觉得老师、朋友或家人不欣赏自己			
担心自己的经济情况			
有头疼、胃疼的毛病，并反复发作			
需要借助烟酒、药物或吃很多零食来抑制焦虑不安的情绪			

续表

情况与感受	从未发生	有时发生	经常发生
需要借助安眠类药物入睡			
与家人、朋友、同学的相处让自己发脾气			
与别人交谈时，容易打断对方			
上床后觉得心潮澎湃，有很多事情牵挂，难以入睡			
有太多任务，不能每件事都做到尽善尽美			
当空闲时，放松一下会觉得内疚			
做事急躁、任性，事后感到内疚			
觉得自己不应该享乐、放松			

算一算，"从未发生"＝0分，"有时发生"＝1分，"经常发生"＝2分。

如果你的压力总分在0～10分，则说明当前你的精神压力程度较低，但可能表示，你的生活缺少刺激，比较简单沉闷，做事的动力不高。

如果你的压力总分在11～15分，则说明你的精神压力程度中等，虽然有时感到压力较大，但仍有能力去应对和缓解。

如果你的压力总分在16分及以上，则说明你的精神压力偏高，需要及时察觉压力的来源，并积极寻求解决办法。

（四）大学生常见压力情境

其实，在人生的各个阶段，我们都需要面对不同的压力情境。从高中进入大学，生活的基调看似更自由舒缓，但也存在着特定主题的压力事件。根据刘杰的调查研究，超过80％的大学生面临较高水平的压力，主要包括学业压力、适应压力、人际压力、发展压力和经济压力。

1. 学业压力

在高中时的"幻想"中，很多同学认为，进入大学就轻松了。而真正进入大学后才发现，同学间的竞争十分激烈，甚至会产生学业"内卷"；课程难度剧增，许多专业课的内容又精又深，听得一知半解；学习节奏变快，上节课的知识点还没有学会，马上就接着上下一节课了；学业选择变多，面对各种课程，需要做出取舍。

在复杂的学习环境中产生的失控感与无力感往往是压力的直接诱因。因为无法掌握每一个知识点，所以感到无能为力；因为"卷"不动，所以只能消极应对。学业压力通常以具体的形式存在，比如方法不得当、成绩不理想、时间不充足等。同样，学业压力也会贯穿大学的各个阶段，引发一系列焦虑情绪。

2. 适应压力

在进入大学后的相当一段时间，我们处于适应环境的调整期。回想一下，第一次离开家乡和亲人时，你是否会感到孤独和寂寞？在偌大的校园中迷路而找不到亲密的朋友时，你是否会感到失望和难过？进入新的生活环境，我们就像是外来的闯入者，陌生的感觉会带给我们不被接纳、难以融入的压力。对于外地的求学者来说，即使只是不同的饮食口味、气候环境，也会让人感到不自在。

除了客观环境会带来适应压力外，内心的落差也是适应压力的一个重要来源。也许高中时你是班里的佼佼者，进入大学后却发现自己"平平无奇"；也许你期待自己能够拥有志同道合的室友，但事实上大家总有分歧。期待的落空，往往是我们需要去面对和调适的现实问题。

3. 人际压力

高中时，我们生活在小团体（班级）中，大家的关系紧密，我们也有属于自己的一两好友。进入大学后，与好友的分离常常使我们感到孤单，而大团体（社团、年级）的人际环境会让我们无所适从。应该与谁交朋友？如何交朋友？这些都会成为新的人际议题。

大学的人际环境也变得更复杂。当人际接触面扩大，与之共生的就是更多的摩擦与不协调。如何处理人际冲突、管理人际边界，形成稳定的人际圈，也是大学生人际压力的表现之一。

恋爱问题是这一阶段新的人际压力源。对恋爱关系的渴望、在恋爱关系中的矛盾与冲突、恋爱关系结束后的创伤与应对，如果处理得当，则能让我们迅速成长起来；如果置之不理或强行处理，则会让我们处于长久的压力情境。

4. 发展压力

成年后，我们获得了更多的自主权，也萌发了更深刻的自我意识，在大学生涯中，会不断问自己：我想要成为什么样的人？我该如何找到自己的发展方向？在这个阶段，自我同一性的发展成为主要任务，而想要迅速找到自我定位，变成更好的人，是这个阶段发展压力的主要诱因。

发展压力的表现形式包括：如何面对不完美的自己（如外貌、成绩方面）；如何改变自己，让自己拥有更多的机会；如何评价自己；如何找到发展的方向等。当我们能够接纳自己，树立良好而稳定的价值观时，发展压力自然会随之减轻。

5. 经济压力

经济压力在大学生中的表现形式各异。对于一部分学生来说，经济压力源于没有形成良好的理财与消费习惯，对消费欲望不加节制，每月都会面临"月光"的窘迫局面，从而在生活费上感到十分拮据；对于另一部分学生来说，经济压力可能体现在贫困的家庭环境使其需要节衣缩食，甚至在与同学相处时感到自卑等。

三、如何应对压力

（一）转变对于压力的看法

正如所有的作用力都有两个受力者，所有的压力也有其两面性。如果我们只看到压力的负面影响，当压力来临时大呼不妙，想要快点逃避或消除压力，那么我们就陷入了与压力的"拔河"中，逃也逃不掉，灭也灭不了。

其实，压力是我们成长中的一位伙伴，只是它长着一张略显严肃的脸。我们可以把自己的成长看作一场闯关小游戏，每一关都有一个主要对手需要去打败，但它并不可怕，有时还会给我们必要的提示。当压力来临时，恰好说明我们来到了新的关卡，需要做出新的调整来应对，只要我们走入这个关卡，尝试了解压力感背后的信息究竟是对选择的无助还是对变化的不适，就能够更好地做出应对策略，从而顺利通关。

可以说，成长＝压力来临时的积极面对＋灵活调整。

这样的心理状态，我们常常会用心理弹性来解释。正如物理学中的弹性力学，人类的心理活动也存在着弹性变化。心理学家发现，尽管有一些人儿时经历了严重的压力或逆境，但长大成人后功能良好，甚至十分优秀。心理弹性是以个体的先天素质为发生条件，并伴随个体后天社会实践活动所形成的一种独特的心理特征，它兼具了特质、过程与结果等属性。因此，一个具有良好心理弹性的人，能够接受自己内心的弹簧被暂时"压下"，因为他很清楚，自己有能力和方法让它缓慢地回到正常的状态。找到属于你内心的弹簧，相信心理的自我恢复力，是培养心理弹性的良好技巧。

（二）学会寻找资源

干旱时，我们会寻找水资源；贫穷时，我们会寻找工作资源。面对压力，我们可以寻找属于自己的心理资源。这样的资源主要包括社会支持、个人经历与其他资源。

社会支持指来自朋友、亲人和亲密他人的理解、陪伴和支持。《大西洋月刊》的一项调查显示，有好朋友不仅增加了生命的意义，甚至在一定程度上延长了生命的长度。当你痛苦悲伤时，有一个可以依靠的肩膀、一个能够随时倾诉的对象，就像是下雨了有人为你撑伞，饿了有人为你做饭一样，能够给我们充足的力量和勇气去面对生活中的各类压力。

你的个人经历同样会成为重要的资源。当考研失利的同学面临是否要再考的压力选择时，第一次考研的经历就会成为重要的参考依据。如何进一步优化学习方法，改进学习节奏，都有了参照对象。这就是个人经历的重要作用。

同样，来自他人的经历、看法与建议也是重要的资源。父母、老师的人生阅历会让我们少走许多弯路，他人关于某个问题的见解也可能在某时让你豁然开朗。总之，学会把握身边的资源，是重要的压力应对方法。

当然，很多心理压力源于负性生活事件，比如事业失败、父母离婚……每个人由于性格、家庭、经历等不同，感受到的心理压力也不同。有的人在应对这类压力事件上有更多成功的和比较丰富的经验；有的人则拥有较少的资源，成功经验相对匮乏，不能一概而论。

（三）养成良好的习惯

当压力来临时，我们往往会有一些下意识的压力应对策略或习惯，这些习惯中有些是适应性的、良好的，也有相当一部分是非适应性的、无效的。美国心理学家协会经调查发现：最常用的缓解压力的方法恰恰是使用者觉得最没有效果的。比如在吃东西缓解压力的人里面，只有16%的人认为这种方法确实有效。当心情烦躁时，通过暴饮暴食来缓解和转移自己的注意力，希望通过咀嚼和吞咽行为把自己的烦闷统统"吃掉"，但转念又会因为吃掉了太多东西而产生心理负担，甚至自责。这就是无效的压力应对方式。

那么有哪些良好的压力应对方式呢？下面列出几种可以参考的方式。

1. 学会微笑

微笑有很好的自我暗示作用。早起后，对着镜子，做出放松的微笑，告诉自己："今天会是不错的一天。"这样，你会带着良好的心态，更好地投入到工作与学习中。

2. 学习焦虑着陆技术

当压力让我们感受到焦虑紧张时，可以通过一些小技巧让自己迅速放松下来。

（1）盒式呼吸法。重复"吸气4秒—憋气4秒—呼气4秒—憋气4秒"的循环，通过呼吸放松自己的身体，回到相对平静的状态。

（2）焦虑着陆的"12345"技术。当你感到焦虑时，去寻找：可以尝到的1个事物，说出其味道；可以闻见的2个事物，表达其气味；可以听见的3个事物，聆听其声音；可以摸到的4个事物，感受其触感；可以看见的5个事物，观察其外形。

3. 练习正念冥想

正念冥想也是一种不错的方法，它可以帮助我们从紧张的压力情境中迅速平静与放松下来。正念冥想有许多网络音频，你可以在音乐网站与视频平台上找到它们。寻找一个安静而不受打扰的地方，进行1~2次正念冥想练习，会有不同的感受。

4. 运动减压

也许你会发现，在激烈的运动中，压力随着你的呼吸也慢慢被"排出"了。这就是运动减压的作用。

此外，还可以通过寻找兴趣爱好等途径来缓解压力。

我的压力圈3

现在，可以再看看属于你的压力圈（见图5-3），想一想，你将如何处理这些压力？你可以列出具体的方式与策略，也可以写出你的感受与想法。

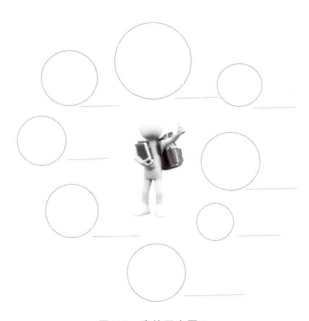

图 5-3　我的压力圈 3

第二节

与情绪共舞：如何理解与管理多样化的情绪

一、为什么要了解情绪

当提到情绪时，你会想到什么？事实上，情绪就像一位一直陪伴在我们身边的老朋友，有时你会忘记它的存在，它却时刻影响着你的感受、体验与行为。情绪不仅是人体生理、心理活动的一部分，也是了解自我的必要环节。

回想一下，我们大多数的压力与心理困扰，其实都与情绪有关。当我们因为挫折而难过时，心情会变得低落；当我们因为焦虑而烦躁时，心情会变得焦躁……情绪与我们生活中的每个细节都息息相关。

更为重要的是，许多成年人乃至高学历人群，都不知道且不愿意了解自己真正的情绪是什么，并与它们相处。而失去了对情绪的管理与认识，我们可能会举步维艰，莫名其妙地失去理智而无所适从。因此，了解情绪是非常必要的。

二、什么是情绪

（一）情绪的概念

情绪是内心的感受经由身体表现出来的状态，是人对客观事物的态度体验及相应的行为反应。它不是一种静止的状态，而是一种复杂的变化模式。从内容来说，情绪主要包括以下四个方面。

（1）生理反应：如心跳、呼吸、血压、肌肉和内分泌系统的变化等。

（2）主观感受：如愉快、平静、不安、紧张等表现。

（3）认知过程：如我们对于事件或情境的"解释"或"想法"，我们觉得这个情境代表什么意义。

（4）外在行为：如外在的表情、姿势、语气与行为等。

举个例子，当同宿舍其他人都取得良好的考试成绩，但你发现自己挂科时，就会产生脸红、血压上升、呼吸不畅等生理反应，主观感受到懊恼、痛苦、自卑与难过，同时也会觉得"为什么别人都考得这么好，我却考得这么差呢？"从而产生对自我的谴责。于是，在外在行为上表现为独自黯然神伤，或者遮遮掩掩，不敢加入别人的谈话。

不同的情绪具有不同的表现，在不同的个体身上会有不同的表达。比如，有的同学喜怒形于色，但有的同学无论喜怒哀乐都毫无表情，这就是不同的情绪表达方式。

情商一般指情绪商数。我们有时在评价一个人时会提到："这个人智商挺高的，但情商很低，不太会做人。"一些同学在社交过程中也对自己有这样的评价。在狭义的概念中，情商似乎指的是，能否理解他人的情绪，处理好各类人际关系。一个情商高的人，能给周围的人如沐春风的感觉。

情商是与智商并列的重要概念，主要包括以下五个维度。

（1）了解自我情绪的能力：能够察觉自己的情绪状态，观察和审视自己的内心体验，是情绪智商的核心。

（2）自我管理的能力：能够调控自己的情绪，并恰当地表达情绪。

（3）自我激励的能力：能够自我鼓励与促进，制定目标，激发积极情绪，不断前进与努力。

（4）识别他人情绪的能力：能够通过细微的社会信号，敏锐地感受到他人的需求与欲望，即认知他人的情绪，这是与他人正常交往、实现顺利沟通的基础。

（5）处理人际关系的能力：能够调控自己与他人的情绪反应。

情商对一个人能否取得成功有着重大影响，有时其作用甚至要超过智商。因此，我们不能以其中某个部分作为评价情商的唯一标准，需要综合、整体地进行衡量。

情商自测表

你能迅速对下面的问题做出回答吗？

（1）自我意识：你现在的情绪是什么？

（2）控制情绪：面临情绪失控时，你能否有效控制与调节？

（3）自我激励：你是如何让自己拥有积极情绪的？

（4）认知他人情绪：你能感觉到身边人的情绪吗？

（5）处理相互关系：你会照顾他人的情绪吗？

如果你对以上问题都能自信地回答"是"，那么说明，你是一个有良好情商水平的人。当然，大多数时候我们对以上问题都无法准确地做出回答，这并不说明我们的情商很低，反而能够提示我们，能够在哪些方面进一步提高自己的情商。

对情绪的了解和学习，能够很好地帮助我们提高情商，更好地与他人、自我相处。

（二）情绪的功能

中医理论中，对于情绪有基本的"怒""喜""思""忧""恐"五种界定。《黄帝内经》提出："怒伤肝""喜伤心""思伤脾""忧伤肺""恐伤肾"。可见，情绪对于身体的影响在很早时人们就已经意识到了。现代心理学家对情绪的深入研究发现，情绪对于个体的心理与生理、行为与调节等，都产生了不可替代的影响。

1. 情绪的心理功能

情绪在心理活动中起着组织协调的作用，它指导着心理活动的方向。积极的情绪体验能够促进工作效率的提高，对集中注意力、促进问题解决也有着积极影响；消极的情绪体验会阻碍学习与工作效率的提升和注意力的集中，甚至会影响决策。我们可以通过表5-2来了解情绪是如何影响心理活动的。

表 5-2　情绪的影响及具体表现

情绪的影响	具体表现
情绪影响学习/工作效率、注意力	在重要场合（如考试、公开演讲时），焦虑、紧张的情绪会影响发挥
情绪影响记忆	开心时容易想起快乐的回忆；悲伤时容易想到痛苦的场景
情绪影响认知	当情绪良好时，更能容忍他人的缺点；当情绪崩溃时，无法忍受他人的一点点瑕疵
情绪影响决策	当愤怒、痛苦的情绪"上头"时，往往会做出不理性的决策
情绪影响动机	当情绪低落时，我们往往会不想做事，生活失去动力等

2. 情绪的生理功能

情绪对于生理健康有着重要的影响。首先，情绪是机体适应环境的重要机能。有了情绪，我们才能对环境的变化做出反应。其次，情绪对于生理状况的变化有重要的调节作用。

三、如何进行情绪管理

（一）为什么要进行情绪管理

也许你时常会有以下困惑。

（1）我最近情绪好像有些失控，总是忍不住发脾气，这是什么原因？
（2）感觉情绪不是很好，但又说不清楚到底哪里不好。
（3）明明问题解决了，我为什么还是无法从不良情绪中走出来？
……

在这样的情境下，情绪似乎是"问题"的一种表征。它主导了问题的出现，决定了问题的表现形式，但又让我们找不到问题的根源，不知如何处理问题。所以，情绪本身就变成了困扰我们的问题。

就像金钱会影响生活的诸多方面，因此需要通过理财调节生活方式一样，只有走进情绪，学习管理情绪，才能理顺诸多情绪问题背后的逻辑，从而拥抱更好的生活。

（二）如何进行情绪管理

1. 识别

如果你是一位图书馆管理员，那么你要做的第一件事是了解馆藏的图书有哪些；如果你是一位班主任，那么熟悉班里同学的名字就是首要任务。对情绪的管理也是如此，只有了解自己的情绪，你才知道应该如何与之相处。

我们真的能够识别情绪吗？

尝试用快乐、愤怒、疑惑、担忧的语气说出同一句话："你在干吗呀？"并让你的朋友猜猜你表达的是什么情绪。

交流看看，你们有什么样的感受？

人脸表情识别

你能准确识别出图 5-4 中的人脸表情分别表达了什么样的情绪吗？

图 5-4 人脸表情

很多时候，我们能够表达"很烦""不舒服"或"还不错""挺开心"的感受，却无法更明确地说出背后准确的情绪和感受。比如，当你认真准备一场考试，结果却不如人意时，你会感到烦闷。但背后真正的感受也许是挫败与自责、落差与难过、伤心与愧疚……

人类的情绪复杂多样，每个人也拥有自己的情绪样态。当我们可以捕捉和发现它们时，就拥有了掌控生活的第一把钥匙。

事实上，人类拥有的情绪就像浩如烟海的书籍，没有一本能够穷尽其中的奥妙。历史上许多心理学家从不同的维度对情绪进行了分类。比如，罗素提出，可从以下两个维度对情绪进行分类：强度、愉悦度。我们所有的情绪都可以放在这两个维度构成的坐标系（见图 5-5）中：愉快-高强度的是兴奋、快乐等；愉快-中等强度的是轻松、宁静等；不愉快-高强度的是悲痛、愤怒等；不愉快-中等强度的是沮丧、厌烦等。因此，我们可以从这两个维度来感知当下的情绪，从而找到其具体的位置。

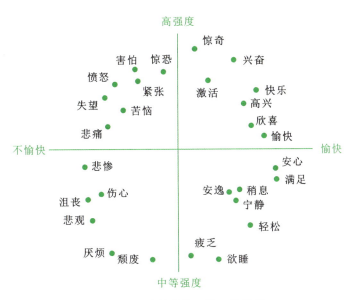

图 5-5 罗素的情绪二维理论模型

另一个十分有名的情绪模型来自心理学家普拉切克。他将诸多情绪分为三个维度——强度、相似性与两极性,并通过一个形象的倒锥体(见图 5-6)来说明情绪之间的关系。其中,情绪的强度由上到下逐渐降低,相邻的情绪具有相似的特征(如忧郁与忧虑),而相对的情绪具有截然相反的感受(如狂喜与悲痛)。在这个三维体系中,我们可以更精准地定位自己当下的情绪。

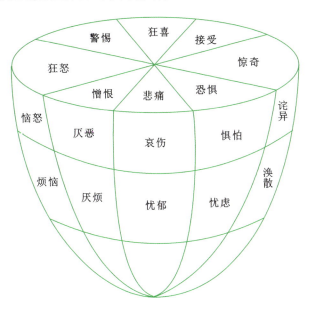

图 5-6 普拉切克的情绪三维理论模型

心理拓展

情绪词汇表

当你想要识别自己的情绪时，这里有一份情绪词汇表（见表5-3）供你参考。

表 5-3 情绪词汇表

积极/中性词汇	消极词汇
愉悦、高兴、狂喜	不悦、低落、悲伤、孤独
期待、兴奋、惊喜、惊讶	焦虑、担心、害怕、恐惧、紧张
平静、安宁、享受、沉浸	烦恼、恼怒、愤怒、暴怒
激动	尴尬、羞耻、羞辱
满足、幸福	失望、绝望
	嫉恨、嫉妒
	内疚、自责、愧疚
	受伤、委屈、愤恨
	疑虑、担忧
	麻木、冷漠

2. 接纳

当我们能够有效识别自己拥有的情绪时，接着要面临的问题就是：你能够接受自己产生这些情绪吗？是不是有时更希望自己只有正面情绪就好了，负面情绪需要被消灭？

首先，负面情绪不可能被消灭，我们永远会与或多或少的负面情绪共存。设想一下，你理想中的生活，一定充满了许多美好的感受。你有稳定的工作、美满的家庭……但仔细想想看，再理想的生活，也一定存在一些不那么好的时刻。比如，工作总会有不顺心的时候、家庭成员之间偶尔会有矛盾……负面情绪就像积极情绪的孪生兄弟，我们不可能只拥有世界的一面。

其次，负面情绪也许并不如我们想象中那么可怕。一方面，它往往发挥了提示的作用，提示我们应该做出改变，积极应对；另一方面，它也是我们珍贵的人生体验，它告诉我们，生活酸甜苦辣，都有其滋味。

因此，不用害怕负面情绪的出现，不要拒绝它，试着接纳与拥抱它。越想躲开负面情绪，结果往往会越来越受其困扰。当你因为考试失利而自责不已时，不妨感受一下愧疚的情绪，让自己难受一会，慢慢再缓过来；当你因为失恋而伤心难过时，不妨痛哭一场，让悲伤静静流淌。给情绪一个空间，像拥抱朋友一样，尝试拥抱它。

接纳情绪记录表

当你想要接纳自己的情绪时,可以填写接纳情绪记录表(见表5-4)。

表 5-4 接纳情绪记录表

日期	引发情绪的事件	我的情绪	我是如何接纳情绪的	我的感受和反思

3. 调节

当我们能够很好地识别与接纳情绪后,就可以进入情绪管理的最后一步:调节与管理情绪,成为情绪的主人。管理情绪的方法主要包括两种:一是关注积极情绪;二是改善消极情绪。

1)关注积极情绪

积极情绪能够有效改善个体的身心健康状况,并促进个体更好地适应社会。在生活中更关注自己快乐、幸福的感受,并有意识地将其收集起来,不仅能降低消极情绪的负面影响,也能强化自我效能感,提高自尊与自信,增进生活的幸福感。我们可以通过一些日常的记录和练习,增加对于积极情绪的感受度与关注度。比如,建立属于你的"心理账户",定期在其中存放幸福、快乐的"货币"。可以通过填写积极情绪记录表(见表5-5)的方式,也可以通过随手拍摄照片、记录美好生活的方式,还可以通过寻找有价值感的事物、做有意义的事情的方式,来提升自己的幸福感。

表 5-5 积极情绪记录表

什么时候	做了什么	有什么感受	有什么想法
例:××日晚上	我洗了个热水澡	非常平静和放松	"我应该经常这样做"
例:××日中午	与朋友一起吃了一顿可口的午餐	舒适、满足、快乐	"我希望经常能够与朋友一起吃饭"
(请继续记录你的开心事件)			

2）改善消极情绪

对消极情绪的认识和管理是情绪管理中十分重要的内容。尽管情绪并无好坏之分，但由此产生的影响对我们有不同的作用。

> 小明最近失恋了，而他的两位室友都找到了女朋友。回到宿舍的小明看到大家热烈地分享着自己的甜蜜故事，不禁感到十分难过。他想到，大家都如此幸福，只有自己孤身一人……小明陷入了悲伤当中。

美国临床心理学家艾利斯在著名的理性情绪理论中提出，情绪的产生有三个重要因素：诱发情绪的重要事件（A），个体对事件的评价或持有的信念、态度与解释（B），以及由此引发的情绪或行为后果（C）。这一理论也称情绪 ABC 理论。情绪 ABC 理论模型如图 5-7 所示。

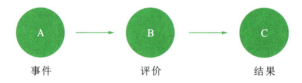

图 5-7　情绪 ABC 理论模型

根据情绪 ABC 理论，我们不难发现：小明的事件是"失恋了，但室友谈恋爱了"；小明对此的评价是"只有自己被抛弃了，自己是孤单的、没用的"；小明产生的情绪结果是"悲伤、痛苦"。所有消极情绪的产生都遵循这个过程，因此，在进行情绪管理时，我们可以针对这三个过程，有计划地采取不同的策略：

（1）改变情境（A）。

首先，我们可以对诱发情绪的情境或事件进行调整。主要有以下两种调整方式。

第一种方式是情境选择。我们可以决定是否要进入诱发情绪的场景。如果人多的场所会让你感到紧张、不安，那么你可以适当减少去这类场所的频率；如果见到某个人会勾起你过去悲伤的回忆，那么避开这个人也不失为一种有效的方式。情境选择是生活中常用的一种情境改变策略，但它的作用往往比较有限。当我们再次遇到类似情境时，不良情绪仍然会被诱发。

第二种方式是情境修正。如果我们无法决定是否要进入某个情境，那就进入这个情境，并采取一定的措施来改变情境的某些特征。比如，对演讲感到紧张的同学可以盯着教室里没有人的座位进行讲说；对聚会感到胆怯的同学可以邀请熟悉的朋友一同前往。当情境里让自己不适的因素被改变时，情境对情绪的唤起程度也会有所降低。

（2）改变认知（B）。

当改变情境的策略无用时，我们就需要更多地关注自己的认知。心理学界普遍认为：情绪并非由事件本身直接导致，而是由于我们对事件的解释和评价引起的。同样一件事情，不同的人会有不同的情绪。面对考试失利时，持有"没关系，一次说明不了什么"心态的小红与持有"完蛋了，我一无是处"评价的小明会产生截然不同的两种情绪。因此，不良、扭曲的认知信念往往是产生过度消极情绪的主要原因。

认知的改变策略有两种，分别是认知转移与认知重评。

认知转移是指关注大量信息中更可控、更稳定的部分。新冠肺炎疫情下，我们面临网络上大量信息的轰炸。事实上，无论在现实生活还是网络环境中，情绪都具有传染性，而愤怒和恐惧是较容易被传播的两种情绪，它们会消耗我们的注意力，甚至会引发"情绪疲劳"。此时，有效的应对方式是，将我们的注意力从大量信息中移开，转而关注更稳定的部分，看到良好的防疫政策调整和志愿者的努力，关注当下自己能够完成的任务，从而稳定自己的情绪。

认知重评是理性情绪疗法中较重要的部分。我们可以通过调整和改变对于事件的认知，从而改变从事件中感受到的情绪。常见的不合理信念往往具有以下特征。

① 灾难化。不考虑其他可能良好的结果，而是消极地、绝对地预测未来是灾难化的、不可承受的，就像算命先生"未卜先知"一样。比如"我这次考试失败了，之后一定会保研失败，我的大学完蛋了"。

② "应该"或"一定"。严格地、坚决地认为自己或其他人应该按照某种范式行动，并过高地估计没有达到期望的后果。这种信念往往以祈使句的形式出现，比如"我必须对每个人都彬彬有礼，否则我就是个糟糕透顶的坏蛋""我应该总是人群中最优秀的那个"。

③ 绝对否定。这是一种"非黑即白"的理念，对于一件事的评价不是绝对的好就是绝对的坏，没有中间的过渡地带，也没有"尚可""还行"的缓冲空间。比如"如果我没能做得像我必须做的那么好，没赢得我必须赢得的赞赏，那我就是毫无价值的人"。

④ 过度概括。通过一件事推理出一个广泛的消极结论，而这个结论远远超过事件本身的严重程度。比如"我因为生病而没去上课，我一定会挂科，因此被同学们、老师们认为是一个不认真对待学习的人，身边的人也会对我投以异样的眼光"。

如果你想要改变自己的消极情绪，就可以从改变以上的不合理信念入手，用合理信念代替不合理信念，从而调节自己的情绪。下面列出的几种方法，可以帮助你很好地与不合理信念进行"辩论"。

① 通过事实证据来检验你的想法是否有正确性。

② 发现其他可能的解释与观点。

③ 对引发情绪的想法"去灾难化"。

我们可以采用表 5-6 进行认知重评练习。

表 5-6 认知重评记录表

事件/情境	思维	情绪	合理认知	结果
小明失恋了，室友找到了女朋友，当着他的面谈论甜蜜日常	只有我是单身，我真没用	悲伤、痛苦	我单身并不意味着我是没用的，我有了更多的感情经验	释怀

整体来说，认知重评的策略可以总结为以下几步：

① 找出使自己产生不良情绪的诱发事件；

② 分析在遇到事件时对它的看法、解释和评价；

③ 意识到自己这些想法与情绪之间的关系；

④ 学会认知改变与认知重建，用应对性思维替代扭曲的自我挫败思维；

⑤ 通过内在心理根源上的改变，使情绪与行为成功转变。

（3）改变反应（C）。

除了改变情境和改变认知外，我们还可以就自己的情绪反应进行处理。对于情绪反应的处理可分为两个部分：对内的自我接纳、对外的倾诉表达。

首先，我们需要接纳好或坏的情绪体验，去感受它们的力量。接着，我们也要学会倾诉和表达。如果情绪得不到合理表达，它们往往会变成积压在心底的火焰，最终喷发。

我们应当如何对外表达？

其一，你需要找到信任的朋友或亲人，任何你信任的他人都可以是你的倾诉对象。人际支持是情绪调整的重要因素。得到他人的理解、信任与支持，往往会让我们感受到，自己并不孤单。说不定，他人会带给你意想不到的解决策略与方法。

其二，你可以向环境表达和宣泄自己的情绪。例如，去操场上畅快地跑几圈，去无人的山上放肆地吼几声，在寂静的咖啡馆中与空空的椅子对话，在清澈的湖边一个人感受平静的空气……这些都可以帮助我们更好地调整情绪，回到现实的宁静中。

其三，你可以建立属于自己的"情绪安放场"。有的同学喜欢在音乐中安抚情绪，有的同学喜欢在舞蹈中表达情绪，有的同学喜欢写作……这些能够安放情绪的方式，都能形成属于你的"情绪安放场"。

四、常见情绪问题的识别与应对

如何判断我的情绪问题是否"正常"？

许多同学会有这样的困惑：我到底面对的是正常情绪，还是严重的情绪困扰？到底发展到什么程度，我才需要把它当成问题来解决？

当你的情绪困扰持续一段时间（2周以上），且每天的大多数时间都沉浸于其中，伴有食欲、睡眠的明显变化，影响到你的正常社交生活，有明显的心理痛苦甚至想要自杀时，你就需要注意，这也许提示你，当前的情绪问题已经影响到你的身心健康，需要寻求专业医疗机构与心理咨询机构的帮助。

（一）低落与抑郁

许多大学生会在生活中感到低落，似乎一切都不那么让人感到满意。此时，以悲伤为基调的一系列情绪就出现了。悲伤是一种与失去密切相关的情绪，它往往意味着，我们失去了一段良好的关系、一个珍惜的人，甚至失去了对自己的某一部分信心。失去与告别也许慢慢降临，也可能突然到来。刚进入大学时，以为自己可以学业优秀，后来却发现，连基本的课程都很难跟上。这时，你可能会失去对自己的信心。

失去是生活的常态，悲伤也是生活的一部分，低落、抑郁也是如此。因此，悲伤是有其作用的。试想一下，当学习压力太大导致对自己失去信心时，偶尔的消极情绪反而能够让我们更轻松，放下对优秀的执念，拥抱当下的自己。

因此，悲伤并不是痛苦本身，试图躲避悲伤，或害怕悲伤永不停止，才会带来更大的痛苦。悲伤可能来自一个极短的瞬间，也可能来自一个具体的事件。学会理解悲伤，更好地拥抱它。

（二）烦躁与焦虑

当欲望得不到满足时，我们会感到烦躁和焦虑。在"内卷"的当下，大学生的学业焦虑与自我发展焦虑变得愈发明显。似乎越努力，越焦虑。

首先，我们需要找到焦虑的原因。有的同学陷入了外部的比较标准，总是拿自己与身边优秀的同学比较，并以此作为批评和贬低自己的依据。但人外有人，自己永远追不上最好的那个，因此而产生焦虑；有的同学缺少自制力，明知应该如何去做，但就是缺少执行力和坚持的毅力，任务都要拖到截止日期的最后一天……找到焦虑的原因，是应对焦虑的第一步。

其次，我们需要把目光从对过去的追悔与对未来的焦虑放回当下。既然事情已无法改变，那就让它过去，我们现在要做的，是使当下的每一刻无愧于心。过多地谈论过去的遗憾是无谓的。未来的路还很远很远，谁也不知道会是怎样，无意义的猜测没有用，但当下的努力是有用的。因此，聚焦于当下需要完成的事情，发现自己每天的进步，能够有效缓解焦虑。

当然，寻找更多的资源来提高信息的掌握程度，丰富自己的见识，也能够很好地缓解焦虑。

（三）愤怒与攻击

我们都渴望和谐融洽的生活，想要避免冲突的产生。但在日常生活中，攻击性情绪难免存在。当我们无法容忍愤怒时，我们往往会对其进行压抑和转化。一位在人际关系中总是以"温柔的照顾者"形象出现的女孩，在面对朋友无限的索取时，会把感受到的愤怒转化为自责，对自己产生无尽的攻击；一位在职场受气的职员，也许会把他的愤怒转化为运动分泌的多巴胺而释放出来……

你在什么情况下会感受到愤怒？你会如何应对这种情绪？

事实上，愤怒与攻击的欲望都是我们本能存在的情绪之一，它代表着我们的自我边界受到了侵犯，让我们感受到了不舒服。因此，我们需要正视与了解愤怒的来源及其代表的意义。

（四）后悔与自责

在大学生活中，我们常常会因为对自我的期待无法得到满足而感到后悔或自责。一次考试的失利、一场表演的不如人意、一段关系的结束……这些都会给我们带来后悔的感受。对于不完美的现状感到遗憾，是后悔情绪的主要表现。对于自我的指责，则是后悔较为明显的认知表现。我们可以通过分析自己的错误、找到原因，来缓解无法达到目标时的失控感。

第三节

与健康同行：健康生活方式的新方法

一、什么是健康的生活方式

健康是我们全面发展的基础，也是我们的重要财富。只有拥有健康的身心状态，才能拥有幸福人生。生活方式具体表现在衣食住行、学习劳动、物质消费、休闲娱乐、精神文化、人际交往等多个方面。诸多研究成果表明，大学生的生活方式与心理健康之间存在显著正相关。

（一）养成健康的饮食习惯

少吃外卖，降低高糖、高盐、高油饮食的摄入量，平衡饮食，合理摄入蛋白质、碳水化合物、脂肪等人体所需的营养元素，保证三餐的正常摄入。

（二）养成健康的运动习惯

养成健康的运动习惯，在自己可以承受的范围内进行有规律的运动。尽量选择自己喜欢且能够坚持下来的运动方式，比如跳绳、慢跑、跳操等。在运动中也应遵循安全性原则，了解自己的身体状况与心肺功能，循序渐进地开展各项运动。同时，也应当在运动前后做好拉伸与放松活动，选择适合自己的运动装备等。

（三）养成健康的消费习惯

在经济迅速发展的当下，大学生同样面临理财问题。在一些大学生中存在奢侈浪费现象，理财观念薄弱是当代大学生的普遍现状。形成正确的消费观，不盲目攀比，节制自己的欲望，对日常生活开支进行合理规划，是一种健康的生活习惯。同时，大学生应避免过度消费、超前消费等不理性现象，量入为出，适度消费。

（四）养成健康的作息习惯

充足的睡眠是健康的基础。我们要养成健康的作息习惯，这是保障正常生活和高效学习的关键。

如何保障充足的睡眠？首先，可以给自己制定"睡眠时间表"，保证每天有不低于6小时的睡眠时间；其次，养成良好的睡前习惯，比如控制玩手机的时间，通过正念冥想入眠等。

二、对待生活，我们只能"解决问题"吗

积极心理学是一门研究什么是真正的幸福，怎样才能使人变得幸福的学科。对于幸福人生，"积极心理学之父"马丁·塞利格曼在《持续的幸福》一书中提出了幸福的五要素模型，即 PERMA 模型。这五个要素包括正面情绪（P）、投入（E）、人际关系（R）、人生意义（M）、成就（A），构成幸福人生的大厦。

心理学家弗雷德里克森在拓展-建构理论中提出，积极的情绪体验有利于个体的成长与发展，具有长期的适应价值，从而提升并增进个体幸福。因此，当我们能够将生活中的注意力与目标从"问题"转换到"资源"上时，我们对于生活的掌控感、自尊感与幸福感都能得到显著提高。

我的"资源网"

请列出在你生活中能够带来幸福感、快乐感的资源（可以是人、事物、某项活动或场景）。

三、如何进行高质量的休闲娱乐

除了高质量的学习生活和锻炼外，我们同样还需要进行高质量的休闲娱乐。布拉德·斯图尔伯格和史蒂夫·马格内斯在《状态的科学：怎样稳扎稳打地持续进步》中提出：成长＝压力＋休息。优秀者与一般人最大的区别，就在于他们比其他人更会休息。只有不以牺牲健康为代价，保持可持续的高水平状态，才是人生笑到最后的终极法则。

首先，高质量的休闲娱乐需要你的全心投入。在固定的时间内，沉浸式体验休闲娱乐，无论是游戏、社交或是你的兴趣爱好，只有投入才能够有更好的享受，达到此时此刻的心流状态。

其次，高质量的休闲娱乐需要你"活在当下"。不担心因为休息而耽误工作，不后悔过去某件事没有做好，而是单纯地感受当下休息的快乐与宁静。

最后，高质量的休闲娱乐往往是有节制、有收获的。当某种休闲娱乐方式变成逃避现实的手段时，它就失去了本身拥有的意义感。通过休闲娱乐提升自己的人生价值，是高质量的休闲娱乐的重要目标。

本章小结

压力与情绪无所不在。压力是一种非静止的焦虑状态，它是一种对于现状的主观评价。无论是外部环境还是心理认知，都会影响个体的压力感受。当压力来临时，个体会出现各种生理与心理反应。对于大学生而言，良好的压力应对策略是健康生活的必要条件。

情绪是内心的感受经由身体表现出来的状态，是人对客观事物的态度体验及相应的行为反应。它不是一种静态的状态，而是一种复杂的变化模式。它具有多样的心理与生理功能。要做到情绪管理，我们需要去识别—接纳—调整。

当然，大学生的生活方式与心理健康也是息息相关的。我们要养成健康的生活习惯，通过健康的休闲娱乐、饮食作息，形成积极健康的生活观念。

课后习题

一、选择题

1. 以下哪一种情绪是值得被消灭的？（　　）

A. 痛苦　　　　　　　　　　　　B. 快乐

C. 恐惧　　　　　　　　　　　　D. 以上都不是

2. 小明觉得，只要自己这次考砸了，就一定会影响到 GPA（平均学分绩点），导致保研失败。小明的想法符合哪种非理性思维？（　　）

A. 灾难化　　　　　　　　　　　B. 过度概括

C. 非黑即白　　　　　　　　　　D. "读心"

3. 以下哪一项不是情商的维度？（　　）

A. 了解自我的情绪变化　　　　　B. 管理自我的情绪

C. 识别他人的情绪　　　　　　　D. 评价他人的情绪

二、判断题

1. 解决现实问题比关注情绪更重要。（　　）

2. 在面对突如其来的压力情境时，人的反应模式往往会经过"警觉—耗竭"两个阶段。（　　）

3. 成长＝压力来临时的积极面对＋灵活调整。（　　）

三、简答题

1. 请列出与不合理信念"辩论"的几个步骤。
2. 如何进行高质量的休闲娱乐?

📖 图书推荐

1. 乌多·贝尔、加布里埃莱·弗里克-贝尔:《情绪修复全书:17 个对症下药的心灵处方》,吴筱岚、张亚婕、伍冰译,中国友谊出版公司 2022 年版。

2. 芭芭拉·弗雷德里克森:《积极情绪的力量》,王珺译,中国人民大学出版社 2010 年版。

3. 约翰·A. 辛德勒:《破解情绪密码:做自己的心理咨询师》,刘杰译,中国长安出版社 2009 年版。

🎬 电影推荐

1. 《头脑特工队》(2015)
2. 《搏击俱乐部》(1999)

📚 参考文献

[1] 樊富珉,李伟. 大学生心理压力及应对方式——在清华大学的调查[J]. 青年研究,2000(6):40-45.

[2] 刘杰. 大学生面临压力的研究[J]. 山西高等学校社会科学学报,2004(6):80-83.

[3] 乌多·贝尔,加布里埃莱·弗里克-贝尔. 情绪修复全书:17 个对症下药的心灵处方[M]. 吴筱岚,张亚婕,伍冰,译. 北京:中国友谊出版公司,2022.

[4] 芭芭拉·弗雷德里克森. 积极情绪的力量[M]. 王珺,译. 北京:中国人民大学出版社,2010.

[5] 约翰·A. 辛德勒. 破解情绪密码:做自己的心理咨询师[M]. 刘杰,译. 北京:中国长安出版社,2009.

第六章

培育生命的港湾：家庭与家庭关系

本章导读

家庭是以婚姻和血缘为纽带的基本社会单位，是每一个个体成长、发展的源头。家庭教育推动着爱国爱家、相亲相爱、向上向善的新时代社会风尚的形成，家庭文化的演变也是理解中国五千多年文明历史的基因密码。对于从小生长于其中的家庭，你了解多少？接下来我们一起走进家庭，了解家庭的相关知识和那些对我们有重要意义的家庭关系。

第六章学习资源

第一节

家庭万象：家庭概述

你对家庭的印象是什么？妈妈烧的饭菜、爸爸严厉的管教、自己房间里的小秘密……家是我们成长、成熟的土壤，也是准备航行的温暖港湾，包含了一起生活的家人，大大小小的物件，以及零碎而深刻的记忆。

上大学，对于很多学生而言是第一次远离家乡，在我们踏上人生新阶段的时候，一起回头看看我们刚刚踏出一只脚的家到底是什么样子。

一、何以为家

（一）中国的家文化

从呱呱坠地开始，我们就生活在家庭里，在这里我们学会走路说话，享受爱与被爱，最终离开父母的家，组建自己的家。好像这一切都自然而然，但是你有没有想过，人类的进化与发展中，为什么会形成家庭这种形式？家庭对个人和社会有着怎样的意义？

 心理拓展

诗词中的家

少小离家老大回，乡音无改鬓毛衰。

——贺知章《回乡偶书》

王师北定中原日，家祭勿忘告乃翁。

——陆游《示儿》

谁家玉笛暗飞声，散入春风满洛城。
此夜曲中闻折柳，何人不起故园情。

——李白《春夜洛城闻笛》

小时候,

乡愁是一枚小小的邮票,

我在这头,

母亲在那头。

——余光中《乡愁》

1. 家庭模式的形成

远古时期,人们必须在群体生活中才能抵御外界风险,保存食物供给的稳定,从而存活下来。最早人们聚居在一起是通过血缘关系组成的氏族部落,而这便是家的雏形。部落与部落之间逐渐进行资源竞争,有的没落,有的强盛。最终黄帝打败蚩尤,形成了多部落的统一,这就是国家的概念。大家长制定家规、家训,最终演变为国家的制度和管理规范,大家长也就成了国家的领导者。正如那句歌词唱的:"家是最小国,国是千万家。"由血缘、族群的概念集结成一个群体,大家为了生存,为了持久繁荣的发展共同努力,在一定的规范下各司其职,从而稳定聚居下来形成的组织就是家。

随后兴起的儒家学说,对"天下是一家"的思想进行了细化,提出"首孝悌、次谨信"。"家和万事兴"的理念,延续了几千年,渗透在每一个中国家庭的生活习惯中,我们对和睦、幸福的家庭生活的追求始终没有变化。直到现在,祖孙三代生活在同一屋檐下的情况仍比较常见。

2. 中华文化背景下家庭的意义

由于家庭的组建,一个个新生命从此诞生,家庭给予了个体最基本的生物遗传学基础。同时,由于人类进化中大脑体积的增加,胎儿可能没办法在发育完整后再出生,所以人类不像其他哺乳动物一样,出生后不久就可以行走觅食。家庭对个体还要进行长达数年或十几年的养育,个体的语言、行为规范、性格习惯等在养育中形成,而它们逐渐塑造出独一无二的个体。我们带着在家庭中汲取的滋养,在小学时对世界充满好奇,在中学时勤勉努力、结识好友,在大学时探索自己的方向,也寻找那个他。"家是温暖的港湾",我们在这里被孕育,也从这里出发航行,驶向理想的彼岸。

家庭对于人类社会的重要意义也不难理解,从原始族群到封建王朝,再到当代,大群体的领导者借鉴家庭的自然属性,建立国家的管理制度,让生产劳作有最大产出从而哺育更多炎黄子孙。同时,家庭中长幼尊卑、忠孝仁义等思想也是维系社会秩序和国家凝聚力的重要力量,是中国人的精神源泉和连接纽带。即使到了现在,越来越多年轻人背井离乡,外出求学打工,科技改变了生活,也减少了面对面的机会,但家依然是维系所有中国人的地方,是中国人内心深处的根。春节以及其他传统节日,我们最盼望的也是跨过千山万水,与家人团聚,其乐融融。当我们真正独立,投身于社会和国家的发展,我们对团圆的渴望,对家人过上好日子的憧憬,也将化作内在的动力,不断激励自己拼搏向前,如此,一代又一代,绵延传承。

家庭对我的意义

当我想到"家"时,我会想到_____、_____、_____。

(二)家庭的相关概念

1. 家庭的结构

我们日常生活中常见到的三口之家或四世同堂,就是家庭结构的一种划分。简单来说,家庭结构有外部结构和内部结构之分。外部结构是家庭成员外显的组成形式,是以生活在一起的家庭成员的人数、代际数量和婚姻对数为基础的分类方式(王跃生,2006)。例如,有只包含父母和孩子的核心家庭;也有包含祖辈、叔辈等的复合家庭,这就有点大家族的概念了,像红楼梦里的四大家族,每一个家族都是一个复合家庭;也有因时代发展,年轻父母外出务工,仅留下祖辈和孙辈的隔代家庭。具体分类见表6-1。

表6-1 家庭的外部结构

类型	成员
核心家庭	父母+孩子
直系家庭	祖父母+父母+孩子
复合家庭	祖父母+父母+孩子+叔辈
单亲家庭	父母一方+孩子
隔代家庭	祖父母+孩子
同代家庭	兄弟姐妹

当然,也有一些特殊情况下组建而成的家庭,比如重组家庭,由两个离异家庭组合而成;也有收养家庭,家庭中父母与孩子没有血缘关系,孩子是收养而来的。虽然外部结构有多种形式,但同样是朝夕相处的一家人。无论是血缘关联,还是长期的感情联结,对大多数人而言,家庭一直都是带有温馨色彩的舒适环境。

家庭的外部结构很好理解，相应地，家庭也有内部结构，通俗来讲就是那些看不见的结构组成，就像一个团体、公司的内部规范，我们也可以将其定义为家庭成员的互动规则。互动规则并不是家规，也不是有迹可查的家庭生活手册，它是长久生活过程中，家人们都默认的沟通方式、生活习惯、解决问题的策略等。

对这样的互动规则，你会想到什么？

很小的时候，见到父母的朋友，我们被教育要礼貌地称呼叔叔或阿姨；如果孩子在学校被欺负，妈妈经常会检查孩子有没有受伤，并安抚心情，而爸爸则更可能理性分析事情原委，讨论如何应对，他们有默认的分工；姐弟俩都十多岁了，奶奶会建议说不要一起在床上打打闹闹了；爸爸被公司裁员了，妈妈在爸爸投简历、面试找工作的阶段，主动找了一份兼职补贴家用；我有了一个小妹妹，我要试着和她相处，学习照顾她；父母闹矛盾了，舅舅经常来劝解，他们让我安心读书，不要担心，更不要参与进来；因为某一件事和爸爸产生争执，冷战了两天，爸爸说出一句"来吃饭了"，我知道他想要和好了……

互动规则涉及家庭地位、责任分工，也有每个家庭不一样的"沟通密码"、情感依恋的远近。整体而言，家庭的内部结构具有以下四个特性。

（1）一般性。普遍适用于多数家庭的规则，比如长幼次序、男主外女主内。

（2）特殊性。某个家庭内部的特定规则，是家庭成员充分沟通后达成的结果，比如夫妻两人商量后，由丈夫辞职在家，料理生活事务。

（3）维持性。保障互动规则持续下去的行为模式，比如本来说好爸爸负责每个月的出行计划，但是由于工作原因疏忽了，妈妈会主动了解具体原因，做好提醒或者分担，协助爸爸把家庭集体活动维持下去。

（4）适应性。由于环境改变，互动规则也发展出多种模式来适应环境，比如女儿上大学，父母要学习如何充实业余生活，排遣孤单，这样三个人的相处就改变了，亲子间互动减少，夫妻间交流更多了。

除了互动规则，大家有没有觉察到，家庭中会出现"站队""结盟"的情况？例如，我和妈妈关系近一些，听到妈妈受委屈，我总是会找爸爸去理论。简单来说，任意家庭成员组合都可以形成小团队，也就是子系统（见图6-1）。整个家庭由很多子系统组成，我们以三口之家为例，夫妻双方形成子系统，自然而然，就和孩子产生边界，例如爸爸妈妈之间有些事情不会和我商量。这不是对孩子的不信任或忽视，家庭成员之间并不是完全对等统一的。工作上的焦虑，赡养父母的计划，二人世界的秘密，这些确实不适合与孩子分享或商量。也正因为边界的存在，才得以保持子系统内部的顺利运转，从而保持整个家庭结构的稳定。试想一下，如果吃饭的时候父母都在讨论各自上班时的烦心事和本月家里的开源节流计划，则孩子难免会在焦虑的环境中成长，就不再有童年的无忧无虑了。

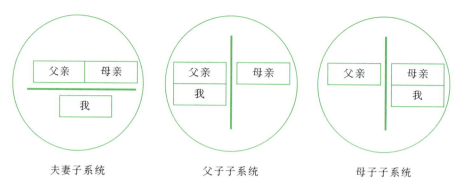

图 6-1 家庭中的子系统

有边界是好事,但边界并不总是恰到好处。常见的三种边界有疏离型、清晰型和纠缠型。

(1)疏离型。传统的中国家庭大多是严父慈母,父亲的爱是深沉的,所以在与孩子的交流上,有些父亲寡言少语,也比较少与孩子有肢体接触,加上忙于工作,可能与孩子是相对疏离的。

(2)清晰型。孩子远离家乡外出求学,父母尝试恢复二人世界,而不是每天与孩子"煲电话粥",甚至经常去陪读。这就是比较清晰的边界,因为父母意识到孩子终究要离开家庭,从而给予孩子独立成长的空间。

(3)纠缠型。我们会经常看到被焦虑控制的父母,所有的事情都要为孩子操办好,哪怕孩子大学毕业可以独立生活了,也把孩子当成一个宝宝来呵护。再比如单亲家庭中的孩子,知道父亲或母亲的不易,过早地承担家庭责任,在情感上照顾父亲或母亲的心理,还未成年就独当一面,好像自己才是家里的大人。

好像清晰的边界才是最好的状态,实际上,不要忘记,当我们还是婴儿的时候,需要父母无微不至的照顾,甚至认为自己与妈妈是一个整体,这时候边界是纠缠的。而当我们找到恋人,拥有了自己亲密的社交圈,与父母的边界就是相对疏离的,这是成长、独立的需要。所以边界的类型只是一种交往模式,不是家庭运转良好或紊乱的评定标准。通常,由于家庭的成长和外界环境的变化,边界也在调整,反而一直僵化的边界,需要我们反思。

心理拓展

《红楼梦》中贾家的内部结构解析

贾家和所有封建家庭一样,家族中男子考取功名,入仕为官,或征战沙场,保家卫国,封妻荫子,女子则掌管财政和人事,内务安排得井井有条(一般性)。贾家又因王熙凤精明强干,女主人王夫人与凤姐的姑侄关系,族人信任,所以女主人放手,偌大的荣国府由凤姐这样一个晚辈掌管内务,料理大小事宜(特殊性)。为了让家族持续兴盛,一家之主贾政对后代寄予期望,督促贾宝玉用功读书,考取功名,不要沾惹胭脂水粉,贾宝玉整日淘气任性,在父亲面前却也老老实实听训斥,不敢有任何忤逆(维持性)。虽然最终贾家不可避免地走向了衰落,没能在挑战与危机中存活,但也不能说家庭没有适应性,毕竟家族兴衰象征着时代发展,封建社会阶级矛盾的固有冲突是家族没落的根源。并且适应性也不一定是应对重大挑战,比如林黛玉投奔贾母,家族中多了一位成员,依然和谐稳定,这也是一种适应性的表现。秦可卿离世,宁国府隆重哀悼,家族所有成员表达悲痛与不舍,一段时间后,家族又回归正轨,顺畅运营,这也是适应性的体现。

再说贾府中人物关系的边界,贾政与贾宝玉虽是父子,但是封建家庭中"父为子纲"的模式必然让贾宝玉与父亲没有那么亲近,加上贾宝玉的兴趣与贾政的期待差异较大,两人之间的交流就更少了,因此关系是相对疏离的。贾宝玉房中的大丫鬟袭人是一位聪明伶俐的姑娘,主仆情深的关系也可以将她作为大家庭中的一员,同时袭人也被贾母和王夫人默认是贾宝玉未来的妾室,所以贾宝玉既会把袭人当作仆人吩咐任务,也会把袭人当作贴己的人来心疼,特殊对待。贾宝玉与她的关系没有明确的边界划分,是相对纠缠的。当然,纵观大观园中的妙龄女子,虽都是同龄女眷,但是贾宝玉对女性的怜爱有时确实让人分不清是亲戚手足,还是心仪对象,这种暧昧不清的关系也是比较纠缠的。当然,贾母与贾政的母子关系,贾琏与王熙凤的夫妻关系,日常互动中存在与表面一致的行为动机,身份对应明确,都是比较简单清晰的。

2. 家庭的功能

根据过程取向的家庭功能理论,考虑家庭对个体成长、身心健康和社会发展的作用,并结合大学生的实际情况,我们可以梳理出如表6-2所示的六种家庭功能。

表6-2 家庭功能

家庭功能	举例
生存功能	夫妻相互照顾,养育子女,赡养老人
安全功能	共同应对生病、残疾,避免犯罪及危险因素

续表

家庭功能	举例
发展功能	保持身心健康及良好的道德观、价值观、性格品质等
心理功能	相互理解、支持，构成避风港
享受功能	享有温暖舒适的家，吃妈妈做的饭菜，互相亲密接触
社会功能	承担对社会的责任与义务，维系社会和谐稳定

"幸福的家庭都相似"。功能良好的家庭总是一幅似曾相识的画面：一个周末的午后，春日阳光下，孩子自由地在草地上玩耍，父母彼此依偎，温柔注视着不远处的孩子，时不时叮嘱孩子注意安全，交谈未来生活的打算。微风袭来，鸟鸣清脆，一会儿孩子累了，妈妈拿出了准备好的美食和果汁，孩子畅快地补充能量，也和父母分享刚才玩耍中的乐趣。在爸爸妈妈的鼓励下，孩子也把食物分享给了刚刚一起玩耍的新朋友。

家庭保障我们的基本生活和成长，发展出个性和人际交往模式，在享受这些的时候，我们也学习对他人、对社会的责任。家庭不仅仅是避风港，也是学校，教会我们独立，以适应外界的环境。

3. 家庭的生命周期

你或许知道不断孕育繁衍的某一物种的生命发展阶段，其实，家庭也在发展、循环，我们称之为家庭生命周期。家庭本身也像生命一样，有最开始的孕育，到旺盛生长形成再生家庭，再到最后的解体死亡，如此往复循环，生生不息。

20世纪30年代就有学者整合了发展心理学、社会学等研究成果，提出了家庭生命周期模型，之后不断完善，逐渐总结出普遍规律，通过人口变动、角色变化等因素区分了家庭发展中的不同阶段，也提出了不同阶段的特点以及需要完成的发展任务。

整合不同理论对家庭生命周期的划分，结合大学生对家庭的理解，我们采用如图6-2所示的六阶段模型。一个家庭的开端是个体成年后的独立，这既是个体的单身期，也是新家庭的孕育期，因为个体会在这个阶段寻找生命中的另一半。然后是新婚期、育儿期。单独呈现有青少年期，因为这个时候家庭可能面临巨变，是比较特殊的。之后就是家庭中的孩子离家，组建另外一个家庭，而原本的家庭就来到了空巢期，最后是家庭晚期。

我们具体来看每一个阶段的特点和变化。

（1）单身期。这个阶段显现的就是目前大学生的状态：将自己从原生家庭中分离出来，探寻更亲密的朋辈关系，比如知心朋友、恋人等，随着大学毕业、工作，逐步实现经济独立，确立社会身份。

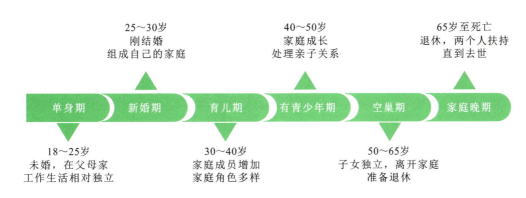

图 6-2　六阶段模型

（2）新婚期。这个阶段是爱情的美满结果——新的家庭组建，也是背后两个家庭相互适应磨合的阶段。个体不仅仅是儿子、女儿，也是女婿、儿媳，完成将自己的父母与另一半的父母纳入自己家庭的任务，当然夫妻双方也不仅仅是恋人，未来生活的规划也在磨合适应中逐渐商讨确定。

（3）育儿期。在这个阶段，新成员诞生了，夫妻要预留给孩子空间，共同承担抚养孩子、赚钱储蓄以及家务劳作的任务，自己也多了一种身份——父亲或母亲，如何养育孩子，如何处理孩子与祖父母的关系，是这一阶段需要考虑和调整的。

（4）有青少年期。这个阶段，孩子没有那么依恋父母，甚至有了自己的秘密世界，不断在家庭系统中进进出出。父母要试着接受孩子的成长和亲子关系的变化。同时也要审视自己的婚姻和职业：压力与挑战，机遇与成就。此外，随着父母身体的衰老，赡养老人也是家庭需要面对、承担的任务。

（5）空巢期。这个阶段呈现的就是目前我们父母的状态，孩子已经独立，家庭恢复到新婚期的二人世界，但是褪去激情和浪漫，孩子的纽带功能变弱，夫妻双方的感情运营需要重新调整、慢慢适应。当然，也会面对孙子孙女的融入，自己父母、祖父母的疾病或死亡，以及思考能否找到精神支持来应对生命中的无常。我们现在离家上大学，可以有意识地多联系父母，我们长大独立了，能够适应没有他们的生活，但是他们不一定能适应没有我们的日子。可以多鼓励自己的父母发展兴趣爱好，与同龄人交流，将生活点缀、丰富起来。

（6）家庭晚期。这个阶段个体身体机能的衰退提示其在逼近死亡，也正因为对剩余时光的珍视，个体会更有兴趣去探索新的方式继续热爱生活，发光发热，比如晨练、跳广场舞、组成合唱团等，也会用老年人的智慧和资源给予晚辈支持。当然，也不得不面对退休和价值感缺失，至亲与朋友的逐渐离去。

心理拓展

如何面对家庭成员的离去？

个体的发展与成长就是不断收获与告别的过程，我们认识了很多人，迎接了新成员，我们也学会面对生老病死，家人的离去。马尔克斯在《百年孤独》中写道："父母是隔在我们和死亡之间的帘子。你和死亡好像隔着什么，没有什么感受，你的父母挡在你们中间，等到你的父母过世了，你才会直面这些东西，不然你看到的死亡是很抽象的。"

面对父母或者重要家人的离世，我们该如何应对？

（1）与其他家人或朋友一起，相互支持，直面并表达悲伤、不舍的情绪。

（2）给自己一些时间，调整不合理的认知，比如"都是我的错""如果我……他就不会这么早离开了""他在的时候，我完全没有尽到做……的责任，我应该对他更好一些"。

（3）重新构建亲人离世的事件，用积极的视角理解生命的意义，接纳生命的凋零，重回日常的生活。

这是一个简短的参考，帮助我们做好准备。实际生活中，我们的感受和体验更深刻、更复杂，确实需要一段时间来适应。

想一想，面对父母或者重要家人的离世，你是怎么面对的？或者没有经历过的你，将来会如何面对？

二、家庭对我们有什么影响

正式了解了家的样子，我们在独立的路上继续往前走，适应学校生活，学习新知识、新技能，拥有了关系不错的朋友。不过，你有没有发现，我们身上时不时闪现父母的影子、生活习惯、性格、说话语气……这就是家庭对我们的影响。

（一）家庭如何影响自己的性格

我们假设以下两个情形。

> **情形1**：君君从小由爷爷奶奶抚养，精力充沛的君君给爷爷奶奶的退休生活带来了很多欢乐，他们非常宠爱君君，有一次竟用了两个月的退休金

送给君君一个游戏电脑作生日礼物。君君的爸妈不好对父母多说什么,于是就限制君君的游戏时间。而一遇到被管教,君君就向爷爷求助,他知道这个"救兵"的威力,所以经常可以如愿地沉浸于电脑游戏中。大部分时间,君君对文化课学习都叫苦连连,爷爷奶奶不忍心看到孩子这么难受,就睁一只眼闭一只眼:孩子还小,成绩马马虎虎就行。

情形2:乐乐每天由奶奶接送上学,因为晚上爸妈下班回来后要检查作业,乐乐放学后必须尽快完成。不完成会怎么样呢?妈妈会陪着他一起,不管多晚,都要认真完成才能睡觉。奶奶会心疼,但是爸爸强调这是他们的教育方式,奶奶也就没多说什么了。当然不只是作业,学校的活动,也都有爸爸妈妈的身影,三个人一起准备丰盛的野餐、一起收集辩论需要的材料。一次竞选班长失败后,乐乐哭丧着脸,爸爸妈妈还特意带他去最喜欢的餐厅吃饭,鼓励他竞选的勇敢。

猜想一下:君君和乐乐长大之后,更有可能是什么样的性格或特质?或许,对君君而言是任性、自我为中心、不能吃苦,对乐乐而言是自律、合作能力强、不怕挫折。

通常,我们会把父母对孩子的教育方式分为接纳和控制两个维度。接纳就是更多鼓励和肯定孩子的行为,及时回应孩子,发现孩子的潜力和优势。控制则是更多约束孩子的行为,提出要求,给予指导和建议。而根据这两个维度的高低不同,又可分为以下四种教养方式(见图6-3)。

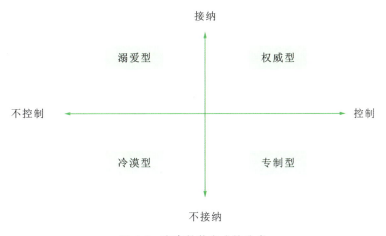

图6-3 家庭教养方式的分类

(1) 权威型：高接纳，高控制。

> 父母：你太勇敢了，面对100人的演讲还这么从容。真是太棒了！
> 孩子：那我今天可以多玩一个小时游戏吗？
> 父母：这可不行，你的奖励已经兑现了，不能再多玩游戏了，知道吗？
> （父母对孩子有很多称赞，同时对于已经约定的事情也不因此而搞特殊，依然按照以往的要求约束孩子。）

(2) 专制型：低接纳，高控制。

> 孩子：我拿到奖学金了，太不容易了。
> 父母：嗯，别太骄傲了，把你那些手办收一收，下次冲一冲前三。
> （父母对于孩子的成就没有什么反应，继续提出要求和期待，表现出较高的控制性。）

(3) 溺爱型：高接纳，低控制。

> 父母：我就说你从小就聪明，××根本不是你的对手。
> 孩子：那可不是嘛！再给我买一个最新的平板电脑吧，我们班有些同学已经有了，很有用的。
> 父母：好！
> （父母对孩子的需要尽量满足，也表达足够的称赞，但是对行为规范没有约束，任由孩子决定。）

(4) 冷漠型：低接纳，低控制。

> 孩子：我不知道以后要从事什么行业，现在就业也挺难的。
> 父母：嗯，那就慢慢找吧。
> （过了一段时间。）

> 孩子：我找到工作了，这个公司待遇还不错。
> 父母：嗯，可以。
> （父母对孩子的表现没有什么反应，就像是在听别人的故事，对孩子的教育也没有具体的管教，怎么样都行。）

不同的教养方式下，孩子的性格特征也会有所不同。权威型下成长的孩子可能会更有主见，有责任心，有良好的合作观念，整体积极乐观；专制型下成长的孩子可能在长期的压抑环境下，会产生情绪不稳定、易怒的性格，自主性缺乏，生活热情不高，青春期是自我意识爆发的阶段，可能会因此踏上反叛与自我探索的道路；溺爱型下成长的孩子，长期以自我为中心，可能缺乏同理心，抗压能力较弱，合作意识不强；冷漠型下成长的孩子，从小被父母忽视，可能产生自卑心理，同时为了获取关注，也容易表现出攻击、叛逆等行为。

家庭教养方式是亲子之间的长期互动模式，日积月累，朝夕相处，会在某种程度上影响孩子的言行和性格特质。家庭现代化理论认为，随着家庭结构的简化，家庭关系也在发生一系列变化。孩子会看到父母之间的互动，感受到他们的关系是否和谐，因此父母如何相处对孩子的成长也发挥着重要作用。

在家庭中，如果父母经常争执、打骂，虽然没有波及孩子，但是孩子都看在眼里，会害怕、紧张、担心，甚至因此而自责。在孩子看来，父母之间的冲突是因为自己不好，自己是冲突的根源。孩子在这样的氛围下成长，会得到很多复杂的信息，也会有很多思考：

> 我该做些什么去缓和气氛？怎样安抚妈妈的情绪？怎样帮助他们两个去沟通？
> 我要更努力地学习，如果我表现得好，爸爸妈妈心情好，或许他们就不会吵架了。
> 刚刚爸爸吃完饭把筷子放一边就走了，是又和妈妈闹矛盾了吗？是什么原因呢？是他们担心影响到我没有表现出来？他们不会闹离婚吧？真要离婚的话，我就没有家了……

如果一个孩子长期作为家暴的观察者，就会感受到父母狂躁的情绪，看到父母暴力的行为，长此以往，也会习得这样的人际交往模式和情绪管理方式，变得易怒、有攻击性、回避社交；如果一个孩子长期如履薄冰地在紧张的父母关系下成长，就会谨小慎微，不断地揣测别人的心思，反思自己的不足，否认自我，长大后的自卑、社交敏感、讨好型人格会越来越明显地呈现出来。

每个家庭都有自己的内部结构、互动方式，家庭组成丰富多元，本来没有对错，父母之间的冷战、激烈的冲突却会给孩子的成长蒙上一层灰色的印记，这些印记可能会随时间消逝，也可能会遗留在孩子的心里，成为自身的一部分。当然，我们还需要知道，对性格的影响，是多种因素的综合，比如冲突的强度、内容、持续时间，同时孩子对家庭的期望、当时的情绪状态等也会影响孩子对整件事情的感知。比如有的大学生在对待父母离异的态度上，表现为很乐意接受，因为这样就可以结束争吵，终止内耗，重获平静的生活，自己也不必反复卷入父母的冲突，反而有更多的时间和精力投入学习、社交。这样，离婚对于孩子而言就变成了一个积极有效的解决方式。

我怎样看家庭对我性格的影响？

关于家庭对自身性格的影响，如果进行一个量化评分，−10分代表极大的负面影响，0分代表没有什么影响，10分代表极大的正面影响，你更愿意打几分？

（二）家庭会影响自己的恋爱关系吗

随着年龄增长，亲密关系是大学生群体中热议的话题，你也许听过这样的表达："我希望我未来的另一半像我的爸爸那么有耐心、脾气好。""我女朋友人很好，一直都尽可能地理解我的处境，不像我爸妈，总是指责我，说我不好。""我可能不打算结婚，一个人挺好的，结婚的话，很有可能一直吵架，家里闹得鸡犬不宁，我就是在这样的环境中长大的。"

我们会期待爱情像父母那样，或者避免像他们那样，因为家庭是我们最先接触的成长环境，在这样的环境中，我们学习与人沟通，与人建立信任、依恋的关系。自我意识逐渐增强后，我们对这样的方式更加认同，或者想要反抗、远离，于是以自己的原生家庭为参照，认知和行为倾向就表现在亲密关系中对另一半的期待和互动中。

1. 家庭中的依恋关系

人际互动的模式代代相传的机制是什么？依恋关系是核心。

弗洛伊德对儿童早期的创伤有丰富的研究，并且详细论述了童年早期的经历对个体成人后各类精神疾病和神经症的密切影响。然而弗洛伊德代表的经典精神分析学派更多关注个体内部的冲突，比如被禁止的性冲动和攻击冲动，对于外部现实层面的关注比较少。另一位心理学家鲍尔比，经过对犯罪儿童的长期研究发现，儿童在成长经历中与母亲的分离可能会严重损害个体的心理健康，并强调了母婴关系对孩子成长的重要意义。从进化的角度来看，母婴联结的过程是为了确保婴儿与母亲的亲密关系，从而保证婴儿自身的安全，避免受捕食者的侵害。对现代的人类而言，当受到威胁、遇到危险、感到痛苦或生病时，孩子倾向于与母亲接触，从而恢复安全感和幸福感。个体幼年与重要抚养人（通常是妈妈）形成的情感联结，就是依恋。我们形容"家是温暖的港湾"，其中就代表了家庭中的依恋关系让个体感受到温暖，可以安心停歇。

随后，鲍尔比的合作者安斯沃思通过母婴观察，设计了经典的陌生情境实验，来评估儿童的依恋类型，这就是我们比较熟悉的依恋类型分类：安全型、回避型、焦虑型（见表6-3）。个体通过依恋行为表达需要，比如微笑、哭泣、紧紧拥抱或跟随等，然后妈妈就会相应地给予关心和照顾，满足个体的需要。随着一次次相互作用和相互影响，个体会锁定某个特定的依恋对象。如果外界有一些刺激因素，比如依恋对象的远离、冷漠、拒绝回应，或者个体本身的疼痛、寒冷，或者环境中陌生的事件或人等，依恋行为就会被激活，个体渴望与依恋对象接触并获得安抚。如果有依恋对象在，个体对环境的恐惧会被削弱，可以更安心地进行自我探索。

表 6-3 依恋类型及其成年后表现

依恋类型	陌生情境实验的表现	成年后的表现
安全型	妈妈在的时候安心玩耍，对妈妈的离开没有强烈反应，知道妈妈会回来，妈妈回来的时候主动寻求拥抱	容易与人亲近，并安心地依赖和被依赖，不担心会被抛弃
回避型	总是独自玩耍，关注玩具，对妈妈的离开和回来都没有特别的反应，妈妈回来时甚至回避接触	感到与人亲近是不舒服的，难以信任和依赖他人，整体上是一个自给自足的孤独者
焦虑型	只待在妈妈身边，对陌生人保持警惕；妈妈离开时号啕大哭，妈妈回来时表现出矛盾的心理，想要被抱着，又抗拒安抚，整体情绪不能很快平复	期待亲近但又恐惧，所以常常表现为拒绝亲近，或者在亲密关系中对分离感到焦虑和担心，也可能会为换取依恋而牺牲自我探索

可以想象一个场景：操场上，一个刚刚学会走路的孩子，在爸妈的陪伴下慢慢向远一点的地方走去，探索新奇的事物，孩子会时不时回头看看父母，确认他们都在，然后继续玩耍。突然，不小心摔倒了，孩子会害怕，会感觉疼痛，开始哭泣，接着去找父母。对他而言，父母就是一个"安全基地"，在"安全基地"得到休息和安

抚之后，可以继续在环境中探索。

正是由于在儿童时期与重要抚养人的依恋关系建立，在成人后的人际关系和亲密关系中，我们会带着这种关系记忆和心理表征去与人相处，这就是成人依恋。成人依恋可以直接对照儿童时期的依恋类型分类，也可以根据后续理论的进展，通过量表测试，分为安全型、恐惧型、专注型和冷漠型四类。小时候的依恋关系，在成人后会应用到自己的人际关系、亲密关系中，甚至在抚养子女的时候，也自然而然地如此对待子女，就像当初父母对待自己一样。例如：有人会通过撒娇来表达需要，因为在与父母的依恋关系中，这样的方式总是会得到积极回应，这样在亲密关系中也期望找到一个能对自己的表达有积极回应的另一半；而有人会特立独行，有规划，自律，因为小时候多数依恋行为没有得到回应，或被要求独立，自己也就很少通过哭泣与父母建立关系，而是一个人玩耍，自己对自己负责，这样在亲密关系中可能不太会倾向于依赖别人。

电影《茉莉花开》中三代人的爱情宿命

电影《茉莉花开》讲述了名字为茉、莉、花的祖孙三人，在各自年轻时面对爱情时的期盼与选择，一代代传承，但最终逃脱宿命，找到独立自我的故事。茉对爱情充满浪漫向往，不顾母亲反对，追随一位不断向她示好的电影老板，但是意外怀孕后被对方抛弃。内心的高傲和做明星的梦想，让她对孩子莉不管不顾。莉长大后一心想离开这个阴冷的家，很快嫁给一位普通工人，但因不能怀孕，备受打击，领养孩子之后对丈夫充满猜忌，最后精神失常卧轨自杀。之后，这个被领养的孩子花，就被外婆茉抚养，长大后遇到另一半，但不幸的是，没多久对方有了外遇，花没有为爱情妥协，果断离婚，并在大雨的晚上独自成功分娩。之后花带着孩子，坚强、独立、积极地生活。

茉、莉、花三人似乎都没有在家庭中获得足够安全的依恋，因而不断向外界寻找寄托，并且相信家庭之外的关系可以拯救自己。但实际上，因为本身与家人的怨恨、争执、不亲密的关系，让自己也难以对另外的人产生充分的信任和依赖，加上外界环境中的意外，看上去是一代又一代的悲剧。最后花和她的孩子相依为命，乐观坚强，是花的转变给孩子提供了安全依恋的亲子关系，让人们看到打破代际传承的希望，相信孩子也能在花的"安全基地"中，自由探索，健康成长。

2. 依恋类型对亲密关系质量的影响

依恋类型的不同反映了婴儿与主要照顾者（一般为母亲）之间互动模式的不同，等成年后，依恋类型会影响后续的亲密关系，也就是不同的依恋类型会有不同的亲密关系质量。在对成人依恋的实证研究中，杨吟秋发现，依恋焦虑和依恋回避较低的个体，有更强的探索性，会在婚姻关系本身之外培养情绪调节、自我控制、冲突解决策略等能力，从而在婚姻关系失调时得到缓冲。而依恋焦虑和依恋回避较高的个体更容易对婚姻和伴侣产生消极评价，怀疑对方的爱意，从而降低婚姻质量。此外，依恋焦虑和依恋回避较低的个体对婚姻的信心较高，对关系有积极探索，从而会提高婚姻的互动过程和婚姻质量。骆玚发现，安全型依恋的恋人相比其他依恋类型的恋人更能够体验到恋爱的稳定感，他们更尊重恋人、更能够自我表露、了解恋人，因此也更信赖对方，在关系中有较高的满意度。王优、闫睿杰、赵久波经研究发现，安全型依恋与亲密度呈正相关，安全型依恋较高的大学生与恋人之间的实际亲密度较强，恋人与自我的重叠度较高，会关心和维护恋人的利益。

整体而言，安全型依恋在亲密关系体验上是比较良好的，整体的满意度也比较高。虽然总是有人把自己对号入座到焦虑型依恋和回避型依恋中，但大家不用太担心，多数人都属于安全型依恋，即便不是，也可以在亲密关系中调整。过去的关系让人形成这样的依恋类型，同样地，目前的关系，比如朋友或恋人，也可以带来未来依恋类型的改变。

（三）家庭与心理健康有什么关系

前面我们提到家庭教养方式对性格的影响，人际关系敏感、有攻击倾向、孤僻以及自我贬低等特质容易引发心理健康问题。同时，安全型依恋、家庭中的良好氛围、平和的沟通方式会成为孩子心理健康的促进因素。

不少学者将家庭环境作为一种影响因子来研究其对大学生主观幸福感、睡眠、就业、抑郁情绪的影响。牛端、黎光明的研究表明，家庭环境、人格特征共同影响人的主观幸福感。薛芬、王小梅、阳莉华等的研究显示，组织性较强、亲密度较高的家庭环境能对大学生的睡眠起到一定的积极作用。罗文、卢鹏飞就家庭环境对大学生抑郁情绪的影响进行的研究发现，亲密度较低的家庭，孩子容易产生抑郁情绪。父亲在家庭功能中占据重要地位。杨燕、张雅琴认为，大学生父亲在位与安全感、人际信任均呈显著正相关，安全感与人际信任也存在正相关。也就是说，如果父亲在家庭教育中充当稳定的角色，则孩子的安全感和人际信任水平相对较高。积极心理学的相关研究显示，夫妻之间积极情绪和消极情绪的表达达到3∶1及以上的时候，彼此才会感觉幸福。

总体来说，家庭对心理健康的影响可分为直接影响和间接影响。直接影响表现为家庭氛围、亲子沟通方式等因素对个体情绪、睡眠、主观幸福感的作用；间接影响表现为由于教养方式、家庭氛围等因素产生的依恋类型、性格品质、人际沟通模式等给个体的情绪、自尊、心理弹性等带来的影响。家庭对心理健康的影响是多维度、多方面的，甚至还会出现某些叠加效应。比如父母频繁指责打骂，让孩子神经敏感，从而形成低自尊，同时孩子无意识地学习着这样的沟通方式，也会对自己的同学、朋友实施言语攻击，无法平和友善地交往，因此社会支持也相对减少，甚至被孤立，心理健康会进一步受损。父母对孩子予以关怀和称赞，孩子在这样的支持下敢于尝试，成功了会形成正向反馈，失败了也有来自家人的力量支撑自己继续向前，在人际交往中，也不吝啬对他人的照顾与欣赏，互助友爱，逐渐形成自己的社会支持网络，在以后遇到挑战和危机的时候也能有足够的资源去应对，较快恢复以往的心理状态。

测一测父母对自己的理解

表 6-4 来自周明朗编制的《大学生亲子共情感知和期待量表》，有良好信效度，可用于了解亲子互动关系中相互理解、共情的现状。对于表 6-4 中的题目，请选出在情境中最符合你实际感受的选项，答案没有对错好坏之分。

表 6-4　大学生亲子共情感知和期待量表（局部）

序号	题目	完全不符合	比较符合	不确定	比较符合	非常符合
1	当你面临大学（或研究生）入学选专业的问题时，父母能够站在你的角度理解你	1	2	3	4	5
2	倘若你一次重要的考试失利了，父母得知后也会因为你的失落而感到难过	1	2	3	4	5
3	你觉得父母能够理解你的兴趣爱好给你带来的价值（例如玩游戏能够让你感到快乐和放松）	1	2	3	4	5
4	当你遇到学业上的困难时，父母能够觉察到你的焦虑情绪	1	2	3	4	5
5	当你情绪低落时，即使没有说任何话，父母也知道你此时的情绪状态	1	2	3	4	5

续表

序号	题目	完全不符合	比较不符合	不确定	比较符合	非常符合
6	你觉得你的父母总认为他们的想法就是对的，不会花时间去倾听你的不同意见	1	2	3	4	5
7	当你好不容易实现了自己的心愿时，你觉得父母会真心为你感到高兴	1	2	3	4	5
8	你觉得父母会很容易被你的情绪所感染	1	2	3	4	5
9	你觉得父母经常打着"我是为你好"的幌子来为你做决定	1	2	3	4	5
10	父母在与你沟通的过程中言辞里通常带有主观评判的词，例如"你总是……""我还不了解你吗""你就是一个……的人"	1	2	3	4	5
11	当你和父母发生言语冲突时，父母可以很容易冷静下来并做到心平气和	1	2	3	4	5
12	当你生病时，即使父母没有说话，你也能明显感觉到你的病情牵动着他们的心	1	2	3	4	5

计分规则：第6、9、10题为反向计分，(6－原始分)为实际得分，所有题目实际得分的均值即为最终得分。

分数越高代表父母对自己有更多的理解和共情，在一定程度上也代表亲子关系良好、家庭氛围和谐。

第二节

剪不断理还乱：家庭关系及影响

家庭关系本质上是一种人际关系，两个及以上家庭成员的互动，形成复杂多样的家庭关系。核心家庭包含夫妻关系、亲子关系和兄弟姐妹关系，直系家庭包含祖孙关系、婆媳关系，复合家庭还有妯娌关系等。每个人因为家庭角色不同，内部的互动规则也有所差异，我们在这样的关系中感受家庭的爱与支持，构建自己的人际交往模式。

一、什么样的家庭关系是幸福的

我们先来看一个身边的案例：

> 小宣是一名大二的学生，已经是有人喊他"学长"的年龄了，然而从进大学开始，他总是感觉状态不太对，对目前的生活充满了疑惑：为什么上课的时候听得懂，但是听完就忘？好像每天都在忙，回过头想想却不知道在忙些什么；未来还不确定方向，看看身边的同学，会感到落后的焦虑……小宣的家庭是包含爸爸妈妈及自己与妹妹的四口之家，妹妹刚上幼儿园，爸爸妈妈生活方面现在对妹妹照顾多一些，平时电话里因为小宣没有主动提及自己的状态，"报喜不报忧"，爸爸妈妈也就没意识到他的处境。而在近期的期中考试压力下，小宣有点睡不着觉了，还是决定给妈妈打个电话，尽管他知道家人在外地，在学业上也帮不到什么。
>
> 妈妈接到电话后，有些心疼小宣，现在的大学生的压力自己也不是完全能体会，于是一边安抚、鼓励小宣，一边和小宣爸爸一起找相关的资料，了解可能原因和应对方法，最后结合小宣的时间和具体需要，商量出家庭"三件好事"分享、妹妹视频互动、晚饭后共同散步"打卡"等方式陪伴小宣一起缓解压力。就这样一个月下来，和家人的联系多了，小宣心情好了很多。虽然家人并不能解决学业上的困扰，但是有了这样的情绪调整，小宣能更专心地投入学业，去思考未来的发展方向。

小宣的家庭幸福吗？答案是肯定的。家人之间什么样的关系可以促成幸福的家庭？

（1）边界清晰。夫妻关系和睦，两人之间可以相互支持。长幼关系明确，亲子之间有清晰的内部互动规则，父母不随意打骂指责，孩子也不蛮横任性。就像小宣上大学后，父母不过多干涉他的生活，给他独立的成长空间，而在小宣需要家人的时候，父母给予他足够的关怀和肯定。

（2）积极交流。不装聋作哑，也不喋喋不休，不立即否定指责，也不一刀切、全部包办，真诚地表达自己的想法和感受，用理解且理性的态度面对家庭成员的需要和问题。比如小宣压力大的时候想到找妈妈诉说，这是积极的交流；妈妈听到小宣的处境后没有责怪他不努力或者自己变得更焦虑，更没有像幼儿园和小学时那样承包孩子所有的生活困扰，只让他专心学习，而是全家人一起想办法，积极回应小宣的问题，提供力所能及的帮助，这也是积极交流。

（3）直面问题，共同应对。多数家庭可能会有一些历史遗留问题，或某位成员突出的性格/人格特征影响家庭的和睦，比如长辈的重男轻女、重要家庭成员之间的宿怨、某位家庭成员的偏执/暴躁/易焦虑的性格等。毕竟每个家庭都不是完美的，这些都很正常。那么，如何处理这些问题呢？

首先要理解，问题不是某一个人的错，是长期的互动方式强化了这样的表现。其次要找到这样的互动方式，看是否可以从某一环节"切断"这样的互动。比如父亲容易暴躁，别人提什么建议都是立刻否定，儿子受不了，总是对着干，每次都会有激烈的争执。这时就可以尝试切断愈演愈烈的循环：父亲发脾气，儿子平和地沟通，一个人无法激烈地争执，原有的方式被"切断"，最终会转化为理性的讨论。最后要试着逐渐增加这样的"切断"操作，用一个人的调整带动整个家庭的互动，慢慢地就会形成新的沟通方式，避免激烈冲突。当然，这并不是件容易的事情，持续的时间也会比较长，要有耐心，毕竟原有的方式已经运行了很多年。当家庭内部调整困难时，也可以向专业的家庭治疗师求助，这也是共同面对问题的有效方式。

幸福的家庭并不是永远快乐，没有烦恼和问题，而是家人一起创造愉快的时刻，一起积极面对挑战。家家有本难念的经，不必羡慕别人的和睦，你的家庭也可以通过清晰的边界、积极的交流、共同面对问题来达成幸福。

二、父母之间的关系有多重要

（一）夫妻关系对家庭的影响

家庭周期是以个体的单身期为起点，真正意义上的家庭，其实就是两个人的结合。

婚姻是男女双方在平等自愿的基础上建立的长期契约关系。两个陌生人从相遇相知，到相爱相守陪伴几十年，除了爱情中的荷尔蒙的作用，更多的是两个人真诚、平等、信赖的关系维持。就像婚礼上两个人在亲朋好友见证下，对彼此承诺的誓词：

> "我×××，全心全意娶/嫁给你做你的丈夫/妻子，无论是顺境或逆境，富裕或贫穷，健康或疾病，快乐或忧愁，我都将毫无保留地爱你，我将努力去理解你，完完全全信任你。我们将成为一个整体，互为彼此的一部分，我们将一起面对人生的一切，作为平等的忠实伴侣相伴一生。

心理拓展

诗词中的夫妻关系

举案齐眉

（范晔《后汉书·梁鸿传》）

相敬如宾

（左丘明《左传·僖公三十三年》）

在天愿作比翼鸟，在地愿为连理枝。

——白居易《长恨歌》

此时相望不相闻，愿逐月华流照君。

——张若虚《春江花月夜》

夫妻关系的质量会随着家庭生命周期而有所变化，一般呈现一个倒 U 形曲线。新婚后幸福感较强，幸福感随着第一个孩子出生后开始下降直到孩子离开家庭，进入无孩阶段又开始上升。当然，夫妻关系也会受到家务分工、双方性格特征、受教育程度等因素影响。

夫妻两人相遇相知，有足够的亲密性，几十年相互扶持一生，共同面对不同阶段的任务和挑战，相互协作、沟通，既是爱人、家人，也是朋友、知己。夫妻关系是家庭中最开始的关系，也是较为核心的组成部分。家庭最开始的互动规则是由夫妻二人确定的，两人逐渐摸索、尝试，有了家庭最初的样子，共同应对挑战和困境，支撑着家庭的发展。夫妻关系直接影响家庭生活的和谐，进而影响子女的性格、心理健康、爱情观念等。婚姻质量对子女心理健康、社会适应等方面具有重要影响。相关研究表明，父母婚姻质量低，与儿童内在焦虑、不安等问题存在关联。个体儿童期父母婚姻质量低，会增加个体出现抑郁、焦虑等症状的可能性（苏钰涵，2019）。父母婚姻质量作为家庭关系中不可缺少的一个部分，对成长后的个体也具有重要的影响。婚姻质量越高，越倾向于采用积极的教养方式，越有利于形成良好的亲子关系，让孩子在家庭中健康成长（平媛、冯秋迪、徐超等，2010）。此外，对婚姻质量的知觉也会对婚姻本身产生影响，婚姻质量满意度较低的家庭，婚姻的稳定性也较差（孔海燕，2016）。父母是孩子最好的老师，夫妻之间相处的模式在潜移默化地影响着孩子：应该如何照顾对方的情绪？如何平和地沟通？吵架之后怎样化解矛盾？怎样合理地表达愤怒？两个亲密的人之间是否应该有隐私？爱情的意义是什么？婚姻能给人带来什么？这些都可以从夫妻二人的日常互动中感知到。当然，这些"学习"很多都是潜意识的，一点点浸润到孩子的价值观和人际交往中。

（二）如何看待父母离异

父母离异对大多数人而言是应激事件。离婚可能导致作为监护方的父母教养失能，作为非监护方的父母又因为无法长期陪伴而难以参与教养，并且孩子可能在父母离婚之前经历持续的父母关系不和带来的争执、冲突，面临经济来源减少、学校更换、父母再婚等一系列事件。相关研究显示，即便是对于已经进入大学的个体而言，父母离异也会给他们带来许多适应问题，比如来自离异家庭的子女在大学期间表现出明显的焦虑、抑郁、逆反心理，以及更严重的精神问题（张海燕，2009），在学业上，他们有更低的成绩和毕业率，在人际方面存在恐惧、反社会行为、更多性伴侣、难以在关系中获得亲密感等问题（杨金金，2017）。有少部分研究发现，父母离异并不总是导致子女更差的适应情况。例如有研究发现，离异家庭中的男大学生表现出更好的学业适应状态，但是女大学生比较容易出现较高的抑郁水平。也有研究发现，父母离异后子女能远离原来充满冲突的家庭，他们与完整家庭的子女一样，能够良好地适应大学生活甚至表现出更高的自尊水平，比来自非离异家庭的大学生更加尊重、理解和欣赏他人的观点，也更具有同理心。

其实，不管对于成年或未成年孩子，父母的婚姻最终走向破裂，表明家庭中持续了较长的不和谐因素，这些因素已经对孩子造成了影响，因而父母离异对各个年龄段的子女都会构成一种心理风险。我们不必给父母离异贴上什么负面标签，只需把它看成应激事件，转学、搬家、中考失利等都是应激事件。我们要知道，应激事件可能会给人们带来暂时的负面影响，也可能是一个转机。

三、应该如何看待自己与父母的关系

当孩子在妈妈肚子里18周大的时候，就已经开始和妈妈互动，胎儿扭动身体，妈妈能感受到，并与爸爸分享这幸福的时刻。从出生开始，我们就被父母呵护着，而生命最开始的几年，在与父母一起生活的日子里，我们也在成长。亲子关系的体验，可以告诉我们以下问题的答案：是否能够信任身边的其他人？是否喜欢自己？能否对事物有更接纳的心态？有了过错后我们将责任归咎于谁？周围环境伤害自己时该怎么办？面对简单粗暴的行为该怎么应对？任性在什么范围内是可以被原谅的？所爱的人是否真的不会离开我？到了青春期，我们可能会开始与父母有一些隔阂，我们开始有自己的朋友圈，有自己的秘密，有些父母可能因为丧失对孩子的掌控而感到焦虑，不顾孩子的感受而提出要求和命令，亲子之间会因此频繁爆发冲突；有些父母可能忙于工作，忽略孩子的成长，亲子之间渐行渐远。逐渐地，孩子成长，也在准备构建自己的家庭。

父母对我们的影响有多大？大家都知道弗洛伊德创立的精神分析学派，主张过去的无意识经验干扰着当前的心理状态，尤其是童年经历。之后又有很多追随者继续研究更早期的母婴关系。例如，温尼科特提出"足够好的母亲"可以让婴儿安心探索，培养自我意识，也信任他人。克莱因提出"偏执-分裂位"和"抑郁位"，婴儿把母亲与自己看成一个整体，随叫随到的母亲满足了婴儿的全能感，等意识到母亲不是自己的一部分，也无法全部满足自己时，表现出悲伤，从而有动力寻求全能和永恒的爱。在我们能感知到的现实家庭中，孩子确实需要父母无条件的关注和爱，在肯定和支持下，发展出完整、积极的人格品质；在与父母的交流互动中，学会平等温和的沟通方式，信任他人并与之合作，这些都是心理健康的基础。当然，良好的亲子关系不仅对孩子有益处，而且能提升家庭生活质量，促成和谐温馨的家庭氛围，让每一个人都能感受到温暖的力量。

中国传统文化中提到"百善孝为先"。作为子女的我们，需要关怀和体谅父母，用父母给予我们的爱，回应他们，回应身边的人。不过，不是所有父母都能充分接纳、理解孩子，这是由他们的原生家庭和个人经验所决定的。对于父母的疏忽，甚至无意的伤害，我们或许不必因此而过度怨恨，从而影响自己本可以实现的平和生活。相反，家庭、亲子关系塑造了我们的过去，却不能束缚我们的现在和未来，如何看待家庭，如何对待我们爱的人，选择未来的方向，决定权都握在自己手里。

 心理拓展

马斯洛与他的母亲

马斯洛是著名的心理学家，也是人本主义心理学的主要创建者之一，正是他提出了在各个领域被广泛应用的需要层次理论。

马斯洛生长于20世纪初的美国犹太人家庭，父亲不满夫妻关系，整日在外消磨时光。面对缺位的父亲，母亲长期痴迷宗教，经常为了一些小过失而严厉斥责马斯洛和他的弟弟妹妹们，而这些过失仅仅是因为母亲不喜欢。比如马斯洛偷偷喂养小猫，母亲勃然大怒，将他的小猫弄死；母亲反对马斯洛听唱片，更反感马斯洛忽略她的训斥，一次暴怒之下把唱片当着他的面全部踩碎；母亲不允许孩子们吃零食，于是就把冰箱上锁，只有自己想吃的时候才分给孩子们一点点。在马斯洛的记忆中，母亲自私、吝啬、暴力，他是这样评价自己的童年的："我是一个非常不快乐的孩子……我的家庭是一个令人痛苦的家庭，我的母亲是一个可怕的人……我没有朋友，我是在图书馆和书籍中长大的。"

马斯洛是有怨恨的,他在离家后就基本不与母亲联系了,自己求学并钻研心理学,并最终因为热爱和努力,成为心理学家。终其一生,马斯洛没有与母亲和解,而他用这一生也验证了:一个人的原生家庭,并不是一个人的宿命。在他的需要层次理论中,也没有任何一条提到"自我实现"(最高层次的心理需要)的前提是拥有一个完美的家庭。

第三节

我爱我家:我现在和未来的家庭

世界上没有完全相同的叶子,家庭也是如此。我们自然而然地成长于家庭,习惯与家人互动,我们是否认真看过自己的家庭是怎样的?家,不只是房子的概念,更重要的是父母的角色,亲子的关系,幸福与否。我们爱自己的父母,是否设想过自己如何为人父母?或许我们对父母有些疏离、不满,那么该如何应对?如何保持自己内心的平和?

一、我的家庭是什么样的

"一千个人眼中有一千个哈姆雷特",我们自己的家庭也各不相同。现在,我们看看自己的家庭是什么样的。

(一)我家的外部结构

请勾选图 6-4 中符合自己家庭外部结构的图片,如果均不符合,请在"其他"一栏中简单描述。

核心家庭

直系家庭

复合家庭

续图

隔代家庭	单亲家庭	同代家庭
（可以简单描述一下）		
其他		

图 6-4　家庭外部结构

（二）我家的子系统边界

请勾选符合自己家庭子系统边界的类型。

父母子系统：疏离、清晰、纠缠

父子子系统：疏离、清晰、纠缠

母子子系统：疏离、清晰、纠缠

（三）我家的家庭功能

请用 1~5 分来评估家庭功能（见表 6-5）的发挥情况，并说明原因。

表 6-5　家庭功能

家庭功能	评分	原因
生存功能		
安全功能		
发展功能		

续表

家庭功能	评分	原因
心理功能		
享受功能		
社会功能		

（四）我家对我的影响

请勾选符合自己实际情况的选项。

教养方式：权威型、专制型、溺爱型、冷漠型

依恋类型：安全型、矛盾型、回避型

我的性格：非常满意、比较满意、一般、不太满意、不满意

我的幸福感：很幸福、比较幸福、一般、不太幸福、很不幸福

二、我的家庭幸福吗

（一）幸福家庭的要素

塞利格曼提出了著名的幸福理论，认为幸福由三个成分构成：愉快的生活、投入的生活和有意义的生活。这是三个可以真实测量的因素。之后的相关研究认为，幸福是一个抽象的概念，应该避免人们为了幸福而追求幸福，因此完善幸福理论，提出了幸福的五大要素：积极情绪、投入、关系、意义、成就。然而，个人的幸福与家庭的幸福好像不完全一样。

2013 年，中国家庭幸福感相关调查结果显示，感觉幸福的家庭超过三分之二，并且这些家庭具有以下共性：一是家庭成员身体健康；二是家庭总收入丰厚；三是人际关系较好；四是受教育程度较高；五是对周围环境的安全感较高；六是享有较好的医疗保障。

有研究者从家庭心理需求角度来揭示和阐释家庭幸福感，指出中国家庭共有以下五种基本心理需求（刘玉新、王学普、张建卫等，2016）：一是生存与繁衍，主要指生命延续和种族延续，在社会上能够维持生计，这是基本生活和养育后代所必需的；二是安康，主要指安全、安心和健康，不被疾病和烦心事所困扰，这是生活舒适、安逸、康宁的标志；三是和睦，主要指家庭成员之间相互理解和支持，和谐共处，同心同德，有共同愿景和追求，能够换位思考，很少起纷争，这是家庭内部情感互动的需求，既包括一般家庭成员之间基本的和谐关系，也包括夫妻间的亲密和谐

关系；四是荣耀，主要指家庭享有令他人羡慕和令家庭成员自豪的家庭声望和地位，这是家庭成员共同的荣誉感和尊严感；五是兴旺，主要指人丁兴旺和事业发达，子女能够得到良好的教育，家人都有欣欣向荣的事业。

从心理测量的视角，也有学者（孟万金、苗小燕、官群等，2020）将幸福家庭解构为五个维度：一是家庭经济，主要是收入可以满足家庭基本生活需要；二是家庭健康，家庭成员身体和心理正常，没有心身疾病；三是家庭教育，家长对孩子实施有目的、有计划的指导、培养和影响等；四是家庭关系，家庭成员之间关系和谐融洽，标志着家庭成员之间的亲密度、凝聚力，决定着家庭的精神和文化氛围，所谓家和万事兴；五是情绪体验，这是幸福的风向标，毕竟幸福与否都要通过情绪体验而感受，积极的情绪体验会增强幸福感。

简而言之，幸福的家庭需要有基本的物质条件，和谐的亲子关系与教育环境，以及家庭成员之间积极的情绪体验。

（二）面对不完美的家庭，我该怎么办

不完美的家庭绝对不是某一个人的问题导致的，家庭中没人会希望相互伤害、支离破碎。然而我们有时确实会被过往的经历束缚，找不到合适的沟通方式去应对家庭成员之间的冲突。责怪并不会有实际的作用，反而会激化矛盾，强化对立。

那我们可以做些什么？首先需要明确的是，我们思考改变的方式，并不意味着我们在家庭问题中是犯错的人，而是我们能意识到潜在的问题，有能力去改变现状，有能力去推动整个家庭系统的完善。

接下来要做的主要有以下几点。

（1）客观评估。了解父母的处境、主要经历及其原生家庭。了解父母是否工作压力较大，夫妻感情出了问题，或者本身因为某些创伤或抚养方式而不能恰当地表达对家人的关爱。

（2）重构问题。家庭出现了问题，并不是某一个人的问题，而是互动模式不断循环导致的。比如母亲近期工作压力大，对家人有所忽视，父亲没有注意到母亲的状态，两个人没能相互理解和支持，不经意间彼此的负面情绪就转向对方、转向孩子，孩子因为家庭争执和训斥而导致学习成绩下降，父母更加严格，本身的压力也因为孩子的成绩下滑而增加，负面情绪越来越多，继续转向家人。这个家庭的核心问题是什么？是家庭成员的焦虑没有被关注，母亲的态度只是这一问题的具体呈现，因为母亲确实有自己的压力，当自己不能缓解时，就需要家人的关怀和支持，这部分不能满足时，就会产生"问题行为"。

（3）切断循环。母亲焦虑，父亲漠视，指责孩子，孩子表现不好，增加父母的压力，继续训斥孩子，这形成了一个负循环，问题像滚雪球一样越来越突出。如果父亲

与母亲多一些沟通，家庭中多一些轻松的互动，释放一下压力，是不是就能切断问题模式的循环？

（4）关注资源。积极沟通是提升幸福感的重要方式，可以通过经常表达感恩、赞美等方法提升家庭成员互动中的幸福感。当然，如果与父母关系紧张，感恩、赞美的话没那么容易说出口，但可以尝试表达出来。

（5）敢于反抗，建立边界。对于严重伤害自己的家庭，或者用以上方式包括心理咨询也无法改变的家庭，我们可以避免继续深陷其中，拒绝道德绑架，拒绝无理伤害，建立明确的边界，将怨恨放置一边，平和地追求属于自己的美好生活。

（6）建立安全依恋。漫漫人生路上，我们不只有家人，还有知心的朋友、亲密的恋人，他们在大学生活中会越来越多地陪伴自己，良好稳定的关系可以促进自我接纳。当我们从高质量的关系中获得幸福，也会更有力量去修复原生家庭中的失意，接纳原生家庭中的不完美。

三、未来，我想组建什么样的家庭

（一）我理想的幸福家庭是这样的

随着社会经济的发展，人们在生活方式、情感需求、价值判断等方面也都发生了转变。2018年共青团中央发布的《当代青年群体婚恋观调查报告》显示，当代青年择偶更注重"内在的匹配度"，"人品"和"性格"是其中最为看重的两个方面。也有研究通过对年轻人的调查发现，对婚姻家庭的认知，大部分年轻人更倾向于择偶自主化、婚姻观念个性化、生育态度推迟化、家庭结构多元化等（龙晓敏，2021）。就生育而言，我国已面临低生育水平、人口老龄化等人口问题。2021年，我国出生人口数创下历史新低，人口出生率仅为7.52‰。从国家层面而言，这是亟待解决的人口问题，需要外部制度和保障体系进一步促进生育；从个人层面而言，这是年轻人在综合考虑自身身体素质、抚养能力、经济条件等因素后做出的决策。

幸福的样子也是多元的，没有对错。关于未来，我们或许有憧憬、有担心，如果让你想象自己创建的家庭是什么样子，你会怎么勾画呢？

1. 简单的日子

有学生说：希望自己有稳定的工作，朝九晚五，虽不追求大富大贵，但是可以轻松支撑自己的日常开销，并有余力可以养一只狗，每天都和自己的爱人去遛狗散步。两个人周末一起烧饭、看电影，窝在属于彼此的小家里，看着窗外的春夏秋冬，最后慢慢老去。

2. 热闹的一家

也有学生说：因为很喜欢旅行，吃世界各地的美食，我希望自己有一个经常飞国外的工作。如果考虑伴侣的话，那最好我们是同事，两个人一起为事业打拼，一起环游世界。我也想生孩子，但肯定是我们商量好，时机成熟了，毕竟有了孩子之后责任就大了，自己也不会那么容易享受自由快乐。我还想象过自己要生三个孩子，就像那部电影《时空恋旅人》中女主提到的："一个孩子太少了，两个孩子如果其中有一个小傻瓜，那他就会很不快乐。三个的话，即便有两个小傻瓜，他们一起成长也会很开心。"

3. 有爱的氛围

还有学生说：如果我有了自己的家庭，一定温柔地和爱人、孩子说话，不会对他们大吼大叫，我们是彼此相爱的，任何事情都可以平和地沟通。我会每天都说"我爱你"，我会每天给他们至少一个拥抱。我不会特别要求孩子的成绩，我会尽量发现他的天赋，肯定、鼓励、支持他，让孩子相信自己的独特与美好，勇敢、自信地选择自己热爱的事情。

我理想的幸福家庭是什么样的？

可以从之前讲述的理论或者自己的亲身体验出发，构想一下自己未来的家庭，一个你自己营造的幸福家庭。比如：

(1) 家庭人数有多少？
(2) 家庭住房面积有多大？
(3) 家庭日常活动有哪些？
(4) 会用什么方式表达对家人的爱？
(5) 夫妻间吵架了怎么办？
(6) 亲子间有矛盾了怎么办？
(7) 对孩子有什么期望？
(8) 会不会设定家庭的三年/五年计划？
……

（二）为了组建幸福家庭，我现在可以做些什么

1. 亲密关系的探索与确立

按照心理发展的阶段，对目前的我们而言，亲密关系是很重要的发展任务，同时也是大学生非常关注的议题。我们自从青春期有了较强的自我意识后，转而渴望那个独特的自我被理解、被接纳，希望与另一个人相互支持，共同创造未来的美好生活。恋人的相遇相知，带着浪漫色彩，每个人都有自己的幻想，而最开始的那一步，是积极扩展朋友圈，在互动中发现有吸引力的那个人，在深入交流中确定彼此的心意。如果我们没有任何尝试和探索，则可能永远活在飘忽的粉色印象中，来自浪漫主义诗歌、优美的小说、深入人心的影视剧，而不是我们实实在在、普通又深刻的生活。在探索的过程中，我们会更清楚什么是喜欢，触动自己的到底是长相、性格还是某一个小习惯，别人的甜蜜爱情适不适合自己。当然也会在浓烈的情绪感受中发现内心深处另一个自我，因为遇到了那个人，你不仅会喜欢他，而且会喜欢在关系中映射出来的自己。同时，我们应该知道，亲密关系的建立和维持，需要彼此尊重和相互欣赏，两个人对目前的关系期待达成一致，积极沟通，及时反馈，通过一次次的安抚、合作、冲突解决，给予彼此爱的信念。

2. 婚姻知识与技能的储备

结婚是两个人确定配偶关系，享有相应权利，并承担由此而产生的相关责任的法律行为。当两个人决定步入婚姻时，不仅要了解婚姻登记的相关材料、流程等，还需要达成统一的居住地、生活节奏、家庭分工、日常开支计划等。而关于妊娠和婴儿护理的常识、亲子沟通的技巧、孩子的家庭教育、家人生病的应对等，也是要提前学习和准备的。此外，婚姻是两个家庭的结合，在面对对方的家人时，需要相互理解和包容，新的家庭关系的适应也需要提前做好准备。

任何一个结婚的决定都是幸福且慎重的。2006 年，《纽约时报》刊登了"婚前 15 问"，涵盖了关于婚姻目标、生活、可能影响婚姻质量的重大因素等多个方面的问题。结婚之前就这些问题进行充分沟通可以促进婚姻双方的了解，甚至可以帮助婚姻双方预见未来潜在的冲突，提前做好应对方案。

婚前 15 问

（1）我们是否要生孩子？如果要生，主要由谁照料？

（2）对另一半的财务责任和目标有什么要求？双方在消费和储蓄上的观念与想法能否一致？

（3）如何（或谁）来管理家庭日常琐事？如何分担家务？

（4）我们有没有向对方坦白自己的病史，包括身体上和精神上的疾病？

（5）另一半对我的爱，达到我期望的程度了吗？

（6）我们能否坦诚和舒适地讨论彼此的性需求？在性方面，各自有什么偏好或恐惧？

（7）卧室是否要放电视？（了解彼此的睡前习惯、私密的交流方式等）

（8）我们能用心聆听对方的想法和抱怨（对自己的不满）吗？并平心进行考虑？

（9）我们对另一半的精神信仰和精神需求足够理解吗？我们的孩子在几岁可以接受精神和道德上的教育，如何教育？

（10）我们能否喜欢和尊重彼此的朋友？

（11）我们重视与尊重双方的父母吗？双方父母是否会干涉我们的关系？

（12）双方的原生家庭，最让我不安的是什么？

（13）我宁愿放弃婚姻也不愿妥协的东西是什么？

（14）如果夫妻中有一人得到了机会要去离家很远的地方工作，我们要搬家吗？

（15）对于另一半对婚姻的承诺，我是否有信心？今后的婚姻中会遇到什么困难，我们是否有信心能一起面对与解决这些困难？

由于东西方文化差异，有些问题可能需要调整或增加，比如关于居住地、父母双方是否合住、买房还是租房、是否有人需要全职照顾家庭、孩子跟谁姓等。每一对情侣也可以自己设计专属于你们的"婚前15问"，直接、坦诚的交流代表着双方对感情的认真投入。

由于一些客观环境因素以及我们对个人发展与后代养育的重视，现代年轻人越来越倾向于晚婚晚育。不管是否承载着家人的期待，选择结婚和生育更多的是个人层面的选择，需要在身心两方面做好进入下一个人生阶段的准备。斯蒂芬妮在《为爱成婚》一书中提出，以前人们注重先成家后立业，婚姻是个人发展的基础。而现在逐渐有一种意识是先立业后成家，其他事情都做得差不多了，将婚姻作为最后一件事情来办。每个人都有自己独特的人生轨迹和生活节奏，希望大家不疾不徐，用认真与热爱，拥抱属于自己的幸福家庭。

本章小结

家庭成员组成家庭的外部结构和内部结构。作为在家庭滋养下成长的个体，我们健康成长，享受关爱，学习与人交流，逐渐形成自己的价值观、性格、生活态度等。家庭完善的功能保障个体和社会的需要，家庭的成长也会分阶段地完成家庭的任务，我们称之为家庭生命周期。家庭内部也因为成员组成不同，有不同的子系统和对应的边界。

随着自我意识的增强，我们会反思家庭对自己的影响，以及性格、亲密关系等，或许也会产生疑惑：父母是否真的爱自己？他们爱的方式是否正确？没有完美的家庭，也没有能恰到好处满足我们所有需要的父母。不管怎样，都不要忘记：我们也是家庭成员，家庭的发展和运行与我们也有密不可分的关系。要相信自己的主动性和能力，如果有感恩，那就尽情表达；如果有不满，也请相信其他的家庭成员，大家一起沟通、理解，再去尝试一点点推动改变的发生。家庭，因为每一个个体真诚、明确、温暖的表达而更幸福。

课后习题

一、选择题

1. 《红楼梦》中的贾家属于（　　）。

   A. 核心家庭　　　　　　　　B. 隔代家庭

   C. 复合家庭　　　　　　　　D. 同代家庭

2. 家庭内部结构的适应性是指（　　）。

   A. 保障互动规则持续下去的行为模式

   B. 环境改变，互动规则也随之改变去适应环境

   C. 普遍的家庭互动规则

   D. 每个家庭特有的一些互动模式

3. 以下不属于家庭生命周期的是（　　）。

   A. 青春期　　　　　　　　　B. 新婚期

   C. 育儿期　　　　　　　　　D. 空巢期

二、填空题

1. 家庭的教养方式有_____、_____、_____、_____四种。
2. 家庭内部子系统的边界，常见的有_____、_____、_____三种。
3. 家庭主要通过_____影响个体成人后的恋爱关系。

三、判断题

1. 家庭的心理功能只包括家庭对个体的情感支持。（　）
2. "三岁定八十"，一个人在家庭中养成的性格和价值观，后天是不能改变的。（　）
3. 再亲密的亲子关系也需要有边界。（　）

四、简答题

1. 家庭对个体有哪些方面的影响？
2. 如何面对不完美的家庭？

图书推荐

1. 马歇尔·卢森堡：《非暴力沟通》，阮胤华译，华夏出版社2018年版。
2. 维吉尼亚·萨提亚：《新家庭如何塑造人》，易春丽、叶冬梅等译，世界图书出版公司2006年版。
3. 乔恩·G. 艾伦：《创伤与依恋》，欧阳艾莅、何满西、陈勇等译，机械工业出版社2022年版。

电影推荐

1. 《含泪活着》（2006）
2. 《阳光小美女》（2006）

参考文献

[1]　王跃生. 当代中国家庭结构变动分析 [J]. 中国社会科学，2006（1）：96-108，207.

[2] 杨吟秋.成人依恋风格和婚姻质量的关系[D].北京：首都师范大学，2007.

[3] 骆瑒.运用成人依恋理论改善情侣亲密关系的探索性研究[D].上海：华东师范大学，2007.

[4] 王优，闫睿杰，赵久波.大学生依恋类型和恋爱幸福感：亲密度的中介[J].中国健康心理学杂志，2017，25（3）：357-362.

[5] 牛端，黎光明.家庭环境特征对主观幸福感"调节—缓和"模型的调节效应[J].心理研究，2010，3（1）：65-68.

[6] 薛芬，王小梅，阳莉华，等.大学生家庭环境、社交回避及苦恼与睡眠质量的关系[J].神经疾病与精神卫生，2012，12（4）：369-372.

[7] 罗文，卢鹏飞.家庭环境对大学生抑郁情绪的影响研究——以西南财经大学天府学院学生为例[J].教育观察（上半月），2017，6（1）：10-12.

[8] 杨燕，张雅琴.大学生父亲在位、安全感与人际信任的实证研究[J].教育学术月刊，2016（2）：27-32.

[9] 周明郎.大学生亲子共情感知与期待量表的编制及其与家庭亲密度的关系研究[D].成都：西南交通大学，2020.

[10] 苏钰涵.父母婚姻质量与大学生择偶偏好的关系：一个有调节的中介模型[D].成都：四川师范大学，2019.

[11] 平媛，冯秋迪，徐超.父母婚姻质量及教养方式与大学生婚恋观的相关研究[J].科教文汇（下旬刊），2010（9）：167-168.

[12] 孔海燕.父母婚姻质量与子女心理健康关系的研究[J].教育理论与实践，2016，36（4）：48-52.

[13] 张海燕.离异家庭大学生的心理健康调查及教育对策研究[J].继续教育研究，2009（7）：101-102.

[14] 杨金金.家庭离异对初中学生人格发展的影响研究[D].上海：华东师范大学，2017.

[15] 刘玉新，王学普，张建卫，等.家庭心理需求及其对家庭幸福的影响——基于1139个家庭的研究证据[J].北京理工大学学报（社会科学版），2016，18（5）：98-104.

[16] 孟万金，苗小燕，官群，等.中国中小学生家庭幸福感量表编制[J].教育研究与实验，2020（3）：91-96.

[17] 龙晓敏.当代中国青年婚姻关系与婚姻伦理研究——现代性的窗口[D].成都：西南交通大学，2021.

第七章

在相处中成长：人际关系与团体生活

本章导读

在开始本章的学习之前，请你拿出一张 A4 纸，用笔写下曾经发生或者正在发生的最令你困扰的 3 个人际关系问题。带着它们，进入本章的学习，相信你会从中获得共鸣或找到解决问题的办法。

从本质上讲，人是一种社会性动物。人际关系为何重要？团体对个体有哪些意义？如何把握人际关系与团体生活的规律，以促进个人成长？本章将为你一一解答。

第七章学习资源

第一节

有朋友的快乐：人际关系概述

一、为什么要重视人际关系

> 小林入学一年多以来，基本上不和班里同学来往，集体活动也很少参加，他认为大学生活只需要把学习这一件事做好，其他的都可以不管。每当小林独自完成一个课业任务或者考完阶段性测验时，总会陷入深深的孤独中。他觉得除了学习以外，好像再也找不到快乐了。当遇到需要合作完成的任务时，小林觉得伙伴效率低，常常一个人把小组大部分的事情都做了，做完之后会不甘，觉得自己的伙伴没有用。当小林遇到困难的时候，没有一个能相互了解、相互信任、谈得来的知心朋友，于是他时常陷入自卑、烦躁，经常的失眠和头痛使他精神疲惫，学习效率极低，失去了体验幸福的能力。

沙利文指出，人的本质是人的社会性，这种社会性表现为人际关系。换言之，人际关系就是人与人在交往过程中形成的心理关系。上述案例中，小林的主要困扰源于缺乏人际关系。

建立人际关系是社会化的重要一环，具有深远的意义。

首先，人际关系是心理发展的需要。当个体睁开眼看到母亲的那一刻，人际关系便发生了。根据温尼科特的观点，婴儿之所以成长，是因为跟母亲真实的人际关系互动。一个真实的母亲对婴儿是足够敏感的，随着婴儿神经系统的发育，真实的母亲会敏感地觉察到孩子不再需要那么多照料，这时如果母亲相应地撤退出来，孩子因此会感受到外界不是完全可靠的，体验着受挫感，也迎来了他人生中提升抗挫折能力的契机。随着时间的推移，孩子逐渐从对母亲的绝对依赖转变为趋向独立，心理发展水平不断提高。另外，个体在与周围人的相互作用中拓展自我，构建自己的主观世界，并由此形成自己的一套独特的人际网络。自我扩张理论认为，人们通过将他人的资源、观点和认同纳入自我来实现自我扩张和心理成长（赖晓璐、刘学兰、黎莉，2018）。

其次，人际关系是心理健康与幸福生活的需要。亲和动机是指寻求或维持与他人的情感联系的倾向。亲和动机可以激发更多积极的社会互动以及社会关系的互惠行为。有着强烈亲和需求的人会在人际关系中投入更多的情感。鲍尔比认为，孩子与主要养育者之间的关系，对孩子看待自己和这个世界的方式起到决定性作用。小林所体验到的孤独感是个体的人际关系不能满足社交需要时所产生的一种消极情绪体验。社会孤独感是预期的人际关系没有达到或对现有社会关系不满意时产生的消极情绪反应。研究发现，人际信任影响个体维持社会联系、建立和谐人际关系，低人际信任者倾向于对他人保持敏感、怀疑的态度，在日常生活中不易获得稳定的社会关系，导致更高的社会孤独感而降低幸福感。另外，高社会孤独感者因为缺乏社会互动和人际支持，对外界的人际信任水平也会相对较低。

最后，人际关系是学业成就的需要。合作是众多社会关系中的一种，在合作中，人们能够交流信息、获取知识，是影响学习效果的重要因素之一（王静、陈英和，2009）。在大学校园中，有些学生能够通过合作实现自己的目标，而另一些学生常常因为合作受阻而影响目标的实现。这是怎么一回事呢？在竞争中的合作基础是你能感到安全。合作关系和亲密关系一样，需要建立在相互信任、相互依靠及双方能进行有效交流和沟通的基础上。鲍尔比认为，母婴之间良好的关系能够为探索行为提供安全保障。也就是说，个体早年在人际关系中体验到的安全感，能够成为个体未来追寻目标、探索世界的基础，这就是人们常说的，有足够的爱才有原动力去探索世界。安全型的人会更倾向于合作与妥协（朱丽莎、祝卓宏，2016），在面对问题时，与对方进行的更多的是建设性的交流；回避型的人较难做出合作行为；焦虑型的人更容易做出竞争行为。回避型的人和焦虑型的人在关系中会有更多回避行为和间接冲突。

二、是什么影响了我的人际关系

我们对"社交达人"的想象是什么？他们有哪些特征或人格特质能够让我们选择与他们更亲密？又是什么妨碍我们建立人际关系？下面将探讨上述问题。

（一）什么样的人容易吸引我们

在生活情境层面，接近效应与曝光效应是影响人际吸引的主要因素。接近效应是指我们看见并与之交往最频繁的人往往最可能成为我们的朋友或恋人。网络社交是当代大学生的常见社交形式，也是由于接近效应。一般认为，空间距离是造成关系疏离的原因之一，互联网便利了人与人的情感交流，是传统人际交往有益的补充（田丽、安静，2013）。曝光效应是指我们暴露在某一刺激下越多，我们也就越可能对其产生好感。进化心理学的观点认为，在长期的进化过程中，人类通过与不熟悉的事物不停地相互作用从而熟悉它们。随着戒心的解除和舒服性的上升，我们对这种事物的正性情感也必然增加。而人与人之间经常的接触可以增进互相了解，因而使得双方在交往时有一种安全感，不会处于不安的紧张状态之中。然而，如果在刚接触一个人时产生的感受是负面的，则随着曝光的增加，厌恶的情绪可能会被放大。

在个体属性层面，外表吸引力、相似性与互补性是影响人际吸引的主要因素。在其他条件相同的情况下，外表漂亮的人更招人喜爱。研究显示，外表漂亮的人更容易引起周围人的注意，人际吸引力更强，更容易获得他人的帮助、有更多的约会机会，更受欢迎，也更容易获得职业上的成功，很可能还会有更好的身体和精神状态。相似性是指我们和他人在兴趣、态度、价值观、背景以及人格因素上的匹配程度。相似性对人际吸引的影响体现在观点、性格、兴趣、人际交往风格等方面。互补性是指我们被与我们相反的人所吸引。相似性和互补性依赖于个体对他们的人际关系所体验到的承诺水平。如果个体需要承诺的关系，他们会选择一个相似的人。如果个体对人际关系感受到较低的承诺水平，他们反而会选择那些与自己非常不同的人。事实上，建立在差异性之上的关系比建立在相似性之上的关系更难维持。

在个体行为层面，传达对他人的喜欢能够促进关系的建立。一个人喜欢他人的程度能够反过来预测对方喜欢他的程度。自我展露是指个体把有关自己个人的信息告诉他人，与他人共享自己内心的感受。如果一个人在与他人交往时缺乏这种自我展露，他便难以与他人建立有意义的联系，也会感受到更多的孤独。人们在自我展露的时候遵守相互性规范，即自己的展露水平与他人的展露水平相对应。自我展露应遵循相互性规范，如果一个人忽视关系的发展是循序渐进式的过程，一下子向他人展露太多有关自我的信息，会使他人害怕和退缩，从而给人际关系的建立和发展造成障碍。人们有时会通过控制自我展露的深度和广度来疏远与他人的关系。也有一些人会通过减少讨论的话题、降低自我展露的深度来达到退出关系的目的。

（二）是什么妨碍我们建立人际关系

1. 为何我总用退缩来保护自己

> 旺乐来到大学已经快一年了，在班级活动或者聚会的场合总感觉不适。在与周围人相处中，小心翼翼。常常不能维护自己的需要，每当鼓起勇气拒绝时，总是反复确认对方的感受，当对方没有给予明确的情绪反馈或者表现出不满时，旺乐总感觉自己做错了什么。旺乐时常说："他们都不喜欢我，我觉得自己不好，觉得所有人都讨厌我，我想让自己消失不见。"

一部分人更容易受到社会评价的影响，在社交情境中，常常体验到不适。究其原因，很可能是由于对更近关系的恐惧。有哪些因素影响个体在关系中的表现？一是情绪易感性。情绪易感性较高的个体对声音、气味等有更敏锐的觉察，相对而言，他们的情绪也更容易受到外界变化的影响。消极刺激往往会引发其较强的情绪反应，当个体不能更好地处理情绪时，往往会通过疏离一段关系来保护自己。相较于其他负面感受，在关系中退缩引发的孤独感更容易耐受。二是心理弹性。一些人刚来到世界上就很容易被安抚，好像天生容易与人相处。另一些人天生更难与人相处，出生时，他们更难被安抚，他们对改变有更大的情绪反应，就好像他们的神经系统具有更高的警惕性。对这些人来说，他们好像天生就不一样。容易被安抚的人的心理弹性比其他人更高。当然，心理弹性也有后天养成的部分，有些是可以习得的。三是虐待与忽视。如果一个孩子长期被父母忽视了，有可能因为父母生病了或者很粗心，这使他们在孩子难受的时候不能及时予以安慰。孩子被忽视的时候会觉得自己不重要。虐待常常会与愤怒联系在一起，一个愤怒的父母常常会打骂孩子，对孩子的身心发展产生侵入性影响，虐待是对孩子心理的侵入。四是羞耻感。长期遭受虐待与忽视的个体，往往会有强烈的羞耻感。羞耻感是一种针对自我的情感，常常表现为对自己的存在感到羞耻。羞耻感会妨碍我们表达其他情绪，从而更进一步地让个体与他人疏离。五是依恋。如果孩子属于不安全型依恋，则孩子会回避与父母相处；如果孩子属于混乱型依恋，则孩子不知道应该接近还是回避父母，只要父母存在他们就不能完全放松。六是家庭危机事件。如果家庭有多重压力源，例如没有办法给孩子提供足够的营养、父母在经济上有压力等，或是个体早期的损失和创伤，会给孩子造成心理阴影。七是个体身心因素。长期的慢性疾病，或者属于自闭症谱系，导致个体发展社会功能的能力相对较弱等。以上七点因素都有可能影响个体心智化水平，妨碍其在人际关系中感知自己和他人的情绪。

如何给你的朋友带来安全感？

作为朋友，当他们对你不满时，你可以展示理解事物的不同观点，为你的朋友做出更多可能的示范。帮助他们学习更多的可能而不是疏远他们。逐渐地，他们会觉得你是安全的，会吸纳你为好朋友，也能从与你的互动中习得安全型依恋。

2. 为何我总感觉别人不理解我

> 费曼从大一第一学期时曾积极融入宿舍和班级,却总是与同学们格格不入,而后就开始很少与同学们沟通交流。费曼从大一第二学期开始与室友时常发生矛盾,室友中有两人交友广泛,另一人是学生干部,时而因工作需要而熬夜。但是费曼一直强硬要求,平时他在宿舍时,说话不能过于大声,晚上11点过后,不论什么原因都必须关灯,不可以说话。室友怨言颇多,但是屡次沟通无果,导致他在宿舍时,其他同学不太敢去他们宿舍串门。每次费曼在宿舍时就打开音乐,音量较大,想以此盖过室友们的交谈声,甚至买了窗帘将自己的床位和电脑桌前的位子围起来,将其变成自己的个人世界。

这个案例中,费曼做出在宿舍打开音乐并放大音量等一系列不当行为,并没有产生内疚心理。这是因为在费曼的想象中,舍友的行为与自己的行为一样。费曼的内心感受与事实应该引发的感受不相匹配。依照公平理论,费曼的行为会引发身边人的不适。公平理论的支持者认为,人们并非简单地以最小代价换取最大利益,他们还要考虑关系中的公平性,即与关系中的同伴相比,两者贡献的成本和得到的收益基本是相同的。过度受益和过度受损的关系双方对这种状态都应该感到不安,且双方都具有在关系中重建公平的动机。这对于过度受损的一方来说是容易理解的。对于过度受益的一方,如果他们在一段关系中得到的超过他们应得的,个体最终将感到不安,甚至感到内疚。是什么原因导致这样的结果呢?在费曼的内心深处,可能对自己和他人有很多负面的评价,例如自己是不值得爱的,他人是不值得信任的。另外,费曼对舍友关系有着错误的期待,没有意识到宿舍是多人的世界。如果你有着与费曼类似的情感体验,可以尝试采用以下方法来调节。

改善"以自我为中心"的心理

(1) 观察。你可以向自己提问:我是否对环境有过度的控制欲?我是否对他人的建议特别敏感?如果你的回答为"是",那么你有可能在人际关系中存在"以自我为中心"的心理行为特征。

（2）求助。告诉你信任的人，你存在这一心理行为特征，寻求他们的支持，邀请他们帮助你，在他们感觉到你"以自我为中心"时提醒你。

（3）找到生活更多的可能。尝试一些新事物，在新事物中感受生活的意义，将宿舍生活作为自己全部生活的一部分。

（4）接纳自己。面对自己容易"以自我为中心"这一事实，这会带给你前行的勇气。

3. 有哪些误区阻碍我们建立关系

误区一：如果我向他人求助，则说明我是一个弱小、无能的人。

解析：很多人认为只有能力不足的人才会向他人索取，事实并非如此，向他人求助是勇敢面对现实的体现。

误区二：拒绝他人是一件很自私的事。

解析：有这一想法的人，往往会会赋予拒绝更多的含义，其实拒绝只是人际交往中意图的表达。当你拒绝他人后，被拒绝的一方认为你是一个自私的人，你为此而感到伤心时，可以告诉自己，人是发展变化的，对方对你的看法，今后很大可能会有变化。

误区三：自己的感受和想法不重要，别人的感受和想法才重要。

解析：面对自己与他人的不同时，你会选择更加尊重自己的感受还是他人的感受？这个问题没有标准答案。事实上，当一个人过于忽视自己的感受时，往往会不快乐。

误区四：我不去表达自己的想法，他人就知道我在想什么。

解析：这种期待对关系双方并不公平，它意味着对方还要为你的感受和想法负责。我们需要明确地表达自己的需要，才能让对方更清晰地了解自己的需要，才更有可能在人际关系中获得满足。

误区五：我不应该为自己的需要进行协商和争取。

解析：向他人表达自己的需要，从某种程度上来说，就是给了对方选择同意或拒绝自己的机会，这往往会使人恐惧。我们可以在协商和争取之前明确自己想要什么，同时思考：我为什么需要它？这种需要有商量的空间吗？有候选项吗？明确上述问题，不仅能使我们清晰而坚定地表达想法，而且能让我们真正说服自己协商和争取是必要的。这样不仅能更容易获得他人的帮助，而且在遭遇他人的拒绝时，我们可以寻求其他办法，直到实现自己的目标。

误区六：其他人应该支持我。

解析：我们需要坦率地面对自己，从自己的内心深处肯定自己的价值以及接纳自身的局限。即使他人不支持你，也不代表你的想法是不好的。

误区七：如果他们不友善地对待我的话，我也应该这样对待他们。

解析：当他人的不友善唤起我们的负面情绪时，我们可以先通过一些方法（如深呼吸等），来平复情绪，然后基于自己的需要做出理智的选择。当他人不友善地对待你时，你可以选择非破坏性方式远离这种伤害。

第二节

对人群的渴望：团体中的个体

一、什么是团体

（一）团体的概念与类别

团体（又称"团队"）就是两个或两个以上独立的个体通过彼此互动而互相影响的个人集合体。团队角色是指团队成员为了推动整个团队的发展而与其他成员交往时表现出来的行为方式。团队中每个成员都有不同的角色。在有关团队角色的理论研究中，贝尔宾提出的团队角色理论被认为是最为完整且应用最广的。贝尔宾提出，团队中存在九种角色：协调者、推进者、创新者、信息者、监督者、实干家、凝聚者、完成者、专家。九种角色的主要特征如下。

（1）协调者。协调者是团队的领导和控制者。具体表现为：成熟，办事有条理，自信并信任他人；清楚地知道团队其他成员的长处和不足，并能在完成团队任务时予以恰当地运用；能看到工作中的漏洞，及时采取措施予以弥补；时刻想着目标，能激发团队成员对共同目标的忠诚和热情；不借助权威而使人信服，是宽松和谐氛围中的支配者；视野宽广。

（2）推进者。推进者将计划和方案转化为具体的行动并予以落实。具体表现为：性格开朗，充满活力，任性且急躁；善于把团队的工作任务具体化，制定计划和方案并付诸行动；喜欢带头并推动别人去行动，是团队的推进器和火车头；能在压力很大的时候产生动力，引领团队，将事情推向前进。

（3）创新者。创新者为团队带来突破性的观点和思想，并提出最初的解决方案。具体表现为：知识渊博，有创造力和想象力，是新思想的源泉，善于解决棘手的问题；喜欢运用自己的想象力单独开展工作。

（4）信息者。信息者联系外部，为团队带来新的信息。具体表现为：外向，充满活力，善于与各类人沟通；能够把组织外的思想、信息带回组织；善于发现新的机会。

（5）监督者。监督者确保决策和团队方向的正确。具体表现为：头脑冷静，有较强的思维和分析能力，能慎重地对问题进行分析；善于对方案进行利弊分析，从而确保决策的均衡；很少从众。

（6）实干家。实干家是高效的组织者。具体表现为：遵守纪律，有责任感；擅长将各种决策和想法变成具体、明确的任务，并将之转变为实际的步骤去执行；具有自我约束和控制能力，能有计划、有系统地解决问题。

（7）凝聚者。凝聚者协调内部，维护团队和谐。具体变现为：喜欢社交，性情温和，具有较强的灵活性；善解人意，是团队内部信息的积极沟通者，是团队的黏合剂。

（8）完成者。完成者制订计划，确保团队的工作秩序。具体表现为：勤恳，有条理；尽职尽责，严格按日程办事，确保所有工作按计划完成，维护工作秩序；善于寻找错误和疏漏。

（9）专家。专家为团队提供智力支持。具体表现为：做事专一、投入；解决技术问题，提出专业意见；能提供稀缺的知识和技术。

你在团队中扮演什么角色？

下面是基于贝尔宾的团队角色理论的团队角色测试题目，请你选择最符合自己意愿的答案，测试你扮演的团队角色。

说明：每题有 8 个句子，请将 10 分分配给这 8 个句子。分配的原则是，最能体现你的行为的句子得分最高。

1. 我认为我能为团队做出的贡献是：

A. 我能很快地发现并把握住新的机遇。

B. 我能与各种类型的人一起合作共事。

C. 我生来就爱出主意。

D. 我的能力在于，一旦发现某些对实现集体目标有价值的人，就及时把他们推荐出来。

E. 我能把事情办成，这主要靠我个人的实力。

F. 如果最终能导致有益的结果，我愿面对暂时的冷遇。

G. 我通常能意识到什么是现实的，什么是可能的。

H. 在选择行动方案时，我能不带倾向性，也不带偏见地提出一个合理的替代方案。

2. 在团队中，我可能有的弱点是：

A. 如果会议没有得到很好的组织、控制和主持，我会感到不愉快。

B. 我容易对那些有高见而又没有适当地发表出来的人表现得过于宽容。

C. 只要集体在讨论新的观点，我总是说得太多。

D. 我的客观看法，使我很难与同事们打成一片。

E. 在一定要把事情办成的情况下，我有时使人感到特别强硬以至专断。

F. 可能由于过分重视集体的气氛，我发现自己很难与众不同。

G. 我易于陷入突发的想象之中，而忘了正在进行的事情。

H. 我的同事认为我过分注意细节，总有不必要的担心，怕把事情搞糟。

3. 当我与其他人共同进行一项工作时：

A. 我有在不施加任何压力的情况下，去影响其他人的能力。

B. 我随时注意防止粗心和工作中的疏忽。

C. 我愿意施加压力以换取行动，确保会议不是在浪费时间或离题太远。

D. 在突出独到见解方面，我是数一数二的。

E. 对于与大家共同利益有关的积极建议，我总是乐于支持。

F. 我总是热衷于最新的思想和发展。

G. 我相信我的判断能力有助于做出正确的决策。

H. 我能使人放心的是，对那些最基本的工作，我都能组织得井井有条。

4. 我在工作团队中的特征是：

A. 我有兴趣更多地了解我的同事。

B. 我经常向别人的见解进行挑战或坚持自己的意见。

C. 在辩论中，我通常能找到论据去推翻那些不甚有理的主张。

D. 一旦确定必须立即执行一项计划，我就有推动工作运转的才能。

E. 我不在意使自己太突出或出人意料。

F. 对承担的任何工作，我都能做到尽善尽美。

G. 我乐于与工作团队以外的人进行联系。

H. 尽管我对所有的观点都感兴趣，但这并不影响我在必要的时候下决心。

5. 在工作中我得到满足，因为：

A. 我喜欢分析情况，权衡所有可能的选择。

B. 我对寻找解决问题的可行方案感兴趣。

C. 我感到，我在促进良好的工作关系。

D. 我能对决策有强烈的影响。

E. 我能适应那些有新意的人。

F. 我能使人们在某项必要的行动上达成一致意见。

G. 我很高兴能找到一块可以发挥我想象力的天地。

6. 如果突然给我一件困难的工作，而且时间有限，人员不熟：

A. 在有新方案之前，我宁愿先躲进角落，拟订出一个解脱困境的方案。

B. 我比较愿意与那些表现出积极态度的人一道工作。

C. 我会设想通过用人所长的方法来减轻工作负担。

D. 我天生的紧迫感，将有助于我们不会落在计划后面。

E. 我认为我能保持头脑清醒，富有条理地思考问题。

F. 尽管困难重重，我也能保证目标始终如一。

G. 如果集体的工作没有进展，我会采取积极措施去加以推动。

H. 我愿意展开广泛的讨论，意在激发新的思想，推动工作。

7. 对于那些在团队工作中或与周围人共事时所遇到的问题：

A. 我很容易对那些阻碍前进的人表现出不耐烦。

B. 别人可能批评我太重分析而缺少直觉。

C. 我有做好工作的愿望，能确保工作持续进展。

D. 我常常容易产生厌烦感，需要一两个有激情的人使我振作起来。

E. 如果目标不明确，让我起步是很困难的。

F. 对于我遇到的需要负责的问题，我有时不善于加以解释和澄清。

G. 对于那些我不能做的事，我有意识地求助他人。

H. 当我与真正对立面发生冲突时，我没有把握使对方理解我的观点。

填写示范：选 A 给 2 分；选 B 给 1 分；选 C 给 1 分；选 D 给 2 分；选 E 给 2 分；选 F 给 1 分；选 H 给 1 分；选 G 不给分。把题目对应的分数填写在表 7-1 中，最后把各项的总分加起来就是你扮演的各个角色的分数。

表 7-1　记录表

	第一题	得分	第二题	得分	第三题	得分	第四题	得分	第五题	得分	第六题	得分	第七题	得分	总分
实干者	G	0	A		H		D		B		F		E		
协调者	D	2	B		A		H		F		C		G		
推进者	F	1	E		C		B		D		G		A		
创新者	C	1	G		D		E		H		A		F		
信息者	A	2	C		F		G		E		H		D		

续表

	第一题	得分	第二题	得分	第三题	得分	第四题	得分	第五题	得分	第六题	得分	第七题	得分	总分
监督者	H	1	D		G		C		A		E		B		
凝聚者	B	1	F		E		A		C		B		H		
完善者	E	2	H		B		F		G		D		C		

解释：分数最高的一项就是你表现出来的角色，分数第二高、第三高的就是你的潜能。如果分数在10分以上的有三项，证明你这三种角色都可以扮演。一般来说，5分以下表示你不能扮演这种角色，15分以上证明你的这种角色表现很突出。很少有人具有一种角色特征，大多数人都是同时具有多种角色特征，或者在某种角色上更为突出。

（二）团体对个体的意义

没有团体，个体将难以生存和发展，团体对个体有着不可忽视的影响。

（1）个体能够在团体中了解自我。自我是由他人的评价组成的，如果个体在成长过程中时常遭遇贬低，则将导致个体对他人及自我的评价倾向于采取敌对与轻视的态度。另外，在团体中，个体能够认识自己的行为对他人的影响，并逐渐区分自己与他人，形成合适的人际边界。

（2）个体能够在团体中提升自尊。自尊是指一个人看待自己的方式，对自己的想法，以及赋予自己的价值。低自尊的人常常表现为主动拒绝那些好的东西，拥有不那么好的东西才会让他们感到安全。我们在团体中感受到他人对我们的帮助，能够让我们觉得自己是值得的。

（3）团体能够带给个体修正性的情感体验。团体中，每个个体的行为都会展现出来，一个稳固的团体可以容纳团体成员的部分冒险行为。

（4）团体能够锻炼个体的人际交往能力。一般认为，能够适应团体生活的个体会得到较高、较成熟的社交技巧，他们能够学会有效回应他人，知道解决冲突的办法，能够较少进行主观评价且更善于准确地体验和表达共情。

二、团体中需要面对的议题有哪些

（一）环境是如何影响你的

近些年来，通过脑成像技术，神经科学家确定人类大脑皮层存在镜像神经系统。

镜像神经系统能把他人的动作与自己的运动系统相匹配，以自身动作的神经环路对他人的动作做出回应，促进人际理解和沟通，成为社会沟通的"神经桥梁"。镜像神经系统能够帮助人类理解彼此的感受，传递情绪信号。情绪共享是指个体知觉到他人的动作、表情或声音等外部信息时，会自动地、同步地模仿，此时大脑中相应动作或情感部位也会被激活，从而使个体产生同形的表征共享（叶浩生，2016）。镜像神经元理论和情绪共享理论说的是个体被动地接受外界刺激，自动激活大脑中相应的神经连接，从而被动地对刺激进行反馈（刘聪慧、王永梅、俞国良等，2009）。环境对个体的影响无所不在。

（二）为何你总感觉他人充满敌意

> 李飞从北方来到南方的一所大学读书。进校后，由于和同寝室的一名南方同学在对生涯发展的看法上相去甚远，经常斗嘴，矛盾时有发生。李飞同寝室的另外两名同学也与那位南方同学的观点一致，每次寝室讨论到生涯发展，李飞总感觉室友都站在自己的对立面，都不理解他、信任他。李飞对他们充满怨恨、猜疑和反感，只要有两位同学当着自己的面嘀咕几句，就认为他们是在说自己的坏话。李飞为此感到伤心、无助，内心十分苦闷。

安全依恋型个体拥有积极的自我-他人模型，拥有更多积极的互动经验，更相信自我是有价值、值得关爱的，他人是可靠的，在人际关系中有更多信任和更少敌意。不安全依恋型个体拥有消极的自我-他人模型，其中焦虑型依恋个体的消极自我模型使其更多地怀疑自我价值并对亲密关系充满警惕；回避型依恋个体的消极他人模型使其更多地拒绝信任他人，在遭遇困难时更多地采取回避策略，很少寻求他人帮助。不同依恋类型的个体持有的对自我、他人及关系的图式不同，导致其对他人的信赖程度及关系期望不同，进而影响信任的建立（李彩娜、孙颖、拓瑞等，2016）。

安全依恋型个体拥有较高水平的信任，这能有效提升人际关系承诺和满意度，增强组织间的合作互动。若信任被破坏，则意味着人际的疏离、偏见及社会关系的终结。依恋理论指出，关系中的情绪体验与以下几个因素有关：① 当个体面临困难或危机时向依恋对象寻求帮助；② 依恋对象是可获得的并能提供帮助；③ 通过亲近策略向依恋对象寻求帮助是有效的，问题获得解决后，个体会体验到舒适和亲密感。

（三）为何我的班级缺少一些"黏合剂"

> 曾雯刚当上班长不久就遇到了一些难题。班级集体表决意见时，每个人都有自己的想法，统一意见很困难；自己绞尽脑汁想的活动，同学们参与度低，组织不起来。另外，曾雯觉得做班长事务过于繁杂，消耗了自己的很多精力，还被同学们戏称为辅导员的"狗腿子"。不久前，曾雯萌生了辞去班长职务的想法。

曾雯的遭遇，不少班长或多或少都会遇到，与班级凝聚力有关。凝聚力泛指使团队成员留在团队中的所有力量的总和，或者说是团队对其成员的吸引力。凝聚力强的团队往往有较高的出勤率、参与度，以及更多的彼此支持，并且会较大程度地保持团队的规范。凝聚力强的团队更能让成员体验到归属感，团队归属感可以提升成员的自尊，能够增强成员的责任感和自主权。有学者认为，团队吸引其成员主要有两个方面的原因：一是需要与他人一起努力、有效地工作；二是需要与他人和谐相处。

团队凝聚力与团队成员组成、团队任务、团队氛围以及团队内部管理有关。一般认为，团队的规模越大，团队的凝聚力就越弱。团队目标越一致，在实现目标中相互依赖程度越高，需要团队成员齐心协力完成一个任务的过程越多，团队凝聚力越强。在和谐的团队氛围中，个体能够体验到被接纳，会让个体更愿意待在团队里。采用民主型领导方式，则团队凝聚力较强。大量研究表明，团队中需要一个具有仁慈、助人、鼓励特征的权威形象，以及对这一权威形象的正性依恋。正性依恋就是团队中的黏合剂。对待他人的态度友好、尊重，对倾听他人表现出兴趣，对他人言外之意保持敏感，需要注意对方的反馈以及用言语和行动表达对对方的理解，认可对方的感受，训练自己的上述特质能更易于让他人对你产生正性依恋。另外，团队的外部因素也会影响团队的凝聚力，一个团队总是与外界环境不断发生交互作用，积极进取的外部环境会对团队凝聚力的增强起到正面的促进作用，反之，消极的外部环境会对团队凝聚力的增强产生负面影响。例如，团队间的合理竞争会增强团队凝聚力，当团队之间开展竞争时，各自的团队内部就会产生压力和威胁，迫使所有的成员自觉地团结起来，减少内部分歧（刘电芝、疏德明，2008）。

如何提升班级凝聚力？

提升班级凝聚力可从以下几个方面入手。

（1）形成班级文化，确立一致性目标。可以与大家共同讨论班级名称、班歌、班级口号等。找到班级成员一致性目标，提升班级凝聚力。

（2）营造民主氛围。在团队决策上共同商议，例如班级团建具体活动，力求决策结果最大限度满足班级学生的需求。班级内部应有充分的沟通时间、空间以及良好的氛围。可以定期开班会，了解大家对班级建设的想法和期待。如遇到问题，应及时讨论解决；如问题不好解决，班长可以主动与同学交流，共情其感受，力求其理解。

（3）形成班级独特的规范。指出哪些行为对班级有利、哪些行为对班级有害，以此来规范成员的行为，鼓励有益行为，纠正有害行为。

（4）灵活采用多种激励方式。班级与班级之间可以开展一些积极的团队活动，通过竞争来增强团队凝聚力；也可以开展一些班级户外拓展训练，使班级成员在团队活动中体会到团队的重要性。团队对成员的吸引力是不同的，凝聚力也是不固定的，随着团队冲突的出现，团队成员需要面对挑战。

（四）为何领导力是每个人都要具备的能力

大学生领导力的开发和提升至关重要。部分研究显示，国外受过领导力培训的大学生更受雇主欢迎，其具有更强的适应工作环境和适应社会的能力（陶思亮，2014）。

研究显示，中国的一些大学生不太关注团队成员的发展。事实上，卓越的领导者特别关注团队成员的成长和发展，甚至将他们培养为领导者。中国大学生的领导力实践行为水平存在个体差异：女大学生高于男大学生，城市生源地大学生高于农村生源地大学生，中共党员大学生高于非中共党员大学生，参与学生组织的大学生高于未参与学生组织的大学生，参与学生组织数量多的大学生高于参与学生组织数量少的大学生。此外，参与社会实践活动、志愿活动，修习过领导力课程的大学生，其领导力实践行为水平比无此类经历的学生高。

因此，同学们在校期间，可以参加不同类型的学生组织，积极竞选学生干部，从而促进领导力的锻炼和提升。也可以积极参与暑期社会实践和志愿活动，多报名应聘学校各单位的学生助理岗位，多参与领导力相关课程的学习等。

领导力的常见误区有哪些？

误区一：领导者拥有绝对的权力。

很多人认为领导者意味着更高的地位、更大的权力。事实上，发挥领导力，意味着挺身而出，承担责任，解决大家的难题。一般认为，领导者具有五种权力：报酬权力、强制权力、合法权力、专家权力和参照权力。报酬权力就是奖励。强制权力就是惩罚。合法权力是组织或者社会赋予的权力，例如职位就是最常见的合法权力；专家权力来自专业能力，比如说医生让你吃药，你通常都会听医生的，因为医生有专家权力；参照权力就是别人把你作为榜样，作为参照系，从而愿意听你的，例如"明星效应"。

误区二：有魅力的人才有可能有领导力。

魅力不是发挥领导力的前提条件。"现代管理学之父"彼得·德鲁克反对把领导力归结为魅力，认为领导力的责任是解决问题，解决了问题就是创造了价值，这跟是否有魅力关系不大。事实上，魅力是发挥领导力的结果，如果你发挥了领导力，你就会变得有魅力。魅力有时是发挥领导力的负担，有被团体成员理想化的风险。

误区三：管理就是领导。

管理是在已有的流程之下做正确的事，领导是打破现有流程，解决挑战性难题，实现变革。海菲兹说，管理是解决技术性问题，领导是解决适应性问题。技术性问题是指问题清楚，解决方案清晰可控；适应性问题是指问题清楚，但解决方案不清晰可控。

三个问题助你提升领导力

一个人要成为自己的领导，需要明确自己人生的"主营业务"，如何明确呢？可以问自己三个问题：我的特长是什么？我的热爱是什么？我的机会是什么？

第三节

越来越近的我们：人际关系训练

你是否羡慕那些"社交达人"？你是否做出过很多努力，但仍感觉人际关系不顺？也许你需要一些技巧来帮助自己突破关系瓶颈。技巧的学习没有捷径，需要反复练习，总结并提炼适合自己的"独门秘籍"。所谓的"社交达人"，都是通过后天的努力养成的。

一、如何建立并深化人际关系

健康的关系是能给人带来积极成长的关系，它带有互惠、真诚、尊重边界、独立、适度依赖、共同进步的特点。互惠指的是考虑双方的利益；真诚意味着双方坦诚地面对彼此；尊重边界指的是双方彼此尊重关系的原则和底线；独立指的是双方不会将应该由自己负责的情绪和行为推卸给对方或者替对方承担责任；适度依赖指的是当有需要时敢于向对方求助；共同进步指的是关系能够促进双方的共同成长。如何建立高质量的人际关系呢？

（一）如何识别一个人能不能跟你建立高质量的人际关系

对此，克劳德认为，需要考虑以下几个因素。

（1）对方是否能理解你。

（2）对方为什么想要和你建立人际关系？他怀着善意还是另有所图？

（3）对方是否有能力给你提出建议？当一个人总是很难共情你的感受时，人际关系的质量也很难加深。

（4）对方之前的人际关系是什么样的？对方之前在人际关系中的行为模式，可以预测在之后人际关系中的表现。

（二）自我表露有多重要

斯莱彻和彭尼贝克对亲密关系中的自我表露进行了研究。他们邀请了多对情侣，从每对情侣中抽出一人，组成两组，要求其中一组在3天内每天花20分钟写出他们对这段亲密关系的深入思考和感受，另一组则仅仅写出他们的日常活动。那些仔细思考并写出感受的人在接下来的日子对其伴侣表露了更多的情感。3个月后，前组亲密关系仍在持续的百分比远高于后组。

无论是非言语线索还是言语线索，是否对一个人产生好感的关键在于我们心中对方喜欢我们的程度，而向他人表达喜欢是能够让对方迅速了解你内心的方式。通过表达，可增添关系中的积极情感体验，让彼此觉得更亲密和温暖。同时，对方知道我们的真实想法，能够让双方感受到关系更安全。在关系中如果对方感受到更安全，其也会更加愿意投入和维持关系。自我表露水平能够预示关系的远近。相关研究发现，随着关系的深入发展，双方会越来越多地向对方展现自我，他们对彼此的了解逐渐深入，直到一个适当的水平为止。人与人之间存在表露互惠效应，一个人的自我表露会引发对方的自我表露，我们会对那些向我们表露的人表露得更多，从而在你表露一点、我表露一点中，关系逐渐加深（戴维·迈尔斯，2006）。

（三）如何表达需要

在这段关系中你最想要什么？表达需要有时会让我们感觉丧失了在关系中的主动权。这时，我们需要评估我们在当前情境下，是更愿意在关系中忽略自己的需要还是暂时忍受丧失主动权引发的不确定感，主动表达自己的需要。不同的人会给予不同的回答。表达需要并不是一种不友好的行为。表达需要最关键的是要明确我们的需要是什么。这样，在表达的时候，对方也能够更加清晰地了解我们的需要，更有可能帮助到我们。我们可以通过询问自己几个问题来理清思路：我想要什么？我为什么需要它？这种需要有其他替换方案吗？我要如何获取它？当上述问题明确以后，依旧可以表达自己的需要，更重要的是，当他人没有满足你时，你也会继续坚持寻找自己需要的东西。

了解自己想要什么？

想一想你最近在人际交往中的不愉快经历，用以下几个步骤把你的需要用文字清楚表达出来。

（1）把你的感受写成文字：_____。
（2）你想要别人改变什么？

更多的：_____。
更少的：_____。
不再做：_____。
开始做：_____。
时间：_____。
地点：_____。

频繁程度：_____。

把这些信息用一个或几个句子表达出来：_____。

🌱 心理体验

获得你想要的

DEARMAN技术适用于表达需要的场景。其中，D代表描述（Describe），E代表表达（Express），A代表坚持（Assert），R代表强化（Reinforce），M代表正念（Mindful），A代表表现得自信（Appear confident），N代表协商（Negotiate）。当你明确地知道自己想要什么，但是不敢表达时，可以试试使用这个技术。

（1）Describe：依据事实描述当前的情境。

例如："你说过在我们两个人待着的时候不打游戏，但是你刚才一直在打游戏，持续了一个多小时。"

（2）Express：就以上所描述的情境表达你的感受和观点。在表达时，用"我想要"替换掉"你应该"，用"我不想要"替换掉"你不应该"。

例如："我想要你多陪陪我，我有点担心你一直盯着屏幕会对眼睛不好。"

（3）Assert：通过表达你的请求或拒绝来坚持你自己。不要认为别人能够知道你想要什么。

例如："如果你在与我相处的时候真的很想玩游戏，我希望你能够在玩游戏前跟我沟通一下。"

（4）Reinforce：提前强化某人，比如你向他说明达到你的目的之后有什么好处，也可以澄清一下达不到目的之后的坏处。记得在他按你的想法做后奖励他。

例如："如果你那样做的话，我会更理解你的行为。"

（5）Mindful：保持你的观点，注意力不要分散，不要脱离你的主题，聚焦在你的目标上。如果有人持续表达请求、拒绝你的观点。你可以一次再一次地重复同一件事；如果其他人对你表达攻击或者试图让你改变主题，不要对攻击做出回应，请忽略那些让你改变想法的东西和那些会让你分散注意力的事情，保持你的观点。

例如："你还是在玩游戏前跟我沟通一下。"

（6）Appear confident：让你的声调和身体姿势保持自信；保持良好的眼神接触；不要结巴、低语、盯着地板看或后退；不要说"我不太确定"之类的话。

(7) Negotiate：在说不的时候，可以答应对方做一些其他的事或提供解决问题的其他方式。

例如："如果你没有想到跟我沟通，是不是可以在我提醒你的时候跟我说说你的想法？"

也可以询问对方，寻求其他解决方案。

例如："你觉得我们应该怎么办？"

（四）保持对自己的尊重

对自己和他人保持公平，正视自己及他人的感觉和期望。不要过度道歉，例如，不要为自己提出请求而道歉，不要为自己提出意见或表示反对而道歉，不要无视自己的正当需求。坚持自己的价值观，不要因为觉得自己不重要而出卖自己的价值观，要清楚自己所认为的道德以及有价值的思考和行为方式，并坚持你的立场。不要在并非无助的时候表现得无助，不要夸张或者编造一些借口。

（五）如何克服关系的内心阻抗

（1）社交焦虑。有时，我们想建立和深化一段关系，但当焦虑情绪上来的时候，往往会选择回避。当你发觉自己因为社交焦虑而回避建立关系，而你又需要这段关系的时候，你可以将注意力更多地放在他人身上，减少对自己的过度关注。事实上，他人对我们的看法往往跟我们自己想象的不一样，社交焦虑有时来源于自己对结果过度负面的预期。我们可以通过行为实验来验证自己想象的真实性。例如，你接到一个舞会的邀请，内心特别想参加，但是觉得自己一定会出丑，这时你会寻找很多证据来支持自己想象中一定会出丑的理由，像是"我从来没有参加过""我的身材没有那么好""我不擅长主动发起一段对话"。这时候我们可以运用"相反行为"的技巧。"相反行为"是指，当情绪与事实不相符时，例如舞会让你恐惧，特别想逃离，但你的恐惧程度不太符合事实时，选择一个相反的行为，像是"靠近"。

（2）羞耻感。有时，阻碍我们跟他人建立亲密关系是由于我们内心深处的羞耻感。羞耻感是一种不愿意被他人看见的感受。当两个人走得更近的时候，对有羞耻感的个体是一个挑战，意味着他将会花费更多的精力来避免别人看到自己。其实，有羞耻感的个体非常需要亲密关系，因为从亲密关系的体验中，才能修正原本不一定符合事实的感受。

保 持 关 系

GIVE 技术能够让你对自己及他人都有良好的感觉。其中，G 代表温和的（Gentle），I 代表有趣的（Interested），V 代表坚持认可（Validate），E 代表从容的举止（Easy manner）。

（1）Gentle：友好的和尊重的。

不要攻击，不要威胁，不要有"操纵性"话语，尝试忍受别人的拒绝，即使这个讨论过程让你感到痛苦，你也尽量让自己不要逃离出来，或者可以优雅地退出。尽量不要使用责备性话语，不要嘲笑，不要忽视对方的消极情绪体验，例如说"那没什么可以伤心的"。

（2）Interested：倾听他人并表现出兴趣。

面对他人，保持眼神接触，倾身靠近他人，而不是远离，不要打断别人。

（3）Validate：用语言和行动表达你理解他人的感受和想法。

从他人的角度看世界，然后按照你看到的来说或行动。

（4）Easy manner：表现出从容的举止。

可以尝试微笑，让别人放松，多说些友善的话。

二、如何应对人际冲突

（一）关系的"风平浪静"，你还能忍受多久

> 海丽在学习之余还有社团活动，近一个月十分疲惫，晚上回到寝室希望能够早点睡觉，恢复体力。有一位舍友，晚上回去较晚，每次回到寝室的时候都会发出声音，影响小丽的休息。小丽尝试蒙头睡、戴耳塞等都无济于事。海丽希望舍友回寝室能够小声点，但舍友一回寝室就发出收拾东西、洗漱等声音，有时持续几十分钟。这让海丽很生气，开始与舍友冷战。海丽心想："为什么我总是在回避矛盾，有话不敢好好说？"

人际冲突是不可避免的。冲突来源于差异。大学生正处于心理学家所称的"心理断乳"阶段，具体表现为情绪、性格不稳定，处于人际冲突多发期。不是所有的人际冲突都能被我们觉察到。大学生感受到的人际冲突来源主要有"习惯差异""被侵犯""认识差异""情绪态度""制度结构""利益争夺"。排在首位的原因是"沟通障碍"（张翔、樊富珉，2003）。

（二）如何使用"巧劲"修复人际关系

在重要且无害的关系中，同时有理由相信能够改善目前的关系，那么可以尝试解决相关问题来修复关系。大学生倾向于采用的冲突处理策略主要有"合作、折中"、"迁就、回避"策略和"抗争"策略。其中最常采用的是"合作、折中"策略，其次是"迁就、回避"策略，而较少采用"抗争"策略。人际冲突是一种复杂的社会互动行为，性别、年龄、人格特质、文化传统、情境等都可能影响人际冲突的来源、处理策略和行为。众多冲突处理策略模型中，以托马斯提出的五因素模型影响最为广泛（樊富珉、张翔，2003），主要包括以下内容：

（1）回避方式，就是既不满足自身利益也不满足对方利益，试图不做处理，置身事外；

（2）强迫方式，就是只考虑自身利益，为达到目标而无视他人的利益；

（3）迁就方式，就是只考虑对方利益而牺牲自身利益，或屈从于对方意愿；

（4）合作方式，就是尽可能满足双方利益，即寻求双赢局面；

（5）折中方式，就是双方都有所让步。

用"巧劲"修复人际关系，关键是改变对人际冲突的认知，辩证地应对冲突。

如何辩证地应对冲突？

1. 任何存在的事物都不只有一面

问问自己，哪一面没有考虑到？从另一方面来看会是什么样？尝试把自己从极端的看法中拽出来，把"总是""从不"改变成"有时"。当遇到分歧时，正反两方面都验证。接纳"是"和"否"、"真"和"假"同时存在。有时，以同样的热情让自己站在对立的每一方分别辩论，可以拓展出不同的想法。

2. 意识到自己和他人是有共同点的

找到你和他人之间的相似之处，尝试以你希望他人对待你的方式去对待他人。

3. 拥抱变化

把自己投入到变化中，去接受它、拥抱它。当规则、环境、人和关系以你不喜欢的方式改变时，练习对改变彻底接纳。可以做小小的改变来练习，比如特意改变自己去一个熟悉的地方的路线。

4. 你的改变会带来他人的改变

留意你对他人的影响，以及他人是怎么影响你的。

三、如何终止有害的关系

（一）是时候结束关系了吗

有害的关系是一种会阻碍你追求重要目标或者使你追求重要目标变得困难的关系，这种关系会影响到你享受生活以及做自己喜欢事情的能力，并且会损害你与他人的关系或你所爱之人的利益。

一些关系事件会导致关系变得有害，如躯体暴力、权利不对等、关系不明确、心理操纵等。

（1）躯体暴力。遭遇躯体暴力的大量受害者很难离开这种伤害性强的关系，他们认为施暴者可以改变。事实上，施暴者的行为是以控制受害者为目的的蓄意选择。

（2）权利不对等。权利不对等的关系很难平稳运营，因为一段健康、稳定的关系一定是建立在付出和回报对等的基础上。例如，在关系中的一方将关系视为一对一的恋爱关系，而另一方却不这么认为，对关系既没有承认也没有否定。前者会在关系中持续感受到不满足，而后者会在关系出现冲突的时候选择离开。在关系中拥有更多权利的人，往往是对关系更少依赖、有更多独立和自主权利的人。

（3）关系不明确。不明确的关系是虚假的，没有真正关系带给我们的信任感，无法带给我们充实感，置身关系中的我们依然会感觉到孤独。

（4）心理操纵。关系中常见的 6 种心理操纵策略是取悦、冷战、强迫、劝说、退行、自贬。取悦是指让另一方按照自己的意愿去做，并带给其一些好处。冷战是指如果你不像对方希望的那样去做，对方便采取不回应或者忽视的态度。强迫是指如果你不像对方希望的那样去做，对方会进行威胁。劝说是指对方反复劝说你要这样做，如果你没有回应，就会反复询问为什么不这样做。退行是指对方为了让你这样做而去撒娇，你不这样做对方可能会怄气。自贬是指对方为了让你这样做，而去贬低自己。对于被操纵者来说，他们感觉不到自己被爱，他们可能被内疚等负面情绪笼罩。

（二）假如不从有害的关系中离开会怎样

有害的关系会破坏或者摧毁你。例如，损害你的生命安全、你的自尊、你的完整感、你的幸福以及你的爱他人的能力。不从有害的关系中离开，会带来持续性的痛苦。

利 弊 分 析

采用表7-2评估待在关系里和离开关系的利弊。

表7-2 利弊分析

项目	利	弊
待在关系里		
离开关系		

（三）如何终止有害的关系

相信自己，明智地做出终止有害的关系的决定。有害的关系往往需要双方的配合，当你选择不再在关系中受害，有害的关系就不会持续下去。保持独立，在做决定的时候可以参考他人的意见，但不一定要征得对方的同意。

学会认可自己。看到自己真实的处境，认可自身感受的合理性。相信自己是足够好的，从这段关系中离开，依然可以去寻找值得拥有的关系。

结 束 关 系

1. 提出结束关系

（1）描述关系情境；

（2）表达出你关于需要结束这段关系的想法或观点；

（3）坚持你结束关系的决定；

（4）评论关系的结束对于双方的积极后果以进行强化；

（5）认可对方的愿望、感受以及这段关系的历史；

（6）表达时，遵从事实，从容大度。

2. 做与爱相反的行为

（1）提醒自己为什么爱是不合理的；

（2）做的跟爱需要的相反；

（3）避免接触会想起曾爱之人的人或事。

本章小结

人的本质是人的社会性，人的社会性主要表现为人际关系。人际关系就是人与人在交往过程中形成的心理关系。建立人际关系是社会化的重要一环。人际关系是心理发展的需要，是心理健康与生活幸福的需要，是学业成就的需要。情绪易感性、心理弹性、虐待与忽视、依恋、家庭危机事件、个体身心因素等会影响个体在关系中的体验。

公平理论认为，人们并非简单地以最小代价换取最大利益，他们还要考虑关系中的公平性，即与关系中的同伴相比，两者付出的成本和得到的收益应是基本对等的。过度受益和过度受损的关系双方对这种状态都应该感到不安，并且双方都具有在关系中重建公平的动机。

团体（又称"团队"）就是两个或两个以上独立的个体通过彼此互动而互相影响的个人集合体。团队角色是指团队成员为了推动整个团队的发展而与其他成员交往时表现出来的行为方式。团队中每个成员都有不同的角色。贝尔宾提出，团队中存在九种角色：协调者、推进者、创新者、信息者、监督者、实干家、凝聚者、完成者、专家。没有团体，个体将难以生存和发展。个体能够在团体中了解自我、提升自尊、锻炼人际交往能力、修正过往不良情感体验。

团队凝聚力与团队成员组成、团队任务、团队氛围以及团队内部管理有关。一般认为，团队的规模越大，团队的凝聚力就越弱。团队目标越一致，在实现目标中相互依赖程度越高，需要团队成员齐心协力完成一个任务的过程越多，团队凝聚力越强。采用民主型领导方式，则团队凝聚力较强。一个团队总是与外界环境不断发生交互作用，积极的外部环境会对团队凝聚力的增强起到正面的促进作用，消极的外部环境会对团队凝聚力的增强产生负面影响。

建立高质量关系首先要识别一个人能不能跟你建立高质量关系，其次要自我表露、表达需要，另外，在关系中保持自尊很关键。应对人际冲突需要意识到人际冲突是不可避免的，并练习应对人际冲突的办法。有害的关系是一种会阻碍你追求重要目标或者使你追求重要目标变得困难的关系，这种关系会影响到你享受生活以及做自己喜欢事情的能力，并且会损害你与他人的关系或你所爱之人的利益。躯体暴力、权利不对等、关系不明确、心理操纵等会导致关系变得有害。

课后习题

一、选择题

1. 人际关系是（　　）的需要。
   A. 心理发展
   B. 心理健康
   C. 生活幸福
   D. 学业成就

2. （　　）依恋的人会更倾向于合作与妥协。
   A. 安全型
   B. 回避型
   C. 混乱型
   D. 焦虑型

3. （　　）依恋的人较少与人有合作行为，会存在更多的间接冲突行为。
   A. 安全型
   B. 回避型
   C. 混乱型
   D. 焦虑型

4. 下面不属于贝尔宾提出的团队角色的是（　　）。
   A. 创新者
   B. 协同者
   C. 推进者
   D. 完成者

5. （　　）头脑冷静，有较强的思维和分析能力，能慎重地对问题进行分析；善于对方案进行利弊分析，从而确保决策的均衡。
   A. 创新者
   B. 实干家
   C. 监督者
   D. 专家

6. （　　）喜欢社交，性情温和，具有较强的灵活性；善解人意，是团队内部信息的积极沟通者，是团队的黏合剂。
   A. 完成者
   B. 信息者
   C. 协调者
   D. 凝聚者

7. 导致关系变得有害的事件包含（　　）。
   A. 关系不明确
   B. 心理操纵
   C. 躯体暴力
   D. 权利不对等

二、填空题

1. 人的本质是人的社会性，人的社会性主要表现为_____。
2. 人际关系就是人与人在交往过程中形成的_____。
3. _____依恋的人在面对问题时，与对方进行的更多的是建设性的交流，这也可以促进合作的进行。

4. 团体就是_____。

5. _____水平的信任能有效提升人际关系承诺和满意度，增强组织间的合作互动。

6. 健康的关系是能给人带来积极成长的关系，它带有_____的特点。

三、判断题

1. 如果我向他人求助，则说明我是一个弱小、无能的人。（　　）
2. 我不应该为自己的需要进行协商和争取。（　　）
3. 得到我想要的比如何得到更重要，结果比方式更重要。（　　）

四、简答题

1. 如何建立高质量的人际关系？
2. 如何离开有害的人际关系？
3. 团体对个体有哪些意义？

图书推荐

1. 埃略特·阿伦森、提摩太·D. 威尔逊、罗宾·M. 埃克特：《社会心理学：阿伦森眼中的社会性动物（原书第 8 版）》，侯玉波、牛颖等译，机械工业出版社 2018 年版。
2. 马歇尔·卢森堡：《非暴力沟通》，阮胤华译，华夏出版社 2018 年版。
3. 苏珊·福沃德、唐娜·弗雷泽：《情感勒索》，杜玉蓉译，四川人民出版社 2018 年版。

电影推荐

1. 《飞屋环游记》（2009）
2. 《绿皮书》（2018）

参考文献

[1] 戴维·迈尔斯．社会心理学［M］．侯玉波，乐国安，张智勇，等译．8 版．北京：人民邮电出版社，2006．

[2] 樊富珉，张翔．人际冲突与冲突管理研究综述［J］．中国矿业大学学报（社会科学版），2003（3）：82-91．

[3] 赖晓璐，刘学兰，黎莉．亲密关系中的自我扩张［J］．心理科学进展，2018，26（12）：2170-2179．

[4] 李彩娜，孙颖，拓瑞，等．安全依恋对人际信任的影响：依恋焦虑的调节效应［J］．心理学报，2016，48（8）：989-1001．

[5] 刘聪慧，王永梅，俞国良，等．共情的相关理论评述及动态模型探新［J］．心理科学进展，2009，17（5）：964-972．

[6] 刘电芝，疏德明．团队凝聚力的影响因素及其培育措施［J］．现代管理科学，2008（5）：34-35．

[7] 陶思亮．中国大学生领导力发展与教育模型研究［D］．上海：华东师范大学，2014．

[8] 田丽，安静．网络社交现状及对现实人际交往的影响研究［J］．图书情报工作，2013，57（15）：13-19．

[9] 王静，陈英和．大学生合作学习的问题解决过程及其对问题解决水平的影响［J］．心理与行为研究，2009，7（4）：258-264．

[10] 叶浩生．镜像神经元的意义［J］．心理学报，2016，48（4）：444-456．

[11] 张翔，樊富珉．大学生人际冲突来源及其处理策略［J］．青年研究，2003（9）：45-49．

[12] 朱丽莎，祝卓宏．大学生依恋类型与合作心理的关系［J］．中国心理卫生杂志，2016，30（2）：148-151．

[13] 玛莎·M. 莱恩汉．DBT®情绪调节手册［M］．祝卓宏，朱卓影，陈珏，等译．北京：北京联合出版公司，2022．

第八章

风雨爱情路：大学生的爱与成长

📖 本章导读

爱情，是一个亘古不变的话题，古往今来，无数文人墨客、哲学家、心理学家、社会学家等都对这个话题进行了探讨。从诗歌到音乐，从剧作到小说，从建筑到雕塑，等等，人类用不同的主题和形式在不断地表达爱情。

对于当代的大学生来说，爱情已经不再是"犹抱琵琶半遮面"，很多大学生希望在大学时期能够拥有一段美好的爱情。爱情也一直是受大学生欢迎的讲座主题。有些人甚至提出，爱情是大学生的必修课。

我们都在用自己的方式期待、憧憬、实践着爱情，那么到底什么是爱情？爱情对大学生来说，到底意味着什么？

第八章学习资源

第一节

理解爱情

一、剖析"爱情"

> 雅倩现在读大三,宿舍里共有4人,其中有3人正在恋爱,而她自己一直没有找到合适的恋人。看着室友每天和恋人你侬我侬的样子,她很疑惑,到底什么是爱?

爱,本义是"喜爱""亲爱",意为对人或事有深挚的感情。爱是一种需要说出口,也需要付诸行动的感情,需要用心去呵护,同时,爱中有"友",相爱的人能形成友谊。

爱在人类及个体发展过程中具有什么意义?

在人类进化的历史长河中,人类需要相互支持、相互帮助,才能在恶劣的环境中生存下来。爱最初的意义是能让那些适应群居生活的人,获得更多的食物和抵御其他生物的捕食,从而更好地促进个体和种族的生存和发展,那些和他人建立联系的基因也传递了下来。

从发展心理学的角度来说,人类在婴儿期就会表现出很多社会性反应,比如爱、愤怒、恐惧等,其中最重要的反应就是爱。婴儿在与父母或者监护人的互动中,形成了最初的依恋关系,这种依恋关系成为爱的来源。

相较于其他哺乳动物,人类从婴儿到成熟的周期很长,因此父母需要在很长的时间里为婴儿提供依赖性保护,这种依赖性保护就是爱。爱是一种提供长期支持的机制,在这种机制下,婴儿得以更好地成长,因此这种机制也被习得而传承下来。

爱存在于人际关系之中,存在于亲子之间、夫妻之间,也存在于朋友之间及陌生人之间。因此有各种类型的爱存在,如夫妻之爱、家人之爱、友人之爱等。基督教中的博爱以及儒家思想中的仁爱,都属于爱的类型,还有一种爱为对自己的爱。

从上面的分析来看,爱是个非常复杂的概念,包含了很多内容,当你对某个事物,可以是人也可以是物产生了喜爱之情,并付诸行动去表达的时候,都可以称之为爱。

当然,现在我们谈论爱的时候,更多谈论的是爱情,即恋人之间的爱。那么问题来了,到底什么是爱情?

关于爱情的名言

关关雎鸠,在河之洲。窈窕淑女,君子好逑。

——《诗经》

人生若只如初见,何事秋风悲画扇。

——纳兰性德《木兰花·拟古决绝词柬友》

曾经沧海难为水,除却巫山不是云。

——元稹《离思五首·其四》

爱之于我,不是肌肤之亲,不是一蔬一饭,它是一种不死的欲望,是疲惫生活里的英雄梦想。

——袁筱一《最难的事》

爱情是一种永久的信仰。

——罗曼·罗兰《约翰·克利斯朵夫》

真正的爱情始终使人向上。

——小仲马《茶花女》

人生是花,而爱便是花的蜜。

——雨果《巴黎圣母院》

二、爱情的定义

【爱的迷思:爱情到底是什么?】

> 问世间,情是何物,直教生死相许?
> ——元好问《摸鱼儿·雁丘词》

对爱情的探讨,自古有之。柏拉图在对话录《会饮篇》中提出,人们对于寻找另一半、恢复完整的希冀和追求就是所谓的爱情。他认为爱情应该追求心灵的沟通和精神上的融合，爱的双方共同追求真善美。黑格尔后来发展了这一观点，认为爱情就是一种整合，即把一个人所包含的一切全部渗透到另一个人的意识里去，成为其追求和占有的对象。

恩格斯认为，爱情是指一对男女基于一定的客观物质基础和共同的生活理想，在各自内心形成对对方的最真挚的倾心爱慕，并且渴望对方成为自己终生伴侣的一种最强烈、最稳定、最专一的感情。爱情需要考虑客观物质基础，除了精神上的需求，还要考虑柴米油盐这些现实需求。共同的生活理想和最真挚的倾心爱慕，即双方需要有对未来的共同期待。成为终生伴侣是爱情的最高目标。

心理学诞生之后，心理学家从不同的角度阐述了自己对于爱情的理解。弗洛伊德认为，爱情是性欲的升华，性欲是情感的核心。弗洛姆认为，爱是恋爱双方在保持独立和完整性基础上的相互结合。因此，恋爱的双方既相互合作又需要保持各自的独立。鲁宾认为，爱情是个体对特定他人持有的一种态度。爱情主要包括亲密依赖需求、帮助倾向、排他性与占有性倾向三大部分。

三、爱情的类型

【爱的迷思：爱情有哪些类型？】

> 有人说爱情最美好的就是性，有人说爱情就是一场游戏，有人说爱情在意的是过程而不是结果，也有人说爱情就是为所爱的人奉献自己而不求回报。
>
> 你期待的爱情是什么类型？

约翰·艾伦·李采纳了鲁宾的关于爱情是个体对特定他人持有的一种态度的观点，他通过爱情故事卡片分类法研究得出，爱情的三原色是激情、游戏和友谊。三原色代表了爱情的三种不同风格：

激情之爱：激情之爱与欲望有关，是一种激情与浪漫相结合的爱情类型。这类恋人相信一见钟情，急于与伴侣建立深厚的关系。

游戏之爱：爱情是一场获得他人青睐的游戏。这类恋人可能会和多人建立恋爱关系。

友谊之爱：友谊之爱是一种冷静的、细水长流的，具备忠诚、承诺的爱情，比如我们常说的青梅竹马、两小无猜。

三原色的混合产生三种次级风格：

占有之爱：这类恋人具有强烈的情感，容易沉迷爱情并充满幻想，占有欲强。

利他之爱：利他之爱包含了激情和友谊。这类恋人具有利他精神，喜欢给予而不求回报。

现实之爱：现实之爱考虑现实的基础，恋人之间是理性的。这类恋人客观务实，会选择自己最般配的伴侣。

研究发现，持有相似爱情风格的人更容易走到一起。在现实生活中，各种爱情体验往往会发生交叉重叠。当然，每个人在不同的阶段可能会有不同的恋爱风格。

四、爱情的成分

【爱的迷思：喜欢是爱吗？】

> 喜欢是爱吗？性和爱是什么关系？

罗伯特·斯腾伯格的爱情三角理论（其模型见图 8-1）认为，爱情由亲密、激情和承诺三种成分组成。亲密是情感性的，是维系爱情长久发展的重要因素；激情和性欲有关，是爱情中的动力成分；承诺是认知性的，指投身于爱情和努力维护爱情的决心，和责任有关。这三种成分构成三角形的三条边，每条边的大小不一构成不同的三角形，因此构成不同的爱情。

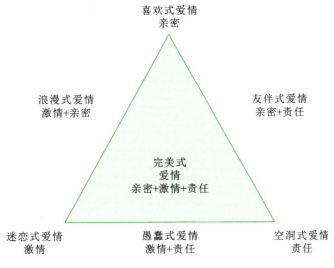

图 8-1 爱情三角理论模型

1. 无爱

当亲密、激情、承诺三种成分均不具备时，就不存在爱情。比如萍水相逢、点头之交。

2. 喜欢式爱情

关系的双方有较高的亲密程度，但是缺乏激情和承诺，彼此接近但是又不存在性的吸引和相守一生的承诺。好朋友往往属于这种类型。因此，喜欢和爱情有关，但不是爱情的全部。

3. 迷恋式爱情

关系的双方存在强烈的吸引尤其是性的吸引，但是缺乏亲密和承诺。通常所说的"一夜情"就属于这种类型。

4. 空洞式爱情

这种爱情中的双方有承诺，但是缺乏亲密和激情，爱得很空虚，双方可能因为社会要求等其他因素的影响而在一起，比如包办婚姻的最初阶段，但是有些伴侣也可能由于长时间在一起，慢慢培养出亲密和激情。

5. 浪漫式爱情

亲密和激情的结合，"不求天长地久，只求曾经拥有"，大学生的恋爱往往属于这种类型。

6. 友伴式爱情

亲密和承诺的结合，这种爱情以友谊为基础，包含温情和信任，但没有激情。例如一对结婚多年的夫妻，已经没有年轻时的激情，但长久而幸福。

7. 愚蠢式爱情

激情和承诺的结合，但缺少亲密，例如"闪婚"。因为彼此并不十分了解，这种爱情往往维持不了多久便会出现"闪离"。

8. 完美式爱情

当爱情同时具备亲密、激情和承诺三种成分时，这个时候的爱情就是完美的。完美的爱情往往比较理想化却很难持久。一般来说，度蜜月的双方比较容易感受到这种爱情。

爱情激素理论

美国生物人类学家海伦·费舍尔认为，有三种生物系统控制着爱情的组成成分。

性激素调控人的性欲，使人们有与人性交的动机。

特定脑区里控制奖赏情感的神经递质多巴胺和5-羟色胺调控吸引力。当人们坠入爱河，多巴胺水平就会上升，从而引起兴奋和欣喜，促使人们追求其偏爱的特定的恋人。

神经肽催产素会调节长期伴侣关系所带来的舒适、安全的情感，依恋的时间越长，神经肽催产素含量越高。

为什么英雄救美容易产生爱情？

美国心理学家沙赫特认为，不同的情绪产生的生理反应可以非常相似。比如开心、恐惧、焦虑的时候都会心跳加快，人们对这些反应的解释不同，从而可能会体验到完全不同的情感。

当英雄在危险情境下把美女救下来的时候，接下来剧情一般都是美女爱上了英雄，但从心理学的角度看，美女是真的爱这个英雄吗？不一定！因为当时美女处在一个非常紧张、害怕的状态，她会有她的情绪反应、身体反应，当她爱上别人的时候，她也会有类似的反应。这个时候，美女很容易会把自己因为恐惧而产生的身体反应误以为是英雄的出现带来的，从而产生强烈的好感。

如果要促进爱情的发生，男生可以带着女生去玩一些危险的游戏，比如翻滚过山车、海盗船，然后表白。女生在非常明显的身体反应之下更容易感受到爱意，也更容易答应。

从这个角度来讲，旅游是一种非常能促进恋爱产生的方式，因为在旅游中，一般会去一些比较陌生的地方，这个时候女生相对更容易感到害怕，身体会有因为紧张带来的反应，因而更容易对充当保护角色的男生产生好感，进而诱发爱情的产生。

爱情与喜欢量表

请针对自己的实际情况对以下陈述做出判断,符合记 1 分,不符合记 0 分。

1. 他情绪低落的时候,我觉得很重要的职责是让他快乐起来。 (   )
2. 在所有事情上我都可以信赖他。 (   )
3. 我觉得要忽略他的过失是一件很容易的事情。 (   )
4. 我愿意为他做任何事。 (   )
5. 对他,我有一点占有欲。 (   )
6. 若不能跟他在一起,我觉得非常不幸。 (   )
7. 假使我很孤寂,首先想到的就是去找他。 (   )
8. 他幸福与否是我很关心的事。 (   )
9. 他不管做什么,我都愿意宽恕。 (   )
10. 我觉得让他得到幸福是我的责任。 (   )
11. 当和他在一起的时候,我发现我什么事情都不做,只是用眼睛看着他。 (   )
12. 若我也能让他百分之百信任我,我就觉得十分快乐。 (   )
13. 没有他,我觉得难以存活下去。 (   )
14. 当和他在一起时,我发觉二人都有相同的心情。 (   )
15. 我认为他非常好。 (   )
16. 我愿意推荐他去做为人尊敬的事。 (   )
17. 在我看来,他特别的成熟。 (   )
18. 我对他有高度的信心。 (   )
19. 我觉得无论什么人和他相处,大都对他有好印象。 (   )
20. 我觉得他和我很相似。 (   )
21. 我愿意在班上或集体中,做什么事都投他一票。 (   )
22. 我觉得他是许多人中,容易让别人尊敬的一个。 (   )
23. 我觉得他非常聪明。 (   )
24. 我觉得他在我认识的人中,是非常讨人喜欢的。 (   )
25. 他是我很想学习的那种人。 (   )
26. 我觉得他非常容易赢得别人的好感。 (   )

评分标准及结果解释

1. 评分标准

符合记 1 分，不符合记 0 分，前 13 个题目得分加总得出爱情分量表总分，后 13 个题目得分加总得出喜欢分量表总分。

2. 结果解释

爱情分量表总分高于喜欢分量表总分，表明你对他的感情以爱情成分居多，你很关心他，愿意为他去付出，你对他有很强的依赖性和占有欲。

喜欢分量表总分高于爱情分量表总分，表明你对他的感情以喜欢成分居多，你对他印象很好，很喜欢他身上的东西，对他很欣赏、很崇拜。

第二节

爱情的影响因素

一、吸引力

 【爱的迷思：他为什么会让你怦然心动？】

> 美貌、财富、社会地位等是如何影响我们对恋人的选择的？

人们选择伴侣的时候会有哪些标准？一见钟情是否真的存在？科学家一直在试图解开这些谜团。当你在图书馆、食堂或者走在校园里面，你会遇到很多人，其中哪些人对你有吸引力？你会喜欢或者爱上他吗？你判断的标准是什么？

他人的出现对我们有奖赏的意义，这是人际吸引的基础。这种奖赏包括直接奖赏和间接奖赏，比如一个长相漂亮的人会让我们赏心悦目，一个充满智慧的人会让我们心情愉悦。

除了这些，还有很多不易觉察的因素。

1. 邻近性：我们更容易喜欢空间上接近的人

在大学的校园里面，我们更容易喜欢那些和我们在空间上更为接近的人，比如在上课时经常坐在一起的人，大学生更容易和坐在身边的同学成为好友。费斯汀格等的研究发现，宿舍离得较近的同学更容易成为好朋友。

2. 长相吸引力：我们更喜欢那些长相俊美的人

人不可貌相，但是长相确实会影响彼此的印象，我们更喜欢那些长相俊美的人。美丽虽然是个主观感觉，但是对美丽的评价存在跨文化的一致性。兰蒂·特霍西尔的研究发现，男女两性均认为身体对称性更好的异性更具吸引力，其健康状况更佳。德文德拉·辛格在一项研究中得出这样的结论：腰围与臀围比例在 0.67 至 1.18 之间的女性对男性较有吸引力，而腰围与臀围比例在 0.8 至 1.0 之间的男性对女性较有吸引力。

3. 礼尚往来：喜欢那些喜欢我们的人

大多数人在恋爱的时候可能会思考一个问题，即对方是否会接纳自己。人们也更愿意与那些接纳自己的人成为朋友。因此，那些对他人接纳，待人热情，对他人充满好奇的人，容易获得他人的喜欢。试想一下，我们又怎能拒绝一个喜欢自己，对自己非常接纳的人呢？何况这样的人很容易为我们提供物质或者情绪上的价值，能够给我们带来直接或者间接的奖赏。因此，反过来说，一个人要获得他人的喜欢，首先要让自己成为一个喜欢他人的人，那些对世界充满了善意、对他人开放的人更容易获得友谊和爱情。

4. 相似性：喜欢那些和我们相似的人

俗话说："物以类聚，人以群分。"与那些和我们相像的，有着类似的背景、兴趣爱好或者成长经历的人在一起，我们更能感觉到愉悦。这种相像包含很多方面，比如年龄、性别、教育经历、教育程度、成长环境、兴趣爱好、性格、价值观等。儿时的伙伴、同学等更容易成为好朋友和恋人。

当然，影响吸引力的因素有很多，这些影响因素在交往尤其是建立恋爱关系时占多大比重？斯蒂芬·埃姆伦等的研究发现，无论男性还是女性，都对诚实的品质最为看重，其次是相貌、家庭奉献、财富和地位。埃姆伦说："教养、奉献、忠贞是人们挑选未来伴侣的标准和条件。"

二、态度与价值观

> 一对姐弟恋情侣,女生比男生大3岁,觉得男生不成熟,自己爱得太累,像母亲带孩子,要求分手。男生家境平平,为追求女生曾撒过许多谎,说自己的父母是公司的高层领导,收入不菲。为留住女生的心,他不惜透支信用卡常送她礼物。男生认为自己付出太多不想分手,但是沉重的经济负担又压得他喘不过气来。

他们之间的爱情问题是因为年龄差异吗?显然不是,最根本的原因是两个人的价值观出现了偏差。

价值观是人们对客观世界及行为结果的评价和看法,因而,它从某个方面反映了人们的人生观和世界观,反映了人的主观认知。在爱情上,对爱情的态度、对爱情的设想以及对对方的期待等,都可以看作是价值观。

思想认识上的统一是人际关系的基石。不同的爱情观,直接影响我们如何定义爱情,选择什么样的人谈恋爱,使用什么样的方式来经营和维持爱情,以及如何面对爱情中的冲突等。比如有些人认为爱情中男生应该主动,女生要矜持;男生要多付出,对女生要宠着;男生要显得有力量,女生要温柔;在发生矛盾的时候男生要主动认错,等等。这些观念都会影响恋爱的进程。

心理学家伯纳德·默斯坦提出了关于爱情的刺激-价值观-角色理论。他认为,在爱情的初始阶段,彼此的吸引力主要建立在"刺激"信息的基础上,包括年龄、外貌等外部特征。然后进入"价值观"阶段,吸引力主要取决于双方生活习惯的相似程度、生活方式,以及对爱情的态度。再往后,"角色"的相容性变得更重要,伴侣们会去思考彼此在养育方式、事业发展、家庭角色分工上的不同。因此,一段良好、长久的恋爱关系,往往要实现多个角色的和谐相融。

总体来说,对爱情有着相同的价值观的伴侣,在恋爱中双方会更容易感觉到舒适,关系往往也更为长久。

三、依恋模式

 【爱的迷思：为什么总没有安全感？】

> 漂亮的雅心长得落落大方，性格也比较外向，成绩也非常不错，在外人眼里，她是男生眼中的女神，身边总不缺追求者。但奇怪的是，用她自己的话说，她一直没有正儿八经谈过一次恋爱。原因是每次彼此有好感的时候，对方明明特别好，自己也很喜欢对方，希望和对方有更进一步的发展，但是她突然开始害怕对方，开始无意识地避开。到后来害怕到没办法距离太近，越亲近越害怕，所以总是在以为要进入恋爱的时候放弃了。但是每次离开之后又非常后悔。

为什么雅心会出现这种情况？你身边有这样的朋友吗？怎样去理解雅心的这种行为？

这里就需要提到人类成长过程中形成的依恋类型。依恋是个体与主要抚养者（主要是母亲）发展出的一种特殊的、积极的情感纽带。成人在儿童早期形成的依恋类型会影响其亲密关系。成人主要有四种依恋类型。

1. 安全型依恋

成人安全型依恋和婴儿安全型依恋相似，这种依恋类型的主要特点是他们本身是非常具有安全感的，因此不需要对方不断地去证明这个世界是值得信任的、是可以依赖的。他们往往更加坦诚，更愿意进行自我表露，对亲密关系也更有信心，在恋爱中更容易让彼此放松，更善于处理恋爱中的矛盾。这种依恋类型的人也更容易具有利他精神和奉献精神。因此对亲密关系的满意度最高，与伴侣的关系也更加亲密，更容易体验到愉悦和满足。

2. 焦虑型依恋

焦虑型依恋又称痴迷型依恋，这种依恋类型的人在恋爱中往往非常焦虑，一方面很爱对方，非常想与恋人黏在一起，在恋爱中容易投入全部的感情，但是又对爱情缺乏信心，总是担心会失去对方。因此非常敏感，没有安全感，容易从消极的角度来考虑另一半的行为，经常需要对方在语言或者行动上证明爱着自己。渴望亲密关系，对对方也非常依赖，但是又害怕失去对方，因此在亲密关系中容易出现患得患失和嫉妒的心理，对任何可能有损亲密关系的威胁都会感觉到不安，担心伴侣没有自己爱他那样爱得深。

3. 回避型依恋

这种依恋类型的人更在意自己的独立和自我价值感，看重恋爱中的自主权。在恋爱中不喜欢被约束，强调彼此独立，不喜欢依靠对方，也不喜欢被对方依靠。因此在恋爱中不喜欢袒露心扉、真实地表达自己，即使没有亲密关系也比较安心。不需要在情感上依靠对方，也很难给予另一半情感支持。当伴侣请求安慰和支持的时候，会表现得较为消极甚至恼怒，因此很容易让对方感觉到彼此之间并不相爱。

4. 恐惧型依恋

这种依恋类型的人容易对他人的亲密接触感觉到不安。尽管内心渴望亲密关系，但是又缺乏对他人的信任，希望依赖他人但是又害怕依赖他人，很担心自己会受伤，所以不敢轻易进入亲密关系。他们往往担心自己在亲密关系中受伤，所以会在自己有可能受伤之前选择离开。

综上所述，安全型依恋的人更容易获得满意的亲密关系，不安全型依恋的人在恋爱中会遇到更多的挑战，更容易遇到麻烦。如果一个人属于不安全型依恋，怎么才能获得幸福的爱情呢？其实依恋类型并不是一成不变的，有些个体在面对不同的人比如父亲母亲、兄弟姐妹、亲朋好友时会表现出不同的依恋类型。同时，人的发展和成长是一个持续的过程，有些人虽然可能属于不安全型依恋，但是其可能遇到一个安全型依恋的恋人，也可能通过不停的自我反思或者寻求专业帮助，变成一个安全型依恋的人。同时，安全型依恋的人也可能在失败的恋爱中转变为不安全型依恋的人。因此，个体的依恋类型处在动态变化之中。

了解不同的依恋类型，可以让个体对关系理解得更深刻。这样才能判断一段关系到底是否适合自己，也能评估这段关系的结果是否令人乐观。

依恋类型自测量表

请针对自己的实际情况对以下陈述做出判断，1代表完全不符合，2代表较不符合，3代表不能确定，4代表较符合，5代表完全符合。根据测量结果判断自己属于哪种依恋类型。

1. 我发现与人亲近比较容易。　　　　　　　　　　　　　（　）
2. 我发现要我去依赖别人很困难。　　　　　　　　　　　（　）
3. 我时常担心情侣并不真心爱我。　　　　　　　　　　　（　）
4. 我发现别人并不愿像我希望的那样亲近我。　　　　　　（　）
5. 能依赖别人让我感到很舒服。　　　　　　　　　　　　（　）
6. 我不在乎别人太亲近我。　　　　　　　　　　　　　　（　）
7. 我发现当我需要别人帮助时，没人会帮我。　　　　　　（　）
8. 和别人亲近使我感到有些不舒服。　　　　　　　　　　（　）
9. 我时常担心情侣不想和我在一起。　　　　　　　　　　（　）
10. 当我对别人表达情感时，我害怕其与我的感觉会不一样。（　）
11. 我时常怀疑情侣是否真正关心我。　　　　　　　　　　（　）
12. 我对与别人建立亲密关系感到很舒服。　　　　　　　　（　）
13. 当有人在情感上太亲近我时，我感到不舒服。　　　　　（　）
14. 我知道当我需要别人帮助时，总有人会帮我。　　　　　（　）
15. 我想与人亲近，但担心自己会受到伤害。　　　　　　　（　）
16. 我发现我很难完全信赖别人。　　　　　　　　　　　　（　）
17. 情侣想要我在情感上更亲近一些，这常使我感到不舒服。（　）
18. 我不能肯定，在我需要时，总找得到可以依赖的人。　　（　）

四、原生家庭

【爱的迷思：父母的爱情模式对孩子的恋爱会带来什么样的影响？】

近年来，原生家庭变得众所周知，原生家庭变成了一个答案，似乎个人的快乐、痛苦、悲伤、不如意等都可以归因于原生家庭。原生家庭为什么具有这么神奇的力量？它真的能决定个人幸福吗？

原生家庭确实会给个体的恋爱带来很大的影响，除了影响个体的依恋关系进而影响个体在恋爱中的表现外，父母自身的恋爱模式同样为孩子的恋爱提供了一个模板。父母如果相亲相爱，孩子也会对爱情有更多的期待，也会努力按照父母的恋爱模式去开展自己的恋爱，也更容易获得理想的爱情。如果父母的恋爱模式本身存在较大问题，比如长期存在家庭暴力、冷战、争吵等，孩子长期生活在这样的家庭环境中，长大以后也更容易习得这样的模式，在恋爱中出现这些问题。

如果个体成长在一个父母关系不好的家庭，是不是意味着个体就不能获得美好的爱情呢？答案是否定的。

原生家庭确实会给个体提供一个爱情模板，但这个模板并不是固定不变的。个体会不断成长，其可以从亲戚的家庭中、朋友的家庭中、恋人的家庭中甚至书本、影视作品中学到对待爱情的方式，也可以通过体验恋爱、寻求专业帮助等方式去不断调整自己的恋爱模式，从而获得理想的爱情。

第三节 爱的实践

一、遇见爱情：为什么会爱上他

【爱的迷思：你是否在等那个让你怦然心动的人？】

巴尔扎克曾经说过，天性是百发百中、万无一失的，这种天性叫一见生情，而爱情方面的第一眼，就等于千里眼。

爱情是否始于一见钟情？为什么两个人会一见钟情？

心理学上有一种效应叫吊桥效应，是指当一个人提心吊胆地过吊桥时，会不由自主地心跳加快。如果这个时候碰巧遇到另一个人，那么他就会错把这种心跳加快的感觉理解为爱情，因此一见钟情容易发生在某种特定的情境之中。

什么样的对象更容易成为一见钟情的对象？

第一类对象是和我们父母相似的人。弗洛伊德提出，每个人都有一定的恋父恋母情结，因此每个人在寻找恋人的时候都很容易去选择一个和父母相似的人。第二类对象是和"重要他人"相似的人。所谓的重要他人，是指在我们成长过程中对我们有重大影响的人，比如小学时的老师、叔叔舅舅、姐姐阿姨等。第三类对象是和理想自我相似的人。每个人都有一个理想自我，这个理想自我在现实中往往很难实现，所以会期待我们的恋人能具备这些理想的品质。第四类对象是和"现实自我"相反的人。每个人都有一些固有的特征，因此具有相反特征的人很容易成为我们期待的对象，这个对象并不一定是理想自我而仅仅可能是性格相反而已。个体都在潜意识中寻找类似的人，当具备这样特征的人突然出现在面前的时候，就很容易出现一见钟情的现象。

需要注意的是，大部分一见钟情并不一定会产生理想的爱情，因为爱情需要双向奔赴，很多一见钟情会陷入单恋之中。有研究发现，有80%～90%的年轻人称自己经历过单恋。男性比女性更容易经历单恋。单恋更像是单恋者的一场独角戏，并不一定能得到对方的回应，甚至会让单恋对象感觉到糟糕。因为有些单恋者的追求会让人感觉到被冒犯，而持续的拒绝也会让拒绝者产生内疚的情绪。

一见钟情的生理机制

神经生物学领域的研究中，通过大脑对一见钟情中愉悦的心理活动造成的反射看，一见钟情发生时，大脑中的眶额皮层的"快乐反射中枢"的生理活动变得活跃。

人的这种愉悦心理和人体的很多化合物有关，包括多巴胺、苯乙胺、内啡肽等，还有肾上腺素等激素参与。其中苯乙胺被认为最重要，它是神经系统中神经传递的一种兴奋物质，当遇到爱慕的人时，人的身体中苯乙胺的含量会迅速升高2～5倍，这会让人放大爱慕者的优点，模糊或忽略对方的缺点。

二、表达爱情：如何更好地表达爱

 【关于爱情的迷思：在爱情中，追求还是吸引？】

当心仪对象出现的时候，如何表白就成为一个重要问题。有些人因为单相思而非常苦恼，不少中学时期的爱情，或者旅途上的邂逅，因为羞于表达而留下遗憾。面对喜欢的人，如何艺术地表达自己的爱意？表白的时候需要注意什么？

1. 需要有表达爱的勇气

爱需要勇气，但是这种勇气并不容易实现。张爱玲在面对她喜欢的人时，她是这样描述的："见了他，她变得很低很低，低到尘埃里，但她心里是欢喜的，从尘埃里开出花来。"为什么会这样呢？因为在爱情中，爱着的一方总会下意识将对方想象得非常美好，会觉得自己配不上对方的完美，常常表现得过于谦卑，自我评价过低，因此在表达的时候总害怕被拒绝，表现为患得患失、畏首畏尾。因此，个体要有表达爱的勇气，爱是需要表达的，"心领神会""你知我知"只是一种理想的状态，爱他就要勇敢表达出来。

2. 关系是表达爱的基础

有些同学会将表达爱理解为表白，甚至一些同学将搭讪理解为表白。其实这是一个误区，表白只是表达爱的一种方式，主要体现在言语方面，有些人会用行动来表达爱，表达爱比表白更广泛、全面。当然，言语是表达爱的一种重要方式，需要注意的是，表达爱需要以一定的关系为基础。爱情包含亲密、激情和承诺三个要素，这三个要素需要在特定的关系下才能具备。如果双方交往的时间较短，仓促表白会给人一种冲动、冒失、不成熟之感，而且这种冲动也很容易被理解为在激情（欲望）的支配下进行的非理性行为，被爱的一方也可能认为示爱方仅仅是因外表的吸引而表白，因此很容易用拒绝的方式进行回应。因此，表白需要以关系为前提，只有当双方有足够的相处，彼此已有足够了解，并且也能彼此感觉到对方的情意，这个时候进行表白更容易成功。

3. 注意表达爱的方式

表达爱的方式有很多种，可以通过行动来表达爱，也可以通过言语来表达爱。一般来说，表达爱既需要言语表达，更需要行动表达。可以通过面对面直接表达，也可以通过网络通信工具等来表达。一定要注意选择对方可接受的方式、自己擅长的方式，并且在不同的关系阶段使用不同的方式。例如，大学校园里经常有学生在校园的公开场合采用点蜡烛、摆灯等方式进行告白，殊不知并不是所有人都喜欢这种公开高调的方式，贸然使用这种方式可能会适得其反。

4. 要有合适的心态

表达爱意，虽然都期待能有一个好的结果，但感情毕竟是双方的事情，所以难免会被拒绝，尤其当对方可能只是存在好感，并没有做好恋爱准备，甚至根本没有恋爱的动机时。因此，要理性处理好自己的情感，爱得体面，尊重对方的决定，切忌死缠烂打。

如何表白？

其实表白成功与否都无妨，遇到喜欢的人要勇于表白、善于表白。

1. 要有信心

在喜欢的人面前，不要害羞，要大胆表白自己的心意。如果确实无法说出口，那就先从朋友慢慢做起，等待合适的时机。

2. 制造各种"偶遇"

了解他的作息规律，在他常出现的地方制造各种偶遇，毕竟很多人认为缘分天注定。

3. 和他一起经历一些事情

一起泡图书馆、一起在操场跑步、一起骑自行车、一起参与课程学习等，这些共同的经历可以增加你们在一起的话题。

4. 准备小惊喜

在他生日的时候根据不同的关系程度采用不同的祝贺方式，比如准备礼物、邀请吃饭、看电影等，毕竟生日被人记得是一件很开心的事情。

5. 提升自身的吸引力

你的阅历、你的见识、你的人格魅力、你的性格品质本身就是最有力的表达方式，因为这些本身会吸引你喜欢的人。

三、感受爱情：爱情中的心理现象

【爱的迷思：热恋会让人变傻吗？】

热恋中的情侣，有时会做出一些匪夷所思的事情。爱情真的会让人变傻吗？我们来谈谈恋爱中的几种心理现象。

（一）恋爱中的心理现象

1. 光环效应

光环效应又称晕轮效应，它是一种影响人际知觉的因素。这种爱屋及乌的强烈感觉，就像光环一样，向周围弥漫、扩散，所以人们形象地称这一心理效应为光环效应。每一个遇见过真爱的人，都经历过光环效应。光环效应通常发生在热恋期，感觉对方被光环所笼罩，难以察觉到对方的缺点，一厢情愿地觉得对方什么都好，然后百般迁就和宠爱对方。遗憾的是，光环效应往往持续的时间不会太长，等光环散去，对方的缺点也就逐渐显露出来。比如有些人疯狂地喜欢某个人，理由只是某个夏日的午后，他穿着雪白的衬衫，转头对自己微笑，露出一口洁白的牙齿。

2. 黑暗效应

光线比较暗的地方更易产生恋情。在光线比较暗的场所，约会双方彼此看不清对方的表情，就很容易减少戒备而产生安全感，在这种场所彼此产生亲近的可能性会高于光线比较明亮的场所，心理学家将这种现象称为黑暗效应。因此，恋爱中的双方，如果要增进彼此的关系，可以在确保安全的前提下，晚上在湖边、小树林等光线较暗的地方散步聊天。

3. 退行效应

热恋中的男女，随着感情的深入，相互接纳的程度越来越高，恋人进入亲密状态，你中有我、我中有你，融为一体，高度排斥外部世界，整个世界就是两人的世界。这时，他们退行到童年早期的母子一体状态和初级思维状态。因此，热恋中的双方确实会在一定程度上导致智商的降低。比如热恋中的恋人可能会说一些带儿化音的语句，这在恋爱的双方来说觉得很正常，而外人听了会感觉非常肉麻。有的恋人会共用账号密码，随时查阅对方的手机等，这些都是退行效应的表现。此时双方是融为一体的，但这时双方的心理承受能力也退行到了童年早期。如果这时遭遇失恋，大脑处于初级思维状态，没有能力理智清楚地分辨和分析问题，就很容易做出一些不理智的行为。

（二）恋爱中的非理性信念

爱情是美好的，但爱情有时过于感性，有时会让人盲目，恋爱中的双方也会有很多非理性信念。

1. 我的恋人属于我

在恋爱中，男女双方对彼此相互依赖、相互包容，且双方承诺相守一生、不离不弃。爱情具有唯一性、自私性和排他性，处于恋爱中的双方，很容易将对方看成是自己的一部分，以为两个人是可以融合在一起的。其实，这仅仅是热恋给予恋人的一种错觉，恋人永远是一个独立于自己以外的个体。再怎么相爱的恋人，也都有独立自主的需要，有保持自己个体独立性的需要，因此他永远也不可能成为你的延伸，更不会成为你的私有财产。

2. 爱情至上

有一句话深入人心：生命诚可贵，爱情价更高。有些人用生命去捍卫爱情，这样做真的值得吗？关于这个问题，每个人都会有自己的看法。爱情真的是生命的全部吗？除了爱情，在我们的生命里还有亲情、友情等。亲情、友情、爱情是人的三大情感，唯独爱情最私密，最切乎己身。亲情是血脉联系，友情是生活工作中交往的需要，爱情只属于个人的独特世界。尽管爱情是非常重要的，但人是社会关系的总和，恋爱关系也必然只是人的社会关系中的一种，而不是全部。

3. 爱情就是一味付出

爱情就是一味付出吗？爱情中需要付出，以便维持关系的发展，但仅仅靠一味付出是不够的。很多时候一味付出得到的仅仅是感动，而不一定是爱情。爱情是双向奔赴，当你爱一个人时，你会不自觉地为他付出，满足对方的需要，这种付出也是彼此爱的证据，是关系前行的催化剂。如果在爱情中只有某一方一味付出，或者说恋爱双方的付出严重不对等，则这种关系很难持续下去。付出总会期待得到回报，如果付出长期不能得到回报，就会转化成隐藏的愤怒，而这种愤怒要么会指向爱人，要么会指向自己。因此，双向付出才是爱情的理想状态。

四、爱的经营：理性面对恋爱中的矛盾与冲突

> 前几天遇到小明，见面的时候发现他面容憔悴，细问之后才知道他已经好几天没有吃好饭、睡好觉了，究其原因原来是和女友吵架了，女友说彼此需要冷静一段时间，因此有半个月都没有联系了。这半个月对于小明来说是度日如年，每天茶饭不思，总想知道女友在干什么，但是又不能和女友联系，这简直就是一种煎熬。

再美好的爱情也不是一帆风顺的，在经过浪漫的热恋之后，爱情就会慢慢露出它本来的面目。随着恋爱双方理解的加深，彼此之间的差异就会呈现出来，矛盾也就随之而来，争吵、伤心、冷战也如影相随。恋爱的双方该如何处理恋爱中的矛盾？

1. 恋爱矛盾的根源

从心理学上说，处于暧昧期和热恋期的恋人，这个时候往往把自己最好的一面展示给对方，同时因为热恋期光环效应的影响，恋爱的双方容易把对方想象成理想的样子。随着关系的稳定和彼此间了解的加深，对方很多细节暴露出来。这个时候就会出现很多的不一致，尤其是在价值观与性格上，彼此之间会发现对方有一些自己难以忍受的缺点等，矛盾也就随之而来。

2. 矛盾产生之后的沟通

在爱情中，恋爱的双方如果产生矛盾，需要及时通过沟通打开彼此的心结。如果情侣之间出现矛盾与冲突，冲突的事件也许会随着时间的推移而忘记，但是情绪会保存下来，尤其是冲突产生的负面情绪。情侣之间出现矛盾并不可怕，可怕的是相互之间不愿意沟通，最终只会使得彼此的矛盾越积越深，难以调和。所以说，情侣之间要想久处不厌，就要有一个舒适的、属于彼此的相处模式。当他们之间出现矛盾时，就要通过及时沟通来解决矛盾。有些情侣为了避免吵架而采取逃避或压抑的处理方式，这样只会让矛盾和冲突越积越多。

恋爱的双方出现争吵并不可怕，事实上争吵本身就是交流的一种方式，在争吵中双方能更好地了解对方的需要与感受。在争吵中，找到双方的真正问题所在，为双方关系的推进找到突破口。如果不注意争吵的方式，则可能会让双方的关系变得更糟。

当争吵出现时，试着做到以下几点，可以有效地将争吵转变成增进亲密的途径：

（1）把争吵当成恋人之间交流的一种方式，在争吵中找到双方的分歧点，为未来增进关系提供方向；

（2）不要回避问题；

（3）学着倾听，学会站在对方的角度思考问题；

（4）使争论的范围仅限于当前发生的事件，避免翻旧账；

（5）克制自己的坏脾气与情绪化的行为；

（6）理解彼此比赢得争吵更重要；

（7）诚恳道歉或接受对方的道歉。

非暴力沟通练习

马歇尔·卢森堡所著的《非暴力沟通》一书提出了解决冲突的非暴力沟通模式，这种模式能有效化解冲突、增进关系。非暴力沟通有四大要素：观察、感觉、需要和要求。它分为四个步骤：

（1）表达观察到的事实，不带任何判断；

（2）表达自己的感觉；

（3）表达自己的需要；

（4）提出具体要求。

五、爱的结束：走过失恋的泥沼

 【爱的迷思：这个世界有忘情水吗？】

为何失恋会让我们如此痛苦？

在我们的大脑之中，有一种名为多巴胺的神经递质，这种物质的分泌会让我们体验到愉悦、兴奋。在恋爱的过程中，恋人间的亲密互动，如交流、拥抱等，会和多巴胺分泌之间形成神经通路，这就是在恋爱中体验到幸福快乐的原因。有研究发现，恋爱中的人激活的脑区和吸毒激活时的脑区相似，所以"恋爱会上瘾"。在失恋之后，因恋爱产生的多巴胺就会不足，这种情况就像是吸毒者的戒断反应一样，所以失恋的人会痛苦不堪。对于失恋的人而言，忍受"断药"带来的煎熬是必经之路。

恋爱经济学用经济学的原理和方法对恋爱这种"非理性行为"进行了解释。恋爱经济学把爱情比作一个市场，在这个市场中存在着供给与需求，也存在着成本与收益。恋爱过程中的成本包括搜索成本和恋爱成本。搜索成本是寻找恋爱对象花费的成本，如相亲、发布征婚广告、收集信息等。恋爱成本是为了维持和发展恋情而花费的成本，如看电影、吃饭、买礼物等开销，也包括约会花费的时间成本。恋爱收益包括对方给予的物质与时间、愉悦的心理感受以及婚姻的形成。当个体身处一段感情之中的时候，即使有时处于亏损状态，由于市场是持续存在的，成本与收益就会存在平衡的可能。然而当爱情走向终结之后，这种平衡也就不存在了。当个体感情结束处于亏损状态，个体就会体会到痛苦；亏损越大，痛苦就越深。此外，失恋本身也意味着对方不再需要自己，自身的价值也就遭到了否定，尤其当个体看到对方的新伴侣看起来还不如自己的时候会更加愤恨。

失恋会导致痛苦，当遭遇失恋的时候，该怎样让自己尽快走出失恋的泥潭？

（1）承认彼此真爱过，不要怀疑自己的选择，不要否定自己，千万不要否定自己的过去。

（2）为自己的感情做一个埋葬的仪式，就像送别身边的重要他人一样，选择一个没人的地方，让自己大哭一场。

（3）好好想想自己想对这段感情说的话，想对他说的话，想对自己说的话，用笔写下来，最后可以写下这样的句子："没有你的世界，我依然会过得很好。"把这些话读上几遍，然后丢弃，或者干脆烧掉。

（4）整理那些曾经留有双方痕迹的物品，收起来或者丢掉，暂时不要去那些曾经留下你们较多记忆的地方，微信可以删掉，电话可以删掉，QQ可以删掉等。不要期盼他的回头，删除他曾经留有的痕迹，不要让这些痕迹激活你的记忆。

（5）不要幻想你们做不了恋人还可以是朋友，修复一段感情最好的方式，不是恨一个人，也不是退回到朋友的位置，而是遗忘他，不要让他出现在你的生活中。

（6）让自己投入学习，忙碌是治愈失恋痛苦的最好良药。好好投入学习，化悲痛为力量，是转移痛苦的最好方式。

（7）寻求专业人员的帮助。

六、爱与成长：遇见更好的自己

 【爱的迷思：为什么说爱是一场修行？】

有人说，恋爱是大学生的一堂必修课，你认同吗？

埃里克森曾提出人生发展八阶段理论，他把自我意识的形成和发展过程划分为八个阶段，分别是婴儿期（0～1.5岁）、儿童早期（1.5～3岁）、学前期（3～6岁）、学龄期（6～12岁）、青春期（12～18岁）、成年早期（18～30岁）、成年中期（30～60岁）、成年晚期（60岁以上）。埃里克森认为，个体的发展会经历以上8个阶段，每个阶段都有其独特的发展任务。如果某个阶段没有顺利完成，就容易在这个阶段产生迟滞，出现一些障碍。大学生处于成年早期，这个时期的主要任务是获得亲密感而避免孤独感。大学生与他人相爱，与他人建立同一性，从而获得亲密感，否则会产生孤独感。因此，从成长的角度来说，恋爱本身是成长的一部分。

有的人会有疑问：大学生是否一定要谈一场恋爱？事实上，大学生在大学期间并不一定会遇到合适的人，并且可能会因为学业压力繁重、圈子比较窄而不能谈恋爱。需要注意的是，埃里克森提出，在成年早期需要谈恋爱，但是成年早期的范围包含18～30岁这个较长的时间阶段，大学生一般处于18～22岁之间，所以有些人在大学期间没有谈恋爱也属于正常。

当然，爱只是给了我们为所爱之人做事的权利，一种强烈的、希望对方幸福快乐的愿望，并且愿意为之付出。爱并不仅仅是奉献，有时它还是一种发现，发现真正的对方，也在与对方的互动中，看到更加真实和客观的自己。

就算是失恋，在让人感受到痛苦的同时，也会使人成长。面对失恋，个体可以做出选择：一种选择是被失恋带来的创伤击败，停滞不前，任由痛苦控制；另一种选择是将失恋视为成长的契机，利用这种新的动力挖掘自己的能力。

因此，爱是一种修行、一种成长的力量，也是成长的手段。好的爱，彼此相互成就，因为爱，让彼此成为最好的自己。

正如作家张小娴所说：

> 好的爱情使你的世界变得广阔，
> 如同在一片一望无际的草原上漫步。
> 坏的爱情使你的世界愈来愈狭窄，
> 最后只剩下屋檐下一片可以避雨的方寸地。
> 好的爱情是你透过一个人看到世界，
> 坏的爱情是你为了一个人舍弃世界。

活动方案

我会喜欢谁

一、活动目的

通过讨论、小组交流等活动，引导学生了解自己的择偶标准，同时尊重和理解他人的择偶标准。

二、活动主题

我会喜欢谁。

三、活动内容

第一步：6 人构成一组。

第二步：小组成员内部讨论、描述一个人身上具备的特质。将所有的特质写在一张白纸上。特质数不低于 30 个，越多越好。

第三步：每个人写出自己最希望伴侣具备的 5 个特质。再写出 3 个最不能容忍的特质。

第四步：各自在小组内分享自己的结果并说明理由。

第五步：继续进行讨论。

（1）如果要从中去掉 2 个特质，你会去掉哪两个，为什么去掉，为什么留下？

（2）如果再从中去掉 2 个特质，你会去掉哪两个，为什么去掉，为什么留下？

第六步：集体分享自己最看重的特质，并说明理由。

第七步：集体分享自己最讨厌的特质，并说明理由。

第八步：集体讨论在最看重的特质和最讨厌的特质中是否存在性别差异。

第九步：集体分享此次活动的感受，判断这个结果和自己最初的择偶标准是否相同。

本章小结

本章介绍了爱情的概念、定义、成分以及各种类型的爱情，指导读者去理解和认识自己的爱情类型。爱是一种需要说出口，也需要付诸行动的感情，需要用心去呵护。同时，爱中有友，相爱的人能形成友谊。恩格斯认为，爱情是指一对男女基于一定的客观物质基础和共同的生活理想，在各自内心形成对对方的最真挚的倾心爱慕，并且渴望对方成为自己终生伴侣的一种最强烈、最稳定、最专一的感情。约翰·艾伦·李通过爱情故事卡片分类法研究得出，爱情的三原色是激情、游戏和友谊。罗伯特·斯腾伯格的爱情三角理论认为，爱情由亲密、激情和承诺三种成分组成。

从吸引力、态度与价值观、依恋模式、原生家庭等角度探讨这些因素如何影响爱情对象的选择。邻近性、长相、相似性以及互动都是影响吸引力的重要方面。同时，对爱情的态度与价值观会影响爱情的维系，人们更容易和态度与价值观一致的人相恋。爱情同时也深受原生家庭的影响，比如父母自身的爱情模式以及父母的教养方式。

不同爱情阶段中会有不同的心理特点和表现。人们会根据内在标准勾勒出一个梦中情人的形象，当符合这个形象标准的人出现的时候，人们更容易感受到爱情。爱是一种能力，在爱情中需要有表达爱的能力、接受爱的能力、拒绝爱的能力，以及面对挫折的勇气，更重要的是在爱情中获得成长，成就更好的自己。

课后习题

一、选择题

1. 斯腾伯格的爱情三角理论包含哪三种成分？（　　　）

A. 激情　　　　　　　　　　　　B. 亲密

C. 承诺 D. 价值观
2. 下列哪些因素会影响相互吸引？（ ）
A. 空间上的接近 B. 兴趣
C. 外貌 D. 性格
3. 爱情三原色不包括（ ）。
A. 激情 B. 游戏
C. 友谊 D. 责任

二、填空题

1. 斯腾伯格的爱情三角理论认为，爱情由_____、_____、_____三种成分组成。
2. 根据斯腾伯格的爱情三角理论，大学生的恋爱属于_____式爱情。
3. 约翰·艾伦·李将爱情分为_____、_____、_____、_____、_____、_____六种风格。

三、判断题

1. 大学生处于成年早期，其发展的主题是获得亲密感而避免孤独感。（ ）
2. 爱高于一切。（ ）
3. 爱屋及乌是恋爱中的光环效应的影响。（ ）
4. 爱情的排他性具有内排他性和外排他性。（ ）

四、简答题

1. 恩格斯关于爱情的定义是什么？
2. 关于依恋类型对恋爱的影响，请谈谈你的看法。
3. 如何处理恋爱中的矛盾？
4. 如何面对失恋？

图书推荐

1. 罗伯特·J. 斯腾伯格、凯琳·斯腾伯格：《爱情心理学（最新版）》，李朝旭等译，世界图书出版公司2010年版。
2. 罗兰·米勒，丹尼尔·珀尔曼：《亲密关系（第5版）》，王伟平译，人民邮电出版社2011年版。

电影推荐

1. 《怦然心动》(2010)
2. 《罗马假日》(1953)

参考文献

[1] 陈香,张日昇. 俄狄甫斯情结与古典精神分析诸理论关系探微[J]. 齐鲁学刊,2011(2):79-82.

[2] 陈政. 字源谈趣[M]. 南宁:广西人民出版社,1986.

[3] 罗兰·米勒,丹尼尔·珀尔曼. 亲密关系[M]. 王伟平,译.5版. 北京:人民邮电出版社,2011.

[4] 林艳艳,李朝旭. 心理学领域中的爱情理论述要[J]. 赣南师范学院学报,2006(1):40-44.

[5] 张卫东,杨学传. 爱情的哲学思考——西方哲学家爱情观述评[J]. 道德与文明,2003(2):71-75.

[6] 武青慧. 关于爱情维度和形成机制的理论综述[J]. 保健医学研究与实践,2013,10(3):92-95.

第九章

安放躁动的青春：性别与两性关系

本章导读

性、性别等词是我们在生活中耳熟能详的，它们是我们对于自身、他人以及社会的重要探索与思考，是生物、心理、社会、经济、文化、伦理等因素相互作用的结果，通过幻想、欲望、信仰、态度、价值、行为、实践、角色和关系得以表达，是伴随一生的重要话题。

第九章学习资源

第一节 性与性别的概念

一、我们该如何看待性

（一）常见对性理解的误区

当对性这个话题进行联想的时候，大多数人首先想到的是性行为等，这可能是大多数人对性的第一反应。好像性更多的是一种动作、一种行为，性会带来繁衍，从而以生物行为定义性，以生殖为目的定义性，以单一的性方式定义性。

（二）性与个人的发展

性是非常广泛的概念，学术界一般认为，性的现代科学含义包括两个基本方面：一是生物学意义上的性别特征及其相应活动和意识；二是与性欲相关的活动及意识。日常使用中，人们往往用性别来指称第一种含义，而使用性这一概念时，往往指称第二种含义，即与性欲相关的活动及意识。

一个人的性过程包含性观念、性道德、性倾向、性癖好、性身份、性别认同等。生理特点、社会文化、经济状况，甚至对伦理的认同等，相互影响造就每个人关于性的一切。性不会仅仅在行为中体现，在不同社会角色、关系中，对某些事物的态度、价值观、信仰、欲望中都会对性有所表达。性是我们生活的重要组成部分，虽然它可能很隐晦，但对我们每个人而言，对它的觉察、正确的认知、慎重的对待是探索自我中非常重要的部分。

从自然层面讲，成人的一个重要标志就是性成熟，性传递了基因。从精神层面讲，性带给我们愉悦感，促进我们的关系，让我们承担关系与行为中的责任，为自己负责，对他人负责。甚至在很多领域，性能激发人的创造力，比如一些艺术作品里面会有关于性的表达。从社会层面来看，我们在性中也能感受社会关系，有更多关于社会关系的理解，在社会关系中约束自我。我们会不断在人生的不同阶段感受到当下对于性的需求、性的感受、性的意义，不断探索性在我们身上的体现。在这样的过程中，你会发现，你能感受到你与伴侣间关于性观念的碰撞与一致，你有了对于自己性观念的界限，你清晰地知道你能接受什么、不能接受什么，你该如何去满足自己的需求，你和社会对性的很多认知的相同与不同。你拥有很多视角与体验，而这些视角与体验，使你对自我的形象更加清晰，对自己的需求更加明晰，也更懂得保护自己。

二、你了解性别吗

"性别"是当下出现频率较高的词汇之一，在很多场合会用到它。它的内涵丰富多彩。我们经常谈到性别角色，讨论因性别差异而产生的不同社会分工，担心男女性别比例失调会带来较大的社会问题，质疑某些观点和行为是不是存在性别偏见。

在英文中有两个不同的单词与性别相对应，分别是表示生理性别的"sex"和表示社会性别的"gender"。生理性别指两性在生理方面的差异，是指男女的自然性别，是用生物标准来确定的男性和女性。社会性别泛指社会对两性及两性关系的期待、要求和评价。实际上，生理性别和社会性别是不能截然分开的。通常来说，社会性别也包含男女生理上的差异。当"性别"这个词汇用于社会学、人类学、文化研究等领域时，其含义就不是简单地指女性或男性及其心理和行为方式，而是包括他们之间的互动关系以及这种关系的社会构成方式。社会性别是社会文化的产物，也随社会文化的变化而变化。

那么，我们究竟该如何理解性别呢？考虑到性别概念的复杂性，下面将从几个主要方面来归纳性别的内涵。

首先，性别身份是一种社会建构。性别指男性和女性的社会属性。男性和女性之间的关系，男性之间和女性之间的关系，以及男性和女性之间的差异，包括现实存在的和想象中的作为评价的依据，进而赋予他们不同的社会角色。这与不同的社会和文化期待密切相关。性别角色是后天形成的，受到家庭、教育和社会等因素的影响。一个人的性别角色受社会环境的影响，会随着时间的变化而变化。一般认为，制度因素和文化因素是造成男性和女性的角色和行为差异的主要原因，生理差异并不是决定性因素。

其次，性别身份规范和制约着人们的行为和选择。它规定在一个给定的环境下对于男性和女性来说什么是可以期待的，什么是允许的，什么是有价值的。在大多数社会里，男人和女人在承担的责任、从事的活动、资源的控制和决策的制定等方面是有差别的，是不平等的。

再次，性别角色不是固定不变的。性别角色不完全是由生理性别决定的，在一个社会的不同历史时期，由于政治、宗教和社会文化的改变，性别角色会发生很大的变化。在同样的历史时期，生活在不同社会制度和政治体制下的人对性别角色会有不同的理解。因此，可以说性别是一个动态的概念。

最后，性别所延伸出的含义十分丰富，不仅包括性别定义本身，还包括与性别相关的表达，即个体通过姓名、服饰、走路方式、交流与沟通，乃至社会角色和一般行为模式，向外界展现或表达性别的行为。性别认同，即一个人内心深切感受到的基于个人体验的性别，可能与生理性别不同或者一致等延伸概念。

三、什么影响了我们的性别与对性的态度

（一）性的生物性、心理性和社会性

性的本质问题是性学研究中最基本的问题，如何理解性这一人类现象，决定了人们对性的价值认识，影响着人们对性行为的选择，同时也是性规范、性审美、性教育等各种与性有关的活动的基本依据。

1. 性的生物性

生殖论将性视作人类生殖活动的一部分，它建立在性科学较为落后时期人们对生殖现象与性行为之间关系的片面认识之上。性行为能够带来新生命的孕育，"性就是生殖"很自然地成为人类最初对性的理解。在现代性科学出现之前，生殖论占据主流地位。生殖崇拜是远古时代人类性崇拜的重要内容：生命是神圣的，所以创造生命的活动也是神圣的（徐天民，2006）。在生产力比较落后的时期，对原始人来讲，生育是维持群体生存的大事，性崇拜最为核心的内容就是对生育的追求，性交行为、生殖器之所以能够成为性崇拜的内容，正是因为原始人把它们视为生殖过程的一部分，从这个意义上讲，原始的性崇拜就是生殖崇拜（刘达临，2005）。进入文明时代以后，性就是生殖的观念仍然占据主流。在民间，有的地方至今还流传着新婚之夜在婚床中放红枣、花生、桂圆等物的风俗，以及新娘吃生花生或者生饺子等仪式，这是取"早生贵子"的谐音，表达对新人早日生育的愿望（彭瑾，2009）。

2. 性的心理性

性欲论将性视为性欲的产生与释放过程。相比生殖论，性欲论更为看重性的愉悦功能。性欲论认为性欲的产生与释放才是性的根本特征，生殖仅仅是性行为的附带功能。

在漫长的人类历史中，从欲望、快乐的角度看待性的视角早已存在，并一直延续下来。但性欲论的真正形成是在现代性学特别是性心理学得到发展之后。避孕技术使得性与生殖彼此分离成为可能。同时，性心理学的研究成果也逐渐证明，性欲的产生与释放是性行为中最主要的现象（彭瑾，2009）。

3. 性的社会性

人类一切与性有关的活动，都建立在人具有性的生物性特征以及性需求这一基本事实之上。性需求的主体是人，人是一种社会性的存在，是各种社会关系的综合体，这决定了作为生物本能的性需求的满足必然是一种社会交往活动。也正是通过一定的社会交往，人类的性逐渐脱离了纯粹动物式的"兽性"，包含着越来越多的"人性"。因此，人类的性的存在和发展都离不开社会，性是自然属性和社会属性的有机统一，其本质是社会性（彭瑾，2009）。性的社会性本质主要体现在以下三个方面。

1）性交往是性存在的方式

人具有和动物一样的性本能，但人的性欲的满足必然伴随着涉性的人际交往，其中既包括性行为，也包括谈恋爱、结婚等建立在性动机基础上的其他人际交往。我们将这种带有性动机的人际交流与来往活动及其形成的关系称作性交往。

性交往是性的核心内容。性器官的发育成熟及功能，性心理的形成与作用，归根结底都要在性交往活动中得到实现或体现。无论是性文艺作品的创作还是欣赏，都离不开性交往中的体验。性教育、性规定更是直接指向性交往活动及其相应的性关系。人们无论采用何种方式满足自己本能的性需求，都离不开社会性的交往活动及关系。

2）性交往是性的发展途径

人们在交往的同时开展着以自然、社会、自我为对象的实践活动。因此，交往活动是社会性的，同时也是实践性的。在性交往活动中，同样包含着对人类自身性本能的改造。

在性交往活动中，人们对性关系会有更深刻的认识，这包括"好的性关系""应该的性关系"等观念，从而对性交往有了评价的标准，就是性交往价值观。在性交往活动中，人们建立了相应的性交往关系。这样的关系中包含了关系的动机、关系的功能和关系的结果。从动机的角度看，性交往关系形成的基本动机是人的性欲本能；从功能的角度看，由于性行为具有生育这一客观功能，在很长的历史时期内性交往与生育相关，性交往关系也因此包含着人口因素，作为人自身生产的方式影响着整个社会的发展；从结果的角度看，性交往作为一种社会关系，决定了社会需要对其进行规范，提出社会所赞成的性关系形式与伦理，并建立以保障这种社会关系为主要目的的社会规范。同时，在性交往活动中，人们为了健康的需要，还探询有关性的知识，从而建立了各种有关性的学科。并且，在性交往活动中，人们在对交往过程的体验中产生了与性有关的审美意识，并进一步创造了以性审美为表达内容的各种艺术作品。

这样，以性交往活动为核心，人类逐渐构建出不同的性文化，核心内容是性交往价值观，表现为性规范、性审美、性科学。为了把这种文化传承下去，性教育应运而生，并且成为人类性文化的一个重要部分。人类的性不是一种纯粹的生物本能，看似与社会无关的生理、心理层面的性现象、性特征都是社会活动的产物，都是在人类社会交往活动中形成的。正因如此，人类的性才呈现出丰富的历史文化差异（彭瑾，2009）。

约翰·盖格农提出的性脚本概念是我们理解性的历史文化差异的一个重要理论。性脚本，就是每个社会对人们性活动的规定。具体包括对性行为的对象、内容、时间、地点及原因的规定，在这些"栏目"之下，"各个社会形成各具特色的性脚本"（盖格农，1994）。性脚本的内涵很丰富，可以分为三个部分：文化性脚本，指社会期望与性行为的大致模式；内在性脚本，指处理引发、伴随或标志各种性唤起的心理或生理状态；人际性脚本，指两个人可以开始性行为的不成文约定和信号。

人类学与历史学的研究表明，不同历史时期的文化或同一历史时期的不同文化的性脚本是不尽相同的。性的阶层特征也是人类之性的一个重要社会因素。在同一社会中，不同阶层对性活动方式的规定有所不同。一项针对中国内地进行的关于中国人性行为与性观念的抽样调查显示，受教育程度越高的人，越能在性生活中充分发挥想象力。此外，经济收入、职业差异、城乡差异等都对性行为与性观念有影响（潘绥铭、白维廉、王爱丽等，2004）。

3）社会文化决定了性的发展

个人在性生理发育的过程中，必须不断地学习和适应自己所在的社会为个体在性方面的发展所设置的最基本的规则，才能被自己所在的社会认为是发育良好的，才能被社会所接受和容纳。同时，个人也对这样的规则不断地进行选择或者不断地协调相互间的关系，才能最终确定自己在性方面处于一种什么样的社会位置。这个社会化的过程通常被视为一个人在性方面不断成熟的过程。

儿童时期的性社会化主要以性别社会化为主。一般认为，儿童在3岁以前就完成了基本的性别认同，即清楚地知道自己是男孩还是女孩，并且能够按照周围环境所提供的男孩或女孩应有的行为方式与言谈举止来要求自己。青春期是性社会化的重要阶段。这时性的生理方面的发育，已经让人们无法回避性的问题，在人的整个生命周期里，青春期是儿童向成人过渡的重要时期。在现代社会，这个成人化过程更为漫长，这也使得青春期性的社会化更为复杂。总体来讲，青春期的性社会化内容主要包括以下两个方面。一是在儿童时期性别认同的基础上，适应社会对性别特征的规范，以便确认自我在社会中的位置与功能。二是学习如何处理性欲，获得与社会一致的性人格。随着性生理的发育完成，个体的性欲日益强烈，并迫切渴望人际性交往、性行为。这时，个人会接触到社会有关性的各种基本规范和价值观并逐渐将其内化为个人人格的一部分，成为个人处理性欲、选择性活动方式的内在依据（郑杭生，2003）。这两个方面的社会化完成之后，个体便基本达到性成熟。

总之，人类的性是一种社会性现象。性在生理、心理、社会文化这三个层面体现出丰富而多样的属性，其可以分为性本身的自然属性与后天形成的社会属性。自然属性是性活动中包含的与生俱来的特性，例如性欲、性器官等。而社会属性则是从不同的社会活动中得到或体现的属性，例如性审美心理、性关系等。但是，在现实中并不存在纯粹的自然属性或社会属性。一方面，性的社会属性以性的自然属性为基础，性欲及性器官是所有性交往活动的基本前提。另一方面，人是一种社会性存在。人类在各种社会性实践活动中不断调整并发展自我，包括性欲在内的一切看似自然的属性，都带有社会性因素。人类的性欲在社会实践活动中已经被打上深深的社会烙印，而不再是一种动物式的纯粹生物本能（彭瑾，2009）。

（二）性别的生物性、心理性和社会性

性别是人类社会经久不衰的话题，性是对人体在解剖上、基因上的描述，性别则是社会给予的刻板印象，它是我们对自己性的理解，其中包括如何在穿衣打扮、言谈举止乃至起名字上体现自己的性特征。性别的重点落在"别"上，不同的性别意味着要从属于不同的群体，因此男性和女性在心理、行为乃至生活的各个方面都表现出种种差异。

1. 以生理差别为出发点的两性差异

在英语中，"sex"和"gender"这两个词的含义不同。"sex"指的是两性的生理差别；"gender"指的是男女两性在社会文化建构下形成的性别特征和差异（郑新蓉、杜秀琴，2000）。早期的一些研究得出，男性与女性在许多方面存在着差异。例如：在言语能力上，女性比男性强；在数学抽象能力上，女性不如男性；在空间能力上，男性占据优势；在社会行为方面，男性比女性更富有攻击性，女性更容易受到情绪的影响，等等。这些研究所得出的结论认为，男性是工具或任务取向的，女性则是人际或人情取向的。我们知道，社会传统认为男性就应该坚强、自信、有支配性和追求成就，而女性则是柔弱、被动、善感和顺从的（珍妮特，2000）。可见，早期关于两性差异的研究得出的结论迎合了对性别的社会刻板印象。

2. 以心理为视角对两性差异进行探讨

1) 传统意义上对于两性的划分

两性的心理特征受文化所决定，而不同的文化对于某一性别的规范或标准也存在着一定的差异。起初都认为男性特质和女性特质是处在同一维度的两极，一个人

的男性化程度越高，其女性化程度势必越低，反之亦然。并且，人的性别特征同其生理性别的匹配是十分重要的，男性化的男人和女性化的女人是被社会所认同的（蔡丹丰，2007）。

2) 双性化模式。

1964年，罗西首次提出了"男女双性化"的概念。她认为，两性特质不应该是对立的两极，而是各自独立的两个维度。因此，拥有一种性别特征并不意味着就没有另一种性别特征。若个体只拥有与其生理性别相一致的性别特征，就被称作性别角色型；而当其拥有与异性一致的性别特征而几乎没有与自身性别有关的属性，就被称作跨性别角色型；若个体具有男性和女性的性别特征，那就是双性化的人（蔡丹丰，2007）。双性化模式是对传统关于性别认识的突破。

国内外关于这一领域的大多数研究显示，双性化者既具有男性的工具性特征，又具有女性的表达性特征。许多研究发现，双性化的个体由于兼具两性的积极品质，在面对各种社会角色的任务中不会受到性别定型化的束缚，有更强的灵活性，所以能更好地适应环境，心理健康水平更高。有研究者甚至因此提出，双性化是一种理想的人格模式（王学，2004）。

3) 性别图式理论

无论是男性化、女性化、双性化还是未分化类型的人，他们所固有的行为方式是由于他们对信息的不同加工方式所导致的。桑德拉·贝姆认为，某种认知结构和其周围的社会群体共同影响着一个人观念的形成。如果社会文化通过角色来强调女人和男人之间的区别，那么处于这一文化之中的个体会逐渐学会用性别来加工关于自我、他人以及周围事件的信息，也就是形成了一个性别图式。更具体地说，图式化的加工使个体能把所获得的信息以某种标准为基础加以归类。因此，性别图式化的加工自然也包括将各种特性和行为归为"男性化类"和"女性化类"。性别图式化的个体通常会依据性别来决定自己的穿着、行为、职业取向、兴趣爱好以及情感表达方式；而非性别图式化的个体在进行上述活动时通常不会考虑到自己的性别。因此，性别图式化者的行为会保持较高水平的性别刻板性，这些人很注意使自己的行为符合社会文化的规定。如果从事了与性别不一致的行为，他们会有更多的负性情绪体验。

3. 从社会文化范畴讨论性别差异

从社会文化范畴对性别差异所进行的研究主张，心理和行为的性别差异是受社会期望和社会规范影响的。波伏娃在《第二性》中提出，女性由社会塑造而成。无论男性还是女性，都不能脱离社会而存在。因此，个体的行为必然要受到社会中他人观念以及整个社会文化的影响。

社会对于男性和女性的期望是不一样的，这使得两性在成长过程中要不断地遵从社会的压力，按照社会所赋予的行为标准行事，从而形成各自不同的行为方式和心理特点。一方面，性别差异的形成是由于个体接受了来自家庭、学校和社会等的性别观念的强化。另一方面，个体在成长的过程中会不断地观察并模仿他人的行为。同时，不同社会角色的期待也会对男女两性的心理和行为差异造成影响。例如传统社会期望女性在家相夫教子，在女性的成长中会偏重于培养女性处理家庭事务的能力，因此女性会体现出善于养育、奉献等特质。

从性别差异的社会文化范畴进行的研究强调，在很多情况下性别差异不是性别本身的生理原因导致的，而是由其他与性别相关的因素（如教育、职业等）引起的。一旦这些因素不复存在，性别差异通常也会消失。因此，性别差异在某种程度上更应该是社会文化的产物（蔡丹丰，2007）。

（三）理解不同态度构建的意义

我们要了解性与性别背后的不同观点，有更多元的视角，对性与性别有更丰富和全面的认识，减少性的羞耻感。在对性与性别的探索中，觉察生理、心理、社会三个层面对于自己的影响，更加充分地认识自己，在综合已有观点的基础上探索自我，确定自己的边界与界限，明确自我的性身份，以更包容的态度理解不同社会文化、成长经历下的个体在性与性别上的差异。

社会性别角色

拿出一张纸，平均分成四个区域，在第一个区域用接龙的方式写下十个观点，每个观点的开头是：男人应该……剩下区域分别是：男人不应该……女人应该……女人不应该……

再拿一张相同的白纸，平均分成四个区域。发挥想象力：在女儿国这样女性主导的国家也生活着男性，那会是怎样的？写下自己的观点。

思考：如何打破性别角色定位？对哪些观点有认同感？对哪些观点有压力感或沮丧感？这样做能解构社会对性别角色持有什么样的隐蔽观点，这些观点会怎么影响我们和性的关系？

第二节

"性"福人生

一、大学生群体为何需要性教育

（一）大学生性教育现状怎样

《2019—2020年全国大学生性与生殖健康调查报告》显示，大学生对性的需求比较旺盛，男性高于女性，并且随着年级的增加而升高。关于性需要的满足也呈多元化，但还有一半以上的人没有过任何的性满足。绝大部分首次性行为发生在18~21岁，首次性行为中15.61%的人没有采取避孕措施，11.03%的人不会每次都采取避孕措施，在原因调查中，认为没有必要的比例高达23.32%。5%的人经历过自己或伴侣意外怀孕的情况。48%的人表示未接受过正规的性教育或者对性教育感到模糊。

由此可以总结出大学生性教育现状的特点：性观念更为开放，但性知识匮乏；仍然有较高比例的大学生性经验为空白；有一定比例的大学生对自己的身体与他人的身体缺乏责任感；对避孕知识的了解较为有限。

（二）大学生群体常见的性困惑有哪些

1. 自慰是否有害健康

自慰是指个体用手或工具刺激生殖器而获得性快感的一种自我刺激，它是个体获得性补偿和性宣泄的一种行为。对于自慰，传统的性观念认为它是邪恶的，是有罪的，是不道德的。在这种传统观念的影响下，一些青少年常常为自己有过自慰行为而自责，甚至产生心理障碍。其实自慰是一种自然的、正常的性行为，在合理范围内有助于缓解性冲动。然而，过分沉溺于自慰，只靠频繁的自慰来缓解性冲动是不利于健康的。

2. 因爱而性，还是因性而爱

绝大部分人认为爱是性的基础。性吸引是关于情色与性的诱惑程度，浪漫吸引则更多指的是情感上的依恋和迷恋的感觉。人们一般认为浪漫吸引意味着性吸引。

实际上，有研究表明，这两者有一定的联系，但又在一定程度上彼此独立。相关研究认为，性吸引可能对应大脑在进化过程中形成的更为久远古老的神经系统，浪漫吸引则对应进化中更为年轻的神经系统，它可能是出生后通过与父母的社会连接才发育形成的。一个是性，一个是爱，两者虽然有联系，但显然是不一样的。性吸引是指对男性或女性产生的强烈的、生理上的欲望，或是强烈的想与男性或女性发生性行为的冲动。有研究表明，依恋系统与性吸引是双向影响的，即爱与性是相互影响的，人们可能因为建立了依恋关系而触发性吸引，也可能因为感受到性吸引而建立依恋关系。这可能受到催产素等其他激素的影响，也可能因为长期的接触中存在触发性吸引的机会。

曼纽尔经研究发现，焦虑型依恋的个体更可能为了防止伴侣生气或者为了履行义务而与伴侣进行性行为。而回避型依恋的人不太会通过性行为来增强亲密感和表达爱。这说明焦虑型依恋可能与性行为的目的有关。回避型依恋的个体往往有相对不稳定的人际关系，害怕亲密并且很少投入感情，同时他们不太可能坠入爱河，也对长期忠诚的关系不太感兴趣。

3. 身材焦虑和体像困扰

进入青春期后，男生和女生的身体发生了很大变化。男生希望自己身材高大、体格强壮、声音浑厚，拥有男性魅力，以吸引女生；女生希望自己容貌美丽、体型苗条、乳房丰满、音调柔美，显示女性魅力，以吸引男生。然而，当他们的体像不如己意时，就会出现烦恼和焦虑。比较常见的问题是男生因身高而烦恼，女生因体胖而自卑，也有人因为对自己的生理发育不满意而感到焦虑。

4. 性幻想与性梦的困扰

性幻想往往指在某种特定因素诱导下，个体自编、自导、自演与性交往的内容有关的心理活动过程。个体可以幻想出在日常生活中不能满足的与异性一起约会、接吻、拥抱、性交等活动。这种幻想可以导致生理上的性兴奋，偶尔也会出现性高潮。性幻想是一种普遍的心理现象。性的白日梦是人为的幻想，而性梦则是真正的梦。人们通过梦的方式部分达到自己白天被社会规范限制的性冲动的满足，从而缓解性紧张。性梦也是青少年性心理较为普遍的一种表现。一些大学生由于缺乏对性梦知识的了解，常为自己有过性梦的经历而焦虑和自责。性幻想与性梦也是宣泄性欲的有效手段之一，但性幻想需要分清幻想与现实。

5. 对身体亲密度的限制

过多的身体亲昵，会加剧性冲动，有时会使自己的行为失去控制。大学生对恋爱中的亲密程度的限制有不同的认识，超过半数的人认为可以有拥抱和接吻，多数男生和少数女生认为恋爱中可以抚摸身体敏感和隐私部位甚至发生性行为。关于可接受的亲密程度不一致导致的冲突，也是校园情侣常见的困扰之一。

6. 性行为中的健康隐患

在大学生性行为中，也存在一定的安全隐患，比如未采取避孕措施或者避孕失败后，女生往往会产生焦虑、恐惧心理，担心怀孕或者其他问题。有些服用紧急避孕药的女生会担心身体健康，社会新闻中也有意外怀孕、感染性传播疾病的相关报道，使得一部分人产生较大的心理负担，进一步影响两人之间的感情。

7. 性别认同困扰

有一定比例的学生不喜欢自己的性别，在自我探索之中，个体在这个过程中会产生心理压力，也会感受到外在的环境压力。

（三）面对性困惑该怎么办

1. 自我调整

大学生应正确进行性知识的学习，在合理范围内使用合理手段进行宣泄。同时，丰富大学生活，通过其他活动释放精力。积极参与大学生心理健康课程的学习，了解大学生性方面的法律知识，包括婚姻法、性犯罪方面的法律知识，树立法律观念。同时多了解相关的自我防护知识。

2. 合理运用信任的资源

大学生与信任的同辈间可以讨论性困惑，或是求助信任的年长者。在感到安全的情况下通过倾诉获得支持感。

3. 必要时求助专业心理咨询师，解除性困惑

学校的心理健康教育中心可以提供专业的心理咨询服务，通过心理咨询向专业心理咨询师求助，在咨询中被接纳倾听，同时理解性的生理、心理的一般发展，使性困惑得到专业的解答。

二、如何保证性健康与性安全

1. 性行为前的预防

从防止性病传播的医学角度出发,无论在什么情况下,使用安全措施进行性生活都是较为保险的方法。避孕方法都有一定的失败率,正确使用避孕方法会大大降低失败率。

2. 性行为后的防护

关注自己身体的变化,如有异常,要及时去医院治疗。除艾滋病外,各种性病都是在早期急性时容易治疗,拖成慢性以后,治疗会比较麻烦。艾滋病有紧急阻断药物,越早服用紧急阻断药物,阻断成功率越高。最好能在 24 个小时以内服用艾滋病阻断药物,服用越早越好。想要购买艾滋病紧急阻断药,可以联系当地的传染病医院或者疾控中心。

无论何时,都应该有自我保护意识。无论是在关系中的性冲突还是关系之外发生的性侵犯,对事件性质都要有清晰的判断。无论是否需要报警,都要维护自己的权益,同时寻求可信任的支持,必要时可以求助专业机构。

三、什么是性心理障碍

我们首先对异常性行为进行定义。如何评价性行为的正常或异常是难以确切做出回答的,因为还没有正常与否的绝对标准,区别只是有条件、相对的。下面列出区别的要点:凡是符合社会公认的道德准则或法律规定,并符合生物学需要的,即可看作正常性行为,否则可看作异常性行为;某些特殊性行为会使性对象遭受伤害,患者本人也为这种行为感到痛苦,或在某种程度上蒙受伤害,例如受到严重指责、地位名誉受到损害,甚至遭受惩罚,所以它被看作一种适应不良的行为。性行为由正常到异常可以看成是一个连续体,其两极是正常和异常,其间存在的轻微变异形式属于正常变异,只有明显的、极端的变异形式才被看作性异常。

性心理障碍指行为人满足性欲的行为方式或对象明显偏离正常,并以此类性偏离作为性兴奋、性满足的主要或唯一方式。此类精神障碍患者的一般精神活动并无其他明显异常。主要包括:性指向障碍,指性行为选择异常对象,如异种生物与无生物等;性行为方式障碍,指以异常的性行为方式来满足性欲;性身份障碍,指心理上对自身性别的认定与解剖生理学上的性别特征恰好相反,有持续而强烈的变换自身性别的愿望。

本章小结

本章介绍了性别与性的概念，阐述了生理性、心理性、社会性对性别及性认识与态度的影响，有助于大学生觉察自己的性观念，拓展对于性与性别的认识，同时强调大学生群体性教育的重要性，帮助其正确看待和解决性困惑。

课后习题

一、选择题

1. "女孩穿裙子，男孩不能留长发"这样的说法体现的是（　　）。
   A. 性别认同　　　　　　　　　　B. 性倾向
   C. 性别表达　　　　　　　　　　D. 性道德
2. 性脚本可以分为（　　）。
   A. 文化性脚本　　　　　　　　　B. 社会性脚本
   C. 人际性脚本　　　　　　　　　D. 内在性脚本

二、填空题

1. 性的社会性本质主要体现在_____、_____、_____三个方面。
2. "sex"和"gender"分别对应的是_____和_____。

三、判断题

1. 人类的性欲在社会实践活动中已经被打上深深的社会烙印，而不再是一种动物式的纯粹生物本能。（　　）
2. 焦虑型依恋的个体往往有相对不稳定的人际关系，害怕亲密且很少投入感情。（　　）

四、简答题

1. "男女双性化"具体指什么？
2. 大学生性教育现状有哪些特点？

图书推荐

1. 阿尔弗雷德·C. 金赛：《金赛性学报告》，潘绥铭译，中国青年出版社2013年版。
2. 潘绥铭、曾静：《中国当代大学生的性观念与性行为》，商务印书馆2000年版。

电影推荐

1.《女儿国的杰基》（2014）
2.《西西里的美丽传说》（2000）

参考文献

[1] 刘达临. 世界性史图鉴 [M]. 郑州：郑州大学出版社，2005.
[2] 约翰·盖格农. 性社会学 [M]. 李银河，译. 郑州：河南人民出版社，1994.
[3] 米歇尔·福柯. 性经验史 [M]. 佘碧平，译. 增订版. 上海：上海人民出版社，2002.
[4] 潘绥铭，白维廉，王爱丽，等. 当代中国人的性行为与性关系 [M]. 北京：社会科学文献出版社，2004.
[5] 彭瑾. 性的含义及其本质 [J]. 中国性科学，2009，18（8）：5-9，13.
[6] 蔡丹丰. 性别差异研究的发展及其思考 [J]. 湖北教育学院学报，2007（4）：106-108.
[7] 郑新蓉，杜芳琴. 社会性别与妇女发展 [M]. 西安：陕西人民教育出版社，2000.

第十章

走过心灵的迷雾森林：心理疾病与治疗

本章导读

"我抑郁了""我焦虑了""我精神分裂了"，很多人在面临压力的时候会这样形容自己。你是否真的思考过什么是心理疾病（多指轻性精神障碍）？事实上，当"心理疾病"这个词出现的时候，大部分人往往避之唯恐不及，强调自己没有"神经病"、没有"疯"。2021年的相关数据显示，我国抑郁症患病率为3.4%，仅抑郁症的患病人数便有3000万人，15～24岁人群抑郁人数超过280万。全世界总计大约有2.8亿人患有抑郁症，全球精神疾病（多指重性精神障碍，属于心理疾病，本书中有时将心理疾病和精神疾病混用，不作严格区分）患病人数总和更是天文数字。心理疾病是我们生活中躲不开的一个话题。

第十章学习资源

第一节

越了解，越理解：为什么要了解心理疾病

一、心理疾病的污名化

看到"心理疾病""精神疾病"，你会联想到什么词汇？你会想到身边或想象中的什么样的人物形象？

在课堂调查中，学生们反馈，看到"心理疾病""精神疾病"，会联想到"精神分裂""人格分裂""反社会""孤独自闭""抑郁""疯子""狂人""傻子""电疗""冷漠""自残"等，很明显，大都是一些负面词汇和形象。在心理咨询中或日常工作中，也时常有人前来询问，担心自己的困扰代表着"人格分裂""精神分裂"等，距离疯狂不远了。这都隐含着对心理疾病的污名化（马克·杜兰德、戴维·巴洛，2018）。

（一）大众对待心理疾病患者的态度

国内公众对待心理疾病患者，以消极态度为主，主要包括回避拒绝、尴尬无奈、紧张害怕（李凤兰，2015）。负面评价导致人们对精神疾病会有污名，对精神疾病患者的态度也偏向消极，害怕自己会变成精神疾病患者，不愿治疗，治疗率和求助率低，极大影响了精神疾病患者的就医和治疗。当人们感受到别人给自己贴上"精神病人"的标签时，他们与他人交流的方式就会发生变化，感到不自在，预期别人会以不同的态度对待他们，更可能拒绝他们（理查德·格里格、菲利普·津巴多，2016）。国内大部分精神疾病患者不求医，选择独自忍受，不仅导致生活质量下降，还可能造成家庭关系、人际关系紧张。

（二）心理疾病患者的真实状态

各种相关新闻报道让人觉得精神疾病患者，尤其是精神分裂症患者，充满暴力与危险。但精神分裂症并不意味着暴力。也许患者会因为幻听而去攻击他人，但这样的行为在精神分裂症患者中的比例不到1%。和想象中相反，精神分裂症患者更有可能伤害自己。相关调查显示，精神分裂症人群的死亡率约为一般人群的2～3倍（郝伟、陆林，2018），死亡年龄比一般人群提前10～20岁。自杀是精神分裂症患者过早死亡的主要原因，20%～50%的患者有一次以上的自杀企图，有大约5%的精神

分裂症患者死于自杀（郝伟、陆林，2018）。精神疾病是自杀成功和自杀未遂最大的风险因素。精神疾病与超过90%的自杀成功相关，并与绝大多数自杀未遂相关。50%以上的自杀死亡者为抑郁症患者，20%～48%有自杀企图者为抑郁症患者，而抑郁症患者死于自杀的比例为2.2%～6.2%。尽管90%的自杀者与精神疾病有关，但精神疾病患者中自杀的比例仅有5%。大部分精神疾病患者并不会自杀，甚至没有自杀企图（杜睿、江光荣，2015）。

一个关于自杀死亡大学生患精神疾病及治疗情况的调查发现，自杀死亡的大学生中，约70%的人有精神疾病，但仅有23.6%的人正在或曾经接受过精神科的治疗，仅有16.6%的人正在或曾经接受过心理咨询。

神经生物学因素易被忽略，不像外在压力源或现象学的表现那样容易被注意到。因此，公众需要知道，只要怀疑自己或他人有精神障碍的表现，就应该认真考虑神经生物学因素，并促使当事人接受抗抑郁药物的治疗。仅从预防寿命损失和自杀风险的角度来看，我们都应当增加对精神疾病的了解。

（三）心理疾病的去污名化：越了解，越理解

有精神疾病的人往往被认为是异类，但实际上，在我国大部分人对精神疾病的病耻感较强、就诊率偏低的情况下，仍有多达16.6%的人一生中的某个时刻被诊断为精神障碍。

在相关的文章、书籍中，异常心理与心理疾病、精神障碍往往混用。异常心理是一种与痛苦或损害相关的心理功能失调，是一种非常规的或者与社会文化期望不相符的行为反应。异常心理与精神障碍两个概念，从定义到诊断、分类，并无本质区别。

研究异常心理活动表现及其规律的学科称为异常心理学，亦称病理心理学，或称心理病理学（马克·杜兰德、戴维·巴洛，2018）。过去，异常心理学在国内被翻译为变态心理学，体现了把精神问题与道德变态挂钩的历史观念。目前普遍认为这个名称带有歧视和误导，已不再使用。

也就是说，心理疾病、精神障碍、异常心理、变态心理，4个词实质上是同样的含义，指的都是精神障碍相关疾病。不同的词汇代表了对精神疾病认识的历史发展过程中，专业和非专业人士普遍具有的歧视态度。从具有歧视含义的变态心理到中性化的精神障碍或者心理疾病，代表了目前精神心理领域对疾病进行去污名化的趋势。

去污名化的过程有时候会过头，把疾病看得过于轻微简单。例如将抑郁症曲解为简单的心灵感冒，是一种非常好治疗的疾病，只要配合服药，慢慢就能想开。但真

正有过抑郁症经历的人，或者有机会跟众多抑郁症患者一起深度交流的话，你会发现抑郁患者经受的痛苦和绝望，远远超出未曾经历者的想象，既不是过于矫情想多了，也不是其他躯体疾病的疼痛所能形容的。许多患者有一种类似的表达："以前也不理解那些人为什么会抑郁，我也觉得他们是不够坚强，等到我自己陷入抑郁的时候，我才知道原来是这么痛苦。原来真的不是说我自己不够坚强、不够努力，是我真的没有办法摆脱这样一种状态。"

奥地利作曲家雨果·沃尔夫描述了抑郁状态时自己的外在表现与内在绝望之间的巨大鸿沟："很多时候，我表现得十分快乐和好心肠，在别人面前讲得头头是道，就好像我真是这么感觉的一样。可是只有上帝知道，在我的皮肤下面发生了什么：灵魂仿佛陷入了死一般的沉睡，心灵中有几千个伤口在同时滴血。"法国作曲家海克特·柏辽兹也写下了自己抑郁症发作时的痛苦："很难用言语来形容我的痛苦，似乎从内心深处升腾起撕心裂肺的渴望。独自存在于空虚宇宙中的恐惧感，使我全身颤抖，好像冰冷的血液在血管中流动……我该如何描述，才能让大家了解这种可怕疾病的全貌呢？"

与此同时，对心理疾病还有另外一种态度，那就是浪漫化。以大家心目中的"天才与疯子"形象的艺术家凡·高为例，根据历史上的信息，现代精神病学家推断他患有双相情感障碍，他高涨的情绪、迅速变幻的激情、割掉耳朵的疯狂举动、伟大的艺术成就，往往被人们视作艺术家的特性而非疾病，因此常有人认为精神疾病患者都是特殊的天才。这既模糊了个体的特性，将之变成艺术家的共性，同时淡化了精神疾病的严重性。精神疾病并不浪漫，也没有艺术气息，反而往往造成患者早亡、自杀、丧失稳定生活、中断职业生涯、并发多种其他疾病。

对大学生人群的调查显示，精神卫生知识知晓水平越高，对精神疾病态度越科学，存在焦虑症状、抑郁症状的可能性越低（程硕，2021）。曾经与精神疾病患者打过交道的人会较少受到污名化的影响，例如接触过精神疾病患者的人会对患者的未来预期较为乐观，对其危险性的评估降低。对精神疾病的了解能够切身帮助我们自己及时求助，也能以更加包容、理解的态度对待自己和他人（理查德·格里格、菲利普·津巴多，2016）。

我们不一定能够感同身受，也不一定有机会体验到精神疾病的痛苦（不过根据我国人群中16.6%的患病率来看，我们一生当中某个时刻患上精神疾病的可能性很大），但就像对待所有心理困扰一样，我们对待精神疾病的态度应持中立与尊重态度，尊重精神疾病的特殊性，既不污名化，也不过于简单化或浪漫化。

二、心理疾病的患病率

心理体验

现在请你仔细回想一下你生活中知道的心理疾病患者,包括亲朋好友、街坊邻居、同学熟人,数一数有多少人,然后记下这个数字。

国外相关研究显示,25%~30%的急诊患者是由于精神方面的问题而就诊。在美国,每10人中就有1人在一生中的某个时间段住进精神病院,1/3~1/4的人群将因精神健康问题寻求专业人士的帮助(西奥多·斯坦恩,2017)。

《中国国民心理健康发展报告(2019—2020)》对我国不同年龄段人群的心理健康指标进行对比,发现随着年龄增大,心理健康指数(以中国心理健康量表衡量)呈现逐渐升高的趋势,在18岁以上人群中,18~25岁组的心理健康指数明显低于其他各年龄段。使用抑郁自评量表调查8847名大学生,结果发现4.2%的大学生存在抑郁高风险;使用广泛性焦虑障碍量表(简版)测得8.4%的大学生有抑郁倾向。

《中国国民心理健康发展报告(2019—2020)》还显示,抑郁的检出率呈上升趋势,小学阶段的抑郁检出率为10%左右,其中重度抑郁的检出率为1.9%~3.3%;初中阶段的抑郁检出率约为30%,重度抑郁的检出率为7.6%~8.6%;高中阶段的抑郁检出率接近40%,其中重度抑郁的检出率为10.9%~12.5%;大学本科及以上群体的抑郁高风险检出率为13.6%。大学生检出存在抑郁风险的人群不一定都诊断为重度抑郁障碍,可能是轻度抑郁或者只是抑郁状态。通过数据可以看出大学生人群总体的心理健康水平,具有抑郁风险者占比较高,这还不包括其他未测量的情况如焦虑、强迫等症状。2019年的全国性精神障碍流行病学调查结果显示,公众在医院诊断为至少一种精神疾病的(不含老年期痴呆)患病率约为16.6%,其中焦虑障碍患病率最高,为7.6%;抑郁谱系患病率为6.8%;双相情感障碍谱系患病率为0.6%;精神分裂症及其他精神病性障碍终生患病率为0.71%。

需要特别提醒的是,检出率与患病率不同。检出率指的是问卷结果,而不是临床诊断结果。量表检出抑郁风险提示心理状态需要警惕,并非确诊。检出精神疾病症状高风险之后,需要到精神科接受进一步评估,确认是否存在精神疾病。

此外,上述调查中统计的患病率是指在医院有过明确诊断,可以想到,精神疾病的就诊率肯定是偏低的。部分数据显示,即使严重精神疾病发作,就诊率也不足一半。还有很多人出于对疾病的羞耻感,并不愿意去就诊,也就是说人群中实际患病率很可能更高,我们所不知道的精神疾病患者会更多。

精神疾病好发于青壮年，例如：精神分裂症发病的高峰年龄段，男性为 10～25 岁，女性为 25～35 岁；双相情感障碍首次发作年龄一般为 15～19 岁。

总体来说，存在心理问题或心理疾病在各个时代都非常普遍。很多人在遇到困扰的时候，会质疑自己：为什么别人都过得很开心，为什么别人都能够应对这样的压力，只有自己脆弱无能。其实，并不是别人都正常，很多人都在经受严重痛苦，很多人悄悄地接受了心理咨询或就诊。

心理体验

现在请你拿出手机，翻出手机通讯录、QQ 通讯录或微信通讯录，看看显示一共有多少位联系人。请用 6.8% 的抑郁症患病率来乘以联系人的数目（也可以选择上述任意的一个数据），看看得出来的数字，即在你身边患有抑郁症或其他疾病的人应当有多少人。

这个数字让你惊讶吗？再将这个数字与上一个心理体验中你回想起的身边患病人数进行对比，两个数字的差值是多少？为什么计算出来的患病人数这么多，而你实际上知道的人数很少？你能想到一个合理的解释吗？

根据以往课程、讲座中询问的人数，听众往往知道身边具有 0～3 个抑郁症患者，而计算所得往往在十到几十个之间。

原因或许是由于我们和身边的精神疾病患者并没有那么熟悉，他人患病也只会告诉有限的亲友，这也意味着患有心理疾病的人其实是可以带着疾病生活的，外人难以看出正常与否。也有可能是由于患者和家属都会强烈感到患有心理疾病带来的羞耻感（黄妙兰、伍思渝、程焯永等，2021），从而想尽办法避免被人知道患病的事实。比如，有的人骨折了、摔伤了，可能会发到朋友圈。但如果诊断患有心理疾病，往往不会直接对周围人说，尽力隐瞒，最多和关系非常亲密的人说，周围大部分人不会知道。这也导致当我们感到心理状态已经到了需要求助的时候，认为周围的人都很正常、很开心、很抗压，产生自责感而回避就医的时候，实际上很多人悄悄地求助、就诊了。

也许你听过一种说法："现在人们越来越脆弱了，所以抑郁症患者越来越多。"实际上并不是抑郁症患者增多了，而是为人所知的抑郁症患者增多了。公开自己抑郁症患者身份的公众人物增多，说明社会环境对精神疾病的污名化有所减弱。

三、心理疾病对身心的影响

一般来说，精神疾病不仅仅是影响心理。精神疾病患者发生残疾和死亡的比例格外高。例如抑郁症和精神分裂症患者由于常常得不到治疗，出现身体健康问题（如癌症、心血管疾病、糖尿病等）、自杀、过早死亡的可能性要比普通人群高40%~60%。例如，重度抑郁所致的疾病负担与失明或截瘫所致的疾病负担相当，而重性精神病（如精神分裂症）发病期所导致的疾病负担相当于全瘫所致的疾病负担。

精神疾病往往导致生活质量低下、各种慢性疾病甚至自杀行为，会给家庭、社区和卫生服务带来沉重的疾病负担。精神疾病在全国疾病负担中居首位，约占总负担的20%。全球疾病负担数据中，精神分裂症、抑郁症、焦虑症等精神障碍分别是中国排名第4、第9和第11的致残健康问题，给患者家庭与社会带来了沉重的经济负担。

四、心理健康状态的连续谱

心理正常与心理异常并非对立的两极，而是一个连续谱（见图10-1）。

图10-1 心理健康状态连续谱

当一个人患有抑郁症、精神分裂症等精神疾病之后，患者本人或者周围人会给其贴上标签，患者便成了精神病人，似乎此生此世就是精神病人。心理健康状态是一个连续谱，这是说在人的一生中，有可能处于心理健康与精神障碍两点之间的任意位置，并且状态是流动的、可变的。在某些时候，天气很好，生活顺利，一切都很美好，你会感觉到自己的心理处于健康轻松的状态；而在某些时候，也许是因为学业压力很大，或者失恋、家庭困扰，也有可能你根本就找不出任何原因的时候，你会有一些心理困扰，心态不那么健康了。在某些时候，由于遭受重大打击，或者是你也不知道怎么了，明显感觉无法控制自己的心情，你可能已达到足以诊断为精神疾病的状态。

但并不能说你从此就是精神疾病患者，等到状态好转的时候，你可能又回归正常生活。一生当中，你可能在两极之间来来回回，但并不是固定在某个点上。这也是我们对待精神疾病患者的正确态度，一个人的身份不应该只是精神疾病患者，我们在某个时间段具有精神疾病的某些症状，需要帮助、治疗，恢复之后的其他时间段，我们可能处于心理健康的状态，而不应当从此就被贴上精神病人的标签。很多患者抗拒疾病的诊断和治疗，就是因为会担忧一辈子被贴上"精神病人"的标签。

第二节

谁知我心：心理疾病的诊断

一、如何区分心理疾病与心理困扰

> 小明进入大学之后，发现自己对专业不感兴趣，勉强学下去，课业成绩平平，常常担忧自己未来工作了怎么办。最近还遭遇感情挫折，晚上躺在床上翻来覆去睡不着，有时莫名流眼泪，感觉胸口痛，不知道活着有什么意义。和朋友倾诉多次也不能缓解。朋友也拿不定主意，不知道是继续劝他想开点，还是建议他去心理中心找心理咨询师帮忙振作起来。朋友担心提出去心理咨询的建议会让小明感到被周围人视为"心理有病了"，于是向心理课教师询问该怎么做。

（一）什么是心理疾病和心理困扰

心理疾病，是精神障碍、精神疾病的通俗说法，这是一种力图减轻精神障碍在人们心中"疯子"形象的说法。

精神障碍是一类具有诊断意义的精神方面的问题，特征为认知、情绪、行为等方面的改变，可伴有痛苦体验和（或）功能损害。精神障碍（心理疾病）包括我们常听闻的抑郁障碍、焦虑障碍、精神分裂症、强迫障碍、双相情感障碍、创伤后应激障碍、摄食障碍、睡眠障碍、注意缺陷多动障碍、人格障碍等，还包括人们心目中的部分"躯体疾病"，如阿尔茨海默病、癫痫、智力发育障碍等。

而几乎人人都有的心理困扰则与心理疾病不同，心理困扰并无明确定义，主要指由于各种原因造成的困扰，尚未达到疾病程度，能够维持生活，但会给内心造成一定不适感，例如学业、情感、家庭、工作等造成的心理困扰。大学生人群常见的心理困扰有新生适应、人际交往、宿舍相处、情绪问题、家庭关系、学业问题、容貌焦虑、职业规划、性心理、恋爱困扰、人生意义的困惑等。

小明存在学业问题、职业规划、恋爱困扰、人生意义的困惑等困扰，也有可能存在抑郁症状，具体如何判断，接下来会逐步讲解。

心理体验

如果你是小明，如何判断自己是心理困扰（如心情不好）还是心理疾病（如抑郁症），你会使用什么样的标准来判断自己的状态？请写下你的答案。

（二）区分心理疾病与心理困扰的三条基本标准

作为学生，其使用的判断标准主要为是否影响学习，只要学习跟得上，便认为是普通心理困扰，可以忍受下去而不寻求帮助。等到发现自己学习成绩下降了，出现上课注意力不集中、挂科、对学习不感兴趣，无论如何自我调节都不管用的时候，往往会自发或由家人、教师建议来寻求心理咨询的帮助。

学习能力确实是我们判断自己是否出现异常心理的重要外在表现之一。

判断异常与否的第一个指标是纵向对比。学习能力的变化属于判断心理健康状态中的纵向对比，纵向对比自己的言语、思维或行为是否与过去一贯的精神活动相一致，也就是目前学习能力与过去相比，是否明显变差。这种对比能够提示是否发生心理异常。

判断异常与否的第二个指标是横向对比，指个体的言语思维或行为是否与其他正常人的一致，是否为其他人或其所处的社会广泛接受。还是以学习为例，和周围同学的学习状态相比，众多同学中总有人处于心情不好的阶段，对学习兴致欠缺，提不起劲来，但仍然能够基本如期完成作业和考试。而小明的"心情不好"跟同学相比，明显不一致，无法完成基本的学习，横向对比已经出现异常。

判断异常与否的第三个指标是与现实环境是否相符，也就是要结合个体的心理背景和当时的环境进行具体的分析和判断。例如，期末复习的时候学习压力非常大，加上冬天的天气状况，大家会不同程度地感到焦虑，此时的情绪与现实环境是相符的。等到春季开学，尚无学习压力，气候宜人，大家都很轻松，这时个体的心情还是始终好不起来，此时的情绪与现实环境不相符。

以上是三条用于简单判断自己属于心理疾病还是心理困扰的基本标准。

接下来我们将讲述如何具体诊断疾病，需要注意的是，心理疾病需要到专业精神科就诊，本文仅作简要介绍。

二、如何诊断心理疾病

> 以下是小云的自述。
>
> 这半年每天都很绝望,心情好像永久坠入低谷,思维像是被堵塞住了。我丧失了对学业、工作、朋友、书籍、闲逛和白日梦的所有兴趣,我不知道自己身上究竟发生了什么。我什么事都做不好,没有人会喜欢我。
>
> 晚上明明很困了,却睁着眼睛睡不着,早上很早就醒了,醒来时立刻陷入深深的恐惧,不知道如何熬过这漫长的一天。我会花几个小时呆坐在宿舍里,甚至没有力气让自己站起来走进教室。需要做很长时间心理建设才能强逼着自己起床,什么都不想干。
>
> 我会呆呆地望向窗外,望着我的课本,把它们重新码放,摆在不同的位置,却一页也不曾翻开,心里想着干脆退学算了。当我拼尽全力去上课的时候,情况仍然没有一点好转,不但没有好转,而且痛苦异常。我根本无法理解老师所讲的内容,我懂得每个字,却始终无法理解它们连起来是什么意思。
>
> 我感到孤立无援,听到同学们充满朝气的谈话更是加深了我的孤独感。我不再接听任何电话,不和任何人交往,希望能够借此逃离这种死一般的沉寂状态。我不敢去食堂,生怕遇到认识的人,不知道要如何打招呼或是不打招呼。想去一个没有人认识我的地方重新开始。我活着就是浪费粮食。生活太难了,我想要解脱,感觉只有死亡才能让我摆脱密密包裹着自己的阴郁和压迫。

根据小云的故事,你可以猜到她的问题是什么吗?也许你的第一反应是抑郁症。根据区分心理疾病与心理困扰的三条基本标准,无论是纵向对比、横向对比还是与现实环境是否相符上,小云的行为状态都展现出了一定的偏移。或许你还会犹豫,说不定她就是心情不好,不至于达到抑郁症的程度吧。光看案例,我们很难判断小云到底是有心理疾病,还是正常的心情不好。接下来我们阐述如何判断自己或他人是否达到患病的程度。

(一)心理疾病的国际诊断手册

很多人对心理疾病的诊断过程感到困惑,期待通过高精尖的仪器设备来判断脑部是否有变化，从而诊断心理疾病。但实际就诊的过程可能是医生询问心情、行为、想法感受等，然后让患者填写量表，有时会抽血和做心电图，之后得出患有某种心理疾病的诊断。对于这样的诊断流程，患者自然会有很多疑问：医生是如何判断的？与我谈话就可以吗？诊断真的靠谱吗？是不是只要到了精神病院就会被诊断为精神疾病？

20世纪70年代，美国心理学家罗森汉进行了一项实验来测量精神科诊断的有效性。他让8位正常被试作为假病人，到美国的精神病院就诊，自诉他们听到"无意义的、空洞的"砰"的声音，除此以外的言行正常。其中7个人被诊断为精神分裂症并被收住入院。进入精神病院后，所有的被试不再表现出任何症状且行为正常，接下来他们要说服医务人员他们很正常可以出院。但他们记录自己作为假病人的日记，被医务人员视作患病的症状，即使他们积极配合治疗，表现得像模范病人，也不被允许出院。假病人们的住院时间从7~52天不等，平均为19天。没有一个假病人被医务人员识破。有意思的是，真病人却识破了他们。

该研究发表之后，有医院认为可能是误诊。于是罗森汉广发通告，说接下来3个月，将有新一批假病人住进精神病院。3个月后，有193人被医院认为是假病人。但是，罗森汉说这3个月他没有派一个假病人去医院。他于1973—1975年在12家精神病院重复实验，都得到了类似结果。

罗森汉的一系列实验震动了精神卫生领域，证明了在20世纪70年代美国精神病院中，正常人不能从真正的精神病人中被鉴别出来，一旦人进入了这种场合，就会被贴上精神病人的标签来看待他的一举一动。最终，这项研究成果促进了精神病学诊断指南的改变（罗杰·霍克等，2018）。

精神疾病不像躯体疾病，无法表现为外在可观测到的躯体创伤，因此常被理解为想多了，学生本人和周围人往往不相信诊断。

精神疾病和躯体疾病一样，是通过相应的诊断标准来判断是否存在疾病。心理疾病的诊断，目前主要依据以下三种诊断手册。

第一种是由世界卫生组织编写的《疾病和有关健康问题的国际统计分类》，简称ICD，目前国内使用的是第10版，即ICD-10。ICD-11于2022年1月1日正式生效，国内已有部分地区开始尝试使用。

第二种是美国精神医学学会编写的《精神障碍诊断与统计手册》，简称DSM，目前最新版本为DSM-5。

第三种是中华医学会精神科分会编写的《中国精神障碍分类与诊断标准》，简称CCMD，目前最新版本为CCMD-3。

现在国内精神科临床和科研主要采用ICD和DSM的诊断标准。这几种诊断标准都会从言行改变、内心痛苦、社会功能、持续时间、排除因素等方面综合考虑个体是否存在精神疾病。

（二）心理疾病的具体诊断标准

重性抑郁障碍

A. 在同一个 2 周时期内，出现 5 个以上的下列症状，表现出与先前功能相比不同的变化，其中至少 1 项是心境抑郁或丧失兴趣或愉悦感。

注：不包括那些能够明确归因于其他躯体疾病的症状。

1. 几乎每天大部分时间都心境抑郁，既可以是主观的报告（例如感到悲伤、空虚、无望），也可以是他人的观察（例如表现为流泪）（注：儿童和青少年，可能表现为心境易激惹）。

2. 几乎每天或每天的大部分时间，对于所有或几乎所有活动的兴趣或乐趣都明显减少（既可以是主观体验，也可以是观察所见）。

3. 在未节食的情况下体重明显减轻，或体重增加（例如，一个月内体重变化超过原体重的 5%），或几乎每天食欲都减退或增加（注：儿童则可表现为未达到应增体重）。

4. 几乎每天都失眠或睡眠过多。

5. 几乎每天都精神运动性激越或迟滞（由他人观察所见，而不仅仅是主观体验到的坐立不安或迟钝）。

6. 几乎每天都疲劳或精力不足。

7. 几乎每天都感到自己毫无价值，或过分的、不适当地感到内疚（可以达到妄想的程度，并不仅仅是因为患病而自责或内疚）。

8. 几乎每天都存在思考或注意力集中的能力减退或犹豫不决（既可以是主观的体验，也可以是他人的观察）。

9. 反复出现死亡的想法（而不仅仅是恐惧死亡），反复出现没有特定计划的自杀意念，或有某种自杀企图，或有某种实施自杀的特定计划。

B. 这些症状引起有临床意义的痛苦，或导致社交、职业或其他重要功能方面的损害。

C. 这些症状不能归因于某种物质的生理效应，或其他躯体疾病。

注：诊断标准 A—C 构成了重性抑郁发作。

注：对于重大丧失（例如，丧痛、经济破产、自然灾害的损失、严重的躯体疾病或伤残）的反应，可能包括诊断标准 A 所列出的症状，如强烈的悲伤，沉浸于丧失、失眠、食欲缺乏和体重减轻，这些症状可以类似抑郁发作。尽管此类症状对于丧失来说是可以理解的或反应恰当的，但除了对于

重大丧失的正常反应之外，也应该仔细考虑是否还有重性抑郁发作的可能。这个决定必须要基于个人史和在丧失的背景下表达痛苦的文化常模来做出临床判断。

D. 这种重性抑郁发作的出现不能用分裂情感性障碍、精神分裂症、精神分裂症样障碍、妄想障碍或其他特定的或未特定的精神分裂症谱系及其他精神病性障碍来更好地解释。

E. 从无躁狂发作或轻躁狂发作。

注：若所有躁狂样或轻躁狂样发作都是由物质滥用所致的，或归因于其他躯体疾病的生理效应，则此排除条款不适用。

以上是《精神障碍诊断与统计手册》中描述的抑郁症的诊断标准。综合来说，主要是从症状表现、严重程度、持续时间和排除疾病四个方面诊断疾病。

1. 症状表现

认知能力：如思维改变，出现自罪妄想、夸大妄想、钟情妄想、强迫思维等。注意力、记忆力下降或增强。

情绪情感：总体的心情状态比以前更为低落或亢奋，即使偶有正常也不持久。

意志行为：减退或增强。例如抑郁症患者意志减退，没有动力学习甚至无法出门、起床；躁狂症、强迫症等患者意志增强，做出其他人觉得难以做到的事情。人际、兴趣、工作能力也有不同程度的改变，也许是下降，也许是过度增强。

躯体表现：头痛、背痛、胃肠不适，出现失眠或睡眠过多、饮食不规律、没胃口或进食增加，感到疲惫无力、流泪或精力旺盛，睡眠需求量减少等。焦虑患者也许出现心跳加快、出汗、濒死感等。

自杀自残：出现伤害性行为（如自杀）、自残意念等。

以前文中小云的案例来进行探讨：

以下是小云的自述。

> 这半年每天都很绝望，心情好像永久坠入低谷（情绪低落），思维像是被堵塞住了（认知功能下降，思维迟缓）。我丧失了对学业、工作、朋友、书籍、闲逛和白日梦的所有兴趣（兴趣减退），我不知道自己身上究竟发生了什么。我什么事都做不好，没有人会喜欢我（自罪自责）。
>
> 晚上明明很困了，却睁着眼睛睡不着，早上很早就醒了（失眠，早醒，睡眠紊乱），醒来时立刻陷入深深的恐惧，不知道如何熬过这漫长的一天。

> 我会花几个小时呆坐在宿舍里，甚至没有力气让自己站起来走进教室（躯体疲惫）。需要做很长时间心理建设才能强逼着自己起床，什么都不想干（意志行为减退，动力下降）。
>
> 我会呆呆地望向窗外，望着我的课本，把它们重新码放，摆在不同的位置，却一页也不曾翻开，心里想着干脆退学算了。当我拼尽全力去上课的时候，情况仍然没有一点好转，不但没有好转，而且痛苦异常。我根本无法理解老师所讲的内容，我懂得每个字，却始终无法理解它们连起来是什么意思（认知能力下降，注意力下降）。
>
> 我感到孤立无援，听到同学们充满朝气的谈话更是加深了我的孤独感。我不再接听任何电话，不和任何人交往，希望能够借此逃离这种死一般的沉寂状态（出现人际回避行为）。我不敢去食堂，生怕遇到认识的人，不知道要如何打招呼或是不打招呼。想去一个没有人认识我的地方重新开始。我活着就是浪费粮食。生活太难了，我想要解脱，感觉只有死亡才能让我摆脱密密包裹着自己的阴郁和压迫（自杀意念）。

2. 严重程度

精神疾病会导致日常生活或社会功能不同程度受到影响或损害，给本人和周围人带来痛苦。在小云的案例中，她无法起床、出门、上课、去食堂吃饭、接电话等，各种功能明显受到影响，远远超出了自我调节能力范围。

一般人们出现显著的行为改变，例如注意力不集中，无法学习，每天睡不着觉、吃不下饭，心情痛苦，严重影响正常的学习、生活、工作，或者严重影响其他人，并且持续一段时间，才会考虑去精神科就诊。

3. 持续时间

不同精神疾病的诊断需要发病持续一定时间，例如精神分裂症的诊断需要发病持续1个月，抑郁症需要发病持续2周，躁狂症需要发病持续1周，焦虑症需要发病持续6个月。此外，需要特别提醒的是，这些持续时间仅用于规范和统一医生诊断，并且追溯病史往往会发现，在患者意识到自己出现异常表现之前，就已经有部分症状出现了，因此要尽早就诊。

4. 排除疾病

除了问诊，了解病情及持续时间外，精神科医生还要对就诊者进行一系列检查，排除躯体疾病。例如：检查脑部，排除脑外伤所致精神障碍、病毒性脑炎及垂体腺瘤所致精神障碍；检查甲状腺，排除甲状腺功能亢进所致精神障碍；询问用药史，排除药物或精神活性物质所致精神障碍。

综合分析后，精神科医生才能进行诊断，对有必要的患者提出服药建议。因此诊断为精神疾病，被建议服药，意味着个体的精神心理状况超出了自我调节能力范围，需要以药物等方式帮助调整。

症状与疾病不同，疾病是多种症状的组合。例如，抑郁发作时不只有抑郁症状，还可能有焦虑症状。凯·雷德菲尔德在《躁郁之心：我与躁郁症共处的30年》中描述自己抑郁发作时的焦虑表现：

> 有时候，严重的焦虑会让这种绝望感变本加厉。尽管头脑中不断变换着各种各样的主题，但是我再也不能像以前那样，脑中充满丰富多彩的思维内容。这时我脑海中闪现的是各种与腐朽和死亡相关的可怕声音和影像：横躺在海滩上的尸体、烧焦的动物残骸、停尸房中脚趾上挂着吊牌的死人……在这段焦虑的时期，我格外坐立不安、暴躁易怒，而缓解焦虑的唯一方法就是沿着海滩奔跑，或是像动物园里的北极熊一样在房间中徘徊、踱步。我不知道自己究竟怎么了，也从没想过要向别人寻求帮助。我从没意识到自己可能是病了，我的头脑中压根儿就没有闪现过这个词。

双相情感障碍可以出现抑郁症状、（轻）躁狂症状、焦虑症状、强迫症状、精神分裂症状（夸大妄想，幻听）等，多种症状可能同时混合出现。我们作为非专业人士，并不需要明确自我诊断疾病，发现自己具有症状应尽早就医。

不同的疾病主要体现为核心症状表现有所不同。

（1）抑郁障碍：情绪低落、思维迟缓、意志行为减退等。

（2）（轻）躁狂：情绪高涨、思维奔逸、意志行为增强等。

（3）强迫障碍：强迫与反强迫观念对立。

（4）焦虑障碍：以弥漫性、不愉快、模糊的紧张感为主，是对未知的、内在的、模糊的威胁的一种回应。

（5）恐惧障碍：与焦虑的弥漫性不同，它是对已知的、外在的、明确的威胁的回应，例如恐惧社交、恐惧蜘蛛、恐惧幽闭空间等。

三、心理疾病有哪些就诊途径

我们或者身边人在一生中很可能会遭遇心理疾病，对于很可能会发生的事情，不妨提前做准备。

心理体验

请思考一下，如果你患上精神疾病，你知道有什么求助途径吗？请写下任何你能想到的途径。

1. 线下资源

如果你是学生，可以选择去学校心理健康教育中心咨询，每年都会有需要治疗心理疾病的学生，往往有合作和推荐就诊的医院。部分校医院有心理门诊或者有合作医院的精神科医生前来坐诊。

学生也可以直接去本地的精神卫生中心就诊，大部分精神卫生中心兼有专业精神科资源和心理治疗资源。

2. 线上资源

（1）心理热线。公众号"CPS临床心理注册系统"会定期发布"启明星榜（心理热线）"专业可靠的心理服务热线推荐（见表10-1），提供的是经过调研并组织专家进行评审后，筛选出的有效可信、服务质量较高的心理热线。心理热线均为免费，许多心理热线24小时开放，可多次拨打。你可以根据自己的需求选择心理热线倾诉和询问。

表10-1 "启明星榜（心理热线）"专业可靠的心理服务热线推荐（2021年）

序号	地区	热线名称	热线号码	热线工作时间	依托机构
1	北京市	北京12355青少年心理与法律服务热线	010-12355转3	9：00—17：00	北京青年压力管理服务中心
2		北京市心理援助热线	8008101117 010-82951332	24小时	北京回龙观医院
3		晨帆心理热线	010-86460770	9：00—21：00 （法定节假日除外）	北京晨帆咨询有限公司
4		大兴区心理援助热线	010-61214314	24小时	大兴区心康医院

第十章 走过心灵的迷雾森林：心理疾病与治疗

续表

序号	地区	热线名称	热线号码	热线工作时间	依托机构
5	北京市	红枫妇女热线	010-68333388	周一至周五 9：00—17：00	无
6		"联爱护心"抗疫公益热线	400-8510-525 转 3	9：00—21：00	北京大儒心理咨询有限公司，北京新阳光基金会，阿里巴巴公益基金会
7	北京市	启明灯-中国科学院大学心理援助热线	400-6525-580	24 小时	中国科学院大学
8		清华幸福公益常态化心理热线	400-0100-525	10：00—22：00	清华大学心理学系
9	内蒙古自治区	内蒙古自治区12320-5 心理援助热线	0471-12320 转 5	24 小时	内蒙古自治区精神卫生中心
10	江苏省	江苏省心理危机干预热线	025-83712977 025-12320 转 5	24 小时	南京脑科医院
11		"苏老师"热线	0512-65202000	9：00—21：00（法定节假日除外）	苏州市未成年人健康成长指导中心
12		"陶老师"热线	025-96111	24 小时	南京晓庄学院心理健康研究院
13	浙江省	温州医科大学附属康宁医院心理危机干预热线	400-800-9585	24 小时	温州医科大学附属康宁医院
14	河南省	安阳市法学会社会心理服务建设体系研究会心理服务公益热线	0372-2373300	周一至周五 9：00—12：00 15：00—18：00	安阳市法学会社会心理服务建设体系研究会
15		奇才心理倾诉热线	0371-22993442 0371-86169595	9：00—12：00 14：00—18：00 19：00—23：00	郑州雨露心理咨询有限公司（奇才心理）

· 261 ·

续表

序号	地区	热线名称	热线号码	热线工作时间	依托机构
16	湖北省	教育部华中师范大学心理援助热线	4009678920 010-67440033 027-59427263	8:00—24:00	华中师范大学心理学院
17	广东省	汕头市24小时心理援助热线	0754-87271333	24小时	汕头大学精神卫生中心
18	广东省	珠海市心理援助热线	0756-8120120	24小时	珠海市慢性病防治中心（珠海市第三人民医院）
19	甘肃省	兰州市心理援助热线	0931-4638858	8:00—22:00	兰州市第三人民医院

（2）网络问诊。对于很多不敢直接就医的人来说，在网上找个靠谱的医生问一问，确认自己的情况，更容易做到。目前国内已有许多精神科网络问诊途径，例如好心情互联网医院、春雨医生、好大夫、微医健康平台等，还有各大精神卫生中心自行建立的线上问诊途径（例如在微信或支付宝搜索医院名称，跳转至就诊小程序）。

四、心理疾病就诊的注意事项

基于国内医疗和精神科诊疗的现实，就诊时间非常有限，例如著名的几个精神卫生中心，医生坐诊半天至少要接待30位患者，分配给每位就诊者的时间往往只有几分钟。就诊前可以做一些准备，例如，写出疾病症状清单，按时间顺序记录患病症状、过去就诊经历、检查结果、对药物等治疗的反应如何、有无过敏、其他躯体疾病等，让医生能够短时间内一目了然。就诊时往往有患者懊恼有些重要的症状忘了说，就诊前可以将当前的身心不适一一记录下来，避免在短暂的问诊时间里一时没想起来。

选择了本地专业的精神卫生中心之后，如何选择医生呢？作为学生，我们可以先前往学校心理健康教育中心进行初步评估，并请心理咨询师推荐医院和医生，也可以上网查找本地精神科医生的专长，或通过校园社交网络寻找有过就诊经历的同学进行询问。就诊时尽量找信任、熟悉、安全的人陪同就诊，避免在医院陌生、嘈杂的环境里感到惊慌。就诊过程中自己或让陪同者感受医生是否值得信赖，如果感到可以信赖，便继续找该医生复诊。精神疾病是长期慢性疾病，患者需要建立"我的精神科医生"的概念，固定找某个合适的医生复诊，以便医生了解长期病情并做出合理的医疗干预。

在治疗期间，患者可以使用一个专门的笔记本或电子文档，记录每日药物和病情变化，以便评估药效。

以下是某位患者的表述。

去精神科之前无比羞耻，觉得没有人会去看病。到了精神科才发现有这么多人就诊。大家安安静静地坐着按顺序就诊，有些人跟我一样戴上帽子低着头，不好意思让人看到，但是也有很多人热心主动地跟我介绍他们的疾病，讲述就诊经验。

五、影响就诊意愿的因素

当你怀疑自己患有精神疾病时，你愿意就诊吗？

几次心理健康课课堂投票，结果均为 75% 的学生愿意就诊，25% 的学生不愿意就诊。不愿就诊的学生主要是认为自己能够解决。通过以上介绍，相信你也明白心理疾病往往超出自我调节能力范围，但很多人陷入疾病状态时，往往不愿意或难以接受帮助。无论你是否愿意就诊，至少你和周围人需要知道有哪些就诊途径。

对心理疾病的浪漫化想象，导致大量患者担心一旦接受治疗之后会失去原有的艺术才能、敏锐的思维能力等。真正的心理疾病患者往往会打破一般人对心理疾病的浪漫想象，长期不治疗会严重影响身心健康。在这里，我们以访谈过的患有双相情感障碍的小文同学的话来回答"心理疾病是否会影响创造力"：

第一，你患病的时候脑袋里面会想很多东西，只要你记下来，总能从里面发现一些看上去很有哲理的文字，但这些文字不一定真的有道理。第二，不断地思考，是以消耗自己的生命为代价，并不值得。对精神状态影

> 响更大的是疾病本身。我自己平时是有写一些东西的，抑郁比较严重的时候，的确能写出一些平时写不出来的东西。然而，靠疾病获得创作力和靠吸毒获得灵感差不多，并不可取。可能只是因为抑郁比较严重的时候，整天都在胡思乱想，创作是难得的比较能让人静下心来的一件事情。但我觉得创作更多地还要靠个人的积累和大量的练习，我现在已经没怎么受情绪问题干扰了，但今年（写的文章）还是拿到了一个编辑精选。

第三节

风吹云散：心理疾病的治疗

一、心理疾病的生理机制

搜狐创始人张朝阳，在事业达到巅峰之际患上抑郁症，他在接受访谈时说："我是真的什么都有，但是我居然这么痛苦。"张朝阳不仅有公司、有钱，还有足够的才华、较高的学历。他1986年毕业于清华大学物理系，并于同年考取李政道奖学金赴美留学，1993年在麻省理工学院获得博士学位。

因此，心理疾病和钱的关系并不是那么大，即使是抑郁症这种看起来是"想不开"的疾病，也不只是因为钱。抑郁症是由遗传因素、环境、心理压力等导致的精神疾病，至今没有找到确切的病因。它的病因和造成的痛苦无法简单粗暴地概括成"穷"。就像给癌症患者100万元，也许他的治疗费用不用愁了，家庭负担减少了，但是所有的问题都解决了吗？我们能够想象得到，癌症患者仍然会有很多痛苦，他会担心疾病恶化，恐惧死亡，担忧钱用完了怎么办。同样是疾病，抑郁症患者在精神上也承受着相似的痛苦，只是他们没有办法用躯体的检查结果向别人展示他们真的生病了。

抑郁症患者能否感受到金钱带来的快乐？

抑郁症的发病机制比较复杂，现有的一种解释是，抑郁症患者脑内缺少传递快乐的化学物质，比如我们可能听说过多巴胺、去甲肾上腺素，这两种神经递质能让我们兴奋、快乐。还有一类没有那么有名，但是非常重要的快乐信使，叫作5-羟色胺，目前很多常见的抗抑郁药物的作用机制，就是力图提高和维持大脑里的5-羟色胺的含量。5-羟色胺是快乐信使，但它不直接生产快乐，我们不是吃一把5-羟色胺就快乐了。5-羟色胺的重要作用是控制我们感受快乐的阀门。这是什么意思呢？

看到一沓百元纸币，你会有什么感觉？是不是有点兴奋？你兴奋是因为这些纸币外形好看吗？不，是因为你知道用这些纸币可以购买很多你想要的东西，可以解决生活中的一些问题。我们的脑海中感受到这一系列想法，从而感到兴奋。

而抑郁症患者无法形成这一系列想法，他们的大脑内缺少5-羟色胺，感受快乐的阀门无法打开。服用抗抑郁药物，提高大脑内的5-羟色胺水平以后，抑郁症患者感受快乐的阀门打开了，他们才能在一般人感觉快乐的事情上同样体会到快乐（赵思家，2022）。

二、心理疾病为什么需要治疗

大部分人都不希望自己患有精神疾病。当我们不得不承认自己或者亲近之人确实言行偏离了常态，可能存在精神疾病时，我们还抱有一丝希望：也许其只是一时受刺激，等待心情平复就好了。

目前，随着各种高新技术在医学中的应用，相关研究发现，精神疾病患者的基因、脑部结构、神经递质、激素等存在异常，但还不清楚具体发病机制，推测病因可能与遗传基因、神经发育、神经生化、心理社会因素（就是大家通常认为的压力事件）等有关，但它们如何起作用，各自占了多少分量，尚不得而知。

也就是说，遭遇同样的压力、刺激，有的人会出现精神疾病，有的人不会。我们无法确切预测谁会得病，也无法提前制止。对于已经有过精神疾病发作的人，在未来的生活中，可以尽量减少其各种心理压力因素，以免再次诱发疾病。

不同心理疾病往往存在一定生理基础。以抑郁症为例，目前一般认为抑郁症与脑内缺少5-羟色胺这种神经递质有关。5-羟色胺是一种传递快乐的神经递质，而神经递质是神经细胞之间的化学信使。

成年人的大脑中有大量神经细胞，每个神经细胞又与大量其他神经细胞相连，它们的连接之处被称为突触。5-羟色胺就是从上一个神经细胞的突触前膜分泌出来，到达突触间隙，然后与下一个神经细胞的突触后膜结合，发挥作用，传递快乐。如果神经细胞之间的突触间隙缺乏5-羟色胺，人就不能感受到快乐。因此，有一种改善抑郁的思路就是抑制5-羟色胺被突触后膜吸收分解，让它一直待在突触间隙中，不断刺激突触后膜，传递快乐信号。

假如什么都不做，抑郁的病程是6~13个月，而使用抗抑郁药后的病程大概是3个月。也就是说，如果个体真的是重性抑郁障碍却不愿意服药，有可能让自己耽搁半年甚至一年以上的时间，而服用抗抑郁药物会大大缩短病程。并且治疗开始得越早，病程缩短越显著。

此外，抑郁是有可能复发的。服用抗抑郁药物能够保护大脑，减少未来复发的可能性，前提是服用足够长的时间。目前，精神病学界把大部分精神疾病视作慢性病，尤其是双相情感障碍、精神分裂症等，需要长期监测与干预。

人一旦发病，确诊为精神疾病，就要及时治疗、长期服药，减少复发次数。以精神分裂症为例，第1次发病后，有63.1%的人在2年内复发，而5年内的复发率达81.9%。一些精神分裂症患者在病情得到长期控制后停药，导致73%的人复发。抑郁症第一次发作得到缓解后，一半患者在两年内会复发，发作3次以上或未维持治疗的患者，复发风险可达90%以上。

精神疾病反复发作对个体的影响很大，每一次复发都将延缓病情的康复，增加住院的次数，使患者对药物治疗变得不敏感，增加其伤害自己的风险。病情多次发作后，个人功能更难以恢复到没有患病时的水平。

因此，从精神疾病第一次发作、第一次诊断开始，就要尽快治疗、坚持服药，想方设法地减少每次发作持续的时间。避免复发，才能最大限度地保存认知能力。心存侥幸，不愿服药，反而会延误疾病治疗。

即使你对药物始终担忧，或者有过中断治疗的情况，也无须自责，哪怕精神科医生自己患病也很难遵从医嘱。《躁郁之心：我与躁郁症共处的30年》中，作者患有抑郁症，同时也是抑郁症的研究者和医生，却反复抗拒治疗，其同事也是如此：

> 虽然我们（作者和同样患有抑郁症的一名同事）一次又一次地谈到使用抗抑郁药物的可能性，却严重怀疑这些药物的效果，也担心它们所带来的不良反应。而且，就像很多抑郁症患者一样，我们也认为自己的抑郁症状远比实际情况更为复杂和顽固。抗抑郁药物也许适用于精神病人，适用于弱者，但我们绝不在这个范畴之内。这种态度让我们付出了惨痛的代价，我们的教养和骄傲反而成了禁锢自己的牢笼。

人类的本性使人不希望通过药物来控制自己的"精神"，抗拒就诊、自行停药的行为数不胜数。但要记得，当你再次出现症状的时候，依然要提醒自己就诊。《躁郁之心：我与躁郁症共处的30年》的作者在多次停药之后最终接受了长期服药。

此外，精神科的治疗方式中还有物理治疗，就是你可能听说过的电击治疗。有很多人以为住进精神病院之后会接受残忍的电击治疗。确实有一种正规的物理治疗方法叫作改良电休克治疗（MECT），是指在使用静脉麻醉药和肌松剂后，以一定量的电流通过患者头部，导致大脑皮质癫痫样放电，以治疗疾病的一种手段。该方法已广泛用于治疗精神科常见病、多发病，尤其是抑郁症、躁狂症和精神分裂症等。该方法是在患者全身麻醉下对其大脑进行微量电刺激，就像是重启电脑一样对大脑中的电流进行调整。MECT是治疗严重精神疾病、改善严重的自杀观念等的一种重要治疗方法，也很安全，患者本身并不会感受到痛苦。

三、如何看待精神类药物

大部分人拿到精神类药物的第一反应是去看说明书上的副作用，毕竟我们将要把自己的大脑交托给作用不明的小药片，这实在让人好奇、担忧、恐慌，偏偏说明书上又显示有那么多的副作用。

即使冒险开始服药后，也常常会产生"怪异"的感觉，例如口干、便秘、头晕等。许多学生提到几天后，出于对副作用的担心自行停药，在药物发挥出稳定精神、情绪、行为的作用之前放弃治疗。

药物的确都会有一定的副作用。精神类药物在改善神经递质功能的同时，也会对其他预想之外的神经、躯体功能造成影响。例如，胃肠道内部也有5-羟色胺受体，所以抗抑郁药物可能会导致胃肠道副作用，出现呕吐、腹泻、痉挛等不舒服的感觉。可以将药物与饭同服，以减少胃肠道不适。

一部分人服药后会出现失眠、神经过敏、烦躁等，这是因为抗抑郁药物会导致中枢神经系统激活。因此，如果服药之后出现失眠，则可选择在早上服药。

另一部分人可能会感受到镇静作用，服药之后感到昏昏欲睡，这部分人可选择在晚上服药。此外，药物还可能造成让人难以启齿的副作用，如性欲降低、勃起障碍等。

正如尝试通过清淡饮食来减肥时，我们的身体需要经历一个逐渐适应清淡饮食的过程，服用精神类药物也会有一个逐步耐受的过程。大部分副作用可以通过从小剂量开始服用，缓慢加量来改善，还可改用其他药物。

很多看精神科门诊的人，没有意识到精神疾病是一种慢性病，需要长期复诊，在看了一次门诊之后就不再去。若是你决定去精神科就诊，则可以这样做：找到某个让你感到信任的医生，了解他的门诊时间，定期找他复诊；在刚开始服用药物的时候，应当每周复诊，甚至一周两三次，逐步调整到最合适的药物剂量；如果出现严重的药物不适，则可以去询问医生，而不是从此拒绝药物治疗。

此外常有学生出于病耻感，在疾病稍有好转后，马上自行停用药物，导致出现撤药反应，例如失眠、心烦、心跳快、恶心等，因而认为药物副作用导致上瘾，更加不愿用药。还是以减肥来类比，不论是突然加大饭量还是绝食减肥，身体自然都会出现生理变化。如果服药后感到不适，或者想要减药、停药，可以和医生充分沟通，在医生指导下调整药物，通过数周或者数月的时间，缓慢将药物增量或减量，并观察是否有病情波动，调整后续治疗方案。

对精神疾病尽早识别、规范治疗，可以提高疗效、缩短发病期。当我们觉得自己不对劲，或者身边的同学不对劲时，应尽早寻求治疗。

四、心理疾病能否治愈

精神类药物治疗包括急性治疗期（4～6周），巩固治疗期（6个月左右），以及维持治疗期（根据恢复情况，从几个月到几年不等）。长期用药可以有效减少精神疾病的复发。因此，根据病情需要，在疾病缓解之后，继续长期用药，可以减少复发。具体需要用药多长时间，可与医生商讨。

除了否认疾病，我们有时会过分看重疾病，悲观地认为患了精神疾病，人生就没有什么希望了。

设想一下，患有糖尿病、高血压之类的慢性疾病，需要长期服药的人，他们是如何生活的？你一定知道周围有人患有此类疾病。精神疾病也属于一种广义上的慢性疾病。长期用药可显著减少疾病对生活的影响，患者需要调整生活方式。例如，糖尿病患者要控糖、锻炼，高血压患者要控盐、放松，精神疾病患者也需要选择有利于稳定心情的生活方式，减轻压力，保持规范作息，定期复诊，接受心理咨询。

通过治疗，将疾病维持在稳定状态后，患者依然可以正常生活，拥有亲密的友谊、浪漫的爱情、和睦的家庭关系、成功的事业等。

五、如何与心理疾病相处

1. 如何与患有心理疾病的亲友相处

大部分心理疾病患者都曾提到，希望不要把自己当作和大家不同的人，不要同情。就像是普通患有生理疾病的人，有痛苦也有内在自救能力。当我们没有患病的时候，恐怕很难理解这一点，从道德上可能会觉得似乎自己应该多做一点。如果我们设身处地代入心理疾病患者的身份，我们希望别人怀着同情的目光看待自己吗？

心理疾病患者的心声

琉璃（双相情感障碍患者）："我原本是不接受的，不相信自己有病。直到服药的那一瞬间，才知道什么是正常。我们和大家没有什么不同，只是生病了，不想要同情。"

a塔（抑郁症患者）："决定就诊的时候像终于呼出一声求救，突然感觉轻松了些许，不用再让自己一直保持冷静自持的形象了。希望可以等等我，或者跟我说点话，我会觉得很开心的。"

西城（双相情感障碍患者）："好好吃药，药不能停，吃药不一定能马上让你变好，但不吃药你的状态可能会急转直下。双相情感障碍不是'天才病'，不吃药不控制，短暂的躁郁期过后会迎来真正的'地狱体验'，而躁郁期也不是想象中的才华横溢、精力充沛，可能只是大脑无意义的混乱和燃烧。双相情感障碍对我来说不过是另一种慢性病，如果吃药能让我至少恢复80%以上的正常生活，即使吃一辈子药又有什么好怕的。"

匿名1："尽管双相情感障碍明显是一种精神疾病，而且其遗传学和生物学的基础得到了良好的证明，但这并不影响双相情感障碍患者平静地体验生活，不影响我们获得充实的人生体验。"

重生の优一（抑郁症患者）："抑郁症让我很难积极地看待事物，不过，从另一个不同于常人的角度来看，消极看待而积极面对，消化负面情绪的能力比一般人强，或许也不错。抑郁症患者是普通人又不是普通人。说着'想死'却在哭泣的人，比任何人都更爱这个世界，比任何人都更想活下去。"

匿名2："它（抑郁）的存在就像是乌云，也许我的生活不会永远充满阳光，乌云再也不会被彻底驱散，我知道它就在某个角落，我能做的就是在它下次来临之时让自己变得更强大、更坚定，更加向往阳光、更加热爱生活。"

饼啊饼（双相情感障碍患者）："因为哭得更多，所以欢笑也更多；因为经历过所有的冬日，所以更能欣赏春天；因为死亡如紧身衣一般，所以更了解生命的意义；因为看到人性最善良和丑陋的部分，所以慢慢了解关心、忠诚和豁达的价值。"

（摘自微信公众号"Hust心灵之约"）

心理体验

需要一直回应患有抑郁症的朋友吗？如果不回应，他自杀了怎么办？

心理疾病患者的亲友往往有种过度保护的倾向，担心自己言行不慎会导致患者受到心理刺激，从而关注患者的一举一动，反而导致患者感受到自己受限于病人身份（戴维·J. 米克罗维兹，2010）。此外，过度保护会让亲友精疲力竭，很难以平和的心态与患者交流，患者感受到隐性的攻击，一次又一次地对关系失望。可以通过有关怀也有界限的关系模式，让患者和亲友之间保持长期良好的关系。以下是两位患者亲友对于关系模式的反思：

> 学生A：以前患有抑郁症的朋友一直给我发消息，我觉得必须每次都要认真快速地回复他，照顾他的情绪。导致我在自己忙得焦头烂额或者心情不佳的时候，也会逼迫自己去回应，结果心情越来越糟糕，甚至也会因此在心里怨恨这位朋友，最后导致关系变得疏远。
>
> 学生B：我逐渐学会了如何正确地去面对这些（患病的）人，不是无微不至地照顾和面面俱到地考虑，而是以不加重自己的负担为前提去提供帮助。以前我会因为没有尽最大努力去帮助他们而自责，然而了解了人际关系的互动之后，让我能够正视抑郁症和其他心理疾病。现在我的想法是，适当的关照是有必要的，但是当我们对患有心理疾病的朋友处处呵护的时候，我们之间实际上已经产生不对等关系了。也就是说，当我们那样做时，我们潜意识中认为这些朋友与正常人不一样，所以温暖的关怀不宜超过一定限度。

2. 如何与自己的心理疾病相处

心理疾病患者往往担心同学、朋友、老师、亲戚等会如何看待自己，若是他人知道自己在服用精神类药物，会有什么想法。不可否认，对精神疾病的歧视和自身的羞耻感始终存在。与此同时，我们可能已经察觉到越来越多的人在公开表达自己正在服用精神类药物，如公众人物、陌生人、同学等，你总会知道有几个人在服药。社会越来越理解和接受精神疾病，以及服用精神类药物治疗的必要性。

我们可以有选择地把情况告诉一些能够理解我们的人。研究表明，心理疾病患者常常预期别人会排斥和拒绝自己，而这种预期会导致其与人交流时更加不自在，难以完成任务，最后实现被拒绝的自我预言。而接触精神疾病患者较多的人对疾病的态度更加开放（理查德·格里格、菲利普·津巴多，2016）。

因此，当患者感到羞耻而不愿意服药时，可以尝试去了解和思考药物治疗对于维持健康状态、促进实现人生目标的重要性，调整对服药的态度，还可以寻找正在服药的同伴，共同分享和消除彼此的羞耻感。

除了将注意力放在对疾病的担忧上，患者可以引导自己去思考和探索生命中更有价值的事情，让自己的注意力放在实现生命意义的事情上，获得美好的人生体验。无论你是否患病，都可以记录日常生活中让你感到开心、充实的事情，从而引导情绪，并从中找到自己的爱好，确立人生发展方向。

许多研究指出了"安居"和"乐业"对于心理疾病预后的重要意义。例如，帮助患者获得或守住一份工作，或实现稳定的居住状态，有望在药物治疗的基础上为抑郁症患者带来双重额外获益。心理疾病患者并不只有"病人"一个身份，被动接受他人的关心和帮助并不令人愉快，找到既适合自己身体状况又能带来成就感的努力方向，有助于让心理疾病患者实现自身价值。

心理体验

请你看看以下说法是否合适，并写下你认为合适的表达方式。

1. 你就是太敏感了，你想太多了。
2. 这确实是疾病。
3. 我不能完全感同身受，但是我想你一定很难受。
4. 你看起来很开心啊，怎么会有心理疾病呢？
5. 抑郁了多运动运动就好了。
6. 我懂你啊，我之前也有一段时间特别痛苦，没事，过两天就好了。
7. 你这是在找借口，都是因为你太懒了。
8. 心情不好不是病，不要想太多，不用去医院看，自己少想点就好了。

写下其他你认为合适的表达：_____。

现在把心理疾病换成肺炎等躯体疾病，再判断这些话语是否合适。交谈中常见的误区是过于小心翼翼和过于否认疾病。如果对方是你的重要亲友，不妨开诚布公地询问："你希望我说些什么、不说什么？"

本章小结

本章介绍了人们对心理疾病的态度，通过数据展示了心理疾病的患病率，让读者认识到了解心理疾病相关知识的必要性。通过具体案例，阐述了心理疾病的诊断过程、治疗方式以及求助资源和注意事项等，帮助读者形成对自我和他人心理疾病识别的基本概念。通过各种练习，让读者能够切身感受心理疾病患者的困扰。

课后习题

一、选择题

1. 学生可以求助的心理咨询资源包括（　　）。
   A. 学校心理健康教育中心和校医院　　B. 网上情感宣泄师
   C. 心理热线　　D. 互联网医院
   E. 精神卫生中心
2. 精神类药物需要服用的时间是（　　）。
   A. 终生　　B. 一个星期
   C. 根据恢复情况，从几个月到几年不等　　D. 一个月

二、填空题

1. 判断心理正常与异常的三条标准是_____、_____、_____。
2. 精神疾病诊断的四条标准是_____、_____、_____、_____。

三、判断题

1. 一旦患有心理疾病，就意味着终生患病。（　　）
2. 一旦开始服用精神类药物，就会成瘾。（　　）
3. 精神疾病距离我们很遥远，我很正常，不会碰到的。（　　）
4. 通过抑郁量表就可以判断我有没有患抑郁症。（　　）

四、简答题

1. 心理疾病的就诊途径有哪些？
2. 心理疾病的诊断标准有哪些？

图书推荐

1. Richard O'Connor：《走出抑郁——让药物和心理治疗更有效（第二版）》，张荣华译，中国轻工业出版社 2014 年版。

2. 凯·雷德菲尔德：《躁郁之心：我与躁郁症共处的 30 年》，聂晶译，浙江人民出版社 2013 年版。

3. Elyn R. Saks：《我穿越疯狂的旅程：一个精神分裂症患者的故事》，李慧君、王建平译，中国轻工业出版社 2013 年版。

4. 玛莎·M. 莱恩汉：《DBT®情绪调节手册》，祝卓宏、朱卓影、陈珏等译，北京联合出版公司 2022 年版。

电影推荐

1.《一念无明》（2016）
2.《自闭历程》（2010）

参考文献

［1］ 马克·杜兰德，戴维·巴洛. 异常心理学［M］. 张宁，孙越异，译. 6 版. 北京：中国人民大学出版社，2018.

［2］ 李凤兰. 中国公众的心理疾病观：内容、结构及测量［D］. 武汉：华中师范大学，2015.

［3］ 理查德·格里格，菲利普·津巴多. 心理学与生活［M］. 王垒，等译. 19 版. 北京：人民邮电出版社，2016.

［4］ 郝伟，陆林. 精神病学［M］. 8 版. 北京：人民卫生出版社，2018.

［5］ 杜睿，江光荣. 自杀行为：影响因素、理论模型及研究展望［J］. 心理科学进展，2015, 23（8）：1437-1452.

［6］ 程硕. 大学生精神健康素养与焦虑、抑郁症状关系的研究［D］. 济南：山东大学，2021.

［7］ 李立红. 重性精神病患者精神卫生服务利用及影响因素研究［D］. 重庆：重庆医科大学，2016.

[8] 戴维·J. 米克罗维兹. 双相情感障碍：你和你家人需要知道的[M]. 陈幼堂，译. 重庆：重庆大学出版社，2010.

[9] 黄妙兰，伍思渝，程焯永，等. 精神疾病患者家属焦虑抑郁状况及病耻感、家庭负担研究[J]. 临床精神医学杂志，2021，31（3）：218-220.

[10] 郭芮绮，胡依，闵淑慧，等. 1990—2019年中国居民抑郁疾病负担及变化趋势分析[J]. 现代预防医学，2022，49（6）：981-985，1031.

[11] 罗杰·霍克，等. 改变心理学的40项研究[M]. 白学军，等译. 7版. 北京：人民邮电出版社，2018.

[12] 赵思家. 大脑通信员：认识你的神经递质[M]. 长沙：湖南科学技术出版社，2022.

[13] 中国医师协会神经调控专业委员会电休克与神经刺激学组，中国医师协会睡眠专业委员会精神心理学组，中国医师协会麻醉学医师分会. 改良电休克治疗专家共识（2019版）[J]. 转化医学杂志，2019，8（3）：129-134.

[14] 喻东山，顾镭，高伟博. 精神科合理用药手册[M]. 4版. 南京：江苏凤凰科学技术出版社，2020.

[15] 陆林. 沈渔邨精神病学[M]. 6版. 北京：人民卫生出版社，2018.

第十一章

杀不死我的必使我更强大：心理危机与创伤

本章导读

请思考一下，当你听到"危机"与"创伤"这两个词的时候，第一反应是什么？你有什么联想和感受？人们对于"危机""创伤"之类的词，都会有一种本能的抗拒与回避。人们通常有一种天真的、自以为是的想象，会觉得危机与创伤离自己很远，不会发生在自己的身上，也不愿去提及与面对。

但真相是，危机与创伤是人们生活的一部分，是一种客观的存在，回避与否认对于有效应对危机与创伤没有任何帮助，假装不存在不代表不发生。人们可以做的是提前学习相关常识，建立相关认知体系，提前做好相关知识与技能储备。

下面开启了解危机与创伤的旅程，这一段认知之旅或许在某些瞬间会让你感到有点沉重，但更多的是触动与希望，让你的内心生出一种力量感。

第十一章学习资源

第一节

心理危机及其应对

一、什么是心理危机

（一）危机的界定

> **小林的故事**：小林从进入大学开始就奔着保研的目标，父母及身边人都给她传递一个信息：一定要保研！小林其实还没想清楚读研究生对她意味着什么，就开始对保研抱有执念，对其他发展路径再没做考虑。小林对每一门课程每一个加分项都谨小慎微，排名一直保持在保研范围内。然而小林一直以来都非常疲惫，身心长期处于焦虑状态，有一门重要的课程原本就吃力，考试时发挥不佳，刚刚过及格线。小林得知成绩的时候崩溃了，认为自己已经保研无望，之前的努力全都白费了，小林陷入了认知狭窄的管道，看不到其他可能性，觉得自己未来的人生已经没有指望了，感到非常绝望，甚至有轻生的念头。
>
> **小张的故事**：小张读书期间一帆风顺，成绩优秀，刻苦努力。毕业后进入一家知名企业。小张对即将到来的职场生活充满了憧憬。然而，让他猝不及防的是职场和他想的很不一样，他进入职场才发现原来在这样一个新环境，自己原有的优势与骄傲根本不值一提，身边的同事大都非常优秀，智商、情商双高，能灵活处理工作中的各种难题，和领导也相处融洽。而小张越想表现得好，反而越紧张，工作中出现了一些失误，被领导批评。小张之前很少有这种受挫的经历，突然有种自惭形秽的感觉，觉得自己很失败，同时又觉得领导太严厉，不近人情。这种巨大的落差与压力让他无法面对，每天一想到要去上班，就焦虑到有强烈的身体反应，最终辞职调整状态。

小林的故事和小张的故事体现了很多相同处境个体的经历：当遭遇重大应激事件或面临人生新阶段的时候，感到难以应对，从而处于危机之中。那么，心理学领域对危机是如何界定的？

危机是一个含义丰富的概念。《现代汉语词典》对危机的解释为：① 潜伏的危险；② 严重困难的关头。也有学者看到危机的正面意义。例如，史蒂芬·芬克指出，危机中同时蕴含危险和机遇，危机是"不稳定的时期或事物状态，具有决定性的变化即将发生，既包括产生负面结果的可能性，也包括产生正面结果的可能性"。

综上所述，危机是个体对突发事件的急性反应，在当时的情形下，个体的心理平衡被打破，其通常的应对机制已经失效，同时表现出痛苦和功能失调。需要注意的一点是，这里的危机并不是指危害性事件或情形本身，而是强调个体"对该事件和情形的认知和反应"。

危机的概念包含着危险和机遇两种因素，我们需要同时看到危机的消极面与积极面，努力促成危机的积极转化。这种转化取决于危机情境中的主体是否具备良好的危机应对与管理能力。对于同一件事情，每个人拥有的资源如支持系统、应对能力与经验、个性品质等不同，反应也会有所不同。例如小张的故事，很多人进入职场之后都面临过失衡，但并不是每一个人都会像小张那样进入恶性循环。大部分人经过自己的调整之后，都能度过这样的危机。另外，危机是一种暂时状态，当个体通过积极与科学的应对走出困境的时候，危机状态也就结束了。

因此，危机具有两面性，当我们面临的挑战超出现有的应对能力与经验时，也是个人迎来自我成长和突破的重要时机。危机促使我们去学习，去整合资源解决面对的难题，在这样一次又一次完成挑战的过程中，我们也在不断完成自我成长。

（二）危机的分类

根据危机的来源，一般将危机分为发展性危机、境遇性危机和存在性危机三种（张俊、廖艳辉，2020）。

发展性危机指正常成长和发展过程中从一个阶段转移到另一个阶段时引起的异常心理反应。如果应对策略不当，就可能产生心理危机。这类危机往往能够提前评估和预测，并提前着手准备，让自己进入人生新阶段时能够尽快度过适应期。

境遇性危机指突发事件、事故或自然灾害等外部事件引起的心理危机。境遇性危机具有随机性、突然性、意外性、强烈性和灾难性等特征。当出现这些个体无法预测和控制的事件时，容易对个体或群体的心理造成影响，其影响往往范围广、程度深、持续时间长，需要进行及时有效的干预。

存在性危机指与人生目的、方向、责任、独立性、自由和承诺相关的个体内部冲突与焦虑，可以是基于对现实生活的无意义感或空虚感，也可以是基于对过去生活的后悔。

心理体验

练 习 活 动

1. 请回顾一下你之前经历过的危机以及对你的影响。
2. 请预测一下未来你可能要经历的危机以及可以做的准备。

二、我们该如何看待危机

比危机本身更重要的是我们以什么样的视角来看待危机,也就是我们对于危机的观念。危机观念会比具体的危机应对策略更加重要,危机观念是我们选择危机应对策略背后的逻辑。

> **小杨的故事**:小杨正在准备自己的期末考试科目及小组结课论文,谈了三年恋爱的恋人此时却突然提出分手。小杨一方面非常痛苦和难过,状态受到很大影响,另一方面不断提醒自己要先完成期末的各项任务,但是当前的状态使自己难以专心复习,觉得很无助。此时,小杨选择主动寻求支持,她向身边的朋友倾诉,在朋友的建议下寻求心理咨询。心理咨询师给予小杨宣泄与表达的空间,也教给小杨一些稳定情绪的方法。在征得小杨同意后,心理咨询师与辅导员联系,辅导员第一时间与小杨谈话,并协助她争取了更多用于完成考试的时间。小杨知道这一切会过去,通过积极主动地调整心态让自己快速稳定情绪,顺利完成考试及小组结课论文。
>
> **小张的故事**:小张从高中开始情绪就会产生周期性波动,同时伴随自杀的念头与无意义感。进入大学之后,这种状态并未好转,并且有逐渐加重的趋势。小张一直回避就诊或心理咨询,觉得如果去求助就是代表自己有严重问题,自我安慰其他人可能也是这样,只是状态一时不好,不用大惊小怪。小张家人也持同样的态度,他们反复对小张说,"你没有问题,就是想得太多,意志不够坚定,千万别去看医生,他们都是骗人的。"但他的状态不会因为回避的态度而好转,临近考试的时候,各种压力袭来,小张明显感觉自己状态恶化了,非常糟糕的情绪以及奇怪的念头和冲动越发不受控制。此时,他终于选择到专业机构求助,被诊断为双向情感障碍,并且需要立即住院治疗。医生了解了小张的病情发展后表示,如果他能够更早就诊,治疗效果会更好,诊疗成本也会更低。

小杨与小张在应对各自的危机时最大的区别是什么？是他们面对危机的态度。

小杨处于危机状态的时候，她没有道德方面的评价，能够去承认、面对与接纳自己这样的状态，不认为自己哪里不好或者自己不够坚强，懂得去自我照顾，也积极动用各种资源协助自己度过危机。小张身心长期处于异常状态，备受折磨，但他选择的是否认与回避，本质上是无法接纳自己的这些表现。而家人在这个时候也传递了类似的态度，都一直在否定小张处于糟糕状态的真相。小张对于危机的否认观念让自己的状态不断恶化，错过了更好的治疗期，而小杨积极争取资源应对危机的态度切实帮助她度过了危机。

小杨的态度代表了一种积极的危机观念，其主要体现在以下两个方面。

首先，每个人都要接纳危机的客观存在。危机的发生跟我们每个人坚不坚强、优不优秀是没有直接关系的。我们的人性本身就包括脆弱的一部分，任何人在人生的某一个时刻，可能都体会过那种十分脆弱与无助的感觉。这种感觉是非常正常的，并不丢人，也是人之所以称之为人的一部分。我们比自己想象得更脆弱，也比自己想象得更坚强，当我们能够去直面自己的这份脆弱，当我们直面危机的客观存在的时候，更能激发我们内心的力量。

其次，我们要辩证地看待危机，之所以我们很多人对危机避而不谈，是因为我们第一感觉会认为危机产生的都是消极影响，是坏的东西。但这个结论可能要打个问号。这种视角或许过于绝对。从危机的概念来看，每一次从失衡到恢复平衡都是一次突破与成长，因此，从某种程度上说，危机可以成为我们人生的转机。我们对于危机的看法越积极、越科学，这种转化发生的可能性越高。

有关危机的转化，我们再来看两个故事。

> **代国宏的故事**：代国宏是北川中学学生，他在汶川地震的时候失去了双腿，进行了高位截肢手术，那个时候的他连生活自理都成问题。他也经历过人生的迷茫和痛苦。这件事情对于他的人生来说，绝对是一次很大的危机，但是代国宏通过自己的努力把危机转变成了自己人生新的转机。他成为一名残疾人运动员，取得了蛙泳全国冠军，更重要的是他用自己的人生经历和感悟去帮助更多的人，退役之后从事与生命教育有关的公益事业。代国宏在家庭方面也非常幸福，用自己的实际行动赢得了妻子的真心以及对方家人的信任与尊重。
>
> **迈克尔·本特的故事**：迈克尔·本特的父亲非常喜欢拳击，要求他必须走这条路，他本身也确实具备拳击的天赋，成为一名职业拳击手并取得多次冠军。但是他内心非常痛苦，因为他一点都不喜欢拳击，即使在这个

> 领域取得了非常引人瞩目的成就也毫无幸福可言，他知道这不是自己想要的人生。他感觉被困住了，不知道如何挣脱，陷入前所未有的迷茫。直到有一次他被对手击倒，昏迷了96个小时。当他醒来之后医生告诉他，他以后再也无法进行拳击了。他当时的第一反应是"终于解脱了"，他终于不用再戴着面具生活了，终于有了再一次选择的机会，去选择自己想要的人生。之后，迈克尔从事与拳击有关的新闻报道与写作，还参与了电影的演出，自己还做了导演。在纪录片里，他说："被对手击倒，是我人生中最美好的事情，那很痛，但如果我没被他击倒，我会依然戴着面具，扮演着拳击手的角色。"

其实，这样的故事在心理咨询中并不少见。对于一些人来说，需要一次危机来推动他们做出突破，打破之前他们那看似美好实则无比痛苦的人生，才有机会去重建新的人生。有的学生遭遇过人生的重大危机，他们觉得有一种解脱的感觉，因为终于可以做自己了。

在心理咨询中，笔者发现，很多人不太能接受自己脆弱的一面，也不敢去展现这一面。但这种否认并没有给自己带来更多的力量与成长，反而让自己不堪重负。承认与接纳自己的脆弱，反而会让自己更有力量。

三、危机有哪些表现

（一）危机的一般表现

当人们面对危机时，由于个体与环境的差异，每个人都会有自己的反应模式。但由于危机的普遍特点，这些反应在差异之外，具有一定的规律性。提前了解常见的危机反应，使人能够更具敏感性，从而能够及时察觉自己或他人的危机状态，寻求干预与支持。

心理危机的常见早期症状包括：睡眠习惯发生变化，情绪突然改变，不再进行平时的活动，学习或工作中的表现不如之前，忽视个人卫生，出现体重变化。一旦进入心理危机，可能表现出以下明显症状。

（1）情绪改变，如焦虑、烦躁、易怒、紧张、恐惧、抑郁、情绪不稳、兴趣减退、哭泣，甚至惊慌失措或情感淡漠。

（2）认知改变，如注意力不集中、记忆力下降、过度警觉、不信任他人、自责等。

（3）行为改变，如回避、少语、少动、社交退缩、麻木，严重时可出现自残、自杀及过度吸烟、饮酒等。

（4）躯体不适或生理症状，如失眠、食欲改变、头晕、头痛、腰酸背痛、疲劳等。

这里需要指出，危机反应是个体面临生活中各种重大改变、灾难或丧失时产生的暂时性反应，绝大部分人都有强大的自我修复能力，如果能够科学、主动应对，并且有一定的支持，很多人是能够走出危机的。曾经失去生命中重要他人或遭遇天灾人祸的人，即使当时反应非常激烈，但当把时间轴拉长，就能看到他们度过了危机，重新过上了正常的生活。

（二）危机在生活中的征兆

在应对危机的过程中，觉察是至关重要的一步。我们要对危机的表现与状态具有一定的敏感性，能够及时发觉自己或他人处于危机状态，越早发觉，干预的效果也越好。

以下表现可能是心理危机的征兆，请大家关心自己、关爱他人，积极寻求家人、老师、朋友和专业人士的帮助。

（1）长时间睡眠障碍、情绪低落、思维迟缓，无法正常学习，不能完成简单的作业、考试，学习成绩全面下降。

（2）孤僻，人际交往明显减少，人际关系恶化，认为每个人都在和自己作对，甚至要伤害自己，无缘无故地生气或与人作对。

（3）生活、学习习惯突然发生改变，如从不缺课的人突然不上课，睡眠、饮食或体重明显增加或减少，过度疲劳，体质下降或个人卫生状况变差。

（4）出现幻觉、妄想等异常心理，总是感觉别人在议论自己，有人在跟踪或监视自己，有人想谋害自己。

（5）遭遇家庭变故、失恋、意外伤害或性侵犯、重大挫折等生活事件。

（6）情绪明显异常，如特别烦躁，高度焦虑，恐惧，易冲动；情绪异常低落，或情绪突然从低落变为平静；有强烈的自责、自罪感，觉得自己不配活在世上，直接表露出自己处于痛苦、抑郁、无望或无价值感中；易激惹，过分依赖，持续不断地悲伤或焦虑，常常流泪；异常兴奋，连续几天不睡觉、不进食。

（7）不明原因地突然给同学、朋友或家人送礼物、请客、赔礼道歉、述说告别的话、烧毁日记，行为紊乱或古怪。

（8）有生理缺陷，或者长期患病。

（9）开自杀方面的玩笑，看有自杀场景的电视、电影或相关文学作品，在网络空间或其他发挥想象力的作品中流露出主题为无望、脱离社会、愤怒、绝望、自杀或者死亡的信息。

（10）已经出现自残或自杀行为。

四、我们该如何应对危机

（一）加强保护因素

大量实证研究结果显示：人际关系和谐、生命意义感、有效的应对技能，以及情绪稳定、自律的人格特征等，是个体危机的普遍保护因素。国外在军队中发现的保护因素包括：社会支持，归属感，同情心，领导者的责任感，有效的应对技能，解决问题的能力，赞成或鼓励寻求帮助的行为，保护求助者的政策与文化氛围，团队凝聚力，同事之间的友谊与团队支持，可以获得的救助服务，有利于健康的生活方式，以及心理支持（汪微、武小梅，2013）。

危机应对重在预防，在日常生活中加强保护因素能够提升个体对危机的"免疫力"，在危机来临时能够有更充分的资源进行应对。

结合以上对于保护因素的研究，大学生具体可从以下方面进行操作：多参与校园的各类活动，借助活动这一媒介认识与自己志同道合的朋友，构建自己的支持系统，发展高质量的朋辈关系；加强心理学常识、压力应对的日常学习，提高应对技能，提升自己的心理学素养；保持健康的生活方式，例如规范的作息、良好的营养摄入、持续的体育运动、丰富多彩的休闲娱乐等。

大学校园在这些方面都提供了丰富的资源。例如：心理健康中心的各类团体辅导、心理讲座、心理育人活动；艺术学院提供的各类艺术演出与沙龙；体育学院开展的各类体育活动；院系与班级层面开展的生涯规划类活动；学校开展的各类大型校级活动等。同学们在大学中除了专业知识的学习外，对以上资源与活动也可以多运用、多参与。

（二）利用专业求助资源度过危机

1. 什么是专业求助资源

专业求助资源通常是指由受过规范训练的专业助人者提供的心理层面的帮助。目前常见的专业求助资源包括心理援助热线、心理咨询和医疗精神机构等。

在新冠肺炎疫情发生后，心理援助热线发展迅速。在为普通大众提供单次、应急式心理支持上做出了重要贡献。心理援助热线的特点是便捷与匿名，但无法解决严重的心理困扰，通常都是单次服务，但是在危机干预方面能够发挥重大作用。

心理咨询面对的是正常群体，可进行面谈或线上咨询，更为规范与系统，并且能够提供系统、多次的咨询服务，能够更为深入地解决心理困扰。

医疗精神机构面向的群体为心理疾病患者，如果需要心理疾病方面的诊断与治疗，则必须到精神科。按照相关法律，只有医疗精神机构具备诊断与处方资质。通常，当地的省级和市级精神卫生中心相对更为专业。

2. 心理咨询面面观

1）有关心理咨询的误解

影视剧里关于心理咨询的描述大都存在一些问题。希望大家能够从专业的角度对心理咨询有一个比较合理的认识和期待。当有一天你需要心理咨询的时候，你有了这部分知识，可以更好地利用心理咨询去帮助自己。

普通大众对心理咨询往往会有一些误解，我们先从消除误解开始，首先看看心理咨询不是什么。

第一，心理咨询不是社交谈话。心理咨询和治疗与日常聊天有很多方面不一样，专业心理咨询师在心理咨询中的每一句回应都有专业考虑和依据，不是随便聊天，而是要考虑为什么说这句话，对人有什么帮助。还有非常重要的一点：社交谈话的对象在你的生活中会存在多重关系，但是心理咨询师不在你的生活中，和你沟通的时候能够站在中立的专业立场帮你发现自己的盲区，你的很多东西可以更放心地对心理咨询师讲。

第二，心理咨询不能诊断和开药，也不同于诊断和开药。根据相关法律，我国的心理咨询师不具备诊断资质与处方权。其工作方式也与医生不同，并不是单向给出解决方案，而是双方共同配合，一起解决问题。

第三，心理咨询不是万能的。心理咨询不是魔法棒，心理咨询师也不是魔法师，而是有一套专业的工作流程。并且问题的解决需要过程，心理咨询并不能解决所有的问题，而是在心理层面进行工作，甚至有一些问题是没有办法解决的。心理咨询师做的工作是让个体学习自己如何有效应对问题以及如何去和问题共处。

2）心理咨询的定义

帕尔森曾提出两种关于心理咨询的定义。第一种定义认为，心理咨询是"发生在一种人际相互关系中的过程，构成这一关系的是一位治疗师和一名或更多的当事人。在这个关系中，前者试图运用以系统的人格知识为基础的心理学方法来改进后者的心理健康水平"。第二种定义认为，心理咨询是"一种人际关系，在这种关系中，咨询人员提供一定的心理气氛或条件，使对象发生变化，做出选择，解决自己的问题，并且形成一种有责任感的独立个性，从而成为更好的人和更好的社会成员"。第二种定义更为具体，它就咨询的目标和帮助过程的特点做出了说明。

心理咨询领域存在不同的理论流派，不同的理论流派在心理咨询的理念和特点方面也有所不同。例如，罗杰斯给出的定义为：心理咨询是一个过程，其间咨询师和当事人的关系能够给予后者一种安全感，使其可以从容地开放自己，甚至可以正视自己过去曾否定的经验，然后把那些经验融合于已经转变了的自己，做出统合。

以上种种对于心理咨询的定义虽然侧重有所不同，但其本质是一致的。我们可以将心理咨询理解为"咨询师通过心理学的专业方法帮助当事人解决心理困扰，提升个体心理健康水平的人际帮助活动"。

专业心理咨询运作的方式是怎样的？你可能听过心理咨询有很多流派，但是流派之间的效果没有本质的差异，真正对心理咨询起到重要作用的是咨询师和求助者之间的关系。咨询关系如果建立得好的话，可以对求助者有很大的帮助。因此，心理咨询是基于关系层面的工作，并且是基于心理学的原理，不是替求助者解决现实问题，而是在认知、行为、情绪等层面进行工作。

心理咨询是以非常个性化的方式进行的。华中科技大学心理健康教育中心在做宣传的时候曾经说过，如果有同学愿意来咨询的话，可以为其定制一种个性化的专属私人服务。心理咨询不能走固定程序，心理咨询师面对的是独一无二的个体，这种探险陪伴是心理咨询里面非常重要的部分。

心理咨询是一种有结构的服务，有稳定的设置，很多人刚开始的时候不能理解这种稳定的设置。所谓稳定的设置，通常包括咨询时间、咨询频率、咨询时长、咨询次数、咨询场地的布置等。咨询不是说自己想来就来，自己现在难受了就可以马上咨询，而是要在规定好的时间、规定好的地点，由同一个心理咨询师来为你服务。这些设置本身是非常重要的，有一些同学刚开始不是很理解，觉得很麻烦，但是从长远的角度来说，这些稳定的设置才能够真正激发个人成长，可以让很多东西凸显出来。

在心理咨询行业规范方面，大家可以了解两个标准，这两个标准对选择心理咨询师和心理咨询机构有非常重要的参考意义。

第一个是《中国心理学会临床与咨询心理学专业机构和专业人员注册标准》，规定什么样的人可以成为有胜任力的心理咨询师，需要受过什么样的训练。当你在挑选心理咨询师的时候，该标准可以给你一些参照。第二个是《中国心理学会临床与咨询心理学工作伦理守则（第二版）》。伦理守则是行业的职业规范，既保护求助者，也保护咨询师。心理咨询是在心理层面开展的人和人之间的工作。如果心理咨询师没有很好的职业操守，不但不能帮到对方，反而很有可能会伤害对方。

作为求助者，你要想寻求专业的心理咨询，可以通过这部分学习，在未来挑选到能够真正帮到你的专业心理咨询师。要选择合适的心理咨询师，可以考虑心理咨询师的性别、年龄、婚姻状况、受训背景、咨询流派、个人风格、咨询经验等。很重要的一点是双方的匹配。你一定要去见一下这位心理咨询师，和对方谈一下，感受一下是不是觉得舒服、安全。如果觉得不错，可以继续下去。如果实在感觉不好，可以考虑更换心理咨询师。

心理咨询是一个双方共同配合的过程，求助者不是把所有东西交给咨询师，而是有很多任务，比如说要遵守设置，要把自己的烦恼坦诚地讲出来。作为求助者，你可能要经历一些挣扎。特别是没有接受过心理咨询的人，刚开始对于心理咨询能不能帮到自己、心理咨询师是不是值得信任会有很多怀疑，包括把自己脆弱的一面向一个陌生人袒露的羞耻感等。如果你的心理咨询师足够专业的话，会很好地处理这些问题。心理咨询不是一帆风顺的，在心理咨询过程中可能会遇到瓶颈，可能咨询会没有进展。这时需要我们能够主动与心理咨询师沟通，把这些问题解决掉。

最后，你要学会保护自己。如果在心理咨询过程中，你有很不舒服的感觉，或者你觉得心理咨询师有些做法不妥当，你千万不要隐忍，这时你可以对照前面说的伦理守则来看一下心理咨询师是不是存在一些违规的行为，也可以向心理咨询师表达自己的负面感受。

五、面对公共危机我们该怎么做

（一）公共危机有什么特殊性

所谓公共危机，是指突然发生并危及公众生命财产，影响社会秩序，破坏公共安全，对社会价值和行为准则构成严重威胁，在短时间内政府和社会必须采取有效应对措施的公共事件。一般认为，公共危机是指社会偏离正常轨道的过程与非均衡状态。公共危机发生后，其恶劣影响及灾难性后果充斥民众赖以生存的社会环境，超出了民众的应对能力和心理承受能力，从而使民众陷入挫折、紧张、恐慌、焦虑等消极心理状态（叶国平，2009）。一个事件之所以被称作公共危机，就在于它破坏公众正常的生活与工作秩序，威胁社会基本结构和价值观，造成社会混乱。

公共危机具有以下特征。一是不确定性。公共危机爆发的突然性及其产生原因、发生与演化过程、结果与影响都具有不确定性，使得个体在危机状态下的信息获取能力受到很大限制，难以有效应对危机，从而产生种种威胁与损失。二是危害性。公共危机的非常规性通常会打断或破坏现有的社会政策规则和秩序，可能会造成财产损失和人员伤亡等，威胁到社会利益和安全。三是影响的广泛性。公共危机会对组织或社会的整体系统或局部系统形成潜在的负面影响。这种影响一方面会突破地域限制，向更广泛的地理空间扩张；另一方面会引发次生灾害，在社会心理、社会价值观、社会经济、社会政治等方面给社会带来严重后果，形成灾害链条（温淑春，2010）。四是可转化性。危机中包含着积极与消极两个发展方向，每个危机中都包含着导致失败的根源，但也带来了完善和提升的机遇。充分的危机应对准备和良好的危机管理能力是转危为安的核心要素（马海燕、俞国良，2021）。

（二）公共危机下的心理干预

人们遇到重大的灾害性事件时，通常会出现不安、恐惧、紧张、惊慌等反应，产生退缩或逃避等行为。这些反应是有机体在长期适应环境的过程中建立起来的生存预警和保护机制，有利于个体采取适当的措施来避免和抵抗危机对自身利益的威胁。然而，如果心理过度恐慌，则会导致机体对于危机的免疫力下降，做出非理性行为，给正常的生活和工作带来阻碍。在危机情境下形成的个体心理具有很强的感染性，并且这种感染是非常迅速的，严重时可能形成群体应激反应。因此，在公共危机下，心理干预与现实应对同样重要。

1. 心理急救方案

心理急救方案主要用于减轻危机事件带来的急性心理创伤，促使危机事件当事人尽快恢复心理平衡。心理急救方案主要包括：联系并承诺帮助幸存者；让受助者保持安全和舒适状态；稳定当事人的情绪；提供信息咨询服务；提供实质性帮扶；帮助受助者与其亲密者建立联系；帮助受助者克服适应不良问题；与其他服务组织取得联系。

2. 认知行为疗法

认知行为疗法通常用于帮助那些在创伤后最初几周症状没有获得减轻的个体，干预措施也通常在危机事件发生两周后进行。认知行为疗法专注于改变当事人错误的认知或行为，在危机心理干预中主要用于帮助受助者恢复有意义的生活目标，获得希望感。相关研究表明，认知行为疗法对治疗急性心理创伤具有较好效果，并能保持相对较长的时间。在具体干预活动中，该方法需要受助者的全身心参与，因此其成效也容易受参与者专注力的影响。相关专家建议，只有在环境中的压力得到充分控制并且当事人能够专注于活动内容时，才能实施结构化的认知行为疗法。另外，有工作者尝试了非现场化的认知行为疗法，例如借助现有的新兴信息传输手段，实施简短的远程电话或互联网干预。结果表明，这些措施也能对个体的心理重建带来积极影响。

总之，公共危机下的心理干预不同于个体的心理干预，需要社会与政府部门的参与，需要根据不同阶段采取不同的方案。图 11-1 完整地展示了公共危机下心理干预的全过程（汪瑞辰、吴云助，2021）。

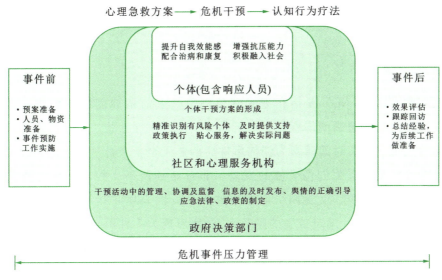

图 11-1　公共危机下的心理干预

第二节

心理创伤及其疗愈

一、什么是心理创伤

（一）心理创伤的定义

创伤一般指由外界因素造成的身体或心理的损害，既可指由某种直接的外部力量造成的身体创伤，也可指由某种强烈的情绪伤害造成的心理创伤。心理创伤往往伴随着身体创伤，两者也有相似性。阿恩·霍夫曼将心理创伤的进程和"顽固的伤口感染"类比，指出心理创伤"既可以通过受伤者自身免疫力和外源性帮助而愈合，也可能由于这些因素支持不够而转变成慢性感染、化脓、挛缩，并由此引发许多其他症状"。

总体来说，心理创伤是由突发的或持续性的生活事件引发的心理问题或心理障碍。这些生活事件可大可小，大如战争、交通事故等，小如经常被人们忽略的父母对儿童的冷漠等。朱迪斯·赫尔曼认为："创伤性事件是非常事件，但并不是因为其很少发生，而是因为其破坏了普通人对生活的适应。而生活事件并非都可以成为创伤事件。"生活事件能否成为创伤事件，主要取决于事件的严重程度和个体的易感性（赵晓朋，2015）。

（二）心理创伤的种类

1. 急性应激障碍

急性应激障碍（ASD）是指在遭受到急剧、严重的精神创伤性事件，或目睹他人、关系密切的亲友遭遇创伤事件后，所体验到的侵入性症状、负性心境、分离、回避和唤起等表现。持续时间通常为创伤事件后的 3 天至 1 个月（张道龙，2014）。

侵入性症状是指有关创伤事件的反复、非自愿的及不受控制、自动涌入脑海的痛苦记忆，例如做噩梦、反复回忆创伤事件等。负性心境是指不能体验到正性情绪（例如不能体验到快乐、满足或爱的感觉）。分离表现为一种不真实、恍惚感，或者无法回忆起经历过的创伤事件。回避是指尽量压抑与创伤事件有关的感受或避免接触能够唤起创伤事件的人、物、情境等。唤起表现为难以入睡、易激惹、过度警觉等（张道龙，2014）。

急性应激反应是遭遇突发危机事件后的自然反应，是个体处于失衡状态下的表现，需要一段时间来重新建立内心平衡。大多数个体如有一定的社会支持，脱离创伤情境后都能够逐渐恢复正常生活。只有当急性应激反应严重影响到学习、工作、社交等正常生活时，才可以称之为障碍，需要专业人士的帮助。

2. 创伤后应激障碍

绝大部分个体经历应激事件之后的异常状态经过一段时间的调整均可自愈，但是也有一些个体的反应会延续较长时间，并严重影响到正常的生活，我们称之为创伤后应激障碍（PTSD）。创伤后应激障碍是指因为受到超常的威胁性、灾难性创伤事件，而导致延迟出现和长期持续的心身障碍（邓明昱，2016）。

近年来，随着民众对心理健康的关注，创伤后应激障碍成为社会关注的重点。创伤后应激障碍的表现主要包括以下四个方面。

1）侵入性再度体验创伤事件

侵入性再度体验创伤事件表现为在不自愿的情况下回忆起曾经发生过的事情，曾经的创伤记忆、情境突然涌入脑海，或是以噩梦的方式重现。

2）避免接触任何可能引发创伤回忆的刺激源

这会进一步形成恶性循环，个体会逐步压缩生活空间，变得退缩，虽然看似暂时缓解痛苦，但是从长远来说，更难走出创伤。

3）产生负面认知与情绪

难以感受到快乐，难以与他人亲近，似乎与周围的人、世界都失去了联结，感到孤立与隔阂。

4）因创伤而引发消极反应

表现出情绪不稳定、易激惹、睡眠质量变差、过度警觉等反应。

最后要强调的是，精神疾病的诊断标准需要不断更新。经历创伤并不一定会患上创伤后应激障碍，创伤后应激障碍的成因、诊断与治疗是非常复杂的，不要擅自对号入座，而是要咨询专业人士。

3. 替代性创伤

替代性创伤（VT）最初用于解释心理治疗工作者在援助受害者时出现与受害者相似的创伤性体验。心理治疗工作者由于需要运用同感切身体会求助者所处的苦难情境，还要聆听求助者的倾诉，不可避免地受到影响，虽然没有实际受到创伤，却产生了类似的创伤后应激反应，这就是替代性创伤。替代性创伤普遍出现在心理工作者、医务工作者等长期与抱有负面情绪的对象或场所进行接触的群体中。当社会性的灾难如战争、地震等发生后，这些援助者受到的身心创伤与真实的受害者一样沉重，应当得到重视。部分援助者因此出现了职业倦怠的现象。

随着信息技术的进一步发展，具备破坏性的灾难事件和情绪不再只呈现在援助者和受害者的面前，普通民众都可能由于目击或得知他人的创伤经历、场景而出现替代性创伤反应。特别是以前遭遇过类似危机或本身有心理障碍、易感性特质的人要有所警惕（徐雪晏、邓永光 2021）。

有研究表明，新冠肺炎疫情期间，约有 7% 的人发生了替代性创伤。身处疫情严重地区者及每日接触疫情信息时长超过 1 小时者，其替代性创伤更明显（王婧一、张凯、陈振华等，2021）。我们在关注疫情时，要尽量避免长时间暴露在负面信息中，在关心他人的同时更要做好自我关照。

二、什么是创伤后成长

大家可能看过各种有关超级英雄的电影，影视作品里超级英雄的成长都有一定的规律，他们都要经历创伤事件的冲击，之前的人生被击碎，在万分痛苦之后需要重新定位人生的意义，从而完成从普通人到超级英雄的蜕变。

（一）创伤后成长的提出

如果你觉得影视作品离我们太远，请看一个真实的故事。1987 年 3 月 6 日，一艘名为"自由企业先驱号"的大型客轮发生海难事故，有 193 人丧生，幸存者经历了常人难以想象的创伤经历。心理援助项目帮助幸存者走出创伤的过程中，意外地发现部分幸存者会谈起他们生活中的积极变化。研究者在 3 年后的调查中加入了新的内容:"你对生活的看法在灾难前后是否有所变化?如果有变化,是变得更积极,还是更消极?"虽然有46%的人说他们对生命的看法变得更消极了,但同时有43%的人认为他们对生活的看法变得更积极。在他们身上,研究者第一次开始关注创伤的积极面,意识到创伤带给人们的并非只有消极后果,并根据研究结果编制了态度改变问卷,包括创伤带来的消极与积极影响的具体表现。

尽管人们在经历创伤事件后可能会出现PTSD,但人类具有的与生俱来的内部成长动力和倾向也可能促使个体在应对创伤的过程中有新的体验与学习,从而表现出创伤后成长(PTG)。创伤后成长在20世纪90年代中期被提出,是指个体同主要的生活危机事件或重大创伤事件进行抗争后所体验到的一种积极心理变化,具体包括新的可能、个人力量、他人关系、生命欣赏等。创伤后成长代表着个体自我概念发生新的改变,以及人际体验的改变和生命价值观的改变等。PTG的出现,意味着个体创伤后的心理功能超越了创伤前的水平,是自我超越的表现。目前,对PTG的研究也发现,在各类创伤人群中都有可能表现出PTG这一积极的结果。

(二)创伤后成长的理论解释

有关PTG机制的代表性解释分别是破碎世界假设和PTG认知理论。破碎世界假设由杰诺夫-布尔曼于1989年提出,他认为个体内心世界中对世界的运行规则有一套稳定的假设,主要包括他人是友善的、世界是有意义的、自我是有价值的三个方面的内容。经历创伤之前,这些假设非常稳定,能够帮助人们有效地处理各类日常生活事件。然而,经历创伤之后,个体原有的关于整个世界的信念体系会被动摇甚至击碎,无法用已有的假设来理解创伤事件,从而引发个体创伤前后所持信念系统间的冲突,使个体产生消极的世界假设,并可能由此引发个体对创伤事件的消极认知反刍,导致包括PTSD在内的消极身心反应结果。这种创伤前后的失衡需要进行相关的认知活动,使已失衡的世界假设恢复平衡。积极的认知活动有助于个体从创伤后的消极反应中得到恢复,而消极的认知活动会加剧个体的PTSD症状(伍新春、周宵、王文超等,2018)。

PTG认知理论是在破碎世界假设的基础上,由理查德·特德斯基和劳伦斯·卡尔霍恩于2004年提出。他们认为,创伤事件本身并不会促进PTG的产生,促进PTG产生的主要因素在于个体的核心信念系统受到了创伤事件的挑战,引发了个体的认知活动。如果认知活动有助于个体对创伤后世界的意义重构,则能促使个体PTG的出现。其中,社会支持是重要的影响因素。

PTG与PTSD相伴而生,并非泾渭分明的两个阶段。总体而言,随着时间的推移,PTSD呈下降趋势,PTG长时间维持在较高水平,其中的影响因素包括创伤暴露程度、人口学变量、核心信念挑战、反刍思维、复原力、控制感和社会支持等,这些因素对 PTSD 和 PTG 都会产生影响，但影响机制不尽相同（伍新春、周宵、王文超等，2018）。

（三）如何完成创伤的疗愈与转化

创伤后成长并不容易实现，如果有可能，我们希望任何人都不要通过这种方式获得成长。创伤发生后，唯有去面对现实，去赋予人生新的意义，生活才能得以继续。

1. 直面创伤

在这一步，遭遇创伤的个体可以学习有关创伤的专业知识，理解自己现阶段的各种"异常"表现，知道那些糟糕的情绪、可怕的念头是遭遇创伤后的必经阶段。了解这些常识能够让我们更加接纳自己的各种创伤反应，不会被自己吓住，也知道自己并没有疯。直面创伤能够帮助我们学会稳定自己的情绪，跳出回避的恶性循环，至少可以恢复基本的社会功能。

2. 转化创伤

这是最重要、最艰难的一步，因为这一步意味着我们可能要改写人生。当事人必须承认，他们的人生再也无法回到过去，他们内心原有的信念被击碎，但这也给了他们机会重新审视自己面对人生与自我的方式。在这个阶段，没有标准与现成的答案，终归要靠自己去找寻属于自己的答案。

在心理咨询过程中，笔者见证了很多学生完成自己的创伤后成长，他们的挣扎、他们的勇气都深深地打动了笔者。我们看似是平凡的人，但当我们勇敢面对人生的打击，努力找寻自我的人生使命时，每个人都可以是超级英雄。

（四）如何提升复原力

复原力是创伤后成长的重要因素，也与个人的抗压能力密切相关。

1. 复原力的定义

复原力最早被定义为人们面对困境时能够有效应对，从困境中恢复甚至反弹的心理特征，也指个体在应对负性事件以及处理突发危机事件时，表现出的维持其稳定心理健康水平及生理功能、成功应对逆境的胜任特征（胡平、王雪珺、张银普等，2020）。个体的复原力又被称为抗逆力、韧性、弹性等，其核心是指促使个体抵御威胁其功能、生命或发展等的不利事件或压力的行为。从现象学的角度来看，心理复原力是指个体在经历困境或创伤后仍然能回复到良好适应状况的发展现象。就其核心特征而言，心理复原力包含两个核心特征：重大困境和积极适应。这既是判断个体在经历困境后是否达到心理复原的标准,也是揭示心理复原力本质的关键因素(雷鸣、宁维卫、张庆林,2013)。

对复原力的研究始于20世纪70年代中期,经过几十年的发展,现已进入由理论转向实践的阶段,主要表现为研究者在复原力干预领域进行了很多有益的探索,各类复原力干预项目被提出并进行了相应的实验研究。一些主题受到研究者的青睐,它们包括如下内容。

(1) 积极认知,主要指对所处逆境和困难的辩证认识、积极态度等,主要以认知行为技术为依托,通过改变对事件的看法、想法、解释来完成。

(2) 情绪调节,主要包括情绪识别和调控的内容,其理论依据为情绪稳定性是个人身处逆境时的保护因素。

(3) 问题解决,主要通过个体或团体心理咨询的方式,让干预对象学习压力应对、困难解决等技能。此类主题针对性强,内容也更为具体。

(4) 社交技能,主要指帮助干预对象形成与外界建立有意义联结的能力,包括同伴关系、家庭关系处理等内容。

2. 复原力的影响因素

研究表明,复原力主要包括两种主要影响因素:内在保护因子和外在保护因子。内在保护因子是指个体自身所具备的某些特质,能调节或缓和危机所带来的影响,例如生活乐观、寻求新奇性、信任他人等。

外在保护因子是指个体所处的环境具有能够促进个体成功调适并改善危机所带来的影响的因子。对于学生而言,外在环境包括三个系统:家庭、学校和社区。具体来讲,家庭中的保护因子包括温暖的亲子关系、有感情且不会严苛批评、支持性、家庭凝聚力等。学校和社区也是复原力的重要组成部分。学校中的保护因子有老师的支持,成功或快乐的积极经验,与老师、同学的良好关系等。

萧文根据前人的研究,总结出7个复原力因子:① 具有幽默感并对事件能从不同角度观之;② 虽置身挫折情境,却能将自我与情境做适度分离;③ 能自我认同,表现出独立和控制环境的能力;④ 对自我和生活具有目的性和未来导向的特质;⑤ 具有向环境或压力挑战的能力;⑥ 有良好的社会适应技巧;⑦ 较少强调个人的不幸、挫折与无价值感或无力感。

复原力既是一种品质,也是一种能力,可以通过后天有意识的练习来不断提升。雪利·桑德伯格面对丈夫的意外离世,逐渐从阴霾中走出来,她在演讲时这样说道:"那些承载着苦难的时光,那些从根本上挑战你每一份坚持的日子,将最终决定你会是一个怎样的人。"

三、如何面对生离死别

> **小玲的故事**：小玲是一个简单、快乐的女孩，没有什么突出的成就，母亲是一般工薪阶层，尽心尽力照顾小玲。在小玲大一的时候，母亲因为意外突然去世。这件事情成为小玲的心结，多年后依然难以释怀，自己越成功反而越失落。小玲觉得自己和母亲之间有太多话还没来得及说、有太多事还没来得及做，她根本还没做好准备与母亲说再见。

小玲的遗憾可能是很多人要面对的。刘效礼曾经说过一句伤感的话，他说："人的一生，就是所爱之人不断离去的过程。"我们在意的人终归有一天会离开，谁也无法避免这种情况，但是我们可以学习如何面对分离，学会好好说再见。

（一）什么是丧失

丧失是指失去了曾经拥有的美好、重要的人或事物。主要包括三类：失去重要的人；失去未来的各种可能性；身体的损失。我们的一生就是不断失去、不断成长的过程。

（二）什么是哀伤反应

广义的哀伤是指任何丧失引发的反应。狭义的哀伤特指重要他人死亡引发的反应，也称丧亲反应，小玲所经历的正是这种心理体验。在所有丧失中，亲友的离世是最为痛苦的经历。但如果能够积极应对，大部分人经历的都是自然、正常的哀伤，当度过急性期之后，其生活能够逐步回到正轨。哀伤反应包括对失去的内在反应和外在反应，十分具有个性化，不同的人有不同的表现，同一个人也会有不同的表现方式。

大学生群体可能会经历的他人死亡通常为父母或朋友离世。有学者研究，当青少年面对死亡事件时，其哀伤反应通常从情绪、认知、生理、行为四个方面表现，包括震惊、否认、愤怒、迷惑、哭泣、自责、焦虑、沮丧、冷淡、麻木、恐惧、愧疚、易怒、失眠、退化、无法专注、寻找社会支持等反应，反应类型多元，以认知反应为主，相比成人有其特殊性。青少年面对家庭成员的死亡时，容易产生心理健康及物质滥用问题；青少年面对朋友的死亡时，较易产生忧郁、创伤后压力症候群，以及物质滥用问题。青少年期丧亲所特有的哀伤反应包括：极少自愿求助，以行为而非情绪表达哀伤，容易有压抑的愤怒，易产生行为偏差，可能会经历多次哀伤等（姜彤、贾晓明，2015）。

影响哀伤反应的因素较多，主要包括：与逝者的亲密程度以及自身的价值观；逝者是在怎样的情况下去世的；从过往的经历中学习到应对类似事件的技能；成长经历对情绪的影响；生者在经历悲痛的时候，所能得到的家人及社会的帮助和支持。这些因素互相作用，形成复杂的个人表达方式。同时，特定的文化环境影响着人们的反应，使认知、情绪、行为和生理等方面的因素，在这个大环境中共同作用的情况更为复杂。

丧亲是人生中极为痛苦的经验，丧亲后个体会通过哀伤过程获得内在心理的重组与平衡。如能在此过程中完成哀伤任务，个体就能从哀伤走向复原；反之，可发展为复杂哀伤，同时并发严重的生理、心理问题。

丧亲青少年哀伤过程的四个共同主题包括面对生活的巨变、体验丧亲的痛苦与失落、在哀伤中继续生活、重新诠释死亡。四个共同主题分别有四个次级主题，包括：强烈的反应、否认与逃避、生活秩序的骤变、卷入家庭系统的重组；承受告别的痛苦、未完成事件的遗憾、强烈的思念与呼唤、承受死亡的真实；独自哀伤的需要、对哀伤的反思、寻找应对方式、哀伤的反复；将死亡合理化、与逝者建立联结、建立死亡的意义、哀伤的超越与转化。

哀伤反应的表现（徐洁、陈顺森、张日昇等，2011）如表 11-1 所示。

表 11-1 哀伤反应的表现

哀伤反应	主要阶段		
	得知丧亲事实	面对丧亲事实	难以告别逝者
情境反应	震惊	恐惧；失落；想念；伤心难过；烦躁；抑郁	想念；遗憾；愧疚与自责；愤怒；伤心难过
认知反应	不接受	不接受；闯入性思维；迷信信念	不接受；重新理解死亡；转变对生者态度
行为反应	哭	精神自虐；暴力发泄；绩效降低；家庭冲突增多；人际关系退缩	哭；缅怀逝者；私下祭拜；回避提示物；家庭冲突增多
生理反应	浑身无力	多梦；身体不适；失眠；注意力难以集中；抑郁	多梦

（三）如何充分哀悼

哀悼是我们走过哀伤的历程，是接受逝者离去，和逝者说再见并继续自己人生之路的过程。根据哀伤双规模型（见表 11-2），可以把哀悼分为以下两个阶段。

表 11-2 哀伤双轨模型

轨道Ⅰ：生理、心理、社会功能	轨道Ⅱ：与逝者的关系
痛苦的情感和认知	对丧失事件或逝者的关注程度
身体上的症状	对逝者病态的或回避的回忆
创伤指标（如创伤后应激障碍）	对逝者的情感反应过高或过低
人际问题（与家人和他人的关系）	与逝者有关的冲突或消极反应
自尊、自我系统等受损	描述与逝者关系时强烈的震惊等
意义建构面临挑战	想起逝者时自我意识瓦解
工作、学习和生活方面的困难	在转化与逝者的关系上存在困难

第一个阶段是短期哀悼。在这个阶段，最重要的是充分哀悼，充分表达悲痛。逝者刚离去的时候，我们的反应会非常强烈，也极其痛苦，但这是正常而自然的反应。重要的是尊重这份伤痛，给自己足够的空间与时间去难过，有泪就要好好流。也可以借助传统仪式进一步帮助我们表达哀伤。

第二个阶段是长期哀悼。长期哀悼是找到新的方式与逝者保持联结，通过各种升华和创造性方式纪念逝者，带着逝者给自己的内心力量继续个人生活。长期哀悼是创意与意义的结合，具有较大的个体差异。常见的方式有：继续逝者未完成的事业；投身与逝者有关的事业；以艺术性的方式表达思念；以逝者的名义开展公益活动等。

面对丧亲，无论人们具有怎样的社会文化背景、宗教信仰、经济地位，都会采用形式多样的仪式来纪念逝者。丧葬仪式，包括为安葬逝者和祭奠逝者而举办的一系列仪式，被西方研究者认为是帮助丧亲者减轻哀伤、重建社会关系的重要环节。我国传统文化非常看重丧葬仪式的举办，几千年来已经发展出一整套复杂的仪式，被认为有着一定的心理治疗功能。

贾晓明认为，中国文化中独特的丧葬祭奠礼仪有着心理动力学的意义：通过固定的仪式，提供了一个特定的时间和空间，完成与丧失的客体的分离；众人聚集，得以分享和获得支持；所致悼词和个人对逝者的哭诉，可以公开表达痛苦；清明节的祭扫，是与逝者的一种联结方式。

尽管国内研究者已提出丧葬仪式对丧亲者有着心理修复的功能，但在日常生活中，人们会由于各种原因而缺席亲友的丧葬仪式，比如因工作过于繁忙未能参加，因路途遥远未能赶到，以及部分家长出于保护心态而对孩子隐瞒亲友的死讯。未能参加丧葬仪式，没能跟逝者做最后的告别，对丧亲者来说是一种未完成的事件，可能会给他们带来难以释怀的伤痛（郑怡然、柳葳、石林，2016）。

回到前文小玲的故事，或许已经有人猜到了，这里的小玲就是贾玲。她通过《你好，李焕英》这部电影表达了对母亲的怀念，把想对母亲说的话借由艺术作品表达了出来。这部电影之所以引起较高的关注,其中一个原因是走心,是真诚,是触及了人们内心极柔软的点,那就是如何面对离别。

最后想和大家说,那些我们深爱的人从来不会真的离去,无论他们身在何处,最终都成为我们内心的一部分,化作一种精神力量,始终支持与陪伴着我们。

反 思 活 动

请各位同学思考一下,你人生中曾经历、正经历、将经历哪些丧失?你有哪些属于自己的方式"说再见"?

第三节

珍 视 生 命

危机与创伤的极端表现形式是自杀,这是我们最不希望看到的结果。由于我们的文化对死亡的忌讳,自杀成了敏感话题,人们避而不谈。但我们要知道,自杀的概率并不是零,是客观存在的现象,并且有可能发生在我们身边。自杀的人往往将自杀当作解决问题的一种方式,想结束的并不是生命本身,而是面临的困境。但自杀也意味着不再有其他可能性,很多当时看似无法渡过的难关,只是因为当事人陷入了绝望与认知狭窄的主观觉知,此时千万不要轻易放弃。我们如果能够对自杀多一些科学的了解,或许就有机会避免遗憾。

一、如何理解自杀

(一) 什么是自杀

自杀是指个体在意识清醒的状态下主动结束自己生命的行为,其是由一系列过程组成的。自杀行为与自杀姿态有所不同,自杀姿态是为了得到别人的帮助和支持而做出的行为,自杀行为则是对自己生命的放弃。美国疾病控制与预防中心将自杀行为分为自杀意念、自杀计划、自杀未遂和自杀死亡。自杀计划是指不仅考虑过自杀,而且计划过如何实施自杀,自杀计划是自杀意念转变为自杀行为过程中关键的危险桥梁。

（二）有关自杀的数据

据世界卫生组织统计，全球每年约有100万人死于自杀。发达国家的自杀率一般比发展中国家要高一些。自杀在童年发生的概率很小，在青春期和成年早期急剧上升，在中年至老年期持续上升，在65岁及以上的男性中自杀率达到最高。

自杀是全世界青少年死亡的一个主要原因。在15～29岁的青少年死亡群体中，自杀导致的比例为8.5%。老年人的自杀率高于青少年，男性的自杀率高于女性。

针对中国内地大学生自杀计划检出率的研究显示，我国大学生自杀计划总检出率为4.5%。男、女生自杀计划检出率分别为5.4%和4.2%。东、中、西部地区自杀计划检出率分别为5.1%、2.7%、4.5%。统计分析显示，自杀计划检出率的性别差异和地域差异均不显著（茹福霞、黄秀萍、詹文韵等，2019）。经过数十年的争论，大量的研究得出了令人信服的结论，大学生的自杀率是同龄人自杀率的一半。

一项对美国70所大学26000名大学生的调查显示，15%的大学生曾经认真考虑过尝试自杀，超过5%的大学生表示在人生中至少曾经尝试过一次自杀。据大多数大学生描述，他们想要自杀的念头是强烈而简短的，一半人说这个念头会持续一天或少于一天。自杀的理由包括想从情绪或身体的痛苦中得到缓解。

（三）自杀的影响因素

所谓保护因素，是指那些可以培养能力、促进健康发展和降低自杀意念可能性的因素，能使个体调节或缓和暴露在危险因素中的影响，降低问题行为的发生率或增加成功的适应结果，与产生问题行为的危险因素相对。保护因素可分为内在保护因素和外在保护因素两部分。内在保护因素是指个体本身所具有的心理能力、人格特质和生活态度。外在保护因素是指在家庭、学校和社区或同辈的环境中拥有促进个体适应的因素，如社区环境、人际交往、体育锻炼等，以缓和危险因素的影响。相关研究表明，体育活动对缓解压力、调节心情、忘却纠结有很大作用。

缺乏社会活动、体育锻炼等支持性健康活动的大学生，其心理损害危险性较高，自杀意念发生的可能性也相对较高。国外的相关研究表明，社会活动、体育活动与自杀存在相关性，即使是极少的活动也可以减少抑郁的发生，而不活动则会成为随后发展抑郁的预测指标。相关证据表明，长期参与体育活动既可以预防抑郁的发生，又有利于减轻抑郁症状。国内的相关研究表明，体育活动与自杀意念存在负相关。班级活动对大学生的自杀意念有积极的干预作用。

自杀的保护因素（王存同、韩婷婷、张杰，2022）如表11-3所示。

表 11-3 自杀的保护因素

主范畴	对应范畴	内涵
牵挂	舍不得父母 舍不得恋人 孝敬重要他人	个体在实施自杀行为的最后时刻，主动终止自杀行为。个体往往在该时刻想起或回忆起自己对重要他人的爱和未完成的心愿等，这些情感上的联结使个体放弃自杀念头，主动终止自杀行为。牵挂是主动的
在意	及时发现 朋友关心 同学关心 老师关心	个体在实施自杀行为的最后时刻，收到朋友、同学、家长的电话、短信等，感受到有人关心、关注自己，是一种情感联结，对自己的生死很重视，其他人希望自己能够活下来，这些及时的关心使得个体放弃自杀念头，主动终止自杀行为。在意是被动的
支持	获得物质帮助 获得学业帮助 获得心理支持	个体在实施自杀行为的最后时刻，接收到来自重要他人的帮助，这些帮助是物质的或精神的，这些帮助构成个体成功完成未完成事件的资源，使得个体放弃自杀念头，主动终止自杀行为
关键事件解除	完成学业 解决实际问题	个体在实施自杀行为的最后时刻，对导致自杀的关键事件，感受到有能力、有机会完成，压力得到缓解

（四）有关自杀的误区

> **小林的故事**：小林很长一段时间情绪低落，觉得人生没有意义，未来也没有盼头。她和朋友们提及自己觉得活着没意思，朋友们要么是有些担心，劝小林不要胡思乱想；要么是觉得小林只是发泄一下情绪，不会真的这么做。朋友们用自己认为有效的方式给小林回应，但始终没有一个人敢直接和她谈及有关自杀的话题。小林看到朋友们的反应，更加不敢谈论这个话题，担心会给朋友们带来负担，但自杀的念头始终挥之不去。小林越发觉得孤独，觉得是自己没用，是自己有毛病，感觉自己真的要撑不住了。

小林的朋友们的做法表现出非常典型的对于自杀的误解，现在我们就来一一澄清一下有关自杀的误区，用科学的态度面对自杀这一现象。

（1）与想自杀的人讨论自杀将诱导其自杀。这是有关自杀的最严重的误解，请大家一定要记住，真相是与一个想自杀的人平静地、不带评判地讨论自杀，可能使他们感受到被信任，因为终于有人愿意和他们讨论这些折磨人的想法。他们知道，原来有自杀的想法并不可耻，并不丢人，并不是自己疯了，而是自己处于心理危机的一种反应。这反而有可能降低他们的焦虑和羞耻感，让他们有机会重新思考这一话题。下一次，当身边有人主动提起这个话题时，你要知道这是一种求救信号，在表达他有多么痛苦。你不必大惊失色，也不要回避。可以直接询问："在你感到痛苦绝望的时候，你想过结束生命吗？"

（2）威胁别人说要自杀的人不会自杀。事实上，大量自杀死亡者曾经威胁过别人或者对他人公开表达过自己的想法。

（3）自杀是一种不合理的行为。事实上，从自杀者的角度看，几乎所有采取自杀行为的人都有充足的理由。

（4）自杀者都有严重的精神疾病。事实上，有一些自杀者患有精神疾病，但他们中也有正经历严重的抑郁、孤独、绝望、无助、被虐待、受打击，或深深陷入失望、失恋等危机状态的正常人。

（5）想自杀的人情绪明显好转就没事了。事实上，有些想自杀的人情绪突然好转也有可能是他们挣扎之后做出了自杀的决定，此时自杀风险更高。

（6）自杀都是冲动行为。事实上，自杀有一些是冲动行为，另一些是在仔细考虑之后才实施的。

二、如何识别自杀

虽然有些自杀行为具有冲动性，但也有很多自杀行为是经过深思熟虑和详细规划的，会经历一个过程。如果身边人能够及时察觉的话，是有机会可以挽回的，这就涉及自杀的识别。在自杀干预里面，识别是第一重要的。我们只有具备一定的敏感性，察觉身边人的自杀征兆，及时识别他们发出的求救信号，才有可能进行后续的干预工作。

（一）自杀有哪些征兆

自杀的识别可从以下两个方面入手。

（1）言语方面的征兆。既包括面对面的表达，也包括网络空间的表达。网络现在已经成为非常重要的表达渠道，要特别留意网络空间的表达。我们具体来看一下哪些字眼或措辞有可能是自杀的征兆。有一些表达非常直接，例如："我想死，我不想活了。"有一些相对来说较为隐晦，例如："我所有的问题马上就要结束了。""我已经走投无路了。""没有我他们会过得更好。""我再也受不了了。""我活得真没意义，我太累了。""我撑不下去了。"还有一些表达与告别有关，例如："再见了，这个世界。"

(2) 行为方面的征兆。如果身边有一些人突然出现明显的行为改变，也是要引起高度关注的。例如，有的人之前性格很开朗、外向、热情，但是最近一段时间一直情绪低落，对什么都没兴趣了。而有一些人可能是行为举止突然变得很怪异，即使你不是心理医生也能直观感受到不对劲。例如，有的人提到有人害自己，有人监控自己，有人通过超能力、网络命令威胁自己等。这些行为表现可能是精神疾病的征兆，而精神疾病是导致自杀的重要原因之一。还有一类行为与告别有关，比如有的人莫名其妙地突然和自己的亲朋好友告别，但是从现实层面来说并没有需要告别的事情，或者把珍贵的东西送人等。还有一类是与自毁自伤有关的行为，比如频繁出现意外事故、酗酒等。最后一类是社交退缩表现，开始中断与周围人的联系，自我封闭，不接电话，不回信息，不出门等。

（二）与自杀征兆相关的具体行为表现

与自杀征兆相关的具体行为表现主要包括：
(1) 感觉到绝望；
(2) 愤怒或情绪激动，试图复仇；
(3) 鲁莽或冲动行事，不假思索地参与高风险活动；
(4) 感觉被困住了，找不到出路或是感觉很无助；
(5) 大量饮酒和用药；
(6) 退出朋友圈及学校、社区和家庭活动；
(7) 表现出焦虑或激动，难以入睡或一直处于睡眠状态；
(8) 表现出急剧的情绪变化；
(9) 对生活失去兴趣或没有继续活下去的理由，生活没有目的，认为生活没有意义；
(10) 行为不成熟，对他人的安全、感觉和财产漠不关心。

多数成年人在自杀前会谈论他们的自杀意图，他们不会直接说我要自杀，而是会说一些更加微妙的话，比如："我不是以前的我了。""没有我你可能会过得更好。""我再也忍不了了。""人生对我来说已经失去了意义。""没有人再需要我了。"自杀的行为迹象，包括为了分离而整理房间，频繁毫无理由地哭泣，作息习惯突然变得紊乱，无法集中注意力，喜好突然改变，突然回避社会，等等。

以上表现要引起高度重视，很多人不一定会直接用"自杀"或"死"这样的字眼，而是表达一种非常无助绝望的感觉，这样的表达其实是在发出求救信号，希望有人能够看到，能够拉自己一把。有时当事人是被当下的负性思维与情绪困住了，看不到其他可能性，他们得到一些帮助之后或许就能渡过难关。如果我们具有敏感性，及时关注到这些征兆并采取科学的应对方式，是很有可能帮助到处于绝望与危机中的人的。

（三）自杀风险评估

自杀风险评估是专业人员根据增加自杀风险的因素所做的判断，自杀意图和自杀计划等，都会被考虑在内。有无精神病史和心理疾病，决定着是否有自杀风险，以及该接受怎样的治疗。自杀风险评估由三部分组成：当事人的主观因素，专业人员客观的观察和测试，以及从当事人家属、朋友和门诊治疗那里得到的情况。评估是不间断的，而且要在主客观数据中做出权衡。

与青少年自杀相关的因素中，最有力的预警信号是其有过自杀尝试以及可能导致自杀行为的精神病状况。

三、如何帮助想自杀的人

当身边的人表现出自杀征兆的时候，我们该怎么做？相信这是很多人最为困惑也是最想了解的部分。如果我们能够对一个想自杀的人有所帮助，是非常有意义的。然而很多人没有这样去做，是因为害怕做得不对会引发更为严重的后果。自杀不是一件小事，涉及生命安全，面临这样的情境，人们大都会感到焦虑。

我们不需要做特别深入与专业的危机干预工作，只要遵循一定的原则与流程，就可以有效帮助想要自杀的人，给予他们新的希望，至少不会让事情变得更糟。

（一）认真对待

这是自杀干预的起点，也是最重要的一条。当你发现个体有自杀征兆的时候，如果持有否认或回避的态度，自我安慰对方只是开玩笑或嘴上说说而已，可能就失去了帮助对方的机会。只有认真对待，后面的干预工作才有可能启动。具体来说，认真对待就是要慎重对待这些征兆，直接去与对方核对。和对方不带评判地谈论自杀不会引起对方自杀，而是提供有效的帮助。我们可以直接询问对方最近是不是有过结束生命的念头。如果你担心这样询问有些唐突，前面可以加一些铺垫，问问对方最近过得怎么样，是不是有不开心的事情，还可以做正常化的处理。很多人遇到困难的时候会有活着没意思或死了算了的念头，你是不是偶尔也冒出过这样的念头？不要简单地以为对方是说着玩的，其实我们很多时候会把一些特别重要或难过的话用无所谓的语气表达出来。

（二）安全确认

这适用于对方情绪崩溃或情况紧急的时候。我们首先要确认对方的生命安全，例如，询问对方现在人在哪里，手上是不是有自我伤害的工具，身边是否有人。我们要用言语引导对方转移到安全的场所，去除可能伤害自己的工具。例如，我们可以说："现在我有点担心你，你现在能离开天台，到楼梯间和我讲话吗？""你现在可以先把手上的裁纸刀收起来吗？"总之，要尽力确保我们和对方沟通的过程中，对方能够终止自我伤害的行为，暂时处于安全状态。此时，可以再联系第三方，让第三方迅速到达对方所在地点，进行处理。

（三）情绪安抚

这适用于对方情绪崩溃或激动的时候。此时，干预的重点是安抚对方的情绪，给予对方充分的空间来发泄情绪，让对方尽情地哭泣，尽情地抱怨，尽情地倾诉。特别注意，此时千万不要去评判，或者试图劝解对方，或者发表见解、提供建议。对方情绪缓和之后，才可能有理性的思考。如果在对方情绪很激动的时候去劝解，有可能会火上浇油。

（四）营造希望

营造希望指的是传递希望感和愿意帮助对方的意愿。通常有自杀念头的人都会有深深的无助感和绝望感，觉得走投无路，日子过不下去了，自己的问题没有办法解决。处于这种状态的个体通常认知狭窄，看不到其他可能性。我们作为第三方，可以看到更多，就要给对方传递希望感，让对方知道他的难题有可能还有其他办法。笔者之前有接待过重度抑郁的学生，他们在抑郁状态下会感觉无路可走，日常调节方法都试过却没有用。笔者告诉他们至少可以试试专业治疗，专业治疗帮助了很多和他们类似处境的学生。一旦专业干预介入，很多学生的状态就会大为好转。同时，我们要反复表达非常愿意帮助对方，这是最直接的支持，让对方知道至少还有一个人原因真心实意帮助他。

（五）社会支持

有自杀念头的人大都感到孤立无援，此时要及时联系对方的重要亲友，让对方熟悉和信任的人为其提供安全看护与情感陪伴。社会支持对于个体走出危机状态至关重要。

（六）专业干预

专业干预指的是督促与陪伴对方去心理门诊就诊或接受心理咨询。处于自杀危机中的人可能存在心理疾病，心理疾病与生理疾病一样，需要专业治疗，不是简单的休息与谈心可以治愈的。该看医生看医生，该吃药吃药，该住院住院，这没什么好说的，要按照治疗方案进行规范治疗，病情才有可能好转和康复。还有一些人未必有心理疾病，可能更需要的是心理咨询，打开心结。很多时候，药物治疗与心理咨询会同时进行。药物治疗主要是稳定情绪、恢复功能，心理咨询主要是使个体内心恢复平衡。

（七）资源整合

自杀干预是过程，不是结果，会持续一段时间。急性风险解除了，不代表干预的结束。后续要继续保持关注，调动各方面资源协助当事人度过危机，解决现实层面的问题或恢复心理功能。

总之，自杀干预是一项系统工程，其本质是协调各方资源，协助当事人度过危机，重新回到生活的正常轨道。个人无法承担危机干预的全部工作与压力，通常需要本人、家庭、专业人员、学校等合作，共渡难关。

本章小结

危机是人们生活的一部分，任何人都无法完全避免危机。这与你是否坚强、优秀等没有直接关系，而是人生的一部分。每个人都会在人生的某一阶段处境艰难，体会到脆弱与无助。这是个体对特定事件的危机反应，是一种暂时的混乱、失衡状态。个体运用自己的技能不能应付所遭遇的内外困扰，表现出阶段性的情绪、认知、行为、生理等功能紊乱。这些反应不代表个体有精神疾病，而是个体在面对艰难处境时的正常反应。

应对危机最有效的方式是直接面对。我们需要提前学习必要的危机常识，形成科学的危机观念，以便及时觉察自己或他人的危机状态，并进行及时的干预与调整。

危机与创伤、丧失密切相关。在危机之初，个体通常表现出急性应激反应，这是在面对非常规情境时的正常反应。大部分人具有自愈能力，当危机解除后状态能够自行好转，但还有部分个体由于各种原因，这种应激反应会延长，并严重影响生活，可能会发展为创伤后应激障碍。但创伤带给我们的并非只有伤痛，近年来各种研究显示创伤具有两面性，并提出了创伤后成长的概念，经历苦难的个体如能直面并转化创伤，则可以通过重新建构自我的人生意义完成蜕变。

丧失是指失去了曾经拥有的美好、重要的人或事物。丧失伴随我们的一生，我们一边失去、一边成长。丧失会引发哀伤反应。狭义的哀伤反应特指失去亲友后的一段心路历程。哀伤的疗愈需要充分的哀悼。传统的仪式，具有个人意义的长期哀悼方式,都是怀念逝者的健康方式,最好的哀悼是带着逝者的爱与精神力量继续前行。

自杀干预是一项系统工程,其本质是协调各方资源,协助当事人度过危机,重新回到生活的正常轨道。单个个体无法承担危机干预的全部工作与压力,通常需要本人、家庭、专业人员、学校等合作,共渡难关。

课后习题

一、多选题

1. 以下属于危机反应范围的是(　　)。
   A. 生理反应　　　　　　　　　　B. 认知反应
   C. 情绪反应　　　　　　　　　　D. 行为反应
2. 以下属于公共危机特征的是(　　)。
   A. 危害性　　　　　　　　　　　B. 影响的广泛性
   C. 可转化性　　　　　　　　　　D. 不确定性
3. 以下属于对自杀的正确应对的是(　　)。
   A. 认真对待同学的自杀玩笑　　　B. 为想自杀的同学保密
   C. 及时报告辅导员　　　　　　　D. 陪同学去心理健康教育中心咨询

二、填空题

1. 危机类型分为_____、_____、_____三种。
2. 广义的哀伤是指_____。狭义的哀伤特指重要他人死亡引发的反应,也称_____。
3. 与青少年自杀相关的因素中,最有力的预警信号是_____以及_____。

三、判断题

1. 危机的发生是小概率事件。(　　)
2. 公共危机的应对与个人危机的应对是一样的。(　　)
3. 危机一定会造成心理创伤。(　　)
4. 创伤给个体造成的都是消极影响。(　　)
5. 大学生自杀率高于同龄人。(　　)

6. 自杀没有征兆，无法预防。（ ）
7. 和一个人讨论自杀，会提醒对方做出自杀的选择。（ ）
8. 一个想自杀的人让我们保密，为了不破坏信任我们要承诺保密。（ ）

四、简答题

1. 如何理解积极的危机观念？
2. 如何充分哀悼？
3. 如果发现身边有想自杀的人，该如何有效帮助对方？

图书推荐

1. 史蒂芬·约瑟夫：《杀不死我的必使我强大：创伤后成长心理学》，青涂译，北京联合出版公司 2016 年版。
2. 罗伯特·内米耶尔：《哀伤治疗：陪伴丧亲者走过幽谷之路》，王建平、何丽、闫煜蕾等译，机械工业出版社 2019 年版。

电影推荐

1. 《美丽人生》（1997）
2. 《自杀热线》（2013）

参考文献

[1] 胡平，王雪珺，张银普，等. 心理学在社会服务体系中作用的思考——以复原力建设为例 [J]. 心理科学进展，2020，28（1），33-40.

[2] 江瑞辰，吴云助. 国外突发公共危机事件心理干预技术及其启示 [J]. 医学与哲学，2021，42（17）：35-38.

[3] 姜彤，贾晓明. 青少年多次丧友哀伤反应的定性研究 [J]. 中国心理卫生杂志，2015，29（11）：838-842.

[4] 雷鸣，宁维卫，张庆林. 心理复原力的内涵及其对心理健康教育的启示 [J]. 西南交通大学学报（社会科学版），2013，14（5）：58-64.

[5] 罗增让,郭春涵. 灾难心理健康教育的创新方法——美国《心理急救现场操作指南》的解读与启示[J]. 医学与哲学(A), 2015, 36(9): 58-60.

[6] 马海燕,俞国良. 重大危机事件中青少年的认知特点与心理干预——以新冠肺炎疫情为例[J]. 南京社会科学, 2021(11): 76-82.

[7] 汪微,武小梅. 保护性因素在自杀防护中的作用[J]. 中国健康教育, 2013, 29(12): 1110-1112.

[8] 王存同,韩婷婷,张杰. 大学生自杀意念的外在保护因素分析[J]. 中国心理卫生杂志, 2022, 36(3): 243-247.

[9] 王婧一,张凯,陈振华,等. 新冠肺炎疫情下大众替代性创伤的影响因素[J]. 武汉大学学报(医学版), 2021, 42(1): 32-35.

[10] 王文超,伍新春,周宵. 青少年创伤后应激障碍和创伤后成长的状况与影响因素——汶川地震后的10年探索[J]. 北京师范大学学报(社会科学版), 2018(2): 51-63.

[11] 温淑春. 公共危机管理中的社会心理调控机制研究[J]. 理论与现代化, 2010(4): 94-98.

[12] 伍新春,周宵,王文超,等. 关于创伤后应激障碍与创伤后成长的辩证认识——基于整合-比较的视角[J]. 北京师范大学学报(社会科学版), 2018(2): 41-50.

[13] 夏斌,傅纳. 儿童、青少年复原力干预研究述评[J]. 教育科学研究, 2013(11): 64-67, 71.

[14] 徐洁,陈顺森,张日昇,等. 丧亲青少年哀伤过程的定性研究[J]. 中国心理卫生杂志, 2011, 25(9): 650-654.

[15] 徐雪晏,邓永光. 替代性创伤与具身情绪[J]. 心理学探新, 2021, 41(1): 16-19.

[16] 叶国平. 公共危机管理中的民众心理干预探讨[J]. 前沿, 2009(9): 152-155.

[17] 张俊,廖艳辉. 心理危机与远程心理干预[J]. 国际精神病学杂志, 2020, 47(2): 210-212.

[18] 赵晓朋. 心理创伤研究概述[J]. 才智, 2015(35): 268-269.

[19] 郑怡然,柳葳,石林. 丧葬仪式对丧亲者哀伤反应的影响[J]. 中国临床心理学杂志, 2016, 24(4): 695-701, 679.

第十二章

叩问幸福生活：生命意义的探寻

本章导读

　　生命意义是一个亘古弥新的话题。对生命意义的探寻，伴随个体的整个生命历程。大学阶段正是探寻生命意义的关键时期。然而，什么是生命意义？怎么样的生命是有意义的？如何寻找自己的生命意义？却并不那么容易回答。生命意义这个话题相对比较偏哲学思辨性，而且每个人的生命意义是什么，很难有一个标准答案。因此，在下面的内容中，希望和大家一起迈上探寻之旅，一起去思考和体验，寻找属于我们自己的答案。

第十二章学习资源

第一节

生命的困惑：生命意义的迷思

一、为什么要谈论生命意义

追寻生命意义是必要的吗？我们一定要寻求生命意义吗？接下来，我们就一起来思考一下这些问题吧。

（一）追寻生命意义是必要的吗

1. 改善生命困境现象的要求

"生命意义是什么？"这是我们在发展过程中必然要回答的问题。这既是一个古老的哲学问题，也是当下的时代命题和社会命题。近年来，大学生危机干预形势严峻，从大学生自杀意念报告率、自杀未遂报告率、自杀死亡在大学生非正常死亡中所占的比例，以及青少年发展特点来看，大学生是自杀风险的高危人群。有关大学生的研究发现，自杀的大学生缺乏对"存在"的重要信念和价值的理解，那些没有找到"存在意义"的大学生面对压力时倾向于选择放弃努力并产生无助感，面对严重压力时他们甚至会选择以自杀的方式来获得解脱（倪旭东、唐文佳，2018）。自杀和大学生的无意义感等生命困境现象引起了全社会的广泛关注和讨论。

2. 大学生生命发展阶段的要求

从大学生生命意义的现状来说，赵茹、陶宇对东北地区高校大学生生命意义感的调查结果显示，其生命意义感为中等水平，对生活的目标具有不确定性，没有明确的生活方向。张荣伟对福建某三所高校的大学生的调查发现，总体上大学生的生命意义体验约处于中等水平，而且略呈上升趋势；大学生追寻生命意义的动力大约处于中等偏上水平，大部分大学生追寻生命意义的动力较强。这与大学生所处的阶段有关，大学阶段正是人的自我意识逐渐成熟的重要时期。根据埃里克森的人格发展理论，他们在这一阶段，面临着自我主体性的确定、自我角色的形成，以及建立亲密关系、避免孤独感的阶段，包括我是谁，我的未来生活方向如何，什么样的人、事、物是我所追求的，理想生活与现实状态的平衡等人生命题，因而表现出较强的意义追寻动力。另外，此阶段的个体更能体验到成长受挫所带来的空虚或无意义感，更需要获得生命意义以促进自我的成长，意义需求更强烈，因而追寻意义的动力更强（张荣伟，2018）。

3. 成长性需求的体现

从马斯洛需求层次理论模型（见图 12-1）来看，对生命意义的探寻也是成长性需求的体现。随着社会经济的快速发展等，当代社会大学生的生理需求、安全需求已经由社会、家庭较好地满足，因而会更在意尊重需求、自我实现需求，而这种内在价值的肯定、自我潜能的发挥、理想的实现，离不开个体对自身生命意义的探寻和思考。价值观多元化的冲击，也让当代大学生的生活中缺乏"标准答案"，因而找到自己所认同的理想信念，是一件极其必要的事，也是让很多大学生困扰的事。

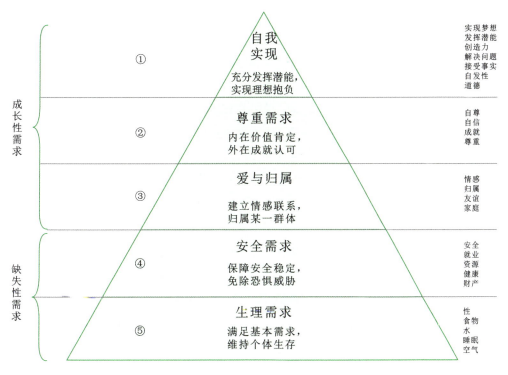

图 12-1　马斯洛需求层次理论模型

总体来说，对生命意义的探寻和思考是一种非常正常的现象，是我们的精神需求，是我们生命的觉醒。虽然这种缺失和追寻的过程会给我们带来消极的情绪体验，但已有研究表明，低水平的生命意义感不完全等于生命意义危机（张荣伟，2018）。弗兰克尔认为，人们在现代世界面临的最困难的心理问题是由于生活缺乏意义而导致的存在性空虚，这也是大学生发展过程中要面临的普遍问题，大学教育需要重视和关注这一问题。隆·米勒认为，教育的核心目的之一是教人感悟生命的意义并使其过有目标、有意义的生活。

（二）我们一定要寻求生命意义吗

苏格拉底曾说："未经省察的人生不值得过。"这句话的潜在意思是说，一个有价值的人生，应该是经过反思和觉察的人生。很多同学可能会认同这一价值观点，也可能有很多同学不认同，认为不需要有那么多思考，只要过得开心、快乐就好。如果我们问别人"生命意义是什么"，对方可能也很难回答，因为一般人不会专门去思考这个问题，也认为没有必要去思考。但无论是否认同，我们的所作所为、所思所想，都在传递出我们对自己、对世界以及对二者关系的理解和看法，都在用行为赋予自己意义和赋予生命意义。

我们不仅要体验这个世界，还要理解我们的体验、理解自我、理解这个世界。因此，自觉或不自觉地思考、解释个人生活、个人与他人的关系、个人与世界的关系是必然存在的。有些同学可能并未有意识地对生活发问，并未清晰地意识到自己学习和生活的意义，但其认真踏实地做好当下要做的事，好好完成学业，与朋友建立良好关系，热爱生活，专注当下，这其实也是自发地实现、实践生命意义的过程。然后，当一些重大的转变发生时，比如父母去世或者经历了某些挫败，突然之间，会就"我的生命意义"展开重大的存在主义对话，开始审视自己的生活。

与自发行为相对应的是对生命意义的自觉反思，包括重视和享受思考生命意义的问题，例如：我为什么在这里？我的人生目的是什么？并对未知的存在性思考充满兴趣。对自我的思考也可以体现在我们所做的每一件小事、每一个选择中，例如：我选择做什么？我从中得到了什么？这对于我而言有什么意义？我在做我想做的事吗？值得强调的是，一个人并不需要成为一个杰出的哲学家才能享受思考生命意义的乐趣，因为它是一个非常核心且贴近日常生活的概念。追求意义是人的本能需要，它促使人们积极乐观地去对待生活。在追求意义的过程中，人通过不断探索和开拓新方向，获得自我改变和发展的机会，从而丰富自己的人生经历和意义，提升幸福水平。由此可知，意义追寻的过程确实会带来一些负性体验，但这种负性体验是暂时的和可变的。这些痛苦和磨难也给我们提供了自我成长的机会，让个体对自我、生命意义、人生有更清晰、深刻的认识。

因此，是否要在当下思考生命意义，这是一个属于你的选择与决定，没有对错高低之分，这一选择也正体现了你对生命意义这一话题的看法和观点。

二、什么是生命意义

我们常常会提及生命意义这个概念，有的人常常会说"感觉生活好没有意义"。生命意义到底是什么呢？我们在谈及和讨论生命意义这一主题时，我们究竟在讨论什么？什么样的生命是有意义的？对于这些问题，你有答案吗？不妨先和我们一起来探讨一番。

> 钟亮同学常常会觉得宇宙是那么浩瀚，而人类是那么渺小，在其中只是沧海一粟。这让钟亮感觉很困惑，他很想知道，这么渺小的人类，其存在到底有什么意义和价值？再联想到人类这短暂的一生，几十年的生命在时间的长河中不过转瞬即逝，不管一个人的一生有多么辉煌，也逃不过死亡的命运。如果人注定是要尘归尘、土归土，生命过程中的所谓快乐也不过是过眼云烟，那人生究竟有什么意义呢？
>
> 张楠同学出生在一个相对富裕的家庭，个人条件很优越，在大学前一直也是父母、老师眼中的优秀学生。但进入大学一段时间后，张楠开始变得迷茫，她不知道听这些课程对自己而言有什么意义，也不知道自己的人生要去往何方。张楠感觉到非常迷茫和痛苦。

从钟亮和张楠的例子来看，他们都对生命意义这一问题感觉到困惑。他们问的问题一样吗？他们所指的生命意义是同样的吗？

其实，"生命"和"意义"这两个词本身就是很难说清楚的，生命意义更加难以说清楚。从宏观的视角来看，人在世界上存活的时间是有限的。由此引发了最初对生命意义的追问，指向"人类为何存在、生命本身的价值是什么"这一哲学上的生命意义。美国存在主义心理学家亚隆将这一层次的生命意义称为生命的"宇宙意义"，重在回答人类或者生命作为一个整体的意义。而心理学上生命意义的概念则是从生命个体的角度来理解每个个体的生命价值是什么。

美国心理学家斯蒂格认为，个人的生命意义主要来自以下三个方面。

（1）一致性，即我们是否可以用一种可预测和一致的方式理解自己的存在、经历以及外在世界。也就是说，每个人出生在一个什么样的家庭？怎样走到今天这个地方？成为一个怎样的自己？将来又会怎样？这一连串问题是一脉相承的，它们一起构成一个人独特而连贯的人生轨迹。

（2）目标性，即有比较明确的生活目标驱动和引导，这些目标是指向未来的，是根据个人的世界观和人生取向来决定的，给我们的生活指明了方向和动力，同时也对我们当前的行动产生重要影响。这涉及以下问题：生活对我有什么要求？我要如何度过我的一生？对我来说，生活中真正重要的是什么？

（3）重要性，强调的是我们对自己生命价值的评估，可以感受到自己的存在对他人是重要的。我们可从以下两个角度来理解重要性。一是从个人与他人关系的角度来思考："我重要吗？""其他人在乎我吗？""如果我离开，会有人想念我吗？"如果你的回答是肯定的，那么表明你在生活中能够体验到与他人的情感联结和归属感。二是从个人贡献的角度来思考："我所做的事情对他人、社会是有益的、有贡献的吗？""我会给这个世界留下什么？"

也就是说，当一个人说他的生活是有意义的，意味着：① 他对自己、对自己所做的事以及自己存在的这个世界有一种可理解、可预测的感觉，而不是感觉到混乱和不安；② 他有指向未来的目标和理想，并会为此充满激情、投入行动；③ 他会感觉到自己的生命是有价值的。

每个人在描述生命意义时所指向的内容可能是不同的，比如钟亮思考的是人类作为整体存在的意义，更偏向于哲学上的生命意义，而张楠则是在生活中缺乏清晰的生活目标。我们可以想一想，当你在思考、讨论生命意义时，你所在意的是生命意义的哪一部分？

一个人的生命是否有意义，并不取决于某个外在的、客观的标准。正如陀思妥耶夫斯基所说，生活的体验比生命的意义要重要得多，影响力也更大。先有了良好的生活体验，才能感到生命有意义，理智本身是无法找到活下去的意义或动力的。不论是一致性、目标性还是重要性，都是我们的"灵性需求"，都更强调我们在生活中的体验和感觉。因此，"我的生活有意义吗"这个问题的回答，只在于我们自己。

三、生命意义的作用

（一）生命意义促进美好生活

一个人对生命是否有意义的回答，既包括现象学体验，也包括对生命是否有意义的主观判断。生命意义是人类的一个基本关注点，我们都需要生活的意义，以及生活的理由。当生命意义缺失时，我们常常会感觉到不知所措、无所适从，没有目标和方向，找不到生活的动力，也不知道自己存在的意义和价值是什么，生命意义是影响我们心理健康的重要因素。

1. 生命意义与幸福体验

美国心理学家塞利格曼指出，生命意义是健康最有力的正向指标，是沮丧和精神机能障碍的负向指标，生命意义与个体身心健康有着密切的关系。实际上，生命意义一直被认为是一个积极的变量，是一系列与成长相关的变量之一。意义是积极情感、幸福、身体健康、适应力、人际关系、成就、成功老龄化的关键组成部分，过有意义和有目的的生活被认为是心理健康的核心特征之一，是通往真正幸福的途径之一。在对幸福的理解上，存在两种观点：一种只强调追求快乐和舒适；另一种强调要与他人建立积极的关系，发挥自我价值，过有意义、有目的的生活，这是更加长期的幸福。探求人生的意义就是为了获得长期的幸福。在追求意义的过程中，我们通过不断探索和开拓新方向，获得自我改变和发展的机会，从而丰富自己的人生经历和意义。从长远来说，这可以提升我们的幸福水平。心盛幸福强调幸福是通过与他人建立积极的关系，发挥自我价值，过有意义、有目的的生活来实现的（杨慊、程巍、贺文洁等，2016）。追求意义和实现意义的过程与结果都有益于我们的幸福体验。靳宇倡等的研究结果发现，对生命意义体验程度较高的个体，对主观幸福感、生活满意度等与积极情感相关的体验程度通常也较高，且具有较高生命意义感的个体通常会更健康、更快乐、更少烦恼，也更长寿。

2. 生命意义促进心理健康

生命意义缺失指的是个体缺乏生命的目标、缺乏对自身存在价值和意义的感知（贾林祥，2016），它是构成心理障碍的主要原因，会造成个体焦虑、抑郁甚至自杀（倪旭东、唐文佳，2018）。弗兰克尔指出，存在空虚会带来三类问题：第一类问题是心灵性神经官能症，包括抑郁、攻击和成瘾；第二类问题是对权力、金钱和享乐的追求代替了对生命意义的追求；第三类问题是自杀，相关研究发现，生命意义的存在与较少的自杀意念和较低的自杀尝试相关。自杀的大学生缺乏对存在的重要信念和对价值的理解，那些没有找到存在意义的大学生面对压力时倾向于选择放弃努力并产生无助感，面对严重压力时甚至会选择自杀（倪旭东、唐文佳，2018）。众多的研究显示，生命意义能够增加建设性行为，提升自我价值感、效能感和对未来的乐观程度而带来持久的幸福感（杨慊、程巍、贺文洁等，2016）。当人们认为自己的生命有意义时，会对自我有更积极的评价（自我价值感、自尊等），对生活有更多的满足感，能体验到更多的幸福与快乐，对未来更乐观，心理及社会适应更好，有更低的焦虑和抑郁水平，有更少的物质滥用及自杀行为。高水平的意义拥有还有助于缓解心理创伤和压力的影响，能抑制健康风险行为，调节应激条件下的负性情绪和一般的健康问题，对我们的生命产生持久的积极影响。意义拥有是心理健康的促进因素，与许多积极功能的测量呈正相关，而意义缺失则会带来消极影响（倪旭东、唐文佳，2018）。

3. 生命意义追寻有助于丰富人生

当意义缺失时，除了其对个人心理健康的负面影响之外，也会激发个体重构意义的动机，引导人们进行意义追寻。意义追寻的过程会带来存在主义的绝望，伴随着绝望感、无助感和无价值感，以及对自我的否认、怀疑、自责等，同时也会带来压力、焦虑、痛苦等消极体验。即便在控制了文化等其他因素的影响之后，研究结果也更偏向于支持意义追寻与幸福的负向关系（杨慊、程巍、贺文洁等，2016）。对此，学者们有不同的看法。弗兰克尔认为追求意义是人的本能需要，它促使人们积极乐观地去对待生活。在追求意义的过程中，人通过不断探索和开拓新方向，获得自我改变和发展的机会，从而丰富自己的人生经历和意义，提升幸福水平。相关研究发现，被试在寻求意义时通常感受到的是积极体验，感受到的消极体验较少（靳宇倡、何明成、李俊一，2016）。彭霞等发现，被试对生命意义的追寻与心理健康的积极指标（如自我肯定）呈显著正相关，与消极指标（如抑郁）呈显著负相关。王鑫强认为，中国人主要受到儒家思想的影响，强调人世担责，并提倡对挫折要有超脱精神，在追求生命意义的过程中持一种主动进取的心态并享受这一过程，所以中国人在追求生命意义的过程中对主观幸福感等积极情感的体验较高。

对生命意义的探索是一项持续进行的工作，是我们在尝试回答生活对我们的提问："你为什么活着？"有时，我们暂时无法回答这一问题，这意味着我们需要更长一点的时间、更多一点的生活体验来帮助我们更深入地思考。生命意义的不确定性并不罕见，在人生发展的不同阶段中，这种不确定性是正常的，我们不必因此怀疑和否定自己。

（二）生命意义引发积极应对方式

> 弗兰克尔是一位临床心理学家，也是一名集中营的幸存者。在二战期间，因为是犹太人，弗兰克尔全家被捕，被关进了集中营里。在集中营里，所有人的财物、荣誉证书、奖牌等一律被没收和毁掉，前半生活过的所有证据都被否定、被毁掉。同时，在劳动的过程中，常常因为一点点原因，比如排队时稍稍歪了一点，或者干累了，停下来喘口气，都会被辱骂和毒打。在这样的环境中，没有尊严，没有身份，没有任何可以用来标识自己生而为人的东西，在这里，人不过就是一个冷冰冰的号码而已。在残酷的生存条件下，看不到未来的任何一点希望，生活似乎除了痛苦之外，毫无意义。而弗兰克尔在这样残酷的环境里活了下来，并且之后没有沉湎于那段苦难的经历，而是超越苦难，更将这段经历与学术结合，完善了其所提出的意义疗法。

对我们来说，这种毁灭性的冲击确实难以想象，更加难以想象的是一个人如何在这样的环境中活下来，并且去超越这样的苦难。弗兰克尔在《活出生命的意义》一书中给出了回答，他说："在集中营的生活撕开了人类的心灵，并将其最深处暴露在外。"在那里，那些能够超越自己当下处境并能坚持一些有意义的事情——比如关注与爱人的重聚——的人，比那些只看到他们的绝望和无效处境的人，更可能生存下去。而在经历了那场"完全和彻底的虚无主义"之后，弗兰克尔认为，对他来说，抵抗灾难的方法，就是想要帮助他人克服相同绝望的愿望，从而找到自己存在的意义。

从生命意义的经典理论可知，生命意义是所有压力应对资源中极重要的一种，它能缓冲或降低压力对健康和幸福感的消极影响。其中的关键点是生命意义提升或促进了个体的积极应对方式：积极的或适应性的认知、行为和情绪应对。相较于生命意义感弱的个体，生命意义感强的个体更倾向于采用适应性的压力应对方式。生命意义通过积极情绪引发积极主动应对方式，促进个体采用问题导向而非情绪导向的行为方式（张荣伟、李丹，2018），推动个体根据环境不断调整自身的归因或进行认知重评，抽取出对自身有益的元素，从而采用更适宜的行为方式。在面临压力情境时，生命意义能提升个体的心理弹性，维持适应性心理与行为，积极适应压力环境。

近年来，陷入痛苦、绝望和迷茫中的大学生不在少数，他们感觉到自己陷入了一种无望的困局。关于自杀的研究显示，内在困局是自杀意念的重要预测因素。当我们陷入一些重大而艰难的困局中时，对自身生命的思考、存在的困惑都会出现，我们也许会想到结束自己的生命，因为这些困局或许是对我们以往生活的完全颠覆，是对我们所预期的生命经历的中断。然而，即便是在面对无法忍受的苦难时，如果我们能坚持或重新找到那些让自己觉得有意义的事情，也更能让我们在苦难中存活下去，活得有希望。从生命意义的内涵看，生命意义本身包含价值观、目的感、目标，以及整合过去、现在和未来的能力等成分，这些成分均有效地规定、指引和推动个体采用适应环境的行为方式。当我们能够用一种可预测和一致的方式理解自己的存在、经历以及外在世界，比如我们的生活中发生了什么？我生活的世界为什么是这样的？我今天为什么会来到这里？我在这里做什么？这种一致性的体验可以帮助我们减少不确定，让我们对当下的生活更有掌控感。而在重大的挫折、创伤经历中，我们的这种掌控感、确定性可能会被极大地冲击，陷入虚无与怀疑中。

我的生活是为了？

这里有一个小活动，可以帮助大家去明晰生活的指向。请你以"我的生活是为了?"为题,写出五个答案,然后与身边的小伙伴分享、交流你写出的五个答案。

接着,如果你必须要划掉一个答案,你最先划掉哪个?如果要再划掉一个答案,你又会划掉哪个?依次再划掉一个答案,直到剩下最后一个答案。

你划掉答案的先后顺序是什么?最后留下的是哪一个答案?在这个过程中你的感受如何?

(三)生命意义的缺失带来消极影响

生命意义的存在,帮助我们在困境中活下去,活得有希望,也让我们以更积极的方式去应对困境。不过,生命意义的缺失以及追寻过程中的艰难,也会对我们的心理健康带来负面影响。

> 阿芸曾经是一个很爱笑的女孩,开朗阳光,和同学们相处也十分融洽。可在经历了失恋、腿骨骨折、挂科等一系列打击之后,她突然觉得原来生活中所拥有的一切是那么脆弱,那么容易失去,这让她感到十分绝望,不知道努力生活到底有什么意义。于是曾经担任过班长的她,现在不去上课,不跟同学交流,有时连父母的电话都不接,整天一个人待在寝室看电视剧、打游戏,甚至几个月都不出门,想吃东西就点个外卖。

结合我们之前讲的内容,大家觉得阿芸在哪些方面遇到了困扰?由此来看,当生活中意义感缺失时会带来哪些困扰?

从阿芸的故事来看,第一,如果人们失去或未能制定有意义的生活目标,长期生活在无意义感之中,内心会产生强烈的虚无感。在心理咨询中发现,不少缺少生活目标、生活方向的人,会陷入空虚、无意义的感觉中,带来无聊感和消极的情绪体验。这种无聊感会进一步从认知、情绪、行为上影响人们的生活和状态,比如让人们难以专注于当前所做的事,缺乏沉浸于某事的愉悦、享受的体验,缺少充实、满足感,常常伴随抑郁、焦虑等负性情绪,严重影响人们的精神状态(周浩等,2012),然后进一步影响人们对生命意义的体验,加重无意义感。

第二,当人们长期处于无意义感时,会产生强烈的心理痛苦,甚至会导致抑郁、焦虑等问题。他们对自我的评价更消极,比如会觉得自我是没有价值和存在意义的,对生活也会感觉到更不满意,也更少能体验到幸福感,以及对未来的希望感。而在意义追寻的过程中,在暂时找不到关于意义的答案时,追寻的过程也会伴随着觉得生命本身是没有意义的，找不到意义的绝望感、无助感和无价值感，以及对自我的否认、怀疑、自责等，同时会带来压力、焦虑、痛苦等消极体验（倪旭东、唐文佳，2018）。

第三，生命意义缺失会让人们怀疑自己继续活着的理由和价值，最致命的行为便是自杀。相关研究发现，自杀的大学生缺乏对存在的重要信念和价值的理解，那些没有找到存在意义的大学生面对压力时倾向于选择放弃努力并产生无助感，面对严重压力时他们甚至会选择以自杀的方式来获得解脱（倪旭东、唐文佳，2018）。而生命意义感的体验，包括生命意义的存在和追寻，都是防止自杀行为的保护因素。

第四，生命意义缺失会让人们更容易消极应对苦难。生命意义是一个积极变量，它的存在是我们心理健康的保护因素，会引发积极的应对方式。在苦难发生后，相较于那些未能找到生命意义的人，一个能明确自己生命意义的人，能更积极地去面对生活中的苦难，会用更积极的方式调节自己的情绪，并会努力采取行动，让生活产生积极向好的变化。而生命意义缺失的人，则更容易以消极的方式去应对苦难。

第五，在一些情况下，生命意义缺失可能会使得人们对生命意义的追求被权力、金钱、享乐所替代和补偿，从而陷入极权主义、虚无主义，内心深处依然空虚、孤独。有的时候，我们会发现有一些人害怕独处，因为独处时需要面对自我内心深处的诘问：我在做什么？我做这些事有什么意义？有时我们无法回答这些问题，为了逃避这些问题，我们可能会把自己的时间安排得满满的，把自己当成一个没有感情的工具人，以逃避内心的空虚感。亚隆指出，为了填补无聊、冷漠和空虚，人们常常让自己身心俱疲，苦不堪言；或者他们会陷入虚无主义，怀疑所有的活动都是无意义的；或者陷入一种严重的、无目的和冷漠的僵化状态；或者进行强迫性活动，为了保持忙碌而忙碌。

第二节

生命的超越：探寻生命意义

生命意义的存在与否对我们的心理健康、幸福生活有着重要的影响，正如弗兰克尔所说："我们都有责任为生命找出一个意义来。"那么，我们在生活中要如何寻找属于自己的生命意义？

一、意义追寻的过程

在生活中的某些时刻，我们总会体验到某种空虚、迷茫与无意义感，会开始询问自己:"我做这些事的意义是什么?""我活着是为了什么?"同样的问题,在不同的阶段有着不同的内涵。对生命意义的提问与反思,会随着我们身心的变化而变化。

意义的重要维度之一是一致性,对应于人类体验的认知领域,即能够理解自己的存在,并创造出一个人在世界上所处位置的准确、灵活和积极的心理模型,人类特有的认知能力一定是有意义的生活的重要组成部分。心理学家皮亚杰认为,人类存在一个认知能力系统,通过这个系统,人们可以理解和推理他们的世界,这些能力为意义的形成提供了基础。

人们对所处世界和生命意义的认知是一个不断迭代和推进的过程,不同的阶段有不同的认知能力和水平。当人们学习和接触新事物时,会在已有的理解和新信息之间体验到一种张力,对已有的理解形成挑战。我们要么吸收新信息,通过当前的思维模式来解释它(同化),要么通过改变这些模式来适应它(适应)。正是这种同化和适应之间的失衡,推动了认知的发展,并导致越来越高的适应水平,其特征是思维和推理的灵活性和泛化能力增强。意义形成过程中所需的深思熟虑的、有意识的思维和心智模式的形成,就是从这些认知过程中演化而来的。直到个体获得了基本的语言能力,有效的个人意义系统才会被建立。3～4岁的孩子可能无法清楚地表达自己的意义系统,但这并不意味着它不存在。所有的个体,即便在很小的时候,也有动力去寻找和发现人类存在的意义。

追寻生命意义贯穿人的一生,尽管意义的存在程度在人的一生中可能会有所不同,但追寻生命意义对人生的每个阶段都很重要。小孩子经常通过问"为什么"来理解周围的世界。青少年有了关于生命意义的感受,常常会思考生命意义是什么,以确定什么对他们来说是重要的,并利用这些思考来选择人生目标和方向。埃里克森认为,在青少年时期,个人的主要任务是确立他们的身份和自我概念,涉及重要的关系和身份发展需求,在这个阶段,意义形成是高度重要的。随着认知能力的发展,青少年越来越有能力将生活经验整合到一个一致的框架中,构建自己的生活故事,这可以帮助年轻人理解各种各样的生活事件是如何影响他们和他们的生活轨迹的。到了中年,人们会思考"我在做我想做的事吗?"当更老一些的时候,人们会思考"我做了我想做的事了吗?接下来我要做什么?"退休之后的人常常会担心接下来要做什么,如何在没有工作的情况下找到目标。他们可能不得不重新调整自己的价值观,从其他活动中寻找满足感。

斯蒂格等把生命意义作为一个整体概念,分为寻求意义感和拥有意义感两个维度。前者是一个动态的努力过程,指个体努力建立或增加对生命的意义、重要性和目标的理解(强调过程);后者是指个体体验到生活是可理解的和重要的,体验到和认知到自己在生命中的目标和使命(强调结果)。生命意义常以无意识的方式影响个体的知觉、行为和目标追寻。斯蒂格等认为,拥有意义和追寻意义是两种不同的生命意义形态，而且追寻意义也并不一定导致拥有意义，它们可以构成四种更具体的意义状态，即高拥有意义且高追寻意义（高体验-高动力）、高拥有意义但低追寻意义（高体验-低动力）、低拥有意义但高追寻意义（低体验-高动力）和低拥有意义且低追寻意义（低体验-低动力）。已有研究表明，拥有意义和追寻意义之间的关系受个体心理力量、内在动机、认知风格和应对方式等因素影响。

生命意义测量

量表简介：人生意义问卷（MLQ）由美国学者斯蒂格等于 2006 年编制。王孟成、戴晓阳检验了该问卷在中国大学生中的适用性，研究表明，人生意义问卷的两个分问卷在两个样本中均表现出良好的内部一致性，问卷的内部一致性信度在 0.82～0.86 之间，达到了心理测量学的要求，与国外的相关研究结果基本一致。

人生意义问卷量表（见表 12-1）包含人生意义体验和人生意义寻求两个分量表，共 10 个条目，每个条目 1～7 分，1＝完全不符合，7＝完全符合。

指导语：请仔细思考一下，是什么让你感到你的生命和存在是重要并有意义的。请尽可能如实、准确地选择符合你感受的数字，这些都是非常主观的问题，没有正确或错误的答案。

表 12-1　人生意义问卷量表

编号	项目	完全不符合	大部分不符合	有一些不符合	无法判断是否符合	有一些符合	大部分符合	完全符合
1	我很了解自己的人生意义	1	2	3	4	5	6	7
2	我正在寻找某种使我的生活有意义的东西	1	2	3	4	5	6	7
3	我总是在寻找自己的人生目标	1	2	3	4	5	6	7
4	我的生活有很明确的目标感	1	2	3	4	5	6	7
5	我很清楚什么使我的人生变得有意义	1	2	3	4	5	6	7

续表

编号	项目	完全不符合	大部分不符合	有一些不符合	无法判断是否符合	有一些符合	大部分符合	完全符合
6	我已经发现了一个令人满意的人生目标	1	2	3	4	5	6	7
7	我一直在寻找某种能使我的生活感觉起来是重要的东西	1	2	3	4	5	6	7
8	我正在寻找自己的人生目标和"使命"	1	2	3	4	5	6	7
9	我的生活没有很明确的目标	1	2	3	4	5	6	7
10	我正在寻找自己生命的意义	1	2	3	4	5	6	7

要求：

1. 分量表

人生意义体验：第1、4、5、6、9题（第9题反向计分）；

人生意义体验得分＝第1、4、5、6题得分总和＋（第8题得分－第9题得分），得分在5～35分之间。

人生意义寻求：第2、3、7、8、10题。

人生意义寻求得分＝第2、3、7、8、10题得分总和，得分在5～35分之间。

2. 解释

基于大量的研究，我们可以根据你在MLQ上的得分，对你生活的其他领域做出一些猜测。请记住，这些只是猜测，不应该以任何方式被视为诊断。

（1）如果你的"人生意义体验"得分在24分以上，"人生意义寻求"得分也在24分以上，你会觉得你的生活有意义和目标，并且你仍然在开放地探索意义或目标。生命意义对你来说是一个不断展开和不断深化的过程。你更倾向于"我的生命意味着什么？"这个问题，而不是任何单一的答案。你很可能对自己的生活感到满意，通常很乐观，经常体验到爱的感觉，很少感到沮丧或焦虑。你很可能会觉得你的心灵需求对你很重要，你比别人更不看重简单的感官刺激和快乐。你通常对自己的观点和信仰是肯

第十二章 叩问幸福生活：生命意义的探寻

定的，偶尔也会表现出否定的态度。认识你的人可能会把你描述为认真、周到、容易相处、乐于接受新体验、随和、情绪稳定。

（2）如果你的"人生意义体验"得分在 24 分以上，而"人生意义寻求"得分在 24 分以下，你会觉得你的生活有意义和目标，你却没有积极地探索意义和目标，或者没有在你的生活中寻找意义和目标。也许有人会说，你已经知道了自己生命的意义所在，你对此感到很满足。你可能对自己的生活非常满意，乐观，有足够的自尊。你经常体验到爱和喜悦的感觉，很少感到害怕、生气、羞愧或悲伤。你可能持有传统价值观。你通常对自己的观点及社会和生活的支持结构和规则很有把握，并且往往很有说服力。认识你的人可能会把你描述成一个认真、有条理、友好、外向、容易相处的人。

（3）如果你的"人生意义体验"得分在 24 分以下，而"人生意义寻求"得分在 24 分以上，那么你可能觉得你的生活没有意义目标，而你正在积极地寻找能给你的生活带来意义和目标的人或事。你可能会在生活中感到迷茫，而这种想法可能会让你痛苦，你可能并不总是对你的生活感到满意。你可能不会经常体验到爱和喜悦这样的情感。你可能偶尔甚至经常感到焦虑、紧张或悲伤、抑郁。认识你的人可能会把你描述成一个见机行事的人，或者在计划的时候随波逐流。他们可能会发现你偶尔会担心，而且不是特别喜欢社交。

（4）如果你的"人生意义体验"得分在 24 分以下，"人生意义寻求"得分也在 24 分以下，那么你很可能觉得自己的生活没有意义和目标，也不会积极探索生活的意义和目标。总体来说，你可能觉得思考人生意义的想法不是很有趣或重要。你可能并不总是对你的生活或你自己感到满意，你可能对未来不是特别乐观，你可能不会经常体验到爱和喜悦这样的情感。你可能偶尔甚至经常感到焦虑、紧张或悲伤、抑郁。认识你的人可能会形容你有时缺乏条理，偶尔紧张，不怎么喜欢社交。

我们可以先进行自我评估，评估自己属于以上四个维度中的哪一个维度。这在一定程度上能反映出我们对生命意义的寻求态度。在人生的某个阶段，我们或许会陷入生命意义缺失的困境中，不知道自己从哪里来，到哪里去，又为什么而活。在陷入生命意义困境时，我们容易失去信心，感知不到自身的存在价值和意义，缺乏继续活下去的动力和目标（贾林祥，2016），这是意义存在感的缺失。许多学者认为，生命意义缺失在人类苦难中位于前列，无聊和消极情绪的体验是生命意义缺失的主要组成部分。生命意义缺失会给我们的身心健康带来消极影响，如导致个体焦虑、抑郁甚至自杀（倪旭东、唐文佳，2018）。弗兰克尔在其《活出生命的意义》

一书中写道："人活着是为了寻找生命的意义。"缺乏意义是人类极重要的生存危机，但也会激发我们的意义寻求的动力。有研究发现，中学生的寻求意义感得分显著高于拥有意义感（王鑫强，2013）。斯蒂格等也发现了类似现象，即人们在生命的早期阶段会报告更多的寻求意义感，而在以后的人生阶段则一般会报告更多的拥有意义感。

当我们感觉到生命意义缺失时，有迷茫、困惑是正常的，同时，所有的迷茫、困惑都是为了确信，这种力量促进我们在生活中寻找意义，是我们自我觉醒、自我探索的开始。

二、生命意义在何处

从古至今，人类没有停止过对生命意义的探寻。生命意义能超越时空中的各种障碍而永恒存在。王阳明认为："圣人之道，吾性自足。"每个人内心中都有一个"圣人"（具有永恒性的生命意义），不需要向外求索。尼采认为，意义感完全是人内心建构的。弗兰克尔认为，人生的意义是相对的，每个人只有通过承担他自己的生活才能向生命做出回答，也只有通过成为负责任的人才能向生命做出反应。一般人可以借由以下三种价值来追求生命意义。

一是创造性价值，指通过某种类型的活动来实现个人价值，即工作的意义。弗兰克尔认为，工作是实现创造性价值、发现生命意义的重要途径。一般而言，工作的意义和价值不在于工作本身，而在于在工作中所实现的人生意义及对社会所做出的贡献。

二是经验性价值，指经由体验某种事物来发现生命的意义，例如欣赏艺术作品、投入大自然的怀抱、与人交谈、体验爱的感觉等。弗兰克尔认为，经验性价值来源于我们去享受事物所提供的触动，在经验性价值中最重要的是爱与被爱。爱是理解人的个性的唯一的、核心的方法，它可以使人充分体验生命的价值，使人的生命焕然一新并实现人的独特性和唯一性。

三是态度性价值，指当个人面对无法改变的命运时所采取的态度。态度性价值是人类存在的最高价值所在。弗兰克尔认为，对命运的选择完全取决于人的态度，即使是面对无法抗拒的命运时，我们仍然可以通过选择自己的态度和立场，为自己开辟一种新的生命体验。

在什么样的时刻我们会感觉到生命意义的缺失？我们该如何理解这样的时刻？

（一）情境一：他人意愿与自我意愿的冲突

> 小 A 最近考研失利，面临着是直接找工作还是继续考研的抉择，她更倾向于边工作边准备考研，甚至小 A 也想去参加一些支教、扶贫等项目。她想，或许通过这样的经历，能更知道自己想要什么。但父母不同意，认为这样做是浪费时间，尤其是作为女孩，她的年华更为宝贵。小 A 很痛苦，很难说服父母。父母常说："我们都是为了你好，我们是你的父母，难道我们会害你吗？"当初高考填志愿也是听从了父母的意愿。这让小 A 感觉到自己的生活不是自己可以选择的，很痛苦，很不自由，不知道这样下去的意义是什么。

从小 A 的经历来看，让她陷入无意义感的重要原因是感觉到自己的生活不自由、不自主，无法按照自己所期待的方式去生活。这就涉及我们的自由感及对生活的选择和掌控感。有研究者对相关概念进行了探索，掌控感又称自我控制感，是个体认为自我能够对生活和周围环境施加影响和控制的程度（刘静远、李虹，2021）。安格斯·坎贝尔认为："相信可以选择自己的命运的人会更快乐。"掌控命运，意味着"我可以选择我想要选择的生活"，意味着"我可以为我的人生负责"，同时也意味着"我有一定的能力影响我周围的人和环境"。对生活拥有控制的感觉对人类来说是非常重要的，一些理论非常强调用于寻求和保持控制的人类动机。如阿德勒引入的"追求优越性"，在某种角度上也可以描述为对于控制感的需要。外部力量对个体的自由造成的威胁，或一个新情境给人带来某种不可控的不良后果的威胁，都会使人们体验到失控的感觉（高伟娟，2005）。相关研究发现，控制是有关心理健康和良好状态的较重要的变量之一。实际上，缺少或失去控制感已涉及一个广泛的障碍范围，诸如压力、抑郁、焦虑、药物成瘾、进食障碍等。弗兰克尔认为，个人寻求心理治疗的主要原因是自信心的缺失、疏离感、无能感、无助感，这些感受都与自我控制感有关。有研究表明，那些处于不可控任务中的人（即失去控制感的人）会报告焦虑、愤怒、抑郁、紧张、气馁、疲惫及不能思考，表现出与处于抑郁中的个体非常相似的情感反应（高伟娟，2005）。

当我们面临与小 A 同样的情境，自我意志与外界意志发生冲突，不能全然按照自我意志选择当下的生活时，我们的生命意义体现在哪里？

心理体验

你是否坚信，无论在何种情境下，你都有自由选择生活状态的权利和能力？

弗兰克尔认为，人有意志自由。不管在何种情况下，人均有自由和尽责的基本能力。自我决定理论认为，不管在什么条件下，人都有自由选择生活状态的权利和能力。当我们与小A一样，受限于某一环境、关系而难以摆脱时，我们是否能够找到属于自己的空间，相信自己有做出选择的能力，并能承担选择的结果，去影响和改变环境呢？

除了重大的选择之外，我们或许可以尝试从无数细小的、连续不断的行为开始，增加对生活的掌控感。你可以给自己制订一些简单的计划，通过严格的执行和自律，提升自己对生活的掌控感。做创造性的事来改善自己的日常情绪，主动选择自己喜欢的并且适合自己的生活。这些小事堆积起来，逐渐创造一个能让自己感到快乐的小环境，选择和改善一个能让自己感到舒适的大环境。这样一来，环境会反过来滋养我们，我们才能获得更加长久的快乐。也可以主动触发一些"失控"环节，当我们可以处理生活中的失控时，对自己能力的认可也会提高。你不会再畏惧和迷茫，因为你相信自己有能力面对和改变，从而能过上有意义的生活。

（二）情境2：理想生活与现实生活的冲突

> 张楠是理工科专业的一名学生，当初选择这个专业是因为兴趣，也期待自己能够不断钻研，做专业的事，有更好的发展和待遇。到毕业找工作时，却因当下的就业环境，发现就业前景与自己所期待的存在偏差，但又无力改变就业环境。这让张楠感觉到很挫败，似乎之前的努力都没有什么意义。

与小A的情况不同，张楠面对的不是他人要求与自我意志间的矛盾，但存在自我期待与现实差距以及渴求自己能够改变客观现实的矛盾。类似的是，二者都存在丧失控制感而带来的意义缺失感。自我控制感是个体对自我控制能力的内心感受和评价，其强调自我在控制中的作用，对自己能够通过自我控制行为预知和改变环境，或是产生自己渴望得到的结果的预期水平的感知（林雪，2009）。自我控制感是心理健康和良好状态的重要变量之一，控制感的缺失会带来与抑郁相似的情感反应（高伟娟，2005）。但过分要求自我控制感及过分相信自我控制感，有可能对健康产生消极的影响。控制感与真实的控制是否符合也会影响人的健康。在舒尔茨的研究中，安排年长者和一些志愿参加的大学生会面。将年长者分为四组，第一组由年长者控制什么时候与大学生会见以及会见多长时间（控制），第二组预先告诉年长者什么时候与大学生会见以及会见多长时间（预言），第三组不告知什么时间会见及会见多长时间（随机），第四组不会见来访的大学生。短期内，那些控制或预言会见时间的人提高了健康和精神状态。但是，当停止这一会见活动计划时，控制组和预言组的老人比其他两组的老人的身体和情绪状况变得更差。其原因也许是控制预期的失败造成了新的失控（高伟娟，2005）。

在面对失控的情境时，尤其是面对控制感与真实控制间的落差时，我们应当如何应对？

自我中心的生命意义，将个人作为一个系统，在自我封闭的圈子中寻找生命意义，"自我获得"是实质和最终结果，而"自我关注"贯穿实现目标的全过程（林雪，2009）。吉本斯等测量人们的自我关注程度和情绪变化之间的关系，结果发现，在自我关注条件下，受试者的负面情绪明显提高。那些已经有负面情绪的人，他们的负面情绪会进一步提高。英格拉姆等的研究发现，自我关注会降低自尊感，并且自我关注和抑郁症高度相关。自我超越的生命意义是将宇宙作为一个系统，在自我之外寻找生命意义。个体越多地忘记自己，投入地去做事或者忘我地去爱他人，就越人性化，也就越多地实现了自我（李虹，2004）。法贝尔在弗兰克尔理论的基础上进一步指出，自我超越并不是忘掉自己，而是在考虑自己的时候纳入他人，或者说在自我的圈子之内加入他人。在心理治疗实践中，许多对于创伤性事件的治疗都是帮助来访者将得失成败放在一个更为广阔的背景之下，用"放下"和"觉悟"来代替"自我中心"，接受生活，使其不要紧紧抓着某事或某人不放，不把自己束缚在某件事上，在感到挫败的时候能找到"意义"，从而获得内在的力量和安宁。在中华传统文化体系中，儒、道、佛三家学说也都追求一种超越世俗、超越物累、超越自我的人生境界。孔子提出了"四毋"说，即"毋意，毋必，毋固，毋我"。在孔子看来，"毋我"是主体人格的自我修养，是一种自觉的"内省"功夫。他要求超越以"私己"为中心的我，在超越私欲，不固执、不纠缠于个人得失和私意之中，强调以宽容仁厚之心对待他人，从而达到仁的境界。道家学说认为，"道"存在于一切事物之中，而变化是一切事物固有的性质，不是外力作用的结果，强调以变化的眼光看待事物的发展与个人的得失，使心灵畅游于和谐的境地。佛家学说关心人类遭受的苦难，认为日常生活不仅是觉悟的道路，而且就是觉悟本身，在接受人生无常、无奈之苦的基础上，不执着沉溺于自身私欲和外界得失，尤其强调对苦难的超越与觉悟（林雪，2009）。这也是弗兰克尔指出的寻找生命意义的途径——态度性价值，即使面对无法抗拒的命运，我们仍然可以通过选择自己的态度和立场，为自己开辟一种新的生命体验。

过高的自我控制感实质上是对客观事件的结果赋予太多的自我期望和自我关注，期待自己能够按照自我的意愿预测和改变环境，从而实现自己的生命意义。此时的生命意义是一种自我中心的生命意义（林雪，2009）。追寻自我超越生命意义的控制感，即能摆脱追求自我中心和自我关注的生命意义（李虹，2004）。具体而言，这种控制感是以生命进程为线索，将生命中的过往、当下、未来视为一个动态变化的自组织系统。当个体面对得失成败时能打开自我的边界，扩大自我的空间，从而促进自我的成长。这种控制感在放弃控制和获得控制之间没有清晰的界限，它既能发挥与自我控制感同样的积极压力应对作用，使人们在苦难面前坚持不懈地努力，又能看到个体自我控制的有限性和生活进程的不可预知性、复杂性和非机械决定性，在挫折面前能"放下"和"接受"，避免了自我控制感的消极作用，能为自我寻找到一个更大的意义空间。简而言之，生命控制感是个体能坦然面对和放下过往的挫败，接纳当下的苦难，接受客观变化的未来，努力充实自己的生活，从而摆脱自我关注的内心感受（林雪，2009）。

（三）情境3：感觉不到自己的价值所在

> 李堂从小身体状况一直不好，他一直觉得自己是爸爸妈妈的负担，如果没有自己，他们会生活得更好。他认为自己活在世界上这18年没有做过什么有意义的事情，活着除了让自己痛苦、给身边的人制造麻烦之外，似乎也没有任何其他的意义和价值。他想到死或许是让自己解脱的唯一方式。

李堂感知不到自己生命的意义，主要是只看到自己的存在给重要他人带来的消极影响，产生自我厌恶感，对自己某些方面产生内在排斥，增强了绝望感、负担感和受挫感（卢军丽，2021）。我们周围往往有一些人，他们把自己和他人隔开，也无法和他人建立情感联结。他们有家人、朋友，但在他们的心理层面感知不到关系的存在。他们内在的感受是活着没有意义，只是给别人添麻烦，或者觉得没有人在意自己，自己的消失不会给这个世界、给身边的人带来任何影响。这样的想法背后反映出的是与其他人情感联结的缺失，而这种缺失会破坏我们体验到的生命意义感，让我们怀疑，甚至否定自己存在的价值。乔伊纳提出，与他人的互动，尤其是积极稳定的互动和被关心的感觉可以满足个体的归属需要即与他人联结的需要，从而减少负担感和自杀意念。拥有良好的情感联结的个体对生命意义的感知力更强。古德曼等的研究发现，人际关系质量和亲密度都可以对个体的生命意义水平起到预测作用。

在生命意义的概念里，包含重要性维度，强调的是我们对自己生命价值的评估，认为自己的存在对他人而言是重要的。这一重要性可以体现在以下两个角度。

一个角度是在与他人的关系中感觉到他人对自己的在乎，如"我重要吗""其他人在乎我吗""如果我离开，会有人想念我吗"，重点强调关系中的情感联结。从依恋关系的角度来说，我们与重要他人普遍存在一种特殊、紧密的情感联结，在这一关系中会感觉到安全、信赖和难以替代。体验到社会联结感有助于人们感觉到他们拥有自己世界的一部分，并可能对一个人的情绪、认知和感知产生影响。一个有高度社会联结感的人很容易参与社会活动，融合度和归属感也越强，从而保护和促进精神健康。

另一个角度是从个人贡献来思考："我所做的事情对他人、对社会是有益的、有贡献的吗""我会给这个世界留下什么"。这个角度重点强调自己对他人的价值，这一行为可描述为亲社会行为。亲社会行为是一切有利于他人和社会的行为，常发生在具体的社会情境之中。霍夫曼等发现，从事关心行为比从事伤害行为能体验到更强的生活目的感。凡·唐格仑等认为，感恩能促进个体拥有生命意义。克莱茵经研究发现，志愿活动能增强生活目的感，且为别人花钱比为自己花钱能使个体产生更高的生命意义感。我国学者经研究发现，亲社会行为对生命意义具有正向预测作用（李占宏、赵梦娇、肖紫瑶等，2018）。亲社会行为通过满足关系的需要提升生命意义，亲社会行为促进了他人的福祉，有助于改善人际关系，而人际关系是生命意义的重要源泉。亲社会行为能增强行为者与他人的联系，促进行为者理解自己存在于世界的地位及价值。亲社会行为者可获得社会认可和声誉，提高社会地位，增强自我价值感，进而提升生命意义。个体从亲社会行为中体验到成功，激发积极情绪，增强自我效能感，并促进个体对个人能力的积极评价，进而提升生命意义。

也有研究者从关系对生命意义影响的角度进行了探索和研究。研究发现，社会关系是生命意义的基本来源，是我们找到生活意义的关键。根据埃里克森的相关理论，处于成年早期的大学生本就面临着与他人建立亲密关系这一任务，对于大学生来说，发展亲密关系是极其重要的。

但并非所有的关系都能带来意义感，能带来意义感的关系需要具有以下两个特点。

第一个特点是具有生命意义的感知与关系的亲密程度密切相关。一些研究发现，与思考一个人如何与"大多数人"相处相比，让人回想起一个人如何与亲近的人相处，可以提升生命意义感。在之前关于生命意义来源的一个调查中，大部分参与者在描述时自发地将家人或朋友作为他们生活中重要的意义来源。让大家选择自认为最有意义的三件事，其中，选择"有爱的人、被人爱和在乎"的人最多，占79.21%。也就是说，大部分人认为，爱是人生意义感最重要的来源。我们拥有亲密的关系,在关系中有爱和被爱的体验,会影响到我们对自己存在价值和存在意义的重要感知。

第二个特点是满足归属感。有研究发现,相对强烈的归属感可以预测甚至使人们体验到更高的生命意义感。拥有简单的社会关系是不够的,我们还需要能够在这种关系中体验到一种能够融入的安全感。这种在社会群体中的归属感可以通过各种方式为生活注入意义,比如提供稳定性,帮助个人创建一个共享的社会身份,并允许其追求更高层次的集体目标。长期以来,群体认同一直被认为是维持和增强心理健康的重要因素,可以提升人们对意义的感知。例如,学生对母校的认同,家族成员对家族的认同,游子对家乡的认同,个人对国家、民族的认同,都可以给人带来一种安全感、稳定感和方向感,帮助我们感知和体验到生命的意义。

因此,当我们试图去理解、探索自己生命的意义时,不要忘记,在关系中的爱与被爱的体验、亲密性和归属感,都会成为我们生命意义感的土壤。

(四)情境4:不知道想要什么,找不到自己的生活目标

> 朱阳进入研一后,感到很迷茫。当初之所以选择读研,是因为身边的很多同学都选择了读研,加上目前的社会环境,好像不读研很难找到一份好工作,以后的发展会更困难。抱着这样的心态,朱阳选择了读研。但对于什么是好工作,自己想要什么样的好工作,自己对未来的发展有什么样的期待,朱阳其实没有特别清晰的想法。进入研究生阶段后,朱阳时常产生对当下生活的困惑,对未来生活的迷茫。

生命意义是个体在理解自我及其与环境关系基础上主观构建的(赵娜、马敏、辛自强,2017)。在生命意义的概念里,强调目标性,如果个体能回答"我是谁""世界是什么样的""我如何与世界相适应"等问题,那么就能有比较明确的、指向未来的生活目标驱动和引导,并获得自身存在的意义,从而完成自身生命意义的构建。

其中,涉及理清自己与自己的关系,即确立自我概念。东西方的理论均认为意义源于个体内在的自我结构。心理学家罗洛·梅认为,人们在物欲纵横、精神空虚的社会现实中感到无所适从,无力影响自己的生活和周围的世界,丧失了自我存在感、价值感,因而产生孤独、空虚、焦虑等心理异常症状。另外,人们信念的缺失、基本价值观的失落、对于死亡的恐惧也会造成个体的焦虑感和负罪感等情绪体验。他认为,个体获得人生意义就是通过个性化过程和参与过程深切地认识和体验到自己存在的意义,这需要个体认识自我、自由选择、战胜自我,最终实现人生价值,创造出自我的最高价值。

我国哲学家冯友兰认为，个体对自己的生命越了解，人生越有意义。自我意识越强，自我概念越清晰，人的自由选择范围越大，越有可能对自己进行认真思考，其存在感就越强，生命意义体验也越强。自我概念能使自己及时知道自己是谁，身处何处，从而不偏离人生目标与方向。

自我概念包括"我是谁"的认知成分和"我对自己感觉如何"的评价成分，知觉结果（自己与自己的关系）影响个体与环境的关系，决定着其对环境的反应，进而影响个体对生活或生命的认知与体验（杨晓燕，2002）。研究表明，对自己有稳定、清晰和快速了解的人，能够制定明确的个人目标，并依此理解和管理自己以及自己日常的生活经验，其生命意义体验更强。对自我认同和接纳程度高者，往往更能看到和发挥自身的优势和潜能以及肯定自身的价值，其各种基本心理需求也更容易获得满足，从而获得更高的生命意义体验。因而，在询问自己的生命意义时，我们同样需要认知自我，构建稳定的自我感，接纳自我。

自 我 探 索

1. 准备一张白纸，画三个圆。

2. 一个圆代表有意义的理想自我：尽可能多地描述自己觉得有意义、有价值的理想自我（包括自我特质、角色等），思考与分享理想自我的意义所在。

3. 一个圆代表真实自我，尽可能多地写下真实自我。真实自我里分两个圆：一个圆里是有意义、有价值的；另一个圆里是没有意义、没有价值的。请说明划分理由。

良好人际关系是个体积极自我概念形成与发展的源泉，个体需要他人对自己的反馈信息以认知自我。在与他人的关系中定位自我，形成积极的自我概念，同时体现和认同自身存在的价值（服务他人，奉献社会），从而提升个体存在的意义感。这也是我们前面所提到的生命意义的重要维度，通过与他人的关系，形成我们对自我存在价值和重要性的认知体验。

绘出我的人际网

1. 每画一个圆圈代表一个与你有关系的人，里面标明他的名字和你们的关系，如母子、兄妹、朋友、同学等（每个圆代表一个人）。

2. 代表他人的圆和代表自己的圆的距离越近，代表这个人对你越重要，用线将每个圆和"我"连起来。

3. 梳理这一段关系对你的生命意义感的影响。

（五）情境5：在困境中感到绝望

> 在大一、大二时，杜远努力学习，希望能够争取到保研名额。一直以来，杜远都在保研线边缘徘徊，他非常焦虑，甚至影响到睡眠、饮食，感觉非常痛苦。最后杜远保研失败，这让他非常绝望，让他看不到未来的出路，不知道自己这么努力有什么意义。

大学生处于成年早期，在这个阶段面临着新的发展任务，会遇到很多挑战，也会经历成长的阵痛。包括个体生理、心理的变化引发的挑战，以及随机的、偶发的、无法预知的情境带来的挑战，这种情境会超出个体通常的应对机制。情境性危机可能是由单一、特定事件引发，也可能由一系列连续事件引发，比如意外、天灾、亲朋好友的突然离世等。还包括伴随着重要的人生问题，如关于人生目的、责任、独立性、自由和承诺等出现的内部冲突和焦虑。存在性危机可以是基于现实的，比如人到中年，突然觉得自己从没做过有意义的事情；也可以是基于一种压倒性的、持续的感觉，比如到了老年，觉得自己的生活没有意义，空虚难以填补。在面临这些挑战时可能会有挫折感、无力应对感、疲惫感等，破坏个体的控制感，导致内在困局的出现。

如何应对困境、挫折和危机，是一个值得思考的问题。在这个过程中，一些学者的观点可以带给我们一些启发。弗兰克尔认为，人有意志自由，不管在何种情况下，人均有自由和尽责的基本能力，向情境屈服还是与之对抗是由个人决定的。人不仅仅是活着而已，他总是要决定他的存在到底应成为什么，下一刻他到底要变成什么。人所拥有的任何东西，都可以被剥夺，唯独人性最后的自由——也就是在任何境遇中选择自己态度和生活方式的自由——不能被剥夺。自我决定理论认为，不管在什么条件下，人都有自由选择生活状态的权利和能力。因此，当我们面对挫折、困境时，我们如何选择，正是我们自我独特性和选择能力的体现。

寻找挫折的意义，借由态度性价值来获得意义。弗兰克尔认为，当个人面对无法改变的命运时所采取的态度，是人类存在的最高价值所在。对命运的选择完全取决于人的态度，即使是面对无法抗拒的命运时，我们仍然可以通过选择自己的态度和立场，为自己开辟一种新的生命体验。

自我反思

你可曾思考过，对你来说，你所经历的那些艰难时刻，让你获得了什么？你是如何从那些艰难时刻中成长起来的？希望大家从这个角度进行思考，并和身边的同学进行分享。

（六）情境6：生命本身毫无意义

可能一些人也像前文中的钟亮一样，觉得生命本身是没有意义的。弗兰克尔认为，终极意义和目标已经先于个体存在于这个世界上，宇宙中存在一种超越人类且无法被验证的规律。亚隆认为，宇宙本身是随机的，并不提供意义，人们必须构建自己的意义。无论世界上是否有一个确定的关于意义的答案存在，更重要的是，我们先存在着，然后在追求意义和实现目标的过程中体会到自身存在的意义和价值，在这个过程中创造出自己独特的意义（杨慊、程巍、贺文洁等，2016）。持相对主义观点的学者认为，生命意义没有预先设定的限制，不必关心哪种信念体系"最终"更好，无论哪种信念体系，都能够指导人们获得生命的意义。关键在于我们对人生的积极关注、对人生理想和生活目的的坚信以及投入其中的程度。如果我们认为自己的生命是有意义的，则表示我们正在形成关于"生命是有意义的"这种信念，从这种信念中产生自己的人生目标以及让自己努力去实现人生目标的动力。经历这样的过程，就能获得一种积极的意义感。从这一角度来说，生命意义是否存在，在于你相信什么，并是否投入其中。

生命意义相册

拍摄下那些让自己觉得生命有意义的东西，可以是抽象/象征性的东西（例如纪念品、艺术品等），并描述这些照片及其意义，制作成属于自己的生命意义相册。

总体来说，关于究竟要如何度过我们的一生，我们的生命意义在何处体现，我们当下可能没有答案，这会是一个漫长而艰辛的探寻过程，需要我们在生活中体验、寻找、感悟和实践。

本章小结

追寻生命意义是改善生命困境的要求，也是成长性需求的体现。是否一定要寻求生命意义，是一个见仁见智的问题，我们不仅要体验这个世界，还要理解我们的体验、理解自我、理解这个世界。因此，自觉或不自觉地思考、解释个人生活、个人与他人的关系、个人与世界的关系是必要的。一个人并不需要成为一个杰出的哲学家才能享受思考生命意义的乐趣，因为生命意义是一个非常核心且贴近日常生活的概念。

生命意义既包含"人类为何存在""生命本身的价值是什么"等哲学上的生命意义，也包含心理学上的生命意义，强调个体的生命意义是什么。生命意义是联系、理解和解释的网络，它帮助我们理解我们的经历，引导我们去实现我们期望的未来。生命意义让我们意识到我们的生命是重要的，是有价值的。生命意义给我们一种感觉，那就是我们的生命很重要，它们是可理解的，它们不仅仅是我们每一秒、每一天、每一年的总和。

生命意义是影响我们心理健康的重要因素。心理学家塞利格曼指出，生命意义是健康最有力的正向指标，是沮丧和精神机能障碍的负向指标。对生命意义体验程度较高的个体，对主观幸福感、生活满意度等与积极情感相关的体验程度通常也较高，且具有较高生命意义感的个体通常会更健康、更快乐、更少烦恼，也更长寿，会有更积极的应对方式。中国人主要受到儒家思想的影响，强调入世担责，并提倡对挫折要有超脱精神，在追求生命意义的过程中持一种主动进取的心态并享受这一过程，所以中国人在寻求生命意义的过程中对主观幸福感等积极情感的体验较高。

追寻生命的意义贯穿人的一生，尽管生命意义的存在程度在人的一生中可能会有所不同。在青少年时期，个人的主要任务是确立他们的身份和自我概念，涉及重要的关系和身份发展需求。在这个阶段，意义形成是极为重要的。弗兰克尔认为，人生的意义是相对的，可以通过创造性价值、经验性价值和态度性价值来寻求意义。在面对他人意愿和自我意愿的冲突时，我们可以构建"我可以为我的人生做选择并负责"的感觉。在理想生活与现实生活冲突时，我们可以尝试构建自我超越的生命意义。当感觉不到自己的价值所在时，我们可以通过建立有联结的关系、为社会做出贡献来体验自己的重要性，增强自我价值感。在找不到生活目标时，我们可以理清自己与自己的关系，确立自我概念。在困境中感到绝望时，我们可以寻找挫折的意义，借由态度性价值来获得意义。在感觉到生命本身毫无意义时，我们可以采取相对主义的观点，关键在于我们对人生的积极关注、对人生理想和生活目的的坚信以及投入其中的程度。

课后习题

一、选择题

1. 下列不属于缺乏生命意义给人的心理健康带来的消极影响的是（　　）。

A. 意义缺失会激发出我们重构意义的动机，引导我们进行意义追寻

B. 意义缺失的个体会体验到一种完全的空虚感，缺乏继续活下去的动力和目标，可能会采取自杀行为

C. 长期生活在无意义感之中，个体会产生无聊和消极的情绪体验

D. 意义缺失的个体可能会有更高的抑郁、焦虑水平，对自我有更消极的评价

2. 关于什么样的生命是有意义的，下列说法不正确的是（　　）。

A. 生命存在本身就是意义的

B. 在低层次的需要获得满足以后再迈向高层次的需要这一过程中，个体将获得更加丰富的生命意义

C. 生命意义在于我们对人生的积极关注、对人生理想和生活目的的坚信以及投入其中的程度

D. 生命意义在于当下的快乐与享受，而没有负性情感的体验

3. 探寻生命意义的路径有（　　）。

A. 追求真正的幸福就能体验到生命的意义

B. 在做出选择、追求目标以及真正行动的过程中构建生命的意义

C. 通过对权力、金钱、享乐的追求来追寻生命的意义

D. 不需要和他人建立联系，只需要关注自我，在自我的思索中去发现生命的意义

二、填空题

1. 有关大学生的研究发现，自杀的大学生缺乏对_____的重要信念和价值的理解，那些没有找到_____的大学生面对压力时倾向于选择放弃努力并产生无助感，面对严重压力时他们甚至会选择以自杀的方式来获得解脱。

2. 追寻生命意义的必要性体现在_____、_____、_____。

3. _____是个体对自我控制能力的内心感受和评价，其强调_____在控制中的作用，对自己能够通过自我控制行为预知和改变环境，或是产生自己渴望得到的结果的预期水平的感知。

4. 自我超越的生命意义是将_____作为一个系统，在自我之外寻找生命意义，强调个体_____或者忘我地去爱他人。这不是忘掉自己，而是在考虑自己的时候_____。

三、判断题

1. 自杀的大学生缺乏对"存在"的重要信念和价值的理解，那些没有找到"存在意义"的大学生面对压力时倾向于选择放弃努力并产生无助感，面对严重压力时他们甚至会选择以自杀的方式去来获得解脱。（　　）

2. 生命意义的目标性是指向未来的，为生活指明了方向和动力，同时也对我们当前的行动产生重要影响。（　　）

3. 面对无法抗拒的命运力量时，我们仍然可以通过选择自己的态度和立场，为自己开辟一种新的生命体验。（　　）

四、简答题

1. 当感觉到自己的生活不自由、不自主，无法按照自己所期待的方式生活时，生命意义在哪里？
2. 当找不到自己的生活目标时，如何构建自己的生命意义？
3. 生命意义对我们的生活有哪些作用？

图书推荐

1. 维克多·弗兰克尔：《活出生命的意义》，吕娜译，华夏出版社2010年版。
2. 欧文·亚隆：《一日浮生：十个探问生命意义的故事》，邓伯宸译，心灵工坊文化事业股份有限公司2015年版。

电影推荐

1. 《当幸福来敲门》（2006）
2. 《肖申克的救赎》（1994）

参考文献

[1] 林雪. 大学生生命控制感、应对方式和社会适应力的关系研究 [D]. 福州：福建师范大学，2009.

[2] 倪旭东，唐文佳. 生命意义的缺失与追寻 [J]. 心理学探新，2018，38（6）：497-503.

[3] 聂晗颖，甘怡群. 自我概念清晰性与生命意义感及主观幸福感的关系 [J]. 中国临床心理学杂志，2017，25（5）：923-927.

[4] 维克多·E. 弗兰克尔. 追寻生命的意义 [M]. 何忠强，杨凤池，译. 北京：新华出版社，2003.

[5] 杨慊，程巍，贺文洁，等. 追求意义能带来幸福吗？[J]. 心理科学进展，2016，24（9）：1496-1503.

[6] 张荣伟. 大学生生命意义的特点及影响机制 [D]. 上海：上海师范大学，2018.

本书二维码资源使用说明

　　本书部分课程及与纸质教材配套数字资源以二维码链接的形式呈现。利用手机微信扫码成功后提示微信登录，授权后进入注册页面，填写注册信息。按照提示输入手机号码，点击获取手机验证码，稍等片刻就会收到4位数的验证码短信，在提示位置输入验证码成功，再设置密码，选择相应专业，点击"立即注册"，注册成功（若手机已经注册，则在"注册"页面底部选择"已有账号？立即登录"，进入"账号绑定"页面，直接输入手机号和密码登录）。接着提示输入学习码，须刮开教材封面防伪涂层，输入13位学习码（正版图书拥有的一次性使用学习码），输入正确后提示绑定成功，即可查看二维码数字资源。手机第一次登录查看资源成功以后，再次使用二维码资源时，在微信端扫码即可登录进入查看。